U0018719

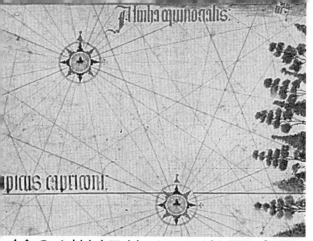

給21世紀的100堂歷史課

■

鄧蜀生・張秀平・楊慧玫・任天豪◎主編

好讀出版

二十一世紀已經開始了，不過，這個世界好像並沒有在一夕之間，變得如同科幻小說中所描述的那樣先進、文明，似乎和二十世紀無甚差別。這是因為「世紀」本身是個人為的時間界定，未必能和「新時代」劃上等號；而即使某些世紀具有獨特的「新時代」意涵（如西元一世紀、或二十世紀代表的進步意義），所謂的「新時代」也不是劇然轉變或大步進展，而往往是在時移境遷後，才在回首前塵時體會到新時代已經來臨。

因此，二十一世紀雖然開始了，但我們仍會見到許多事件，好像曾在歷史舞臺上出現過：

為了宗教見解、種族仇恨而兵戎相見，重複著幾世紀以來的戲碼；歐美大國挾著「全球化」的美名，卻在落後地區進行著猶如過去殖民時代的經濟掠奪；有了聯合國的集體安全機制，也不能制止強權曲意地解釋國際秩序的「規則」；最遺憾的莫過於在號稱「科學昌明」的今天，人們仍得驚恐地提防愛滋病、SARS、禽流感等全球性傳染病，如同中世紀時對黑死病的恐懼一般！

類似的事件不斷重複，不禁讓人感嘆歷史彷彿只會循環，讓人類顯得像是轉輪中的小白鼠，不停地奔跑，卻只是白忙一場。

歷史的功用之一，本該是「以古鑑今」的，本該是讓後人能以前人的經驗爲「歷史課」，借鏡成功、避免失敗的。但是歷史這門學科，在新思維、新研究取向的攻擊下，開始進行對自身的反思、解構、自我懷疑，最後竟也開始自我否定，承認歷史並非「眞相」，只是「神話」。當人們需要歷史提供前人智慧供作參考的時候，歷史自己卻退縮了。

　　歷史雖面臨著事實、經驗與神話多重糾結的解釋困境，但它能夠讓閱者感受到歷史人物的喜怒哀樂、體會到歷史事件中的悲歡離合；更重要的是，站在「歷史巨人的肩膀」上，讓自己看得更遠更高，不致重蹈前人覆轍。

　　因此，本書選擇了自人類進入「歷史時代」後的一百項重要事件，略述其前因後果，歸結些淺顯的結論，希望能多少有點「後事之師」的功效。畢竟，「二十一世紀」常是過去的人們用以代表「未來」的假設時間。故當這「未來」成了「現在」，我們當然會希望，二十一世紀能夠一如小說描述那般美好；如果還有點差距，那不妨就讓我們把過去的事件當成一堂堂的歷史課，試著讓二十一世紀的其他日子，能夠走向更美好的未來。

　　二十一世紀已經開始了，不過還好沒有開始很久。

contents
給21世紀的100堂歷史課

從蠻荒到文明

文字的誕生

　　西元前三千三百年左右，一名正蹲坐在河岸邊的男子，百無聊賴地抓起河邊的泥土，捏啊捏地捏成一塊平板。男子本想拿著土板打水漂，卻心血來潮地拿下叼在口中的蘆葦桿，在土板上隨手刻劃起來。忽然，一個想法正中他的腦袋，令他的嘴角忍不住漾出笑容。他急忙跑回聚落，想把這個奇妙的主意告訴他的親朋好友……

　　一段時間後，這個用蘆葦桿在黏土板上「鬼畫符」的意外發現，竟讓當地的人類從此進入「歷史時代」。因為這個利用當地蘆葦茂盛、河岸邊又充滿黏土等地理特色而發明的產物，便是區分史前和歷史時代的重要指標——「文字」。這種文字因為有著前厚尾尖的外形，中文稱其為「楔形文字」——原文「cuneiform」則是在十七世紀時由一位牛津大學教授海德所命名——乃是人類歷史上第一個文字系統。

　　首位發明文字的人成了歷史上的無名英雄，今日已無從查證。但他所屬的族群「蘇美」，卻讓千百年後的人們永遠無法忘記，也永遠感激他們的貢獻。

　　蘇美人是所謂「兩河流域」的早期居民之一，其聚居地約在今天的伊拉克首都巴格達至波斯灣一帶，希臘人稱那裡是「下美索不達米亞」，以別於由底格里斯河和幼發拉底河匯流而成的「美索不達米亞」（意即兩河間的土地）之地。他們自寒冷的高原東來，認為當地會是個安居樂業的好地方，從此便留了下來。久而久之，不但建立了人類史上的第一座城市，也有相當興盛的政治勢力。

蘇美人妥善利用了當地的蘆葦和黏土，蘆葦用來編織日常用品，黏土則用以製作陶器，所以他們也是第一個發明陶器製作工具「陶輪」的民族。蘇美人的商業十分活躍，故

🔵 楔形文字是最古老的文字系統。

其語言日益精細，對記載語言、書寫契約的工具也需求日殷。但是，從來沒有人能解決他們這個問題。

直到楔形文字出現，蘇美商人才終於可以利用文字處理日常生活的要務，文明也更加進步。在蘇美著名城邦之一「烏魯克」（Uruk）所發現的「烏魯克泥板」，不但是目前所見最早的泥板，本身也是個記錄神廟日常用度的「帳冊」，可見蘇美人對楔形文字的廣泛利用。而當蘇美人已成熟運用楔形文字於日常生活，進入所謂「歷史時代」之時，中國人的歷史則還沒展開——據說，那時的中國還在黃帝、蚩尤征戰不休的傳說時代呢！

當地其他民族見到文字的妙用，嚮往不已，便借用了蘇美的楔形文字為自己的文字。此後雖然蘇美文明覆亡、蘇美語也因此消滅，楔形文字仍經過其他民族的持續改進，成為兩河流域民族的共同文字。

上古時代還有一種著名文字，其發明時間與楔形文字十分接近。它出現在兩河流域西南方，與兩河同為當時最閃耀的文明之一，那裡叫做「埃及」。今天的埃及雖然以金字塔、木乃伊等文物被人們記憶著，但從人類文明的角度言之，埃及文字的發明其實遠比木乃伊還要有意義。

埃及人發明的文字，我們稱為「象形文字」，不過古埃及人則

稱為「聖書體」——意為「神的
文字」。因為他們認為，文字不
是凡夫俗子所能發明，必是天神
贈與人類的禮物，就像尼羅河每
年帶來的沃土一樣。十八世紀的
著名學者維柯也有類似看法，他

➥刻寫在神殿牆壁上的埃及聖書體。

曾表示過，文字的發明確非凡人的心志所能完成。但是，這種說法
實在也太小覷先人的智慧了。

　　古埃及人雖讓天神掠美了先祖的造字貢獻，但仍一貫享受著文
字的好處，並與兩河的楔形文字一樣，在既有基礎上逐漸發展出脫
離象形外在的輔音字母。這種單純標示讀音的字母，不但發展走向
與兩河一致，後來也得到腓尼基人的改良，與楔形文字同成今日西
方字母的根源，從此不朽。

　　腓尼基人原稱「迦南人」，是住在兩河與尼羅河流域之間的商
業民族。其販售的紅色布料極受歡迎，故希臘人乃稱其為腓尼基，
意為「紅色者」。這個賣布商人國度不但擁有強大的政、商實力，
對西方文明也有無法抹滅的貢獻。

　　腓尼基人在經商的過程中，發現兩河流域的楔形文字雖然較易
學習，可是書寫工具「泥板」卻攜帶不便；而埃及文字則顯得過於
複雜，使用效率也相對較低。因此，腓尼基人在雙方的基礎上，試
著將兩種上古文字的優點合而為一。

➥腓尼基人揉合蘇美人的楔形文字與埃及人的象形文字，
　創造出最早的字母文字，成為今日歐洲文字的始祖。

整理文字雖不比創造困難，但終究也非易事，腓尼基人克服了這種艱難，創造了二十二個腓尼基字母。這二十二個字母的筆畫較兩河、埃及文字簡單得多，而且可直接以這些字母拼出語言的發音，使用起來自然更是方便。於是這種簡易便利的文字系統，逐漸廣被，不但在兩河流域影響了日後的希伯來、阿拉伯文，也傳入歐洲而成爲希臘文的祖先。

根據希臘方面的傳說，腓尼基字母由腓國王子卡德穆斯傳入希臘。他在希臘建立了名城「底比斯」，並在當地推行祖國文字。希臘諸邦見到腓尼基文字的妙用，乃興起仿效之風，一番模仿改良後，希臘字母即告誕生。由於希臘文與腓尼基文的這層關係，「西方歷史之父」希羅多德乃在其名著《歷史》中，將這些文字稱爲「卡德穆斯字母」。此時大約是西元前六百年左右，約莫再過七百多年，羅馬人即從他們的希臘導師身上習得希臘字母，並略作變更而造就二十三個羅馬字母。此後的英文等文字，即是在羅馬字母的基礎上創建而來。

給21世紀的話語

文字的發明不是一朝一夕、一人一地即可完成的，靠著蘇美、埃及、腓尼基、希臘、羅馬等各個民族的持續努力，終才使得文字日益便利。而諸如梵文、中文等文字系統，也同樣是在長期的孕育過程後方才產生。前人造字如此辛勞，了解其歷程的今人，可別像古埃及人一樣「數典忘祖」，而該好好感激他們的貢獻才是。

影響深遠的成文法典

漢摩拉比法典的創制

　　巴比倫是西元前兩千兩百年左右，由閃米族的「阿摩利人」所建立的帝國。阿摩利人原只是游牧民族，但西元前三千年起陸續侵入美索不達米亞，造成蘇美「烏爾」（Ur）

⊕ 烏爾出土的木盒嵌板上繪有國王慶祝爭戰勝利的情形，以圖呈現是古代最常見的記錄方式。

王朝勢力的衰微。不過當時的兩河流域還是眾邦紛立，烏爾的衰落與巴比倫的崛起，並沒有對整個局勢造成根本的影響。

　　直到巴比倫的第六位君王「漢摩拉比」即位，這種情勢終於有了改變。漢摩拉比不僅長於軍事武略，也極有政治頭腦。他不急於在群雄競逐的時代中，立即躍馬天下，而是先厚植國力，將巴比倫建成一個強大的國家。漢摩拉比足足經營了二十九年，方才領著兵強馬壯的巴比倫大軍，向外征伐。其他國家從來不知道這個小城竟有這麼強悍的力量，轉眼間就被征服，成為巴比倫帝國的臣屬。

　　漢摩拉比統一兩河流域後，在各地興築神殿、開鑿渠道、墾殖土地，建立空前繁榮的帝國。不過真正讓他名留青史的，並非全因這些豐功偉業，而是他在一塊大石頭上刻下的文字。這些文字的外表雖是所謂的楔形文字，但它們的集合卻在歷史上有著更顯赫的名字，即《漢摩拉比法典》。

　　《漢摩拉比法典》雖有法「典」之名，然它其實並不是一本

書，而是一塊大石頭，因此也有「漢摩拉比石」之名。這塊石頭高約二·二五公尺，是塊黑色的玄武岩，二百八十二條法條深深地刻印在其上。色澤雖暗，卻在史冊中閃著耀目的光芒。

●黑色玄武岩的漢摩拉比石碑上，刻印著古代的法律大全。

《漢摩拉比法典》據信是在西元前一七五〇年左右頒布的，當時巴比倫才剛統一美索不達米亞未久，亟需一套明確的法律規範，好管理辛苦建立的偉大帝國，法典便是在這樣的現實需要上產生。為求詳盡，法典中不只列入單純的法律條文，也一併記載了過去的司法判例，讓人民可以清楚得知，怎樣的行為叫做「違法」、違法又將得到何種處罰；法典之中並不限於刑事事務，也有不少與財產、民事等相關的法條，故在當時而言，實也算是一部內容豐富的「法律大全」。

不少人以為《漢摩拉比法典》是人類史上的第一部成文法典，實則不然。在《漢摩拉比法典》之前，至少就有三部蘇美時期的法典，以「黏土板」的形式出土。《漢摩拉比法典》雖非最早，但在文化上的意義卻遠甚前述諸法典。

以審美的眼光來看，《漢摩拉比法典》亦可被視為藝術品，除此之外，它更有著豐富的文化價值。這塊黝黑的巨石被分成兩大部分，下半部是密密麻麻的文字，記載著「如果怎樣怎樣，就要如何如何」的法律條文；上半部沒有文字，刻了兩個人像：站者以恭敬的姿勢面向坐者，希求坐者賜予他無限的權力——站著的人即是漢摩拉比，他正向太陽神夏瑪希祈求治國之道，而夏瑪希則將代表權威與榮耀的權杖交與漢摩拉比。這個過程不只強化了漢摩拉比作為人間之主的正當性，同樣的情節其實也被猶太人所引用，成了

《出埃及記》裡摩西在西奈山上接受耶和華神諭的故事原型。

猶太人學的可不只摩西「十誡」而已，在《舊約·申命記》裡有段話更能清楚體現猶太律法的根源：「你眼不可顧惜，要以命償命，以眼還眼，以牙還牙，以手還手，以腳還腳。」

這個所謂「以眼還眼」的法律觀，其實正是脫胎於《漢摩拉比法典》的第一九六、一九七條中。雖然這種觀念似乎有些蠻橫，但其內涵中所隱含的「公平」原則，卻是今日西方法律觀念的基礎。

當然，古時的人會認為這種報復行為才叫做公平，因為你傷害了我，當然也要同害抵罪；但今日的法律觀，已不會再用這種報復行為作為公平與否的標準了。在現代的法理學理論上，「以眼還眼」觀接近所謂的「應報理論」──簡單來說，就是認為懲罰即是為了報復的理論──僅是諸多刑罰理論中的一種而已。它和強調「教化」的「教化理論」，差異極大。

大體而言，古代的刑罰強調報復的成分，今日則趨向法律的教化功能。例如，以往可能會將毒癮者視為「犯人」，對之懲處，但現在的法律則把他們視為「病人」，施以勒戒等教化措施。這種刑罰觀的改變，乃代表「人權」觀念在現代社會的日漸提升，不過對古代人而言，《漢摩拉比法典》所奠下的公平原則，仍是不可磨滅的文明貢獻。

給21世紀的話語

《漢摩拉比法典》昭示了帝王的權柄，也規範了人民的生活，不過關於人民如何對抗帝王的不義，則想當然耳地付之闕如。知名歷史哲學家威爾·杜蘭曾經對其有個評論：「沒有保障個人在對抗國家時的權利，否則就是創舉了。」但它畢竟是上古時代的產物，我們若要求它面面俱到，未免就有些苛刻了。

猶太人信仰與民族意識的奠定
出埃及記

　　摩西所率領的大批以色列人，在紅海邊的比哈希錄——意為「莎草生長之處」，是以色列人橫渡紅海前的最後營地——得知埃及兵馬追近的消息。以色列人雖自詡為上帝耶和華唯一的祝福對象，面對此情此景也不禁感到恐懼，紛紛向摩西埋怨：「難道埃及沒有墳地，要你把我們帶到曠野來領死嗎？你為什麼要把我們從埃及帶出來呢？我們在埃及難道沒有說過，不要阻止我們服事埃及人嗎？服事埃及人總比現在死在曠野裡要好吧？」群眾喧鬧嘈雜，情緒沸騰。

　　只見摩西面露堅毅之色，對人們說：「別怕，只管看耶和華對你們施予神恩——今天你們所看見的埃及人，以後將不會再見了！耶和華必將為你們奮戰，你們只管靜默，別作聲。」又指示大家朝海邊移動。眾人雖半信半疑，卻也只好聽從摩西，開始動作。

　　走到海邊，眾人面對茫茫的紅海，疑懼之心又起。摩西鎮靜地舉起他的手杖，指向紅海。剎時，海水竟然開始翻攪，一夜之間，紅海便自摩西指向處分開，露出海底的乾地，而海水則在乾地兩側形成兩道大水牆。以色列人又懼又喜，在摩西的引導下，魚貫地走入海中，終於穿越了紅海；而埃及的追兵則在行至紅海中途時，遭到兩旁水牆的攻擊，全部慘遭滅頂。最後，以色列人總算逃過埃及軍隊的追擊，成功抵達耶和華的「應許之地」，重新開展他們在亞洲的歷史……

　　以上的故事，是「出埃及記」的部分內容。出埃及記不但是

●→《舊約》中記載，耶和華透過摩西
曉諭以色列人遵守「十誡」。

上古時代以色列人的大規模遷徙活動，也是《舊約》中的一個篇章。雖說《舊約》中不少記載均有著強烈的神話色彩，但仍是了解以色列人早期歷史的重要資料來源。

眾所周知，《聖經》可分「舊約」、「新約」兩大部分，大抵「新約」內容記載耶穌降生後的事蹟，而「舊約」記載的則是耶穌降生前、上帝與以色列人的「互動」情形，因此而被視為猶太民族的早期歷史。

然而，以色列人的出現時間其實頗早，僅約略晚於巴比倫君王漢摩拉比時期，因此他們的「歷史紀錄」著實很難不被宗教等因素影響，而有看似神話之處。這些紀錄在今天看來，總讓人感覺可信度不足，可是對當時的以色列人來說，卻都是深信不疑的信仰，

所有關於耶和華的記載，都是祂與以色列人忠貞不移的約定。所謂的「約」，即是神與人之間的盟約，是神聖不可違背的。

以色列人對人類文明的貢獻之一，即是創立了第一個一神教——如果略過演變成二元對立的「祆教」不算的話。不過以色列人、希伯來人和猶太人這三個似乎意義相同的名詞之間，究竟有無分別，可能就不是人人都清楚的了。而此三名詞的演變過程，其實也正代表了以色列人一神信仰日漸堅定的過程。

希伯來人是這三個名詞中最早出現的一個。亞伯蘭——後來上帝贈名亞伯拉罕，意為「眾人之父」——率領著族人由美索不達米亞東北部遷移至今天的巴勒斯坦一帶時，當地居民即以「希伯來人」稱之，意為「從幼發拉底河那邊來的人」。希伯來人雖然已信奉於耶和華，不過摩西尚未誕生，他們的一神信仰也還未如往後那般堅貞。

後來，亞伯拉罕的孫子雅各因為和哥哥以掃不合而出走，竟陰錯陽差地和神的使者打了一架，而得到祂賜給「以色列」的名號，代表「和神摔角」之意。不過，雖然雅各得到這個威風的新名字，但巴勒斯坦的飢荒仍迫使他帶著十二個兒子遷居埃及，造成日後必須「出埃及」的遠因。

至於「猶太人」一詞，則是西元前六世紀時才出現的名詞，比之希伯來之名的出現，晚了千年以上。那時以色列原分裂為北國「以色列」和南國「猶太」，北國先遭滅亡，境內的十支部族漸被當地族群同化而消失；南國則多支持了一百多年才告亡國，但其內的二支部族則不但保留了原本的風俗習慣，更進一步強化了其對耶和華的信仰，塑造出堅定無比的民族意識，成為今日猶太人的基本信念。如今，無論他們的國籍是否為「以色列」，這個有著亞伯拉罕、雅各血統的族群，都深深地以「猶太人」這個名稱為榮。

早期以色列人的十二支族，是由雅各的十二個兒子繁衍而成的。這些以色列人原本在埃及大抵還能安居樂業，誰知埃及法老拉美西斯二世登基後，卻爲了大興土木而強逼他們進行繁重的苦役，令以色列人苦不堪言。到了西元前一二二〇年左右，拉美西斯二世雖已崩逝，但一位自稱得到耶和華啓示的「先知」摩西，卻開始號召以色列人脫離暴政、離開埃及，回到耶和華應許以色列人的「迦南美地」。於是，遷離埃及的龐大行動因之展開。

給21世紀的話語

　　「出埃及記」是場歷經數十年的奮鬥，追兵、飢餓、猜忌、憂懼等考驗不斷來襲，也讓以色列人對耶和華的信心偶有動搖。因此，耶和華安排他們在渡過紅海後，由摩西在今日西奈半島中南部的「西奈山」上，接受祂的「十誡」。

　　這十誡雖然只是些獨尊耶和華、孝順父母、不可殺人偷盜等尋常規範，但對基督教世界而言，卻有著非凡的意義。因爲，十誡代表著上帝與其所挑選的子民所建立的第一個盟約，成就了首次的神人之「約」。而以色列人也因爲「出埃及記」的結果，更加充實、豐富了自身信仰的內涵，並強化了「以色列人」的民族意識。

　　日後，以色列人（或稱猶太人）的宗教成爲基督教的原型，奠定歐美世界的文化基礎；二十世紀以後，這個族群更成爲影響全球政治、經濟、文化、科技的重要勢力，而他們與伊斯蘭教國家的衝突，也是今日的國際難題之一。一個民族的遷徙活動竟能有如此深遠的影響，恐怕除「出埃及記」以外，再也找不到其他例子了吧！

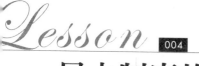
民主制度的肇始

梭倫的改革

◉ 雅典的民主精神，已成為今日共和國家的標竿。

在雅典的大廣場中，聚集了部分群眾，他們是在等待新任首席執政官對他們發表政令。不過人群並不甚大，只是三三兩兩地點綴在廣場的各個角落而已。眾人彼此間並沒有太多對話，偌大的廣場顯得十分安靜。但奇怪的是，安靜之外卻似乎還有一絲緊張的氣氛，因為這些民眾的臉上，多少都帶有一點怨恨之意。

「各位，讓我們迎接首席執政官。」司儀宣告，不過氣氛仍十分靜肅，無人交談。一位面色莊嚴的人物，隨即緩緩走上中央的大講臺。他輕輕地清了一下喉嚨，咳聲馬上在四周輕盪，可見現場的安靜程度。

執政官環顧著寥寥的民眾，朗聲說道：「各位公民，有鑑於前

幾任執政官所訂定的法律，不是太過嚴苛，就是早已沒有切實執行，亦無人遵守。因此本人在此宣布訂定新法律的重要性，希望各位公民多多支持。」

民眾開始竊竊私語，但似乎並沒有什麼反應的聲音。於是執政官又說：「如果沒有人表示反對意見，本人將會邀請部分賢人參與討論，制訂一套符合我們需要的新法律。」他頓了一頓，又說：「下一次召開全城大會時，本人便會將新訂的法律公告於世，過於嚴苛的惡法，一定會將之廢除。希望屆時所有人都能確實遵守新法，一起為雅典的安定和發展貢獻心力！」

眾人雖仍是不置可否，但原本糾結的眉頭卻開始鬆開。當司儀宣布可以離開後，民眾們便一一散盡。執政官見到此景，輕輕點了點頭，沒有說話，也轉身離去了。

一段時間後，同樣的大會又再度召開了，這次到場民眾比上次多了很多。執政官昂然立於臺上，一語不發，跟前則立著一面大白板，上面寫了不少字。眾人見此情形，紛紛好奇地擠往臺前，想看看那塊大白板上究竟寫了些什麼。

一些還沒走到白板前的民眾，即已聽到前面傳來的低呼之聲，不禁更加好奇；而一見板上文字，他們便也加入了低呼的眾人之中。原來，執政官在這白板上寫下了新制訂的法律，和過去的立法精神有不小的差異，其中出現不少比前代法律更合乎人性的地方，且讓公民也能享有「參政」的權利。這激勵了民眾，而他們看到執政官的嚴肅面容後，更對他能夠捍衛新法、切實執行的可能性感到莫名的信心。

人群中有人笑了開來，更有人高聲歡呼，當會議結束時，歡欣的氣息已經取代了之前的緊張氣氛。民眾愉快地離去，不過仍有人興高采烈地一再回到白板前觀看。執政官見此情形，知道白板上的

新法律應該是被大家接受了，嚴肅的臉龐才終於鬆動，嘴角上也露出一抹淺淺的微笑。

➡ 被譽為古希臘七賢之一的梭倫。

這位威嚴的新執政官名叫梭倫，是在西元前五九四年被選為雅典執政官的。在他上任前，雅典社會裡幾因貴族與平民的尖銳對立，而瀕於爆發動亂的邊緣。原來雅典由氏族社會、王政社會一路演進，在西元前七五○年左右發展成以貴族統治為主的共和國。雅典將王政時期的執政官由三人擴充為九人，雖然任期由終生改為一年，但卸任後的執政官仍可進入「貴族會議」參與國家政治。貴族會議是當時雅典的政治中心，不但其中的議員均為終生職，更有任免執政官、一般官員與決定政策的大權。因此雅典雖名共和，但其實是個不折不扣的貴族統治國家，所謂「公民大會」的配置，其實只有橡皮圖章的功能而已。

然而，因為貴族長期以來透過經濟實力和法律的保護，一而再地擴張勢力，造成貴族與平民階級的利益衝突。而過去的執政官不但出自貴族，連負責裁決法律爭端的法官們，也同樣由貴族擔任（因為法官不支薪）。因此平民受到貴族欺凌時，幾乎沒有抵抗的能力。久而久之，民眾的憤怒愈積愈深，終於到了將要爆發的臨界點。街頭巷尾到處都流傳著動亂即將發生的流言。

聽聞民眾可能產生暴動，統治階級貴族們也開始憂慮了。他們並不是一群貪得無厭的豺狼，也知道雅典是需要貴族和平民合作建設，因此他們找了一位向來以見多識廣聞名的貴族朋友，擔任新的執政官，希望能安撫平民的不滿情緒，預防暴動所帶來的可能內耗。

梭倫便是在這樣的情勢中出任執政官。貴族出身的他，年輕時曾在外經商與遊歷，因此歷練豐富、見聞廣博；同時其悲憫的天性，也讓他對平民所受的待遇感到不平，而在心中種下日後改革雅典政制的種子。在擔任首席執政官前，梭倫曾率領雅典軍隊奪回海外失地，名望大增，也讓人民對他抱著些許期待，奠定他出任執政官及施行改革的民意基礎。

梭倫在此背景下頒布新法，厲行改革。他恢復了公民大會應有的機能，賦予公民大會「最高權力機構」的地位，並給予所有公民參與公民大會的資格，無分貧富貴賤。公民大會之外，梭倫又設立「四百人會議」輔助公民大會制訂政策，凡為公民即可參加（但有財產限制）。政治以外，梭倫還成立了陪審法庭，並以之為最高司法機關，打破貴族壟斷城邦司法的情況。

給21世紀的話語

梭倫的改革，令雅典多年來的貴族政治傳統不再，轉而演變成公民統治的「民主政治」。此後，雅典的民主政治即逐漸受到後世學者的景仰，成為一種理想政治模型。

雖然梭倫以財產多寡為標準，將公民區分成四等，每個等級的參政資格不盡平等，但他至少讓雅典的政權由貴族手中過渡到平民手上；雖然雅典公民這種直接參與國家政治的「直接民主」模式，和今日的民主政治型態亦不盡相同；雖然梭倫是以他自己的意志立法，而非經由「民主程序」、由人民決定法律內容，從而奠下民主政治形式……但是今日被視為「普世價值」的民主政治，終究在此時出現。

縱使民主制度有其困境，普世價值也非永恆不變，「梭倫改革」仍在歷史上留下璀璨的光芒。此改革的結果領導了人類的政治思想，長達數百年之久。

005

佛教的誕生
釋迦牟尼創立佛教

　　柔軟的被單、薰香的氣息、環繞的僕婢，將一位清麗的貴婦襯托得更加雍容。她的臉上雖有不少倦意，但一抹笑容卻始終掛在嘴角，因婢女正將她的新生兒迎來。貴婦看著這個甜蜜的小生命，心裡不由自主湧起一陣祥和之感。

　　這個小嬰孩被命名為悉達多，意為「一切願皆得成就」。他之所以如此受到重視，是因為他乃是喬達摩國王淨飯王的太子；而貴婦即是王后摩耶夫人，她和淨飯王都屬於「釋迦」（Shakya）一族，是建國於喜馬拉雅山南路的王族。淨飯王與摩耶夫人結婚二十多年，始終沒有子嗣，因此這次悉達多的出世，自然成為舉國關注的大事。

　　「據說悉達多王子的誕生很神奇呢！」國人對於小王子，可是傳說紛紛。「聽說王后原本無孕，有一夜夢見白象鑽入她的右脅，第二天就有喜了呢！」

　　「哦，如果是這樣，那王子可真是神異之子啊！希望他的誕生，能為咱們帶來更好的生活。祈禱濕婆大神能保佑王子，也保佑我們大家！」眾人一邊祝福著王子，一邊也不禁感懷起自己的貧苦生活：「是啊，是啊……」

　　印度是個歷史悠遠的國家，不過在其早期的印度河文明之後，就被一批來自歐亞大陸草原的「亞利安人」給征服了。亞利安人帶來其族的生活風俗、宗教信仰，使印度當地的族群盡皆成為「婆羅門教」的信眾。婆羅門教在社會上實施階級嚴明的「種姓制度」，

大致將「人」分成四種階級，即婆羅門（Brahmin，祭司）、刹帝利（Kshatriyas，王族、貴族武士等）、吠舍（Vaisya，一般平民）和首陀羅（Sudra，奴隸）；另外還有屬於「賤民」、不可接觸的「旃陀羅」（Sandra），他們多不被以「人」視之。階級之間不能隨意變換，高階之人若欲與低階者結親，還會被施以死刑！在此體制下，印度的社會流動極慢，升斗小民以下階級的生活，不但苦不堪言，更無法期待今生能有好轉之日。

悉達多雖是「刹帝利」階級出身，但他的國家並不強大，民生頗為凋蔽，首都迦毗羅衛也並非富饒；加上他出生後不久，母親摩耶夫人便即過世，使得他小小年紀，就對人世間的生離死別十分敏感。這位慈悲滿懷的少年，受到許多關於生老病死的無奈衝擊，見到階級制度難以破除，更讓他對人的現世苦難感到感傷。凡此種種，都在他心中種下希求擺脫苦難的芽苗。

悉達多十九歲時，迎娶堂妹雅蘇達拉，開始為成為一國之君作準備。不過在他心中，始終有些事情在縈繞著，常令他心煩意亂。例如，有一次他乘著馬車離開宮廷，在路上見到一個行將就木的老人，正用枯朽的雙手，努力將無法蔽體的衣服拉至胸前以避寒。悉達多見了頗為不忍，但身邊的馬夫只是淡淡地道：「殿下，世上到處都是這樣的老人家，『老』是人生必經的過程，誰也管不了的。」

悉達多心情低落，由著馬夫繼續前進。過不多時，他又見到一名垂死的病人，無力地呻吟著，幾聲重重的咳嗽，讓悉達多的眉頭益形糾結。他問馬夫為何這名病人如此痛苦，馬夫仍用著淡然的態度回答，病痛也是人世間的常態。

當他到了恆河邊上，原本打算沐浴一下，卻又看見河面漂來一具浮屍。那死屍全身浮腫，有不少地方已被鳥、魚啄食了，顯得污

穢噁心。悉達多感到一陣驚恐，正欲開口，馬夫已用他一貫的冷淡口吻說道：「殿下，這就是生命的終點，世上沒有人能逃過死亡，終將成為這個樣子的。」

●釋迦牟尼在菩提樹下冥思。

對悉達多而言，這浮屍無疑給了他一個深刻的震撼，特別是當他返回宮中時，王宮裡卻正要張燈結綵，一陣歡欣的氣氛洋溢在四周。悉達多知道這是為了他即將出生的孩子而準備的，但是既然生命終將走到如同浮屍的那一步，又何必那麼歡喜地慶賀它的來臨呢？他被這樣的問題困擾得不知該如何是好，即使周遭眾人都欣喜地向他道賀，他也無法提起興致，只能無奈地強顏歡笑。

不久後的某天夜裡，悉達多忽然醒了過來。他的腦海被先前所見到的生老病死所糾纏，無法理出頭緒，然心裡卻是空明一片——他要去找答案，要去找尋關於「人生」的答案！他悄悄地起身、著衣、出門，喚來了那位馬夫，告訴他自己的遠行計畫。馬夫是個忠誠無比的好人，見到王子的堅毅神情後，也決定追隨王子。

於是這一主一僕，便開始了混跡人群、潛心思索的旅程，不過開始時悉達多卻一直不得要領。經過好一陣子的思考後，悉達多決心效法僧侶們的苦修方式，拋棄一切的物質誘惑，他遣走馬夫，把自己投入全然的孤獨中。在這樣棄絕一切、苦證因果後，終於有了一絲心得。然他並不以此自滿，找了一棵枯樹，逕自坐在樹下，不吃不喝地持續苦思。歷經近二個月，悉達多終於領悟了生命的真理，成為「佛陀」，也就是所謂「大澈大悟的人」。佛陀悟道之地，正是今日的菩提迦耶。

得道以後，佛陀便在恆河邊的鹿野苑開始傳道，弘揚他的理念，以助眾生超脫苦難，佛教史上稱爲「初轉法輪」。佛陀講道簡單易懂，又強調只要一意存善便能超脫階級、無懼生死，很快便吸引了大批信眾。信徒們從此不再對現世悲觀，也不再一味地期待來世，因爲他們知道只要躬行佛陀的教誨，就能悟道成「佛」，免於涅槃與輪迴的折磨。

給21世紀的話語

佛陀死後，他的思想被弟子們四處發揚。百多年後，印度「孔雀王朝」的名君阿育王大力推動佛教，造就了印度佛教的黃金時代。後來佛教雖然逐漸式微，但印度周邊地區卻漸漸受到了佛法的感化，特別是中國。

● 白馬寺是佛教東傳中國後最先建立的佛寺，至今已有1900餘年的歷史。

在東漢明帝遣使赴西域求法的努力下，佛教進入中國。明帝在洛陽建了中國第一間佛寺「白馬寺」，並將由白馬駄來的佛經，置入寺中典藏。來自西域的名僧攝摩騰、竺法蘭等，將部分佛經譯成《四十二章經》，成爲中國佛教的早期經典。此後，佛法不但逐漸流行於中國，日本、韓國等地也因漢化影響，開始有了佛教信仰。

而佛教也漸與中國的儒家文化、民間信仰結合，成爲所謂「漢傳佛教」，有別於印度原生的佛教，另外也有比較接近原始佛教教義的系統，在中南半島流傳。

總之，佛教雖然不再流行於印度，但佛陀的教誨仍在東亞大陸傳布不已，法輪轉動不息！

儒家文化的開端

孔夫子傳道

　　自從周幽王無道導致犬戎入侵西周以後，周朝不但東遷至洛邑（今河南洛陽）而成東周，威勢也大幅滑落，逐漸演變成諸侯凌夷的局面。周朝王室衰弱，自也無力維持原本的儀制規範，久而久之，由周公制訂的禮樂制度，遂日漸崩壞。不過在東方，卻有個諸侯國將周公的理想奉行不二，成為眾所周知的「禮樂之邦」，此即「魯國」，約在今日的山東曲阜一帶。魯國是周公的封國，由於周公有監國之責，而命長子伯禽赴魯治理。此後，魯國即成為擁有禮樂優良傳統的國度。

　　西元前五五一年，魯國著名勇士叔梁紇喜獲麟兒，取名「孔丘」，他即是日後的孔子。叔梁紇當時已經是個六十六歲的老頭了，雖然此前已有一個名叫孟皮的兒子，但因孟皮足部有疾，叔梁紇並不喜歡他；因此孔丘誕生後，即受到相當的寵愛。

　　孔子三歲時，叔梁紇去世，才二十出頭的孔母顏徵在，為免孔子遭到口室施氏的迫害，便帶著他遷往別處。雖然生活艱難，但顏徵在仍相當重視孩子的教育，期望他能成為一個知書達禮的謙謙君子。孔子也不負母望，認真向學，年紀輕輕便成了鄉里之間頗有名氣的才子。後來他雖自稱十五歲時才開始致力向學，然實在此之前便已從母親的良好身教上，奠下了堅實的道德與知識基礎。

　　孔子十七歲時，顏氏過世，但他仍未忘卻母親的教誨，依舊堂堂正正地做人。當時孔子已在魯國官府中擔任小吏，認真負責很受好評，甚至連國君都有耳聞。兩年後，孔子迎娶宋人亓官氏為妻，

●《史記》中記載，孔子曾問禮於老子。老子之道家精神也深深地影響了中國文化的內髓。

隔年產下一子。魯國的君主昭公為了祝賀孔子，便致贈了鯉魚一尾，備感榮幸的孔子乃將兒子取名為「鯉」、字「伯魚」，以示對魯昭公的感激。後來，孔鯉生子「子思」，亦成為一位偉大的儒者，有「述聖」之稱。孔子與子思，都是儒家早期的重要人物。

孔子曾經問禮於道家早期人物的老子，他對老子雖然景仰萬分，但卻不盡能認同道家消極無為的主張。因此，孔子堅定地想以出仕實現自己的抱負。他的首要目標，便是家鄉魯國。

孔子青年時曾擔任魯國小吏，後來去了洛陽一趟（拜訪老子等名士），聲望更提升不少。當他三十歲時，魯國太廟正要舉行祭典，央請孔子擔任祭祀時的助理官員。向來重「禮」的孔子有了一展長才的機會，全力以赴。在祭典之前，無論事情大小，只要孔子一有疑問，立刻向人請教。問得多了，旁人都開始在背後譏笑他：「誰說孔丘知禮啊？根本什麼事情都要問別人嘛！」

孔子的弟子季路向來豪邁，聽到這些批評，便跑去向老師抱怨。孔子聽後，一本正經地回道：「關於所謂的禮節我是都知道的，但這次是宗廟大典，萬般疏忽不得，所以任何問題都該請教熟

習之人，到時才可免於疏漏。我就是因為這個道理，才積極向人請教的。」孔子說罷，又藉機教導季路關於「知」的意義。他說：「知之為知之，不知為不知，不知並不可恥，不知卻假裝知道，才是真正可恥的事啊！」

●孔子像。

因為孔子對政治、禮儀之事都相當熟習，各國君主也風聞這位魯國賢人的大名，乃興起求教、延聘之意。正巧當時魯國遭逢內亂，昭公出逃，令孔子對魯國政局失望。於是他便率領了弟子前往齊國，尋求實現政治理想的機會。

剛到齊國，齊景公便熱誠地接待他，並向他請教治國之道。孔子向景公闡述以禮、仁治國的重要性，並提出樽節開支等務實建議，聽得景公大為讚賞。景公很想賜予孔子一塊封地，讓他長久為齊國服務，不過齊國部分大夫畏懼孔子得勢將損及自己利益，便傳言欲害孔子，使孔子安全受到威脅，景公也投鼠忌器，不敢驟封。孔子在齊國悶等了兩年，確知自己已無發揮空間，只好再率弟子歸返魯國。

回到魯國後，孔子秉持「無道則隱」的原則，沉潛了十年以上。五十一歲時，孔子出而為魯國的中都宰，短短一年即讓當地物阜民豐，魯君便在次年升其為司空，成為全國建設的主管官員，不多時又升任大司寇，攝行宰相職權。大司寇孔丘勵精圖治，竟使魯國「大治」，甚至在魯、齊君主會面時，靠著自己對「禮」的透徹了解與剛正不阿的態度，迫使齊景公放棄了原先欲挾持魯定公而勒索魯國的計畫，並與魯訂約、歸還原先奪自魯國的三座城池，以謝

齊國之過。在孔子執掌魯國朝政之時，魯國內政、外交皆達高峰，可說是一段黃金時期。

雖然孔子政績卓著，但終其一生也只有此時得以發揮其政治長才。此後，孔子即未再任官，轉而在思想、學術、教育等領域中努力。因此他的主要影響力並不在當代的政治上，而是在世世代代的華人文化內涵中。

孔子五十五歲時，因對魯國朝政失望而辭去大司寇之職，從此展開長達十四年「周遊列國」的流離生涯。雖然孔子的確「遊」了不少國家，但當時孔子一門其實並沒有多少旅遊的愜意，反而還面臨了「絕糧於陳」長達七日的窘迫局面。然而，即使在這般艱難的環境中，孔子依然講誦弦歌不止，讓弟子們為他的從容氣度讚佩不已。

給21世紀的話語

孔子將原本屬於貴族的教育內容，推及到平民百姓身上；他以有教無類的態度教育門下，以其才學「刪詩書、定禮樂、作春秋」，締造了「弟子蓋三千焉，身通六藝者七十有二人」（皆史家語）的偉大教育成就。七十二賢弟子，包括「復聖」顏淵、「宗聖」曾參、季路、子貢、宰我等，都努力實踐孔子的教誨，將其學說發揚光大。

孔子身雖遠去，但他的思想卻因此流芳百世，除了中國之外，日本、韓國、越南等也深受影響，形成了所謂的「儒家文化圈」，造就東亞大陸最主要的學術思想和文化內涵。

馬其頓雄獅
亞歷山大遠征記

⮕ 亞里斯多德教導亞歷山大（右）的情景。

西元前三二四年，年僅二十的馬其頓王亞歷山大，率領一支人數不多的軍隊東征十年，滅掉了第一個橫跨亞、非、歐三大洲的大帝國——波斯帝國，並代之而起建立一個新的帝國——亞歷山大帝國。其版圖與人口皆超越波斯帝國，囊括了古代世界四個文明發源地：希臘、埃及、兩河流域和印度河流域。雖然亞歷山大早逝，其帝國亦為時短暫，但卻在歷史上留下了深刻影響，開創了希臘化時代（西元前三三四～前三○年）。

亞歷山大所在的馬其頓王國，地處希臘的北部邊緣地區。西元前四世紀時，希臘古典文明正走向衰落，經濟萎靡，各城邦之間混戰不已。昔日強大的兩個城邦雅典和斯巴達，既無力解決內部的困難，更無力把希臘從危機中拯救出來；而一向被希臘人視為蠻夷之邦的馬其頓王國，卻正在興起。馬其頓國王腓力二世勵精圖治，對內發展經濟，進行軍事改革，創建了馬其頓方陣；對外則加強和希臘各邦聯繫，吸收古典希臘文化（聘亞里斯多德為其子亞歷山大之師），因而很快發展起來，逐漸吞

併周圍地區，擴張逼近希臘文明中心地區。希臘各邦有些人認為馬其頓是比波斯更具威脅的敵人，於是組成反馬其頓派，但卻無力加以阻止；也有一些人將拯救希臘的希望寄託在馬其頓身上，形成親馬其頓派，他們企圖借馬其頓之力鎮壓奴隸和平民的反抗，鞏固貴族統治，更要借它之力東征波斯帝國，以實現「把戰爭帶給東方，把財富帶回希臘」的夢想。

西元前三三八年，腓力二世率軍與希臘聯軍戰於喀羅尼亞，聯軍敗北。次年，在科林斯城召開希臘各邦大會（斯巴達未參加），腓力二世被尊為希臘盟主，決定組成以馬其頓為首的東征軍，遠征波斯。但不久腓力二世遇刺身亡（西元前三三六年），亞歷山大被擁立為王，他迅速鎮壓了希臘各邦的叛亂。而後，亞歷山大肩負鞏固馬其頓王國對希臘霸權的重任，開始東征。

當時波斯帝國內部階級、民族衝突與王室陰謀不斷，耗損國力甚巨；同時，巴比倫尼亞、小亞細亞、敘利亞等地總督也都曾起兵反抗中央。因此，亞歷山大東征之時，正是波斯帝國嚴重削弱之時，時機大好。

西元前三三四年春，亞歷山大率三萬步兵和五千騎兵開始東征之旅，隨行者包括歷史學家、地理學家和自然學家。東征以科林斯同盟名義進行，當時波斯集結了呂基亞、弗里吉亞、卡帕杜奇亞人及部分希臘傭軍於小亞細亞西部，以迎擊亞歷山大軍。西元前三三四年，雙方第一次交戰於格拉尼庫河附近，亞歷山大在戰鬥中負傷，大流士之子斯彼特里達特戰死；最後由馬其頓騎兵征服此役，為亞歷山大打開了通往小亞細亞各港口的通路。亞歷山大決定沿小亞細亞西海岸行進，取得波斯艦隊及其在小亞細亞沿岸的基地，然後奪取腓尼基和敘利亞；不久，他便不戰而得整個呂基亞和弗里吉亞。

● 亞歷山大東征路線圖。

西元前三三三年夏，馬其頓人奪取小亞細亞的西里西亞；同年發生伊蘇斯會戰，大流士三世臨陣脫逃，波斯軍遭慘敗，其母及妻女皆被俘。遠征軍進占敘利亞，腓尼基多數城市自動歸降，只有推羅是經七個月圍困後方被攻下，此後波斯海軍大部為亞歷山大所有。

大流士三世欲讓出被亞歷山大占領的地方（幼發拉底河以西全部土地），並把被俘虜的女兒斯塔提拉嫁給亞歷山大，加上一萬塔蘭特白銀，以贖取王室成員並簽訂和約。但亞歷山大回應，他要的是整個波斯國土，大流士三世需承認他為「亞洲之王」並親自前去談判；但上下被拒絕。

前三三二年秋，亞歷山大前往埃及。埃及不戰而降，並宣布亞歷山大為上下埃及之王。同年，他開始在埃及建亞歷山卓城。隔年春，亞歷山大從埃及出發，經巴勒斯坦和敘利亞向巴比倫尼亞進發；同年在兩河流域北部的高加米拉發生激戰，大流士三世再次臨陣脫逃，他逃往巴克特利亞後被當地人所弒，波斯帝國宣告滅亡。

亞歷山大未立即追趕大流士三世，他陸續攻占波斯帝國的四個首都：巴比倫、蘇薩、愛克巴坦尼和帕賽波里斯，劫掠王宮和國庫，並焚毀了帕賽波里斯的王宮。而後，他才向東去追擊大流士三世，接連占領了東部伊朗和波斯帝國的中亞部分，在這裡他遭遇到了頑強的抵抗，耗費了三年時間。西元前三二七年，亞歷山大進軍印度河流域，占領了此區；兩年後，亞歷山大兵分海陸兩路返回巴比倫，結束了他長達千里路程的東征。

亞歷山大的十年東征，征服波斯帝國，建立起地域遼闊的新帝國，給當時的希臘人留下了深刻印象。

哲學家德墨特里奧斯亦說：「假使五十年前，有位天神對波斯人或波斯大帝，對馬其頓人或馬其頓王，預言他們的前途，說今日幾乎囊括整個世界的波斯，此後將僅留下一個名字，而從前名不見經傳的馬其頓，今後將統治整個世界，難道他們會相信嗎？人類的命運真是變化無常。……」

東征的勝利和亞歷山大帝國的建立，除當時客觀形勢之使然外，亞歷山大個人的才幹無疑起了重大作用。當他於西元前三二三年猝死於巴比倫後，帝國突然失去了賴以存在的支柱，便立即轟然倒塌了。部將們為爭奪帝國遺產而進行戰爭，終使帝國分崩離析，形成了埃及托勒密王國、塞流卡斯古王國、馬其頓王國等三大王國和若干小王國。

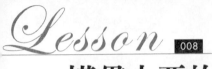

橫貫中亞的「鑿空」事業

張騫通西域

➡ 描繪漢代貴族交遊的壁畫。

　　漢高祖劉邦是中國歷史上第一位平民出身的皇帝，不過他雖開創了漢朝的基業，仍面臨著北邊強權「匈奴」的威脅。他曾經滿懷雄心壯志地御駕親征，沒想到卻遭受到難堪的「平城之圍」，還得難堪地靠謀臣陳平的「美人計」才得安返。此後，劉邦不敢再言興兵，乃以「和親」之法討好匈奴。經過其後惠帝、呂后、文帝、景帝等後繼者的遵行，成為漢初的基本國策。但在「文景之治」的盛世之後，年輕氣盛的漢武帝劉徹繼位，認為過去的「和親」國策實在太過屈辱，終於決定改弦易轍，和匈奴一決雄長。

　　但是匈奴畢竟是當時東北亞的最強勢力，就戰力而論恐怕還在漢軍之上；漢朝數十年來的退讓政策，也令漢軍的戰意較為薄弱。因此，劉徹也無法一下就對匈奴進行全面戰爭，得另尋有用之法。

劉徹從漢朝俘虜的匈奴人處得知，在中國西北的河西走廊一帶原有一個叫做「大月氏」的國家，曾和匈奴起釁。大月氏最後不敵匈奴，不僅被迫西遷避難，國王還被匈奴軍殘忍殺害，並將其頭顱做成酒杯。大月氏人怨憤不已，但卻苦無援手為其報仇雪恨。因此，劉徹乃決定聯合大月氏，兩面夾擊匈奴，希望能將匈奴一舉消滅。於是，劉徹開始積極籌備出使大月氏的事宜，至於領隊的使臣，他則看中了時任自己侍從郎官的張騫。張騫沒有異言，接下了這個任務，史稱「張騫通西域」的接觸行動於是揭開序幕。

　　所謂的「西域」，指的是漢朝西邊的廣大土地，以今日來說大致為中國新疆及其以西地區，對當時的漢朝而言，幾乎是個全然陌生之處。張騫在西元前一三八年，領著百餘名漢朝使者，由今日的甘肅一帶出發進入河西走廊，不得不承認，這是需要極大勇氣的。

　　張騫的旅途並不順利，他們進入河西走廊後不久，便遭遇到匈奴的軍隊，並且被俘。匈奴人雖未殺害張騫，卻將使團人員全數擄至王庭。此時看來，張騫的任務似乎是要以失敗告終了。不過，張騫雖在當地成家立業娶妻生子，卻一直抱著完成任務的心志，史書上說他「持漢節不失」。十年多後，張騫奇蹟地逃離了匈奴的掌握，繼續西行。

　　張騫經歷千辛萬苦，幸運抵達大宛。這個以出產名馬著稱、後來為劉徹所滅的國度，對張騫頗為照顧，還派遣了嚮導和翻譯為張騫引路。有了大宛人的幫助，張騫乃在不久後到達另一西域大國康居，並由康居轉達大月氏。

　　到了大月氏後，張騫滿懷希望地前往拜見大月氏王，傳達劉徹的聯盟之意。無奈大月氏不久前才征服了新地，對於復仇之事不再熱衷。聞此，張騫只好帶著遺憾，踏上返國之路。

　　張騫歸途上竟然又被匈奴俘虜！「幸運的是」，這次他只被囚

禁了一年多，趁匈奴發生內亂的機會逃了出來，到西元前一二六年，張騫才終於返抵國門，距離當年出行之時已過了十三年之久！漢、匈之間，早就進入互相攻伐的狀態了。

對漢朝而言，張騫的聯合大月氏任務，似乎沒有達成。

然而事實上，張騫的任務不但不能算失敗，甚至該說取得了比聯盟成功更重要的成果。因為張騫將他在西域的多年見聞帶回中土，讓中國可以開始了解陌生的西域，也讓漢朝能夠依此建立更靈活的戰略，因此劉徹不但沒有怪罪於他，反而還將他封為「太中大夫」，留張騫在身邊以繼續徵詢其意見。後來，張騫便藉著他對西域的豐厚知識，提供漢朝許多重要意見，例如協助大將衛青出征建功、建言取道西南夷地以達印度等。

西元前一一九年，匈奴受漢朝打擊不小，勢力被迫西遷，張騫建議應立即聯合位在伊犁河流域一帶的西域大國烏孫夾擊匈奴，「以斷匈奴右臂」。劉徹認為有理，遂再派遣張騫帶著大批禮物及隨員三百餘人，出使西域聯絡烏孫。這次，張騫成功地抵達烏孫，雖因烏孫不敢與匈奴為敵而沒能聯盟成功，但他派了許多副使至西域諸國訪問，包括他上次曾到過的大宛、康居、大月氏等國，這些國家後來都派遣使臣前往中國，象徵了中國與西域的正式接觸。

●張騫通西域圖。

　　張騫於西元前一一五年返抵國門，隔年即病逝。

　　他的貢獻卓著。除了在政治上，讓漢朝對西域的了解加深，而能在西元前六○年設立「西域都護府」，將西域納入麾下，拓展了中國的版圖；經濟上則開啓「絲路貿易」的序幕，讓中國的絲綢、漆器、鐵器等產品，能經由西域一路銷往西方，中國本土以外的馬匹、香料、寶石及各式水果等，則能同路運往中國，中西貿易因此順利展開。宗教、藝術等無形的交流更是顯著，除了音樂、舞蹈、建築、繪畫風格等的東漸中國以外，佛教也在西漢中後期以後由絲路傳入中國，構成中國文化的重要內涵。而之後的千百年裡，中西之間的文化也不斷透過絲路進行交流，讓中國不致孤絕於世界其他地區，世界其他地區也能藉此認識中國，在地理大發現尚未開始前，世界仍像某種程度的「地球村」。

　　中國史書將他的行動稱爲「鑿空」，意思是鑿開了原本封閉的中國對外之窗。光從這點來看，「張騫通西域」的影響有多深遠，也就非常明顯了。

我愛凱撒，但我更愛羅馬

終結羅馬共和的謀殺

西元前四四年，羅馬獨裁者凱撒在元老院被刺死，參予謀殺者均為羅馬元老貴族，為首的是獲得凱撒信任的元老貴族布魯圖斯。關於刺殺凱撒的情況，普魯塔克在《凱撒傳》中有詳細敘述：

喀西約對凱撒刺了第一刀，梅幾留司那時正用雙手抓住凱撒的袍，將他的袍從頸部拉下來，作為謀殺的動手記號。或出於慌亂之故，喀西約的一刀並未致命，凱撒立即轉過身去，一把抓住匕首。此時凡未參予此陰謀的人都驚駭不已，而那些準備動手的人則手執白刃，圍著凱撒，不管他躲向哪一邊，都難逃猛刺，因為他們曾約定，每人都得刺他一刀，親沾其血。布魯圖斯也在他身上刺了一劍。凱撒遭刺殺時掙扎著左右騰轉，以避刀鋒，同時大聲呼救，但當他看到布魯圖斯也拔出劍來時，便用自己的袍掩蓋了面部，不再抗拒，任自己倒了下去。

凱撒沒想到布魯圖斯會參予其事。他曾對人暗示，雖然布魯圖斯得以成為稱職的統治者，但絕不會以卑鄙和忘恩負義的手段來奪取它。

在莎士比亞的《朱立亞‧凱撒》一劇中，布魯圖斯在刺殺凱撒後的一次公民大會上說：「今天在場的群眾中，若有凱撒的忠誠好友，我要申明，布魯圖斯亦如他一般愛著凱撒。若是那位朋友質問我何以起來反對凱撒，我只能回覆他，『我愛凱撒，但我更愛羅馬』。」布魯圖斯等人意在維護元老貴族的特權地位，保護不合時宜的共和制度，反對凱撒獨裁所牽引出來的帝制和軍事獨裁傾向。

⟐凱薩頭像。這位獨裁者眼中，透露出不凡的堅毅性格。

　　凱撒生活在共和時代晚期，當時羅馬正經歷嚴重危機。它原僅是義大利中部臺伯河畔的一個小城邦，從西元前五世紀始，經過兩個世紀的東征西討，統一了義大利半島；又經過兩個世紀的對外征服，至西元前一世紀占領了地中海周圍地區，一個地跨歐、亞、非三大洲的大帝國就此浮現。然而，隨著對外征戰和奴隸制經濟的發展，城邦制度和共和制度已喪失了自己的經濟（大地主制發展起來）、社會（無產者日多，不能正常行使公民的權利）、軍事基礎（破產失業者增加，公民兵制隨之不能實行），各種衝突激化：奴隸和領主間、平民和貴族間、騎士和元老貴族間，以及被征服地區居民和羅馬人間的衝突等等。

　　西元前六〇年，羅馬三個野心家龐培、克拉蘇和凱撒結成祕密同盟，史稱「前三雄政治」，普魯塔克說它是「消滅貴族政權的真正的國家政變」，即是反對元老貴族和奪取國家權力。三雄之間各懷鬼胎，各有所圖。西元前五六年，三雄在路卡會晤，暫時修補了彼此間的裂痕，並瓜分了勢力範圍：凱撒在高盧的權力延長五年，並有權將軍隊增加到十個軍團，在總督任滿後出任西元前四八年執政官；克拉蘇和龐培擔任西元前五五年執政官，卸任以後分別出任

敘利亞和西班牙總督。但克拉蘇好大喜功，擔任敘利亞總督期間，遠征帕提亞時失敗身亡，於是三雄剩下兩雄。凱撒在高盧勢力膨脹太快，龐培和元老院均感到威脅，於是聯手壓逼凱撒交出兵權，遭到拒絕。最後元老院宣布緊急狀態，並授權龐培招募軍隊保衛共和國，宣布凱撒為公敵。

西元前四九年元月，凱撒忍無可忍，率兵渡過盧比康河，向義大利進軍。對此龐培和元老院束手無策，被迫逃往希臘。凱撒勝利進入羅馬，奪取了政權。西元前四八年，凱撒前往希臘與龐培作戰，龐培於希臘的法薩盧一戰敗北，逃往埃及被殺。凱撒追擊龐培到了埃及，扶持克麗歐佩特拉為埃及法老，後又打敗了小亞細亞的本都王國，殲滅龐培在非洲的餘黨。西元前四五年，凱撒又鎮壓了龐培之子在西班牙的反抗，結束了內戰。

凱撒回到羅馬後，被推舉為終身獨裁官，成為集軍、政、司法、神權於一身的獨裁者。共和國至此已名存實亡。在內戰和獨裁期間，凱撒採取了一系列措施：改組元老院，增加元老數目，把自己的親信安插進去；增加高級官員的數目，點選一批騎士和義大利上層人物，擴大統治階級基礎；採取措施改善行省管理制度，頒布反對行省官吏勒索和舞弊的法令，廢除亞洲諸行省中的包稅制；擴大授予羅馬公民權的範圍，山南高盧和西班牙的一些城市獲得公民權；在各行省建立殖民地，安置老兵和貧苦公民。

凱撒對平民採取兩面性政策：一方面滿足平民的部分要求，如削減其拖欠的部分房租，擴大城市平民就業等；另一方面又削減免費發放糧食人數，從三十萬減至十五萬。凱撒對反對他的元老貴族十分寬大，不僅赦免了大部分龐培的支持者，有些更授以高官；如參加謀刺凱撒的布魯圖斯、凱西約等原是龐培派，他不僅加以赦免，還視之為親信。凱撒還下令建築廣場、劇院和廟宇，從埃及聘

請希臘天文學家制訂曆法，即朱立亞曆，定一年爲三百六十五日，四年一閏，自西元前四五年元旦起實行。

然而，凱撒的獨裁傾向爲元老貴族所不容。集終身獨裁官、執政官、監察官、終身保民官、祭司長、大元帥等頭銜於一身的他，獨攬行政權、監察權、神權、軍權，破壞了共和體制，共和機構等同名存實亡：元老院、公民大會和各種官職、機構均聽命於他。他有權任命元老和其他官職，要求官吏宣誓不違抗他的決定；他的出身被神化，出生月分也按其姓氏而改了名（七月），更有人給他戴上王冠，這一切說明了帝國已成趨勢。凱撒的勝利與其獨裁，實際上便是帝制戰勝了共和；另一方面，共和傳統在羅馬仍根深柢固，當他拒絕王冠時受到人們的歡呼，而一些元老貴族更是對共和制度十分留戀，對帝制持反感。正是在這種形勢圍繞下，布魯圖斯等人刺殺了凱撒，在其政敵龐培送給元老院的建築物中，被刺死的凱撒「不知是偶然還是那些謀殺者拖到那邊去的，恰恰倒在龐培雕像的基座下面，使它也被他的血所濺濕，看來活像龐培自己主持著對他敵人的報復，他就躺在龐培的腳下……」

凱撒雖死，共和制亦未能存活多久。西元前四三年，屋大維、安東尼和雷比達結成新三雄。西元前三〇年，屋大維戰勝其他二人，成爲獨裁者，他建立了新的統治形式——元首政治，即披著共和國外衣的帝制和軍事獨裁。羅馬從此正式進入了帝國時期。

給21世紀的話語

羅馬共和國晚期已無法維護領主統治，在內部三個重要問題上展開了激烈的爭論：

（一）如何解決兵源危機的問題。格拉古兄弟想恢復公民兵制，遭失敗被殺；後馬略以傭兵代之，雖解決了兵源問題，卻也爲

軍閥制度、軍事獨裁和帝制的建立基礎。

（二）擴大統治階級的問題。即不僅由元老貴族統治，騎士、義大利領主、行省領主亦得參與政權，遭到元老貴族反對，一般羅馬人也不願與他人分權，衝突激烈。然而鞏固羅馬領主統治，擴大統治階級基礎乃是大勢所趨。是以，騎士、義大利和行省領主逐漸參與羅馬統治。

（三）統治形式的問題。即仍然用共和國的方式統治呢？還是尋找新的形式，如軍事獨裁或帝制？元老貴族極力維護共和國的形式，以保有實權。但馬略改革後出現的傭兵制，為軍事獨裁的體現。西元前一世紀末發生的蘇拉獨裁表明，顯示羅馬貴族已找到新的統治形式。而基於羅馬共和傳統的影響，尤其是元老貴族的反對，蘇拉獨裁時間並不長，一些措施在他死後也跟著煙消雲散。

西元前七三年所發生的斯巴達克奴隸起義，再度證明了共和國已無法維持統治了，加速了古羅馬從共和走向帝國的過渡。凱撒刺殺事件，僅是這其中的序曲。

影響最為深遠的殉道事件

耶穌受難記

　　自從耶穌到耶路撒冷（Jerusalem）傳教以後，雖然信徒日眾，但也遭到猶太人的嫉恨。因為猶太人多信仰猶太教，認為猶太人是耶和華的唯一子民，耶穌卻膽敢聲稱只要接受洗禮、服從天主便能獲得救贖，根本是在「妖言惑眾」。於是猶太人們以三十枚銀幣收買了耶穌十二門徒之一的猶大，要猶大為他們指出耶穌的行蹤。

　　猶太曆正月十五日「除酵節」的第一日，耶穌偕諸弟子在城裡進行「逾越節」的宴席，發生了著名的「最後晚餐」事件。耶穌似乎真有神通，早就預知了猶大的背叛，席間他竟突然說道：「我老實告訴你們，你們中間有個人要出賣我了！」眾人一聽，又驚又懼——尤其是猶大，一個個忙著向耶穌探問：「主啊，是我嗎？」耶穌沒有明確回答，只說：「同我蘸手在盤子裡的，就是他要賣我。人子（意為上帝之子，耶穌自稱）必要去世，正如經上所說；但出賣人子之人，卻要有禍了！那人還是別生在人世間的好。」

　　猶大心虛地問道：「老師，是……是我嗎？」但耶穌只輕輕說了聲「是吧」，不置可否，真相仍未大白。之後的晚餐便在愁苦緊張的氣氛中進行。耶穌將葡萄汁、麵餅比喻成自己的血肉，祝福門徒，並稱今後將不再飲食，「直到我在我父的國度裡再同你們一起喝」。耶穌未再威嚇猶大，不過猶大心裡仍難脫惴惴，直到宴席結束。

　　吃完這最後晚餐後，耶穌領著一些人到山上，說道：「今夜，你們因為我的緣故，怕都要跌倒了。」眾人不解，耶穌解釋道：

「經文上說：『我要擊打牧人，羊就分散了』。」大家這才了解耶穌乃是藉此告訴大家，分離的時候已到。果不其然，就在他們談話間，便有一群人隨著猶大而來，耶穌道：「時候到了，人子將要被賣到罪人手裡了。大夥起來吧，賣我的人近了。」眾人一看，正見到猶大向那群人的首領低語。不一會兒，猶大便走近耶穌，說道：「向老師請安。」接著便親吻了一下耶穌。這動作其實是一個暗號，尾隨猶大的那群人一見猶大的親吻對象，立時便知誰是耶穌而能將之縛綁。但耶穌似乎早就看出他們的意圖，只是淡然地說：「朋友，你們來吧，要做的事就做吧！」

　　一聽這話，那些人便即忙不迭地要綁住耶穌。耶穌的門徒裡，有人見到耶穌受辱，便抽刀抵抗，一刀斬下來人之一的耳朵。耶穌見狀，制止了門人的武力反抗，慈愛地說：「收刀入鞘吧！凡動刀的必死在刀下。」然後回頭對來人說道：「你們帶著刀棒來拿我，

耶穌基督的諸多主張和偉大人格，讓他在受難後成為西方世界的尊崇對象。

是當成抓強盜嗎？我天天都在殿上講道，你們怎麼都不來呢？你們直接綁我吧，因為這一切都成就先知書上的預言了。」見到耶穌不願抵抗，那些人也就不客氣地將他抓走了。

　　毋須特別介紹，耶穌是將耶和華的愛，藉由猶太人傳給所有世人。在他之前，猶太教義相當狹隘，耶和華乃是猶太人專屬的神；在猶太人受到諸多迫害後，這種信仰更形強化。幸好羅馬帝國對宗教的態度大體寬容，猶太教在當時並未受到諸如過去「巴比倫囚」之類的嚴重迫害。然而猶太人的競爭意識十分強烈，他們期望猶太教能被推廣爲整個帝國的宗教，將耶和華的慈暉推廣給非猶太裔族群。他們甚至宣稱自己就是「彌賽亞」（messiah）——希伯來文之「受膏者」，教義上有「救世主」之意，希臘文即是「基督」（Christos）——令他們難以接受。

　　一些信仰堅貞的猶太人，對耶穌自稱「人子」，因爲「凡婦人所生的，沒有一個比施洗約翰還偉大的，但天國裡最小的也比約翰偉大」的這些論調非常反感；更不能接受耶穌所謂——不要盲從過去教誨，只要相信「天國是努力進入的、努力的人就能進入」這類讓猶太人失去天國特權的主張。猶太祭司們因此忍無可忍，採取了激烈的手段緝拿耶穌。在猶大的「協助」下，終將耶穌捕獲，送交當地的猶太大祭司該亞法處，聽候審判。

　　該亞法是個堅定頑固的猶太教祭司，他對耶穌本就十分感冒，故在審判之前，心裡早有定案——耶穌必須死！於是他召集猶太祭司，欲挾民氣以致耶穌死罪；又找來許多所謂的「信徒」以「揭發」耶穌的「罪行」，但始終不得眞憑實據。該亞法心一橫，索性來個欲加之罪：「我指著永生的神叫你起誓，告訴我們，你是神的兒子彌賽亞嗎？」

　　「你說的是，」耶穌平靜地回答：「而我告訴你們，你們將見

到人子坐在那權能者（指上帝）的右邊，駕著天上的雲朵降臨。」該亞法聽後，既怒耶穌的大膽狂妄，又喜終有治他的罪名。他撕裂了衣衫，大喊：「說了這種僭妄的話，還需要什麼證人？他這僭妄之言是大家都聽到的了！」眾人一經煽動，也覺得耶穌說了僭越之言，紛紛要求將他處死，甚至衝上前去攻擊耶穌。雖有幾位持重的祭司力勸大家冷靜，卻也沒有效果。於是，耶穌被祭司們判決死刑，並送交羅馬帝國在當地的統治長官彼拉多。彼拉多對耶穌並無特別好惡，甚至還有點同情耶穌；但為了當地的宗教秩序，只好接受猶太法庭的判決，同意處死耶穌。

耶穌被憤怒的猶太祭司判了釘死於十字架的刑罰，沿途還不斷遭受群眾的唾沫污辱、鞭打襲擊，以及言語的奚落。有人取笑他自稱「猶太人之王」、有人笑說「能救別人卻不能救自己」，最多的則是質疑他既是上帝之子，怎會不得上帝的護持？耶穌雖沒因此毀棄對上帝的信仰，但他孱弱的身軀仍不敵其所遭受的痛苦煎熬。不久耶穌斷氣，回到他所稱的天父之國。死前他的最後一句話，乃是「我的十字架使命完成了」。

給21世紀的話語

耶穌受難三天後，傳說出現了「復活」神蹟。從歷史來說，復活難以驗證，受難則是千真萬確的事實，而受難更造成耶穌信徒的團結與其教義的推廣，形成日後的基督教——其實就是現稱的「天主教」。西元三八○年二月二十七日，狄奧多西大帝明定基督教為羅馬帝國國教，讓基督教義成為西方世界的思想主流，影響日後整個歐洲文明的發展。耶穌的受難雖是個人的犧牲，卻讓普世群眾能夠獲得精神的依託，可說是人類文明史上影響最為深遠的一次殉道事件了。

終結羅馬八百年的歷史

「蠻族」摧毀西羅馬帝國

西元四七六年，西羅馬帝國皇帝奧古斯都‧羅慕路斯被日耳曼蠻族傭軍首領奧多亞克所代，宣告了西羅馬帝國的滅亡。西羅馬帝國之所以滅亡，一方面是由於它所代表的制度已經腐朽，帝國失去了社會經濟基礎；另一方面則是內部動亂、外部入侵打擊的結果，蠻族瓜分了西羅馬帝國的版圖。

⬥屋大維像。屋大維由元老院授予「奧古斯都」榮銜，奧古斯都是羅馬時代的一種英雄封號，乃神聖、至尊之意。

日耳曼蠻族大規模向羅馬帝國入侵，始於西元四世紀。起因為原居中國北部的匈奴人西遷，迫使日耳曼人離開其原居地，轉入羅馬帝國以逃避匈奴兵鋒，造成日耳曼諸部落的大遷徙浪潮。當時羅馬帝國正經歷世紀危機，內部動亂使帝國受到嚴重削弱，為蠻族入侵提供了良機。

西元三七四年，數十萬匈奴人在巴蘭姆伯爾率領下，從匈牙利向西推進，住在德涅斯特河附近的部分東哥德人歸附了他們；餘部則渡過德涅斯特河，向達西亞逃生。原居達西亞的西哥德人不戰而潰，退至多瑙河北岸，要求進入羅馬帝國避難，並表示願為帝國邊防軍提供兵員。在解除武裝、提供人質的條件下，羅馬皇帝瓦倫斯同意了他們的要求，同時答應給予土地、供應糧食。三七六年，西哥德人渡過多瑙河進入羅馬帝國境內；然羅馬政府食言，不僅不供應糧食，反加勒索，拐賣西哥德人為奴，迫使其奮起反抗，占領了

色雷斯大部地區。部分東哥德人亦進入帝國境內與之會合。不到兩年，西哥德人在弗利提恩率領下與瓦倫斯戰於亞德里亞堡，羅馬軍慘敗，瓦倫斯被殺。

西元三七九年即羅馬帝國皇帝位的狄奧多西採用懷柔政策，讓東哥德人定居潘諾尼亞，西哥德人定居色雷斯、馬其頓等地，並分予土地、供給糧食，平息了起義。

西元三九五年，狄奧多西死，帝國分裂為東、西兩部，西哥德人在阿拉里克率領下橫掃馬其頓和希臘。西元三九七年，阿拉里克成了伊呂里庫姆地區總督，他利用此合法地位收繳大批武器和糧食，於西元四〇一年進兵義大利被阻；四〇八年，他再次進攻義大利，直抵羅馬城下，占領奧斯提亞港，斷絕羅馬糧道。羅馬人只得求和，向阿拉里克交出五千磅黃金、三萬磅白銀。

西哥德人雖離開羅馬，卻未離開義大利，他們揮師北上，包圍當時羅馬帝國政府所在地拉溫郡，要求割讓威西尼亞、伊斯特里亞、諾立克和達爾馬提亞，但被拒絕。四一〇年，阿拉里克率軍南下再圍羅馬，是年八月某夜，城內奴隸打開城門相迎，羅馬遭西哥德軍隊洗劫六天。不久阿拉里克病逝，其妻弟阿多爾福成為西哥德人領袖。四一二年，西哥德人進入南高盧，又越過庇里牛斯山進入西班牙。四一九年，阿拉里克之孫提奧多里克繼任為領袖，他以圖魯斯為首都建立了西哥德王國，包括南部高盧和西班牙，結束了歷時近半個世紀之久的遷徙。

西哥德人進入西班牙，迫使汪達爾人南遷，轉入北非。汪達爾人原住斯堪的那維亞半島南部，西元前一世紀時遷居波羅的海南岸，三世紀時南下中歐，定居在羅馬帝國潘諾尼亞省，一些蘇維彙人和阿蘭人也來此與之混居，後因受匈奴人壓迫，西移至諾立克和里西亞省。西元四〇六年，江達爾人和阿蘭人侵入高盧，三年後進

➔高盧人的青銅頭盔。

入西班牙。當西哥德人進攻西班牙時，汪達爾人在貢塔里克率領下苦戰十年，於四二五年被迫退居半島南端卡塔里亞和塞維利亞。貢塔里克死後，其弟蓋塞利克繼任為領袖，率部眾十八萬人攻打羅馬帝國北非行省，與北非的阿哥尼斯特運動會合。西元四三五年在希波城下，汪達爾人和羅馬人簽訂協議，成為西羅馬帝國的同盟者，向帝國交納少量貢賦；四年後，蓋塞利克撕毀協議，進攻羅馬，並占領北非迦太基。蓋塞利克以迦太基為首都建汪達爾王國，終結了西羅馬帝國在北非的統治；又於四五五年渡海進攻義大利，攻陷羅馬，洗劫十四天，使羅馬遭受嚴重損失。

當西哥德人和汪達爾人建立自己國家的同時，原居萊因河下游的法蘭克人也開始遷徙。四世紀末，一支名為濱海法蘭克人的部族來到羅馬帝國的埃斯考河和馬斯河下游；另一支名為濱河法蘭克人的部族則定居於萊因河和馬斯河一帶。五世紀初，法蘭克人在巴高達支持下，於四二〇年向南推進，此咸認為法蘭克人遷徙的開始。他們步步為營，不棄原據地，只是擴大地盤。西元四五一年春，匈奴王阿提拉攻打高盧，法蘭克人與西羅馬帝國、西哥德人、勃艮第人等聯合與之對抗，戰於加泰隆尼亞平原的特洛耶城附近。戰後，阿提拉退出高盧，西羅馬軍隊亦返回義大利，濱海法蘭克人之領袖

墨洛溫乘機向南侵，把疆域從埃斯考河擴展至松姆河流域。墨洛溫之孫克洛維繼任爲領袖後，聯合其他法蘭克人，與羅馬化的高盧貴族西阿格留斯所建王國戰於蘇瓦松附近，西阿格留斯兵敗被殺；西元四八一年，他以蘇瓦松爲首都建法蘭克王國，不久遷都至巴黎。五〇七年，克洛維占領高盧全境，到六世紀時，法蘭克王國據有了與今日法國疆域相當的地區，成爲西歐最強大的日耳曼蠻族王國。

當法蘭克人進入北高盧時，另一支日耳曼勃艮第人占據了高盧東南隅。他們原居波恩荷爾姆島，後遷至奧德河一帶，四世紀時南下跨過萊因河進入高盧。四三六年，他們在貢德里斯率領下遷至羅納河流域；在和法蘭克人等一起打敗匈奴後不久，他們以里昂爲首都建立了勃艮第王國，切斷了西羅馬帝國和高盧的聯繫。

羅馬帝國行省之一的不列顛，也被盎格魯薩克遜人和朱提人所占。盎格魯人原居日德蘭半島南部，半島北部爲朱提人居住；撒克遜人原居易北河和威悉河下游，五世紀中葉當匈奴人進犯北歐時，他們渡海到了不列顛。當地原住民塞爾特人在西元一世紀時被羅馬征服；羅馬人於五世紀前期撤出，塞爾特人獨立，然其內部四分五裂，爲盎格魯薩克遜人侵入此地提供了機會。首先是朱提人應塞爾特人之邀抵禦外族入侵，進入肯特地區；與此同時，薩克遜人則從北海東南岸起程，進入英格蘭，然後溯烏斯河向南進發，在劍橋附

畫作「羅馬劫」。羅馬的興起，是地中海文明的中繼與發揚；羅馬的衰落，是中歐蠻族在歷史的登場。

近登陸，進入英格蘭中部。塞爾特人曾激烈抵抗這些入侵者。西元五五〇年左右，薩克遜人打敗塞爾特人，把疆土擴大至布里斯托灣；六一三年，盎格魯人在今之諾丁罕郡之賈斯特獲勝，把占領區推進到愛爾蘭海岸；從此，不列顛大部分為盎格魯薩克遜人所占。

至於羅馬帝國心臟地區義大利，則被東哥德人和倫巴底人所占。當匈奴人西進後，東哥德人長期活動於達西亞和潘諾尼亞一帶。四七〇年，他們攻占辛吉敦（今貝爾格萊德）和內索斯。次年，特奧多里克被推為領袖。四八八年，他率領東哥德人進入義大利，打敗奧多亞克，占領拉溫那，並以此為首都建東哥德王國。該王國為時不長，四五五年被東羅馬帝國所滅。不久，倫巴底人占領義大利中部和北部。倫巴底人原住易北河下游，後進入諾立克和潘諾尼亞。五六四年，他們在阿爾波音率領下侵入義大利，在波河平原建立倫巴底王國。五七二年定都帕維亞。

倫巴底人進入義大利並建國，是日耳曼蠻族入侵西羅馬帝國的最後一幕。這些入侵滅亡了奴隸制的西羅馬帝國，他們在此基礎上建立起一些封建王國，開啓了西歐中世紀的黑暗時代。

給21世紀的話語

　　此處所說的「蠻族」，乃指生活於帝國北部邊疆以外的日耳曼部落，包括東哥德人、西哥德人、汪達爾人、法蘭克人、勃艮第人、倫巴底人、盎格魯人、薩克遜人等。他們原住斯堪的那維亞半島南部和波羅的海西岸，其最早遷徙始於西元前一千年，到西元前後，已移至羅馬帝國北部的多瑙河、萊因河和維斯瓦河之間，成為羅馬帝國的鄰居。當時，他們還處於氏族制解體時期，在社會、經濟、文化發展水平上都比羅馬帝國落後得多，但這些民族終成為歐洲中世紀文明發展的主角。

羅馬帝國的東方繼承者

拜占庭帝國的崛起

◉ 拜占庭帝國發行的金幣。

羅馬帝國東、西兩部的經濟文化發展並不平衡，東部穩定繁榮，且文化水平高於西部。西元三世紀，羅馬帝國陷入深重的社會危機，帝國的經濟、政治中心逐漸東移。西元三三○年，君士坦丁大帝正式宣布遷都，決定建新都在東部的拜占庭。

拜占庭位於博斯普魯斯海峽的歐洲一側，原為希臘城邦麥加拉和希臘其他地區的人建立的殖民城市。君士坦丁決定遷都後，在此大興土木，將拜占庭營建成一個富麗堂皇的大都市，並更名為君士坦丁堡。三九五年，狄奧多西大帝死，他的兩個兒子各領東、西兩部，羅馬帝國正式一分為二：西羅馬以羅馬為都城，東羅馬以君士坦丁堡（拜占庭）為都城，故歷史上通稱東羅馬帝國為「拜占庭帝國」。

拜占庭帝國的版圖跨歐、亞、非三洲，含括巴爾幹半島、小亞細亞、敘利亞、巴勒斯坦、兩河流域和埃及等地。這些地區多為古代東方文明的發祥地，擁有穩定的社會經濟基礎與悠久的文化傳統，未因羅馬的征服而徹底改變，因此拜占庭帝國沒有像西羅馬那樣陷入深沉的社會危機。拜占庭於四、五世紀時，亦曾遭受游牧民族的不斷侵擾：匈奴人、東哥德人大舉進攻，帝國政府採取了重金賄賂和「以蠻制蠻」的策略，把矛頭轉向西方。西羅馬帝國滅亡後，拜占庭帝國繼續保持它的穩定和繁榮，成為地中海區的砥柱。

🔷 查士丁尼大帝及其隨從。

　　拜占庭帝國之所以能夠在「蠻族遷徙」浪潮中免去顛滅的命運，轉危為安，深層原因在於它經濟強盛。拜占庭的農業素來發達，埃及、小亞細亞和色雷斯都是農業發達地區；這些地區不僅穀物產量豐富，而且還廣泛種植亞麻、甘蔗，用以製造紙草的蘆葦等經濟作物。發達的農業為工商業提供了堅實的基礎。帝國的紡織業十分興盛，麻、毛紡織是國家的傳統手工行業，後來又學習了中國的絲織技術，生產的錦緞頗負盛名。另外，金屬加工、玻璃製造、採礦、紙草和武器生產等也均是當時重要的手工行業。君士坦丁堡尤是最大的工商業中心，它扼黑海出海口，是連結歐亞的橋樑，成為中世紀東西方的交通要道；它彙集了當時東西方各地的商人，來自北歐和東方的各種商品源源不斷地運到這裡，再轉運到西歐各地，商業之發達，人口之稠密，可謂繁極一時的世界之都。

　　在古代歐洲人的觀念中，只有一個羅馬帝國。羅馬帝國分裂後，大一統的帝國雖已不再是現實，但仍是統治者的最高理想。西羅馬滅亡後，拜占庭帝國以羅馬帝國的正統繼承者自居，以復辟羅馬帝國為己任。在西羅馬亡後逃到君士坦丁堡的一些羅馬元老也企圖借拜占庭的力量恢復故土。基督教會則希望消除不同教派，統一基督教世界，故同樣積極支持收復西部的活動。查士丁尼大帝體現了上述這些要求。

　　西元五二七年，查士丁尼繼其叔父查士丁登上拜占庭的帝位。

他一生都在努力將重振羅馬帝國雄風的政治理想化爲現實。同時，作爲強硬的正統的基督教徒，他的活動又帶有宗教狂熱的色彩。中世紀初期，許多日耳曼人信奉基督教異端阿利烏斯派。該派認爲基督不能與上帝同語，因爲基督是上帝創造的人而非神，同時也反對教會占有地產。這些思想都是查士丁尼所不能接受的，因此他決定掃除異端。政治理想與宗教狂熱在查士丁尼身上合二爲一。

爲實現上述目標，查士丁尼繼位後首先採取措施鞏固帝國內部。西元五二八年，他下令編纂帝國法典，指令由法學家特里保尼安率領負責，陸續於五二九年編成《查士丁尼法典》，五三三年編成《法理彙要》和《法學總綱》，五六五年編成《法令新編》，合稱《民法大全》，是歐洲歷史上第一部系統完備的法典；羅馬法借此而完整地保存下來，對近代西方國家之法律產生了重要影響。查士丁尼下令編法典的主要目的，一是喚起人們對昔日強大的羅馬帝國的追念，二是加強專制統治；這部法典明確肯定專制權力，宣揚君權神授。查士丁尼並加強宗教控制，強勢鎮壓反抗勢力；他上臺後，要求信仰異端者限期改奉正教，並封閉了雅典一所被指爲異端的著名哲學院，五三二年又殘酷鎮壓了發生在首都的「尼卡」起義（「尼卡」爲希臘語勝利之意）。

查士丁尼的對外政策爲穩固東部，向西征討。西元五三二年，他用重金向威脅帝國東部的薩珊王國求得和平，以集中兵力西進；隔年，他派手下大將貝利撒留出征北非的汪達爾王國。貝利撒留以驍勇善戰著稱，在查士丁尼對西部發動的一系列戰爭中出任主要的指揮官；他於五三四年成功占領汪達爾後，接著進攻義大利的東哥德王國，五五三年東哥德不敵而滅。五五四年，拜占庭軍隊又攻入西哥德王國，占領了西班牙南部。經過二十年左右的戰爭，拜占庭帝國占領了原西羅馬的大片領土，國土幾乎擴大一倍。查士丁尼的

政治理想似在腥風血雨中實現，但曠日持久的戰爭不僅使義大利處於奄奄一息的境地，也使拜占庭國庫空虛、民窮財盡。

查士丁尼已難以維持這個龐大的帝國，他在西部占領區倒行逆施，要求歸還原羅馬領主的土地，強迫奴隸和農奴歸順原主，企圖藉法令之力恢復過去的奴隸制；然法令非但未能使奴隸制重現，反因長期的窮兵黷武使軍隊勢力大減，而瀕於瓦解。加上占領的西方本地陸續失去，六世紀後期起，拜占庭自身就面臨著強敵壓境的局面；七世紀時，斯拉夫人占據了巴爾幹，帝國僅能控制地中海沿海地區及一些島嶼；阿拉伯國家興起後，又從拜占庭手中奪去了兩河流域、敘利亞、巴勒斯坦和北非。帝國逐漸走向崩潰，七世紀中葉以後，拜占庭已不再是一個「帝國」，而變成了一個僅占據小亞細亞和巴爾幹部分地區的君主國。拜占庭在多次遭受外族入侵後，仍存在了很長時間；直至一四五三年，君士坦丁堡遭土耳其人攻陷，一四六一年拜占庭領土全部淪陷，終告滅亡。

給21世紀的話語

　　拜占庭留給後人最重要的文明遺產，便是「拜占庭文化」。在一千多年的時光裡，拜占庭文化綿延不斷且影響深遠：它在科技、人文史哲以及建築藝術等方面的成就，都遠遠超出了同時期西歐的水平，在世界文化史中獨樹一格。當歐洲大部地區陷入戰亂後，拜占庭可說是歐洲唯一富有知識和文化的國度，爲學者和藝術家嚮往之地；東歐和俄羅斯從它那裡接受了基督教及建築風格、文學藝術。文藝復興運動在一定程度上，亦得助於拜占庭對希臘羅馬古典文化的保存和傳播，許多人文主義者正是從這裡獲得了珍貴的古典書籍。

穆斯林與古蘭經

穆罕默德創立伊斯蘭教

在阿拉伯半島上一個名叫「麥加」的城市中，有一大群人聚集在市中心。他們正為了一塊因洪水而被沖離原處的黑色聖石，究竟該由哪個部族負責搬回原處而爭論不休。那石頭乃神聖之物，大家都極願意擔負這個任務；能夠承擔此事，是對自己部落實力的一種肯定。因此，各族互不相讓，反倒讓聖石無法回歸原處。

「各位各位，既然大家都要爭取這個榮耀，與其這樣僵著，倒不如找個公平點的方法，把問題解決才是。」其中有人看不下去，出來當和事佬。「我提議讓素有『可靠的人』之稱的穆罕默德來裁決這件事，如何？」

眾人同意了這個提議，於是穆罕默德站出來，提了個點子：鋪塊大白布在地上，然後把聖石放到白布中央，先請各族領袖拎著白布邊，協力拉到聖石所在地，再由穆罕默德自己將聖石放回原處。這等於令各族都有參與的機會，卻不會為了爭取榮耀而翻臉。事後穆罕默德的大名更為響亮，為其日後的豐功偉業奠下成功基礎。他的偉業，即是創立了今日阿拉伯地區的主要信仰——「伊斯蘭」（Islam）。

雖然伊斯蘭並非阿拉伯人的專屬宗教，不過一想到穆斯林（Muslim），信仰伊斯蘭的人——人們腦中浮現的形象，似乎仍是戴著頭巾、騎著駱駝的阿拉伯人。

阿拉伯人在廣大的沙漠裡，過著自給自足的生活。他們雖有小規模的商業，但各部族間不停的爭鬥著。長久以來，他們就在這樣

● 阿拉伯原始宗教信奉「黑色聖石」，此特色延續至後來的伊斯蘭信仰。

的環境中，維繫著「阿拉伯人」這個族群。

　　阿拉伯人也有自己的原始「宗教」，只是比較像是簡單的「信仰」，多半僅是對星辰的崇拜而已，沒有太複雜的教義。而前述的「黑色聖石」，正是他們的重要崇拜對象，被安置在麥加供奉著。

　　穆罕默德出身於看守聖石的家族，社會地位不算低，不過家族本身並無顯赫的經濟實力。少年時代的穆罕默德，早早便出去替富人看牧牲口。他運氣不錯，後來在一位較他年長的貴婦手下工作，竟獲得了貴婦的芳心，一躍而成男主人，為他日後的事業帶來成功的機緣。

　　成了富人後的穆罕默德，仍維持著年少時期的興趣，也就是四處閒談。他向來喜歡和來自各地的人談論有關宗教的問題，不但與前來麥加的阿拉伯朝聖者交談，也與不同信仰的異族交談，慢慢感受到阿拉伯傳統宗教的不足。他想到過去大家為了聖石歸位問題而爭執，分散了阿拉伯人的力量，至為可惜。難道沒有能讓阿拉伯人

團結的方法嗎？他在家苦思了三年，努力建立阿拉伯宗教的特殊性。後來他自覺有所領悟，便開始了傳教生涯。

穆罕默德宣稱自己得到了天使長加百列的啓示，命他向廣大世人宣揚天主的偉大。他自稱「先知」，因爲他是繼摩西、耶穌等人以來，最後一位代表上帝、傳達天主旨意的人；他也告訴大家，天主期許世人透過穆罕默德的引導，成爲正義、勇敢、對上帝旨意奉行不二的虔誠信徒，而能因此遠離地獄、邁向榮耀的未來。不過，雖然他非常熱誠地傳道，卻無人理會，眾人只把他當成一個胡言亂語的瘋子而已。

麥加當地的宗教人士卻不等閒視之。這些掌握宗教解釋權的有力人士，認爲穆罕默德的言論極具破壞性，乃在麥加的神殿前公布一道禁令，禁止穆罕默德傳教，後來更進一步打算將他處死。穆罕默德不得已，只好離開麥加，輾轉逃到麥地那，繼續傳教。

穆罕默德在麥地那的傳教活動空前成功，隨後並透過麥地那人的支持，進而征服了他的故鄉麥加。麥加人民原本擔心會遭迫害，沒想到穆罕默德卻只是溫和地奉勸他們信奉他的宗教，讓阿拉伯人團結一致。因此，麥加人也被穆罕默德感化，願意聆聽他的教訓。最後，各地的阿拉伯人都風聞到這位心靈導師的大名，也被他的教義吸引，使他所宣揚的宗教日益普及，成爲一股強大的力量。

這是一個團結、外向的力量，是信奉穆罕默德教義的穆斯林，用武力向不信者傳教的力量。集結穆罕默德之訓所成的經典《古蘭經》中，明確表示了「只要發現崇拜阿拉（Allah，阿拉伯語的上帝）以外偶像的人，就要將之殺死，除非他們能夠改奉阿拉」的訓條。因此，所有的穆斯林都致力宣揚穆罕默德的教誨，好讓自己成爲眞正「順從阿拉的人」，進入阿拉所應許的「天堂」。也因爲「順從」這個含意，使穆罕默德將自己的宗教名之爲「伊斯蘭」。

穆罕默德離世後，阿拉伯世界便陷入分裂，但穆斯林卻始終能夠因爲對阿拉的信仰，而保持大致的團結。千百年來，阿拉伯不但是東西方文化、物產的交流關鍵，也是影響歐洲文明發展的重要力量；到了今天，更因爲坐擁「石油」資源，成爲世界經濟乃至文化上的要角，連歐美強國有時也不得不仰其鼻息。如果當年穆罕默德的確受到天使長的啓示，那麼今日伊斯蘭教和基督教的矛盾，還眞是上帝開的一個大玩笑啊！

014

教皇欠下的血債

十字軍東征

　　一〇九六至一二七〇年，西歐天主教會和各國領主發動了對近東各國的侵略戰爭，斷斷續續，綿延近兩個世紀之久。這場戰爭，以從異教徒（即伊斯蘭教徒）手中奪回「聖地」耶路撒冷為目標，在形式上具有宗教戰爭的色彩。西歐出征部隊，每人胸前或臂上都佩有象徵基督教的十字標記，因此這場戰爭亦被稱為「十字軍東征」。

　　十一世紀末西歐發動的這場侵略戰爭，原因是多方面的。

　　十一世紀以來，西歐的農業和工商業獲得長足發展，擴大了上層社會的消費欲望，也刺激了封建領主的擴張野心；他們希望攫取

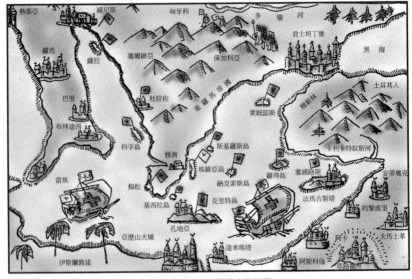

●房龍手繪十字軍戰士的世界。

更多的土地，廣殖財富。當時，東西方貿易的發展使大量貴重的東方商品經義大利進入西歐各地，爲封建領主提供了物質享受，也使有關東方富庶繁榮的神話在西歐各地廣爲流傳。那些自幼受「騎士精神」的薰陶而無龐大遺產可繼承的貴族子弟們躍躍欲試，想透過冒險獲得東方的土地和財富。西歐的商人，特別是義大利威尼斯商人，則渴望從貿易中獲利豐厚，他們是東方各國的貿易常客，企圖得到更多的商業特權以壟斷東西方貿易，這些大商人推波助瀾，在侵略戰爭中扮演了積極角色；他們以雄厚的資本提供軍糧，換取十字軍在東方占領區內的商業特權。十字軍中有許多貧困的農民，他們相信著東方財富無盡的神話，渴望擺脫貧困和壓迫；另一方面，作爲虔誠的基督徒，他們也聽信教會的宣傳，認爲通過冒險可以獲取上帝的恩典，贖免自己的罪孽。

而十字軍最重要的發起者和組織者，乃是教會和教皇。

十一世紀，教會的經濟實力和威信迅速上升，中世紀教會並非嚴格意義上的宗教組織：主教擁有大量地產，在領地內握有司法、行政等方面的世俗權力，一些教職人員還擔任國家行政官吏，因此教會貴族與世俗貴族一樣貪得無厭，同樣有擴張的野心。教會是中世紀西歐唯一跨國性組織嚴密的政治力量，教皇的政治權勢一度凌駕於國王之上，在各國間扮演最高仲裁者的腳色。一〇五四年，教會正式分裂成羅馬天主教會與希臘東正教會。羅馬教皇一直企圖控制東正教會，以擴大自己的權勢；十一世紀近東的政治形勢正爲教皇鼓動十字軍出征提供了藉口。當時，來自中亞的塞爾柱土耳其人橫掃西亞，於一〇五五年進攻阿巴斯王朝的首都巴格達，一〇七一年擊敗拜占庭軍隊，從阿拉伯人手裡奪取了敘利亞、巴勒斯坦和小亞細亞。塞爾柱土耳其人信奉伊斯蘭教，而巴勒斯坦卻是基督教的發源地，有大批基督教徒。按基督教傳說，巴勒斯坦是耶穌遇難的

地方，他的墳墓就在耶路撒冷，因而被基督教徒視之爲「聖地」。

　　四世紀起，西歐人就有朝拜「聖地」的慣例。阿拉伯人統治時，巴勒斯坦出現和平與繁榮的景象，基督教徒與伊斯蘭教徒和睦相處。然而，當塞爾柱土耳其人占領巴勒斯坦後，一些人在西歐四處遊說，大肆張揚異教徒對基督教徒和「聖地」的蹂躪；大量宣傳品氾濫西歐，描述異教徒的所謂「暴行」，旨在煽起宗教狂熱。此時的拜占庭皇帝，出於自身安全的考量，也多次呼籲西歐出兵援助，希望教皇出面拯救基督徒。於是教皇親自號召西歐組織軍隊，討伐異教徒。一〇九五年，教皇烏爾班二世在義大利召開宗教會議，發表鼓動東征的演說；在法國南部克勒芒召開的宗教會議上，他要求領主們停止「私戰」，把「騎士精神」帶到東方去，用騎士的勇敢和忠誠洗刷上帝國度所蒙受的奇恥大辱，拯救基督教兄弟。他允諾：一切堅定踏上征途的人，其罪孽都將在討伐異教徒的戰火中得到上帝的赦免。爲誘使廣大農民參戰，烏爾班二世大肆宣揚東方富庶的神話，說那裡是豐足的大地，法國的土地已容納不下稠密的人口，到東方去是擺脫貧窮的唯一出路。教皇的演說博得了熱烈的掌聲和喝采，宗教狂熱達到頂峰。

　　一〇九六年，第一次十字軍出征，爲整個東征拉開了序幕。

　　第一次十字軍分兩批，首先出發的是農民。他們攜家帶眷、組織渙散，由於集結倉促，一路靠搶劫爲生，引起東歐人的不滿，損失大半；殘部在與塞爾柱土耳其人的戰鬥中幾乎全部覆沒。隨農民十字軍之後出發的是騎士十字軍，一〇九七年春，這支隊伍渡過博斯普魯斯海峽，迫使尼西亞向拜占庭投降，並先後占領愛德薩和安條克；他們於一〇九九年攻陷耶路撒冷，進城後大肆搶劫財物，野蠻屠殺伊斯蘭居民。

　　第一次東征中，十字軍在占領區先後建立了愛德薩伯國、安條

克公國、耶路撒冷王國和特里波利伯國；公國和伯國在名義上雖皆附屬於耶路撒冷王國，但實際上各自獨立，互不統屬。這些國家按照西歐的封建模式，分封采邑，確立領主與附庸的關係。為加強在東方的統治，十字軍在占領區建立了一批特殊的宗教性軍事組織——聖殿騎士團；他們直屬教皇，負責保衛十字軍占領區，鎮壓一切反抗運動。然十字軍在東方的統治並不穩固，一一四四年塞爾柱土耳其人攻陷愛德薩，威脅安條克；為此西歐各國又組織了第二次十字軍，由法王路易七世和德王康拉德三世直接統率，一一四八年圍攻大馬士革未成，十字軍潰散，法王和德王先後狼狽返回國去，第二次十字軍東征失敗。

十二世紀後期，東方形勢出現重大變化。一一七一年，埃及軍隊首領薩拉丁發動政變，建立阿尤布王朝，自立為蘇丹，隨後出師西亞，征服了兩河流域和敘利亞一帶。一一八七年，薩拉丁在提比里亞湖附近的哈特丁擊敗耶路撒冷軍隊，十月攻占耶路撒冷。西歐以此為藉口組織第三次十字軍遠征，但各國矛盾重重，行動不一，仍未取得重大戰果。

第三次十字軍遠征失敗後，教皇英諾森三世積極組織第四次十字軍，目標是埃及。但為十字軍提供補給的威尼斯，與埃及有密切的商業關係，因此威尼斯商人極力唆使十字軍進攻其商業勁敵——拜占庭。一一九五年，拜占庭皇帝伊薩克二世被廢，其子阿曆克塞於一二〇二年逃到西歐，請求援助。十字軍借此事件改變進軍路線，向拜占庭進發，於一二〇四年攻陷君士坦丁堡；十字軍進了城以後屠殺

➡ 發動第四次十字軍東征的教皇英諾森三世像。

➡ 第四次十字軍東征中，君士坦丁堡守兵擲石反擊十字軍。

居民、搶劫財物，許多文物和珍貴藝術品或被搶走，或遭毀壞，古典書籍化爲灰燼，名城君士坦丁堡受到嚴重破壞。十字軍占領了拜占庭的大部分領土，在巴爾幹建起「拉丁帝國」，然其在拜占庭的惡行激起了當地人民的反抗，拉丁帝國於一二六一年滅亡，拜占庭復國。

給21世紀的話語

　　第四次十字軍東征之後，西歐一度興起了所謂的「兒童十字軍」運動。當時西歐各國盛行一種荒唐之說，認爲成年人罪孽深重，不可能得到上帝的幫助，因而屢遭失敗；只有純潔的兒童才能獲取上帝的幫助，徹底戰勝異教徒。在這種詭譎氣氛中，各國興起了「兒童十字軍」運動：一二一二年，數萬名法國兒童渡海東來，結果部分兒童因船隻沉沒而喪生，大部分則被船主販賣爲奴；德國的「兒童十字軍」亦多在途中因饑寒和疾病而亡。

　　「兒童十字軍」運動充分暴露了西歐教會和封建統治的殘酷和愚昧。此後，西歐又組織了四次十字軍，均告失敗；一二九一年，最後一個十字軍據點阿克城被埃及軍隊攻克，標誌著十字軍東征以徹底失敗告終。持續近兩個世紀之久的十字軍東征，雖促進了東西方商業往來和文化交流的日益頻繁，但另一方面的侵略戰爭面貌，卻也爲東西方帶來了一場難以磨滅的災難與傷害。

015

傳播高等知識的殿堂

第一所大學的出現

　　大學是教授高等知識的機構，也是培育學生思維能力、建立深刻人生觀的殿堂。它的功能與基本教育機構大不相同，使命更不可平論；而如此重要的場所，在歷史上登場的時間卻不算久遠。

　　根據目前最新的考古發現，在埃及的亞歷山卓城發掘出十三個共可容納五千人的半圓形階梯房間，很可能是一間大學的遺跡。如果屬實，這將是人類史上最古老的一間大學，因為它大約建於西元五世紀時，較目前已知的大學都要早了約四百年上下。究竟誰是第一所大學，迄今仍無定論。幾個候選學校似乎都是出自伊斯蘭世界，一般人較為熟知的幾間歐洲名校雖也不乏年代久遠者，但與這些伊斯蘭大學相比仍是年輕得多。

●海德堡大學是歐洲著名的古老大學之一。

世界第一所大學，有兩種說法：一為西元八五九年所建，位於摩洛哥的卡拉維因大學；另一為位於埃及開羅的艾茲哈爾大學，約在九七五年成立。這兩間都以伊斯蘭教義為主要的教學內容，若以今天的標準來說，或許比較像是所謂的「神學院」。

至於歐洲，一般認為創辦於一〇八八年的義大利波隆那大學，以及著名的巴黎大學（或稱「索邦大學」，創於一二五七年），該算是歐洲最古老的大學。這兩所大學和伊斯蘭的大學有點類似，也是以研究神學、宗教法為主，另涉哲學教育等。歐洲大學相較於伊斯蘭大學，顯得較為開放，鑽研的範圍及於醫學、數學、文學、物理學和工程學等；這種性質也影響了其他地方設立大學的態度與其發展形式，成為今日大學的原型。

為何現代大學的形式是偏向歐洲式的大學，而非最古老的伊斯蘭式大學呢？最主要的原因，應是近代以來的政治、經濟、軍事和文化優勢都由歐美國家掌握，因此大學的經營和規畫，也依循著歐美式的理念。久而久之，大學的形式日漸「統一」，全成了歐洲式的大學模樣。中國近代第一座高等學府「北洋大學堂」（今日的天津大學），便是以美國的哈佛與耶魯兩大名校作為效法對象。

附帶一提，哈佛、耶魯兩校均創立於十七世紀以後，因此不是英語世界裡最古老的大學。英國牛津大學雖無明確的創校時間，但約在十一世紀末時即已有學者在當地聚集，形成小型的學術社群。最晚在一一六八年時，牛津大學即出現在歷史舞臺上，這所英語世界最古老的大學，直到今天仍是全球頂尖學府之一。

大學「University」的字源是拉丁文「universitas」，該字是個由unum（一）和versus（朝向）所構成的複合名詞，意思是「趨向整合為一」。此字意指由學生和師長共同組成的學術團體，藉著彼此的交流，達到知識上的和諧與統一。在這個意義上，伊斯蘭大學其

實一點也不輸歐洲大學。例如中世紀阿巴斯王朝（中國稱其爲「黑衣大食」）時所創設的穆斯坦索雅學院，不但擁有當時最先進的教學環境，外加一座富麗堂皇、規模宏大的圖書館之外，更網羅了當時最負盛名的學者專家來擔任該校教職。穆斯坦索雅學院的圖書館已使用相當先進的圖書分類和管理系統，查閱書籍十分方便；而其教學範圍更是廣泛，舉凡哲學、神學、文學、醫學、數學、天文學，無所不包，更可見其學術水準，因此被譽爲當時伊斯蘭世界的知識「聖殿」。

給21世紀的話語

　　雖然究竟誰才是世界的第一所大學已頗難考，對今日的我們而言，眞正重要之處是在大學終於出現了。大學成功地達成其傳播高等知識、彙整各門學科、塑造深刻內在，及推動人類進步的任務。沒有了大學，相信人類很難找到其他的替代單位，可以保存前人智識的精髓，並在那些卓越的智慧中學會避免重蹈歷史覆轍。而人類是否能以今日的成就進入二十一世紀，恐怕還有很大的疑問呢！

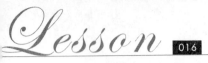

王權的讓步
英國大憲章的公布

　　中古時期沒有今天所謂的「英國」，只有位居不列顛島南部的「英格蘭」，成為今日英國的主體。今日以「聯合王國」為名的「英國」，係經過一系列將蘇格蘭、威爾斯等邦合併的過程，方才建立。十字軍東征時期的著名英國國王「獅心王」理查，是奠定英格蘭威名的雄主。如果照當時的形勢發展下去，英國可能和歐陸其他國家一樣，歷經專制王權當道的時代。當理查在一一九九年崩逝，將王位交給弟弟約翰之後，意外使得英國產生變化，不但形成不同於歐陸的政治發展，也為今日世界帶來極端重要的影響。

　　獅心理查的繼位者「約翰王」，不但有「失地王」之稱，也是英國歷史上最不得人心的國王之一，本身非常暴虐、貪婪。在他的統治之下，貴族們日漸離叛；法國此時也發動侵略，奪取了英國在諾曼第的大部分領地。約翰王為了挽回其勢，乃答應貴族們收復失土的請求，出兵諾曼第，企圖收回被法國占去的領土。不料出師不利，英軍在歐陸大敗，約翰王灰頭土臉，與貴族也愈加不睦。

　　一二一五年貴族們終於展開行動，挾持約翰王於倫敦，迫其簽署一份限制王權的文件，起初約翰王並沒有在文件上蓋上皇室的戳章。因此貴族們乃再次逼迫約翰王，在泰晤士河畔的蘭尼美德蓋戳，並謂約翰王必須應允，否則貴族們將不再宣誓對國王效忠。約翰王逼不得已，只好同意貴族們的要求，簽署、承諾了這份文件，之後並將副本發送至全國各地保存。這就是《大憲章》的由來。

　　《大憲章》中對國王的權利限制不少，特別是貴族可藉由自組

的委員會否決國王的命令，甚至可以武力強占國王的財產。此委員會並非憑空創設，是由在九世紀時就出現的「賢人會」變化而成。賢人會由貴族、教士組成，主要是國王施政的諮詢機關，十一世紀後改名為「大議會」，大抵便是《大憲章》所言委員會的前身，只是仍未脫「諮詢單位」的性質。

●英國大憲章。

在《大憲章》公布後，貴族所組會議的職權上升，威脅到王權的發展，因此約翰王當然不願意接受這樣的逼迫。當貴族們見到約翰王簽署《大憲章》、心滿意足地返回封地後，約翰王便即反悔，宣布廢除《大憲章》。貴族們見到約翰王如此無信，憤而起兵抗爭，英國乃陷入內戰的局面。

一二一六年約翰王逝世，其子亨利三世繼位，貴族們認為可給時年九歲的新王一點機會，遂暫時停止內戰。該年十月，王室以亨利三世的名義重新肯定《大憲章》，不但令貴族們感到滿意，也讓《大憲章》真正開始發揮效力。後來，亨利三世又曾數度刪修並公布新版《大憲章》，終令《大憲章》成為英國的既定法律，受到後世英王的遵守。

　　以今日眼光來看，《大憲章》的公布代表了即使身爲一國之君，也需服從法律的約束，故可說是世上第一部的「人權」法案！而在另一方面，以民主制度的發展歷程來說，貴族趁機擴大《大憲章》所規定的會議範圍，將之改爲常設性的「國會」機構，使《大憲章》更加別具意義。日後，國會常藉徵稅同意權等牽制王權，在清教徒革命、光榮革命後掌握國家最高統治權，結束英國的專制王權時代。

　　《大憲章》開啓英國的議會政治，它並不只在英國實行，連後來的北美殖民地也擁有自己的議會，匯聚民意，配合愈來愈激昂的民主思想，在其間孕育、激發，終於爆發著名的「美國獨立革命」。

「黃禍」
蒙古西征橫掃歐亞大陸

十三世紀起，蒙古大軍開始出擊，東征西討，在歐亞大陸掀起了一場巨大的游牧民族衝擊，西起德國東部、東到朝鮮、北自北極海、南抵中南半島，許多民族與國家皆受到牽連。

蒙古人的起源地在中國東北部的額爾古納河一帶，唐朝典籍稱之為「蒙兀室韋」，以狩獵、游牧為生，後向西發展。九世紀時，活動在西起大肯特山，東至呼倫貝爾的廣闊草原上。在十二世紀成吉思汗統一

●蒙古騎兵騎射姿態。

蒙古各部之前，尚處於原始社會階段，基本社會組織是氏族和部落，但階級分化已較為明顯。蒙古各部時合時分，戰爭不斷，一些弱小部落被消滅，強大部落發展成為部落聯盟，聯盟首領號稱為「汗」。

十三世紀起，鐵木真展開了統一蒙古各部的抗爭。鐵木真原為乞顏氏首領，他先後戰勝了對手扎答闌部首領札木合、克烈部首領王罕和乃蠻部首領太陽汗，征服了蒙古草原，被推舉為首領，

號「成吉思汗」。統一蒙古後，成吉思汗建立了一套新的管理機制，設立了十戶、百戶、千戶、萬戶等行政、軍事合一的組織，長官由原來的部落首領和貴族擔任，從此蒙古不再是部落聯盟，漸發展成為蒙古汗國。

蒙古汗國在混戰中形成，戰爭未隨國家形成而結束，相反的，對外掠奪擴張成為下一步。一二一一年，成吉思汗南下進攻金國，經過七年戰爭，掠奪了大量財物，軍事力量迅速增長；一二一八年，他又向西攻滅了位於新疆地區的遼國。

一二一九年，蒙古騎兵進攻花剌子模，大規模西征由此開始。

花剌子模位於鹹海以南和阿姆河下游，原屬塞爾柱土耳其帝國；後該地區獨立，十三世紀初擴展成為一個含括中亞、伊朗、阿富汗等地的龐大帝國，稱盛一時。蒙古與花剌子模開戰的直接原因是貿易問題。一二一八年，蒙古派出的一支商隊在花剌子模境內遭洗劫，貨物被搶，商人被殺；成吉思汗派去交涉的使臣亦遭殺害，於是親率二十萬大軍西征，一二二○至一二二一年間，連連攻克布咯拉、撒馬爾罕及花剌子模京城，蒙古軍任意屠殺居民，掠取財物，或縱火焚城，或引水灌城。另一支西征大軍從裏海北上，越過高加索山進入頓河流域；一二二三年與俄羅斯聯軍交火，蒙古軍大勝，由此長驅直入，攻掠俄羅斯各地，隔年回師伊朗，與蒙古軍主力會合。

一二二五年，成吉思汗又統兵攻西夏，兩年後在圍攻西夏時病死，不久西夏投降，蒙古軍在屠城後退兵。一二二九年，成吉思汗的三子窩闊臺被推舉為大汗，決定繼續用兵，窩闊臺及成吉思汗四子拖雷率軍攻打金國，擊敗金軍主力，金朝遂亡。

一二三五年，成吉思汗之孫拔都西征，次年攻入俄羅斯，一二四○年克陷基輔。一二四一年蒙古軍兵分兩路，進入東歐和中歐。

⇨ 蒙古軍於 1258 年侵入巴格達，終結了阿巴斯王朝的統治。圖中為 14 世紀所繪兩軍交戰的情景。

　　蒙古騎兵在歐洲勢不可擋，大敗由波蘭、德國以及十字軍東征中建立的條頓騎士團所組成之聯軍，並踏遍匈牙利全境，窮追匈牙利國王；另一支蒙古軍則越過多瑙河，直逼維也納，使西歐諸國大為驚恐。後因窩闊臺的死訊傳至軍中，拔都才撤兵歸返。

　　窩闊臺死後，汗位繼承問題引發蒙古貴族間的激烈爭奪。按慣例，大汗應由貴族集體推選，但因拔都與窩闊臺之子貴由不和，致使貴族大會在一二四六年才推舉貴由為大汗。兩年後貴由死，成吉思汗的子孫因汗位繼承問題又起爭端；最後，拖雷之子蒙哥被舉為大汗。蒙哥首先採取措施平定內部，鎮壓對立派系以鞏固汗權，隨即派其弟旭烈兀繼續向西征討。一二五三年，西征部隊出發，三年後進入伊朗境內，將伊斯蘭教伊斯瑪儀教派的阿薩辛人屠殺殆盡；一二五八年，蒙古大軍圍攻巴格達時，阿巴斯王朝已虛弱不堪，哈里發大權旁落，經六天圍攻出城投降，阿巴斯王朝告滅。蒙古軍入巴格達後，如以前一樣大肆殺掠，使這座中古時期的名城遭毀。巴格達失陷後，蒙古軍又進取敘利亞，這時蒙哥大汗已死，旭烈兀率主力東歸，未歸的少數蒙古軍進入埃及後被擊敗。蒙古西征至此方告結束。

👉 忽必烈晚宴圖中，可看到大汗被眾多
僕從、侍衛環繞的熱鬧景況。

蒙哥即位後，任命其弟忽必烈治理漢地。一二五二年，忽必烈遠征雲南，滅大理國。一二五七年，蒙哥率軍進攻南宋，兩年後敗退。蒙哥死後，忽必烈即大汗位，繼續攻打南宋，一二七〇年南宋滅。

除上述之外，蒙古軍還進攻過朝鮮、日本、緬甸、爪哇、中南半島等地。

＊四大汗國：

在蒙古帝國的封地中，最著名的是所謂「四大汗國」：欽察汗國、察合臺汗國、窩闊臺汗國和伊兒汗國。

欽察汗國，又稱「金帳汗國」，為拔都在西征中所建。它疆域遼闊，東起額爾濟斯河、西至多瑙河的廣大地區都為其統治。這裡既有草原，也有農耕地區和繁盛的城市。蒙古人仍生活在欽察草原，農耕區則向欽察汗國繳納貢稅，俄羅斯各公國都成為它的藩屬。

察合臺汗國為成吉思汗次子察合臺的封地，主要領有中亞，多為原花剌子模占據的地區。一三〇一年，汗國統治者曾歸順元朝。一三一〇年，合併了窩闊臺汗國，後分裂成東、西兩部分。

窩闊臺汗國則為窩闊臺的封地，主要領有額爾濟斯河上游和巴爾喀什湖以東的地區。

　　伊兒汗國是旭烈兀在西征過程中建立的國家，主要占據西亞和小亞細亞的東部。這裡農耕區與游牧區並存，民族和宗教都比較複雜，社會動盪不安。一二九五年合贊汗即位後，實行了一系列改革，鞏固了汗國的統治。為緩和宗教矛盾，合贊汗由原來信奉的佛教改信伊斯蘭教，隨後許多蒙古人改信伊斯蘭教，使社會逐漸穩定下來。同時，他還在稅收、地制等方面進行改革，宣布廢除舊稅制，重新調查人口及土地情況，編制稅冊，按稅冊納稅，禁止額外加征。實行軍事封地制，把土地分給蒙古士兵，允許後代繼承但不許買賣或轉讓。這項改革代表著當地的蒙古人逐漸過渡到農業定居生活。

給21世紀的話語

　　經過半世紀的戰爭，世界史上出現了規模空前的蒙古帝國。然帝國內各地區、各民族的經濟水平、文化傳統極其複雜多樣，不具備共同的統治基礎。一時的戰爭雖可征服這些地區和民族，但卻難以維持統治。

　　蒙古大汗在征戰當中，重在攻城拔寨、掠取財物，不關心對當地的治理，因而在所征服的地區，既無一套統一的行政管理機構，也沒有健全的賦稅徵收機構。他們在占領區普遍推行鬆散的封地制度，即把征服地區分封給自己的子弟和王公貴族。成吉思汗生前，就把占領的地區分給四子作為封地，後諸子又繼續分封子弟；這種分封不同於中古西歐，上下之間並未形成領主與附庸的關係，僅靠親屬血緣關係來維持，沒有實際的制約作用，各封地都是實質上的獨立王國。

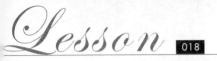

剪不斷理還亂的封建關係

英法百年戰爭

　　英、法兩國在中世紀曾進行了長期的封建戰爭，史稱「百年戰爭」（一三三七～一四五三）。在歐洲中世紀期間，長期以國王或諸侯作為政治單位，國家是在中世紀後期才形成。法蘭克王國分裂成法國、德國和義大利三國之後，法王力量居弱，來自北方的諾曼人占領了法國北部和西部的大片地區，無力的法王只好承認，封其為公爵。如此一來，諾曼人以合法身分成為歐洲的一大勢力，並逐漸壯大，在聯姻中擁有繼承英、法兩國王位的權力。在十一世紀，諾曼人威廉征服了英國，奪得英國王位，但仍是法王的附庸和封臣，占領著法國的大部土地。英王為了保住這些領地，與法王進行長期的戰爭；戰爭原因不僅起於領地，也含攝王位繼承權和羊毛紡織業發達的法蘭德斯地區。

　　在王位問題上，英、法兩國的王族世代聯姻，雖壯大了統治的力量，但也帶來了爭奪王位的潛因。一三二八年法國的卡佩王朝國王查理四世死去，但他並沒有留下可繼承王位的後代；這時的英王愛德華三世以其母是法王查理四世之妹為由，提出繼承法國王位的要求。法國人害怕英國勢力在法國繼續壯大，法國貴族遂推舉查理的侄子腓力繼位，即國王腓力六世，引起英王愛德華三世極為不滿。

　　在法蘭德斯問題上，法蘭德斯伯爵為法王附庸。一三二八年，法蘭德斯爆發了農民和城市公民起義，法國派軍隊進入法蘭德斯直接統治，城市的特權被剝奪，不少市民逃到英國。一三三六年，

法王逮捕了在那裡的英國商人。英國採取報復措施，下令禁止羊毛出口到法蘭德斯；法蘭德斯便將失去羊毛原料的結果歸咎於法國，並希望英國出兵歐陸，於焉爆發了著名的英法百年戰爭。

英法百年戰爭是在斷斷續續中進行的，大體上分為三個階段，主要在法國領土上進行。

一三三七年，英、法兩國正式宣戰，英軍以其強大海軍首先打敗了法國的海軍，然後派陸軍登陸作戰。在克勒西戰役第一次大會戰（一三四六年）中，法軍以騎士部隊為主力，英國則以步兵為主，然英軍的弓箭手在戰役中發揮了決定性作用；法軍在此役中為英軍大敗，英軍占領法國的要塞加萊地區，但當時發生了橫掃歐洲的黑死病，使戰爭暫時叫停。十年後戰事再起，在普瓦捷戰役（一四五六年）中，法軍汲取了前次失敗的教訓，在英國弓箭手射擊時，法王約翰讓騎兵下馬作戰，唯法國騎兵穿著重盔甲，行動極為不便，結果損失更加慘重；法軍多成為俘虜，英國奪得大批的戰利

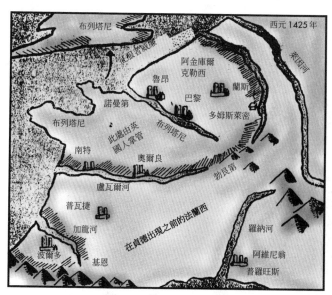

🔘英法百年戰爭。（房龍手繪）

品，法王本人亦被俘，英國藉機向法國索取大量的贖金。在戰爭的失敗和人民的生命財產受到嚴重損害的情況下，法國爆發了扎克雷起義（一三五八年），儘管起義立即被鎮壓下去，但法國已經無力再戰，被迫與英國締結了《布列塔尼和約》（一三六〇年），法國割讓許多領地給英王，法王放棄各地的主權，並交出大量的國王贖金。但當法王一被釋放，法國立即不承認其簽定的一切條約。

法國的新王查理五世在內政和軍事上進行了一系列的調整，積蓄了力量，在軍隊中設立了砲兵部隊。一三六七年，法國主動挑起戰爭，採取積極防禦的政策，進行游擊作戰，迫使英國放棄原先占領的一些土地。一三九六年，英國和法國議和，戰爭的第二階段宣告結束。

法國在中世紀時封建領主的權力較大，各地領主時時採取分裂行動，特別是由於王位繼承問題所帶來的爭端，使國家常處於分裂狀態。在第二階段的戰爭獲得勝利以後，法國宮廷內部矛盾加劇。法王查理五世死後，年僅十二歲的查理六世繼承王位，由幾位王叔

被英軍所俘的貞德。

攝政，形成了兩大地方貴族勢力，即法國北部的勃艮第公爵和南部奧爾良公爵兩大集團。一三九二年，國王得了癲癇病，兩大勢力之爭更加激烈，奧爾良派後獲得勝利，於是勃艮第公爵開始勾結英國，允諾英王亨利五世可繼承法國王位。

一四一五年，英軍在阿金庫爾登陸，在隨後的塞納河口戰役中再次打敗法軍。為了保住王位，法王查理六世只好答應其王位可由英王繼承，暫時平息了兩國的戰爭。在一四二○年訂立的《特魯瓦和約》中，查理六世的兒子正式放棄王位，英王亨利五世與查理六世的女兒結婚。一四二二年，英、法兩國的國王先後死去，英國王位由亨利五世的兒子亨利六世繼承，亨利六世同時宣稱繼承法國的王位；但查理六世之子不甘心放棄父親的王位，在法國南部貴族的扶植下亦宣布自己為法王，稱查理七世。於是一時間法國有了兩個國王，南北對峙。然這種情況維持不久，一四二八年，英軍在勃艮第公爵的支持下向南推進，渡過盧瓦爾河，查理七世敗退南方。英軍包圍了法國南方的門戶奧爾良城，並開始長期的圍攻；這時出現了民族女英雄貞德，在貞德的帶領下，部分法軍前來奧爾良解圍。在後來與英軍的作戰中，法國貴族和國王漸害怕起貞德的威望和力量，在貞德與英軍的作戰中出賣了她，在貞德作戰失利的情況下不打開城門，使貞德被俘遇害。然而貞德的英勇事蹟，卻鼓舞了法國人民的愛國鬥志。

英、法兩國經過長期的戰爭造成民窮財盡，掀起內部暴動。在這種情況下，法國不斷收回國土，勃艮第公爵也解除了與英國的同盟關係。一四三六年法王收復了巴黎，到一四四九年已收回諾曼第的大部地區。一四五三年，法軍奪回了波爾多，英王除了在加萊占有一港之外，幾乎喪失了在法國的所有領地。英、法兩國長達一個世紀的封建戰爭至此結束。

　　英法百年戰爭是歐洲史上的大事，經過這場戰爭，兩國的封建勢力受到了沉重的打擊，從前以領地為基礎的集團關係也受到了破壞。無論是在英國或法國，由於戰爭中顯示出一個國家的整體力量，國家的觀念因此開始形成。特別是法國，以巴黎為中心的市場逐漸浮現。新的法王路易十一兼併了勃艮第，其繼承者查理八世合併了布列塔尼地區，完成了國家的統一，領地觀念被國土觀念所取代。

　　在英國，百年戰爭的失敗和一無所獲，造成了貴族的不滿，賦稅負擔的加重則引發人民的憤恨；在這種情況下，新興的約克家族與原來的蘭加斯特家族發生了長達三十年的戰爭，兩大貴族幾乎同歸於盡，為中產階級興起創造了條件。

　　英法百年戰爭對歐洲的戰爭技術而言也是一場革命，傳統的戰爭方式遭淘汰，槍砲被運用在戰場上；在指揮上，以前的小規模作戰則被大規模戰爭所取代。

歐洲人的黎明

文藝復興運動

　　文藝復興運動喚醒了黑暗之中的歐洲人，對整個世界的文化發展產生了巨大影響。在歐洲從中世紀走向近代轉變的過程中，文藝復興運動既是中世紀長期發展的產物，也是結束中世紀的文化變革。它使歐洲人從黑暗和愚昧中解放出來，帶著新的觀念和新的行為進入新的時代。因而，西方史學裡一般把文藝復興視為中世紀與近代歷史的分界線。

　　歐洲歷史的階段性發展較明顯，人們常把歐洲古代文明歷史劃分為兩個主要發展階段，即以希臘、羅馬文明為主的古典時代，以義大利為代表的文藝復興時代；而後者又被認為是前者的承續與發揚，故稱作「文藝復興」。文藝復興受到了當代人的重視，以復興古代文化為口號，大力宣揚古代的文化，搜羅古代遺產，研究古代人物和藝術，湧現出卓越的人物，創造出燦爛的文化作品。

　　文藝復興的產生有其特殊的歷史條件。一般來講，文藝復興運動橫跨十四至十六世紀，以義大利為其發源地。在羅馬帝國滅亡之後，歐洲長期陷入混亂之中，民族大遷徙使得歐洲文明向外擴張，卻也使整個社會遭遇空前的大動盪，古代千年文明蒙受破壞，造成了歐洲社會長達千年的發展緩滯期。以農業為主的封建社會生產非常落後，古羅馬時期發達的經濟、政治和文化被一掃而光，代之而起的是極端信奉上帝的基督教，人們的思想和行動都被教堂的陰影所籠罩，失去了理性和自由。

　　經過千年封建洗禮的歐洲，經濟逐漸振興，尤其在原來羅馬帝

⟿十五世紀的佛羅倫斯呈現出一片欣欣向榮的商業景象。

國的中心義大利，城市首先大批興起，形成許多城市共和國國家，如佛羅倫斯、威尼斯、熱內亞等等。這些城市形成了初期的中產階級，如大商人、實業家和銀行家。他們首先從封建束縛中解放出來，爲了更有效的發展經濟與對外競爭，建立起了較寬鬆的共和機制，有利於產生新的思想和衝破傳統思想的束縛。在他們的統治下，爲了維護新制度，甚至有意地網羅和培養了一些傑出藝術人才，爲他們歌功頌德，

形成了爲新政治和經濟服務的新文化。在這種現象下出現了不少文化先驅，以義大利爲中心產生了一大批的傑出人物，共同構成文藝復興運動的代表人物，如文藝復興的先驅但丁、人文主義作家薄伽丘、建築家布魯涅列斯奇、繪畫大師拉斐爾、政治歷史學家馬基維利、天文學家伽利略、實驗科學的奠基者培根、戲劇作家莎士比亞、哲學家笛卡爾和史賓諾莎等等。爲了不觸犯基督教界的教規和戒律，易於被人接受，他們並不直接反對基督教；文人以復興古代文化爲口號掀起新文化運動，科學家則打破傳統的認識和戒律，建立新的理論和科學。

如前所述，文藝復興運動的主流是在義大利，一般劃分爲兩個階段。

早期的文藝復興大約是在十四世紀到十五世紀中期，這一時期的重要代表人物有但丁和薄伽丘。但丁的代表作《神曲》透過描寫

作者在夢中由羅馬詩人維吉爾及戀人碧雅特麗思引導遍遊地獄、煉獄和天堂的故事，反映了作者表達人可以經過艱苦歷程達到希望境界的願望，同時也暗喻著現實社會的各種現象。書中把他反對的教皇在地獄中留了個位置。薄伽丘的代表作《十日談》則是透過他人之口講述了一百個故事，通過諷刺和寫實的手法描述了教會神職人員的虛偽和淫蕩，提倡人的享受和自由。

⊙但丁像。

　　義大利後期文藝復興主要代表人物是藝術家達文西、米開朗基羅和拉斐爾，這三位大師的藝術作品代表著文藝復興的最高水準。達文西的繪畫代表作品是《最後的晚餐》和《蒙娜麗莎》。《最後的晚餐》是作者在畫中形象地刻畫出耶穌在最後的晚餐上的情景，當耶穌對他的十二個門徒說「你們當中有人出賣了我」時，眾門徒表現出各自的內心反應，畫中突出了各個人物在那一特殊環境中的瞬間表現：懷疑、驚訝、感慨、憤慨或表白，唯妙唯肖，在畫法和用色上達到極高水準。《蒙娜麗莎》是以一位銀行家的妻子爲對象，描繪出一個表情豐富的當代少婦的典型形象，其微笑的動態涵義成爲後人多方猜測的不解之謎。米開朗基羅的雕塑代表作品是《大衛像》和《摩西像》，塑造出頑強有力的人物形象。米開朗基羅的壁畫代表

⊙米開朗基羅的大衛像線條跳躍、體態勻稱，是文藝復興時期藝術的代表作之一。

作品《創世紀》和《末日審判》，雖以《聖經》故事為題材，卻帶上濃厚的人文主義色彩。拉斐爾除了繪有許多聖母像之外，其代表作品為梵蒂岡宮壁畫《雅典學院》，壁畫中生動地再現了眾多古代希臘哲學家的偉大形象。

表現當時義大利各國紛爭社會現實的作品是政治理論家馬基維利的《君主論》，書中認為結束義大利內爭不已、外患重重的辦法是建立統一的義大利國家，擺脫教會的束縛，實行強有力的君主統治。君主為了能夠有效的統治可以不擇手段，比獅子更兇猛，比狐狸更狡猾。

歐洲其他地區也出現了一些較有代表性的作品：在德國有伊拉斯莫的《愚人頌》，書中以愚昧的說教諷刺了封建末期上層社會的各種愚昧現象，嘲笑教皇及其以下各級教職人員；在英國有莫爾的《烏托邦》，書中結合當時羊吃人的社會現象，透過一個航海家的海外見聞，設計了美好合理的社會及其社會制度，沒有私有和剝削，按需求分配。英國劇作家莎士比亞，寫了許多反映人間百態的劇作；法國作家拉伯雷的《巨人傳》，樹立了一個新時代人物的形象，身體健康，學問淵博，理性極強；西班牙塞凡提斯的《唐吉訶德》，描述了一位遊俠騎士坎坷的經歷，反映了西班牙社會貴族的專橫、殘暴、虛偽。

給21世紀的話語

文藝復興運動的核心是人文主義。此時期的作品反映出新興中產階級的政治思想，他們重視人的價值，反對基督教以神為中心；提倡知識和理性，反對愚昧和盲目崇拜，探索自然，享受當世，欣賞藝術。正是文藝復興運動解放了歐洲人的思想，追求大膽探索、大膽創造，使歐洲社會走出愚昧的時代，走在世界發展的前端。

天譴與奮起的轉折
黑死病的蔓延

　　在社會的重大變革中，自然界發生的事偶而會發揮重大的作用，黑死病就是其一，它與發生在此後的宗教改革和地理大發現同樣是人類歷史上的大事。

　　歐洲大瘟疫（一三四八～一四五一）奪取了無數人的生命，這場傳染疾病肆虐整個歐洲。黑死病首先在一三四七年發現於西西里，隨後立即傳播到北非、整個義大利和西班牙，次年傳到法國。接著傳播到奧地利、瑞士、日耳曼和尼德蘭，以及北歐斯堪的那維亞和波羅的海沿岸諸國。後來在一三六一～一四○○年間在各地多次頻傳，在城市中死亡率較大。歷史研究證明，這些地區的人口死亡近三分之一，整個歐洲有兩千五百萬人死於黑死病。

　　黑死病是一種惡性傳染病，當時人們尚不確知導致黑死病的原因。這種病的特徵是傳染速度快，死亡率高，普遍的症狀是患者身上迅速出現紫黑色的斑點，全身虛脫，神志不清，高燒不退，並在劇烈的疼痛中慘死。實際上這就是淋巴腺鼠疫，主要的傳染媒介是老鼠，它還可能引起併發症如梅毒、傷寒等。當時的歐洲人認為這種病來自遙遠的印度；但現代研究證明，這種疾病很可能來自遙遠的中國。

　　一三四三年，中國的江淮一帶發生大水，加上災荒，於是形成瘟疫蔓延，死亡人數達五百萬之多。這種疾病很快沿著商路，先傳播到中東和埃及，再傳播到義大利的重要城市，然後越過阿爾卑斯山進入整個歐洲。

義大利作家薄伽丘所寫的著名小說《十日談》對此進行了一些相關描寫，特別是那種十室九空的可怕景象。在一三四八年三月到十月的七個月間，佛羅倫斯共死亡四萬人，屍體無人掩埋，市民們非常恐慌，無處可逃，整個城市就像一座大墳墓。有人在論述佛羅倫斯的衰落時指出：黑死病、戰爭和貿易糾紛導致了人民的暴亂，佛羅倫斯再也不能恢復以往的優越地位了。

在法國也有記載——當時的教皇克里門六世的醫生伊‧德肖利阿克在回憶錄中寫道：「在亞威農，黑死病的傳染如此嚴重，以至於不僅與病人在一起，即使看他們一眼似乎也會被感染。死亡的人如此之多，以至於死者無人料理，埋葬時找不到祭司在他們的墳前禱告。父子之間不相往來，博愛之情消失了。死亡率如此之高，倖存者幾乎不到四分之一。甚至醫生也怕感染而不敢對患者進行治療。至於我，為了不背上惡名，不敢不到場，但仍然始終處於恐懼之中。」

➡ 聖徒照顧黑死病人。

當時的教皇住在亞威農，那裡的墓地很快被占滿，屍體被拋入羅納河中以防止腐爛。教皇為了滿足需要，只好另闢墓地，但也只是把屍體放在又深又寬的溝中，交疊地堆著。

在英國，一三四九年元月英國國王愛德華三世鑒於黑死病的蔓延，決定把國會推遲到四月二十七日；接著又在三月發出通知，宣布由於黑死病，會議無限期推遲。由於黑死病造成了人力奇缺，為了對付隨之帶來的慌亂，愛德華時期還制訂了著名的勞工法案。

法案的序言中寫道：「鑒於大部分人民，尤其是工人和雇工死於黑死病，且某些人趁主人需要和缺乏雇工之機，要求主人付給他們極高的工資，否則不願為主人勞動；而另一些人遊手好閒，寧願乞討度日，而不願為主人勞動」，根據高級教士和貴族及其他有技能者之建議，特規定：王國境內凡身強力壯之男子和女人，年齡在六十歲以下者，無論自由或非自由的，若非靠做活為生，或無錢以維持生計……若需要為別人工作，其工資須按朕繼位後第二十年的

➋ 布拉格的人骨教堂。圖中所見堆積如塔的人骨，多因黑死病以及當時中歐不斷的戰禍而來。

慣例支付」。但是，這項法令的後果是強迫人們勞動，而不增加工資，於是發生了英國歷史上最重要的一次農民大起義，即瓦特·泰勒起義。據載，在倫敦，沃爾特·曼尼爵士出於慈悲爲倫敦市民所購置的墓地裡，埋葬了五萬具屍體，這個地點後來建起了沃爾特修道院作爲標誌。

當時的人們對於這種疾病並沒有認識，大多數人認爲這是上帝的懲罰，特別是義大利，那裡的城市生活比較發達，人們生活放蕩，飲食無度，城市缺乏衛生措施。黑死病開始蔓延時，人們拚命地祈禱，期望上帝能解除他們的苦痛，然而病魔仍迅速蔓延。於是，人們開始對教會失去了信心，一些主教和祭司也不顧死者的要求而放棄神職。在這種情況下，少數人開始做各種形式的黑彌撒，崇尚惡魔，還有一些教徒認爲主教和祭司沒有伺奉好天主，遂對舊教信仰發生動搖。由於對這種疾病缺乏認識，所以在德國曾有關於預防這種疾病的可笑辦法：病人不可白天睡覺，須飲用淡酒，食新鮮水果，避免食用涼物，肥胖者應坐在室外沐浴陽光。總之，大多數人認爲，預防的最好的辦法是清心寡欲。在黑死病到達歐洲之前，歐洲曾發生二十多年的大饑荒，因此降低了人們的身體素質和抵抗疾病的能力。

此時英、法兩國正進行著百年戰爭，法國的北部國土遭到嚴重的破壞，而黑死病的影響不亞於一場橫掃歐洲的戰爭。它造成了歐洲社會的重大變化，經濟紊亂、社會動盪、物價上漲和風俗敗壞。因爲人口大量減少，某些人突然間由於繼承了別人的財產而變富；同時物價陡然暴跌，以前一匹馬四十多先令，黑死病過後只有六先令，即使這樣的價格也難找到買主。整個歐洲的生產力顯著下降，當需要恢復生產時，物價開始迅速回升，生活品質開始惡化，造成許多人流離失所。

黑死病帶來的另一個社會變化是經濟形式的變形。黑死病破壞了傳統的地租形式，使商品經濟得到促進，特別是由實物地租向貨幣地租方面的轉換。因爲許多市民得到了土地，而一些農民進入了城市，人口流動加大，有利於人們獲得自由和解放。此外，由於人們對神的保佑缺乏了信心，巫術等開始流行，間接喪失了對基督教的信仰。

給21世紀的話語

　　黑死病肆虐於十四至十五世紀，其後逐漸銷聲匿跡，一六六四～一六六五年間鼠疫捲土重來，再度入侵英國，半年內由倫敦的西區擴及東區。從一六六五年五月至九月，倫敦死亡人數由四十三人迅速累積到三萬一千餘人，增加了七百二十多倍！一九四四年非洲北部鼠疫流行，亞伯爾・卡繆寫了一部名著《黑死病》，使人們對談鼠色變的情形更有所瞭解。

　　二十世紀以來，隨著醫學的發展和認識的加深，對鼠疫的病症與預防越來越清晰，鼠疫的流行漸得到控制，死亡率也有下降。但是根絕鼠疫的發生，仍是一項不容忽視的事。

傳播業的革命
古騰堡發明活字印刷術

在談活字印刷術前，首先得提到東方中國的兩項重要發明。

首先是造紙術，這是由在中國家喻戶曉、西方卻罕人所知的東漢人蔡倫所發明的。在蔡倫之前，雖然不無「紙草」、洋皮紙等近似紙張的書寫物，但書寫效果不但有限，價格更是昂貴，這些對知識的傳播皆造成阻礙。但在蔡倫發明廉價好用的紙後，很快便取代舊有的書寫載具。其他地區的人始終都只能由中國進口紙張，完全無法了解紙張的製造方式，一直要到中國的唐朝和阿拉伯人發生戰爭，造紙工人出身的唐兵被俘之後，造紙術才傳入西方。可見如果沒有造紙術的西傳，古騰堡還根本無法知道該怎麼改良「印刷」術呢！

其次是印刷術，這也是早在古騰堡之前的數世紀中，中國人便已發明的技術，只是當時出現的是「雕版印刷」，而非「活字」。

➡ 古代中國採用斬竹漂塘的方式處理竹子，作為造紙的材料。

➡ 在印刷術未普及之前，傳教士所抄錄的手抄書是傳播、保存知識的重要資產。

雕版印刷是將每頁的印刷內容直接雕在木板或石板上，然後再行印刷，這比一本一本以手書寫要來得有效率。不過雕版的缺點在於，一旦版上有一處小誤，整版就得重雕，形同浪費，而且只要有新書出版，就得重新刻字製版。對人口眾多、出版品項卻很有限的中國而言，雕版印刷比較符合經濟效益，因為印製成本較低，所以雖然宋朝人畢昇曾在古騰堡之前便發明了活字印刷術，但卻沒有流行。因此古騰堡所認識的印刷術仍限於雕版印刷，而這也是他覺得不便，想要改良的原因。

古騰堡出身於十五世紀初的美因滋，是美因茲大主教（神聖羅馬帝國七選侯之一）的屬地。當時仍屬所謂的「黑暗時代」末期，城市開始復興，美因滋靠著大主教的經營，在當時算是繁榮的城市。正因如此，對於發明更有效率生產工具的需求，自然也比一般的窮鄉僻壤大。這或許便是古騰堡在成年以後，會開始致力於發明活字印刷術的原因。然這一切都僅止於推測，因為歷史上有關古騰堡生平的記載，實在不多。

印刷需要紙，也需要排版的觀念和技術、印刷機器以及印刷用油墨等相關物事的配合。古騰堡之所以能夠名留青史，在於他將整個印刷流程中的相關事物發明、整合齊全，創造一套效率大幅提高的印刷製程。例如，古騰堡鑄成製造活字的合金，讓每個活字更為堅實，不像畢昇膠泥活字如此易損；發明製造活字的沖壓字模，才能配合合金製作活字；發明鑄字盒，可將活字置於盒內藉以移動；以及成功調配出易被金屬受墨的印刷油墨，克服中國印刷術的困擾。凡此種種，都是由古騰堡首先建立起來的印刷製程。直到出現電腦排版為止，全世界的印刷技術都是奠基在古騰堡印刷術的基礎上發展的。

古騰堡靠著他的發明，很快嚐到成功的滋味，不過也因此受到

其他人的覬覦，特別是他的工作伙伴們。首先是工廠裡的學徒與工人，要求分享古騰堡的利潤；後來連古騰堡的合夥人也與他拆臺，紛紛對簿公堂。這些官司雖然古騰堡有勝有負，但終究搞得自己傾家蕩產。於是古騰堡

➔古騰堡的印刷術。

只好黯然離開發跡之地，回到故鄉美因滋。幸好，他在故鄉得到舊識的資助，繼續開始印刷的工作，並終於在一四五四年，出版了被公認是世界活字印刷品典範的《古騰堡聖經》。據聞，今天全球只有二十二個這部《聖經》的完整版本，可見它的珍貴──在電影《明天過後》中，可是館長寧用生命去保護的珍品──除此之外，今日留存的古騰堡印刷品，還有一些日後因馬丁路德大加撻伐而聲名狼藉的「贖罪券」（indulgence）。

給21世紀的話語

　　在古騰堡發明活字印刷術之後，歐洲的文藝復興運動乃開始飛速進展。人們可藉著快速印刷而成的印刷品，獲致知識、交流意見，大半個歐洲得以打破原本的封閉，一下子活絡了起來。歐洲各國在這樣的刺激下，開始彼此競逐「進步」的腳步，某種程度上甚至可說影響了日後的「工業革命」。因此也有人說，古騰堡的發明至少讓人類文明的進步時間，縮短了數百年的進程呢！

一個新時代的來臨

歐洲人的地理大發現

在歐洲社會發生重大變革的關鍵時刻，歐洲人又發現了他們前所未知的另一個大陸——美洲。歐洲歷史書中常常把這一歷史事件稱為「地理大發現」。但在當代史學中，為了證明實際上在歐洲人到達美洲之前美洲不但早已存在，而且很可能早已被人發現過，所以也稱為「新航路的開闢」。地理大發現一般是指十五世紀末和十六世紀初歐洲人到達美洲這一事件。

人類的交往是逐步擴大的，但地理環境限制了人類的交往。在新航路發現之前，歐、亞的交往多是間接的，彼此間已累積了某種程度的認識，尤其是《馬可波羅遊記》的傳播；東方在西方人視野裡似乎像天堂一樣富有，尤其是西方人極力追求的黃金和香料，有如遍地都是。當時的歐洲正處於經濟發展期，迫切需要金屬貨幣，以疏通經濟、提供富有階級奢侈品和獲得珍貴香料。因為香料東傳需經千山萬水，價錢提高數百倍，珍貴如黃金，使得歐人極欲湧往東方得到香料。而在此時，東西方通路發生了重大變化，新興的伊斯蘭教奧斯曼帝國與歐洲人長期戰爭，占領了東西方交通要道。尋找繞過奧斯曼帝國的占領地，開闢新的航路，遂成為歐洲人的一項目標。

在尋找新航路的過程中，地處大西洋岸的葡萄牙和西班牙成為先驅。這兩個國家在當時已經完成了國家的統一，建立了穩固的君主專制與中央集權，有能力提供遠航所需要的物力和人力。此外，西、葡兩國航海比較發達，有著長期的航海經驗和所需船隻。歐洲

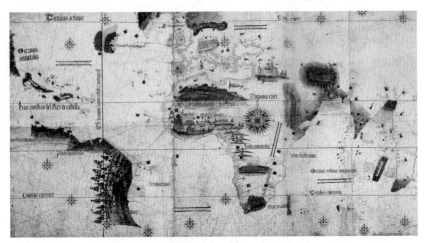

⇒ 正式記載葡萄牙航海家新發現的地圖。

長期以來積累的天文、地理學知識（地圓說）和造船航海技術（指南針），使他們得以航出海岸線。

最先探索東方新航路的是葡萄牙人。他們在國家的鼓勵下，積極向南進行海上探險，到十五世紀末期，葡萄牙已經在非洲西海岸的剛果和安哥拉建立據點，進行奴隸和金沙的掠奪。一四八七年，葡萄牙的水手狄亞士航行到達了非洲的最南端，但由於船員的疲勞而不得不中途返回。狄亞士在向國王彙報時認為可以繼續航行，抵達印度。葡萄牙國王也認為有希望到達東方，故把他到達的地方稱作「好望角」，欲派出更大規模的航海隊前往。

一四九七年七月八日，葡萄牙派出身為宮廷親信的達·伽馬，率領一百六十名水手分乘四艘帆船，從里斯本出發前往印度。十一月到達了好望角，然後沿著非洲東海岸北上，次年三月到達莫三比克。這裡與印度有著密切的商業往來，因而達·伽馬得以輕易地繼續北上，在一四九八年五月二十日到達印度西海岸的卡利庫特城。達·伽馬收購大批香料、絲綢和寶石後，於隔年九月返回里斯本，

受到了國王的讚許。這次遠航的純利潤高達六十倍。一條新的航線建立了，遙遠的東方與西方終於有了直接的聯繫；來自西方的殖民者也開始了對東方長達數世紀的大肆侵略和掠奪。

葡萄牙人東方航路的發現及其經濟收益，刺激了鄰國西班牙。西班牙人決心向西航行，另闢一條到達印度的新航路。當時許多人認為，只要一直向西航行，就可到達印度。

●哥倫布像。

一四九二年八月三日，在西班牙國王的派遣下，哥倫布率領八十八名船員分乘三艘大船，從帕羅斯港出發進入大西洋海域。十月二十日，他發現了巴哈馬群島中的一個小島，將其命名為聖薩爾瓦多島（意為救世主），並立即宣布該島為西班牙所有。十月二十八日，他又發現了古巴，十二月二十七日抵達海地。哥倫布錯誤地以為發現了印度，故將當地居民稱作「印第安人」。

當他要繼續尋找更多土地時，所乘坐的旗艦在海地觸礁沉沒。哥倫布在海地島留下三十九個人後，帶著一些黃金和當地的幾個土著居民返回到西班牙，受到國王熱情的歡迎。船員們把那裡說成是盛產黃金、檀香等貴重物品的地方，於是西班牙國王派哥倫布作更大規模的第二次遠航。一四九三年九月二十五日，哥倫布帶著兩千多人分乘十七艘大船從加的斯港出發，先後在加勒比海等地到達了多明尼加、波多黎各、牙買加、海地和古巴。一四九八年，哥倫布又組織了第三次航行和一五○二年的第四次航行。

東西方航路發現之後，歐洲人對地球的認識進一步加深。

一五一八年，葡萄牙航海家麥哲倫與西班牙國王訂立了條約，

規定麥哲倫率領一支國王贊助的船隊繞過南海進入東方，麥哲倫將成為其所發現領土的總督，土地之上收入的百分之二十歸麥哲倫所有。一五一九年九月二十日，麥哲倫率領歐洲各國的船員兩百六十五人和五艘大船起航。這支船隊繞過了南美，進入太平洋，經過千難萬苦，於一五二二年九月六日返回西班牙，生還者僅十八人，麥哲倫本人也在菲律賓的一次土著居民的襲擊中被殺。這次繞行地球一周的航行，證明了地圓說。

在歐洲地理大發現中，英國和法國則緊隨其後，在北美進行了一系列的探險。

給21世紀的話語

歐洲人探索新航路的動機主要是尋找黃金和香料。哥倫布在一封信中寫道：黃金是最美好的東西，誰有了它，甚至能把人的靈魂送上天堂。

新航路的發現，讓人們對世界的認識有了根本變化。歐洲人的商業中心從地中海轉向了大西洋，大西洋岸迅速發展起來，這些海上強權國家憑著他們先進的火藥技術，征服和強占了大批土地，建立了廣大的殖民地，幾乎成為世界的主宰者和占有者。

整個世界的聯繫體系卻也因此建立了起來，各國的商業、文化和政治聯繫加緊，社會發展速度加快，一方面使歐洲社會迅速走上資本主義，另一方面使其他地區的封建和落後社會制度的瓦解，並刺激了航海和造船業的發達。

然這一切皆建立在對殖民地的剝削與其痛苦之上，歐洲人在非洲掠奪了大批的奴隸到美洲，並在美洲大批屠殺土著印第安人，使其失去原有居地。世界人種有了進一步的混合和廣泛分布，人類的活動範圍也擴大了，卻也讓這個世界的矛盾愈趨多樣化。

023

人類歷史上最恥辱的一頁

慘絕人寰的黑奴貿易

十五世紀中葉到十九世紀末這一歷史時期，非洲黑人被大批掠走販賣爲奴隸。歐洲幾乎所有在海上從事貿易活動的國家，都從事過這種「販賣人類血肉」的勾當。奴隸販子發了橫財，而非洲卻喪失了億萬生命，社會經濟受到嚴重破壞。奴隸貿易持續近四百年，成爲人類歷史上恥辱的一頁。

自從一四一五年葡萄牙人在北非侵占第一塊殖民地休達以後，非洲一直是殖民侵略的對象。西班牙、荷蘭、英國、法國等相繼入侵。他們在非洲沿海建立要塞和商站，形成了從事罪惡的奴隸貿易的據點。一四四一年，葡萄牙人船長貢薩爾維斯帶領船員在西非布朗角上岸，在那裡帶走十個黑人回歐洲，這是歐洲人在非洲掠奪奴隸的最早紀錄。一四四五年狄亞士在塞內加爾河口擄掠兩百三十五名黑人，運回葡萄牙拍賣爲奴。到十五世紀末止，捕掠和販賣黑奴的規模還不大，主要販到歐洲和西非沿海島嶼。

一四九二年哥倫布發現美洲新大陸後，更開啓了販賣黑奴的需求。到了十六世紀，西班牙在西印度群島和美洲大陸建立了龐大的殖民帝國，爲了開發和掠奪殖民地，需從非洲輸入奴隸來勞動。一五〇一年，第一批非洲奴隸從西非海岸橫渡大西洋，運到新大陸。此後，販賣黑奴的規模越來越大。十七世紀中葉到十八世紀下半葉，是非洲奴隸貿易最猖獗的時期。奴隸貿易的急劇擴大，與美洲種植園經濟的發展密切相關。甘蔗、菸草、棉花、咖啡等種植園的擴大，需要大批奴隸勞動力，而種植園地主又強迫他們過度勞動，

奴隸的死亡率極高，需要不斷補充，導致黑奴販賣持續數世紀。

在非洲，獵取和販賣黑人的區域含括塞內加爾到安哥拉的西海岸，這裡曾被稱為「奴隸海岸」。西海岸距美洲航程較短，且人口稠密。東南沿海也是一個販賣區，東非黑奴除運往美洲外，還運到印度和某些東方國家。販賣黑人起初由葡萄牙人一手把持，後來荷蘭、英國、法國都參加奴隸貿易，不久丹麥、瑞典、美國、普魯士等也加入販奴的行列。

在這場競爭中，英國憑藉其雄厚資本和海上優勢，十八世紀起成為最大的黑奴買賣國。一七一三年簽訂的《烏特勒支條約》，使英國人獲得了三十年內每年向美洲西班牙殖民地輸送四千八百名黑奴的特權，半世紀後半數非洲黑奴皆由英國船隻載運，成為其資本的重要來源。光是一七八三～一七九三年利物浦一地的奴隸販子，就販運奴隸三十三萬多人，獲利達一千五百多萬鎊，將利物浦從一個荒涼的小漁村，變成「以奴隸貿易揚名天下的城市」。布里斯托、格拉斯哥等也都是從事奴隸貿易的重要城市。

捕獲和販賣黑人的過程，是一幅血與火交織而成的圖景。最初，歐洲殖民者組織「捕奴隊」，駕著海盜船，偷襲黑人村莊，殺死老弱，把年青力壯的人擄去。獵獲的黑人被戴上腳鐐手銬，押到沿海後，被成串地牽往販奴市場以供選購。買賣成交後，奴隸身上被用烙鐵打上烙印，關進地牢，等待裝船。運送黑奴到美洲的大西洋航線，被稱為「黑人的死亡線」。奴隸上船時，手腳被鐵鏈拴著，衣服被剝光，一個個被塞進船艙，像沙丁魚罐頭一樣擠得密密麻麻。一路上飲食惡劣，疾病肆虐，無數黑人

奴隸貿易公司的烙鐵。

葬身於大西洋海底，能夠活著被運到目的地的約只有半數或更少。他們一上岸，就要再次被出賣，被押到種植園或礦山去當牛做馬。

☞ 典型的奴隸船。本該容納 400 人的船中，硬是擠入了 600 個奴隸。

從殖民者販賣黑人開始，非洲人即進行了反抗，他們用長矛和弓箭打擊「捕奴隊」；在大西洋航行的販奴船上，亦經常發生黑奴暴動，還有很多奴隸為逃脫未來不幸的命運，被迫跳海自殺。那些能活著到達美洲的奴隸，也從未停止反抗抗爭。在美國，從一六一九～一八六一年，大規模的奴隸暴動至少有二百五十次。一七九一年，由黑人領袖杜桑・盧維杜爾領導的海地奴隸起義，最後取得了勝利，建立了海地共和國。海地革命和拉丁美洲獨立戰爭的勝利，導致多數拉丁美洲國家頒布了廢除或限制奴隸制的法令。

正是在這一背景下，歐美出現了反對奴隸制度和禁止販賣黑奴的運動。一七九二年英國議會通過了反奴隸制的提案；一八〇三年丹麥首先通過了禁止奴隸貿易的法令；一八〇七年英國也宣布禁止奴隸貿易。法國大革命對奴隸制也是有力的衝擊，在「人生而自由」的思想指導下，法國國民公會於一七九四年宣布廢除法屬殖民地奴隸制和奴隸貿易，一八〇七年美國國會通過禁止奴隸貿易法令；其他各國相繼宣布廢除奴隸貿易是黑奴不斷抗爭的結果，同時也是為了適應工業革命後生產力飛速發展的需要。他們改變了對殖民地的剝削方式，不是把黑人當作「活商品」輸往其他大陸，而是把非洲也作為市場和原料產地。從非洲輸出一船棕桐油就大大超過輸出一船奴隸所獲的利潤。

儘管各國相繼頒布奴隸貿易禁令，但卻依然禁而不止。十九世紀走私奴隸貿易仍很猖獗。其根源主要在於，美國、古巴、巴西等

地還存在奴隸種植園。直到十九世紀六○～八○年代這些國家相繼廢除種植園奴隸制以後，奴隸貿易才停止下來。

給21世紀的話語

販賣黑奴的現象持續了近四個世紀，它對世界和非洲歷史都產生了深遠影響。這浸透黑人血淚的罪惡買賣，加速了歐美資本主義的發達，卻給非洲大地帶來了深遠而無法估量的災難。

在長期的奴隸貿易中，非洲人口共損失了多少？據各國歷史學家大致的估算，其數字是駭人聽聞的。非洲輸往美洲的人數有一千萬至一千五百萬人，且非洲總共損失約一億人口。且運出的黑人大都是十二至三十五歲的青壯年勞動力，給非洲社會生產帶來災難性的破壞。

⚫ 5～16世紀，非洲西海岸仍存在青銅文化昌明的小王國，圖中即為位於奈及利亞南部的貝南王國女王之母頭像。

連綿不斷的「獵奴戰爭」，使昔日繁榮的城市變成廢墟。那些死裡逃生的人們，不得不躲進深山老林，重新過起刀耕火種的原始生活。殖民者到來之前，非洲有些王國已經出現了比較繁榮的文化，各部落之間能和平相處；但由於奴隸貿易和「獵奴戰爭」，部落間的關係被完全破壞，奴隸販子煽動部族間的爭鬥，同時又對奴隸進行滅絕人性的摧殘。人們生活在貧困和恐懼之中，對生產毫不關心，對未來失去信心，而部族的仇恨卻在積累。奴隸貿易給非洲帶來的社會心理上之消極影響，在今日非洲國家的殘酷部族戰爭中仍能看到它的陰影。

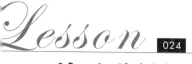

024

迄今還是一個謎
馬雅文明的消失

美洲是印第安人的故鄉，「印第安人」一詞，本意爲「印度的居民」。人們爲什麼把美洲的原始居民稱之爲「印第安人」呢？這是因爲十五世紀末，當歐洲的探險家哥倫布踏上美洲土地時，誤以爲所到之處就是自己嚮往已久的印度，故把當地居民誤稱爲「印第安人」。從此，這一錯誤的稱呼就成爲美洲原始居民的名稱，一直沿用下來。

⇒ 阿茲特克文明的太陽石。

印第安人，從北到南廣布於美洲大陸。在與歐亞大陸隔絕的條件下，他們憑藉自身的勤勞和智慧，創造了獨特的印第安文明。拉丁美洲是印第安文明的重心，這裡有三大文明中心：馬雅文明、阿茲特克文明和印加文明，其中以馬雅文明創立最早。

約在西元前一世紀初期，有一支印第安人部落已生活在今天墨西哥東南部的猶加敦半島和瓜地馬拉、宏都拉斯、薩爾瓦多一帶。這個地區曾建立過一個在印第安文明中占有重要地位的城邦──馬雅班，故得名「馬雅」，生活在這裡的居民也就被稱爲「馬雅人」。

馬雅地區自然條件複雜多變。它的東、南兩邊分別瀕臨加勒比海和太平洋，西、北兩邊則鄰接墨西哥中部和墨西哥灣。從地勢上說，馬雅地區的南部屬高原地區；中部地勢平緩，森林密布，爲熱帶雨林地區；北部是猶加敦半島，地勢較低。

馬雅人是古文明中較早創立文字的居民。西元初期，他們已開始使用象形文字。這些文字有些刻在石碑上或其他建築物上，也有的寫在樹皮紙上。現在人們已知的馬雅象形文字符號約有八百個，每個文字符號又分成兩部分，一部分是表意的「意符」，一部分是表音的「音符」。能夠掌握和使用這種文字的是專門負責記錄馬雅歷史、神話傳說、天文曆法、祭祀大典等一些大事的高級祭司。這些紀錄是後人研究馬雅文明的珍貴資料，如果它們有機會完整地保留下來，則馬雅文明有可能借助這些文字向世人充分再現其昔日的光輝。但遺憾的是，現存的馬雅古代典籍極少。十六世紀西班牙人入侵馬雅地區，殖民者不僅用暴力徹底摧毀了馬雅文明，而且還把大量珍貴文獻付之一炬，甚至把能夠使用象形文字的馬雅祭司也都處死。馬雅古代典籍現僅存四部，學者們根據這些典籍的收藏地點或發現者的名字，分別將其命名為《德累斯頓手稿》、《巴黎手稿》、《馬德里手稿》和《格羅里耶手稿》。這些手稿至今還未能完全釋讀。

⇨ 馬雅文化科潘遺址的人物石柱。

根據現存馬雅古代典籍認識馬雅文明，可說是困難重重，但考古學家的實地考察、考古發掘，以及保留在歐洲一些編年史家著述中的有關馬雅文明的記載，還是為人們瞭解馬雅文明提供了些許依據。人們根據這些材料逐漸再現了馬雅文明的昔日風采。

關於馬雅文明的歷史分期，目前有兩種觀點：一是「二分

法」：把九世紀末以前的馬雅文明劃爲「舊國時期」；把十世紀托爾特克人（另一支印第安人）的入侵至十六世紀西班牙殖民者的征服這個時期，劃爲馬雅文明的「新國時期」。二是「四分法」：把馬雅文明劃分成「形成時期」（西元前十世紀至西元三世紀）、「古典時期」（四～九世紀）、後古典時期（十～十六世紀初）和「西班牙征服時期」（十六世紀）這四大階段。

西元三世紀以前，馬雅人處於原始社會漸趨解體的階段。那時，他們已經進入定居的農業生活，開始在其居住地周圍建造一些平頂金字塔、祭壇和刻有浮雕的石碑，這些建築物形成了馬雅人早期的祭祀中心。

四世紀至九世紀是馬雅文明的鼎盛期。早期的那些祭祀中心發展成爲城邦國家，現已知這一時期馬雅地區的城邦多達一百多個。每一個城邦都是一個建築群，規模宏大，氣勢雄偉。馬雅的城邦有一種特殊的習俗，即每隔一定時間（一般爲二十年，也有的五年或十年）都要立碑記事，石碑上一般刻有立碑年代、立碑城邦的名稱以及當時城邦發生的重大事件。石碑爲圓柱形，現已發現幾百塊，年代最早的是西元二九二年提卡爾城所立的石碑，最晚的是八八九年烏沙克通城邦所立的石碑。

石碑的中斷說明那些城邦突然遭遇廢棄，這是馬雅歷史發展過程中的一次突變。對於這一突變的原因，學者們

🔹馬雅寺廟壁畫。

提出了各種解釋。有人認爲是自然條件的改變導致這些城邦喪失了基本的生存條件；也有人認爲這些城邦曾遭受入侵，城內居民被迫出逃，導致城邦的廢棄；還有人則用農民暴動來解釋，認爲祭司強迫農民建造廟宇，勞民傷財，農民在走投無路的情況下奮起反抗，搗毀了廟宇。考古發掘也證明，在城邦的各種建築物中，毀壞最嚴重的就是廟宇。

　　十世紀以後，馬雅文明的發展進入後古典時期。此時，托爾特克人從墨西哥南下進入馬雅地區，攻占了馬雅人在五、六世紀之交在猶加敦北部建立的城邦奇陳──伊查，並統治該城達兩百年之久。隨後馬雅人與托爾特克人相互融合，共同創造了後古典時期的馬雅文明。奇陳──伊查成爲十二世紀末以前馬雅文明的中心。十二世紀至十五世紀中葉，位於奇陳─伊查北部的馬雅班逐漸發展成爲馬雅地區最強大的城邦。一一九四年，馬雅班攻占奇陳──伊查，不久又戰勝了另一個對手烏斯馬爾城邦，一時成爲馬雅地區的霸主。考古發掘證明，馬雅班城氣魄宏大，城內大小建築物有三千五百多個。這些建築物除了廟宇、祭壇之外，還有裝飾華麗的大廳及住宅，城周圍建有堅實的城牆，有六個城門。這些建築表明馬雅班已不再只是一個宗教中心，還是政治中心。十五世紀中葉，城內發生了大規模的暴動，城被焚毀。從此各城邦間長期混戰，馬雅文明走向衰落。一四八五年，馬雅班發生大瘟疫，城內居民紛紛逃亡，馬雅班被徹底廢棄。當十六世紀西班牙殖民者進入馬雅地區時，馬雅文明的盛期已告結束。

　　馬雅人的物質生產水平不高，但在天文曆法、數學、建築等方面卻有著輝煌的成就——他們的太陽曆已非常精確，能準確地預測日蝕，非常接近今天的科學觀測結果。許多學者肯定馬雅人的天文曆法知識高出中世紀的歐洲人；數學方面採用二十進位法，且運用了「零」的符號。

　　從一五一九年開始，西班牙殖民者便不斷侵略馬雅地區，受到馬雅人的頑強抵抗。一五九七年，馬雅人的最後一個據點被殖民者占領，馬雅文明徹底消亡。然有許多學者認為，殖民者的征服雖是關鍵，但還不能完全解釋馬雅文明消失的原因。

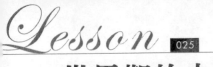

025

世界觀的大轉變

歐洲宗教改革

　　自從羅馬帝國滅亡以後，基督教逐漸占據了歐洲人的頭腦，支配著他們的一切活動。實際上在古代社會，人的思想始終是由某種宗教所支配著的。隨著歷史發展的影響，宗教也必然隨著發生變化；然而人們意識的發展並非完全同步，一些人在思想變化上往往走在當代人的前面。

　　在民族遷徙浪潮後的一段時期內，由於社會的動亂，基督教會曾發揮保持社會和平穩定與仲裁糾紛的作用。但隨著社會的發展，基督教逐漸保守起來。教會獲得了「萬流歸宗」的地位，控制著政治和經濟，壟斷文化和教育，宗教法規籠罩一切，神學成爲唯一的意識形態。許多世紀以來，教會透過王侯賞賜及其他方式獲得大量土地和財富，成爲歐洲最大的地主；教會內部也跟著日益腐敗，各級教士腐化墮落。這一切導致了十六世紀歐洲宗教改革。

　　在整個歐洲改革到來之前，許多有識之士曾提出改革，其中以英國的威克里夫和捷克的胡斯最爲突出。宗教改革首先發難於教界本身，主要地區有德國、瑞士和英國。這些國家對改革所採取的形式和產生的後果各有不同。德國社會衝突加深，信仰上產生分裂，形成了新舊兩教並立，進而爆發了宗教戰爭。瑞士資本主義發展較快，中產階級改革要求迫切，因而改革比較順利，新興中產階級的要求得到滿足。英國則主要是由王室與教皇之間的對立，引發了自上而下的宗教改革。這些改革的共同特點是：廢除教會的特權地位，改革教會制度的某些教義，調整教會與國家的關係。此外，

在基督教內部也有一些改革，其中包括耶穌會的成立。

馬丁·路德出生於德國東部，獲得神學博士學位，長期在維登堡大學執教哲學和神學。一五一一年他朝拜羅馬教廷時，目睹教廷的腐敗，開始了改革宗教的思想。一五一七年，教皇以修繕聖彼得大教堂為名，派人在日耳曼地區大肆兜售贖罪券，價錢的高低由罪行的大小而定，聲稱：只要購買贖罪券的錢一敲響錢櫃，罪人的靈魂立刻就可以從煉獄中跳上天堂。這引起了日耳曼地區人民的極大

◉ 馬丁·路德像。

不滿。一五一七年十月三十一日，路德在維登堡教堂外的北門貼出了著名的《九十五條論綱》。這個論綱用拉丁文寫成，整篇論綱討論的都是有關贖罪券的問題，其中主要是揭露兜售的贖罪券的欺騙性。路德並沒有公開與教皇對抗，而是在論綱中強調教皇本人並不知道這種作法，甚至並不反對人們自願購買。

這個行動及其內容立即引起了全國上下的激烈反應，人們紛紛把它翻譯成德文，互相傳抄和討論。在群眾的支持下，路德又發表了更為激烈的文章，直接否認教皇的權力。教皇為了反擊路德的攻擊，宣布路德的學說為異端，路德本人是魔鬼，並開除他的教籍。在中世紀被開除教籍就等於不受任何法律和教會的保護，任何人都可以隨便的把他在任何地方處死，但教皇在當時失去了直接處罰路德的能力。一五二○年，路德當眾把教皇的敕令扔在火裡，採取了公開對立的態度。

同年，路德發表了《致德意志民族的基督教貴族書》、《基督徒的自由》和《教會被囚於巴比倫》，奠定了自己的宗教主張。

路德以《聖經》爲依據，提出了信仰得救的原則，即可不需透過教會、教皇的指導，只靠自己的誠實信仰和《聖經》便可得救。他還簡化教義，把原來的基督教七禮改成兩項，指出：嚴格地說，上帝的教會只有兩項聖禮，即聖禮和聖餐。在否定教皇及各級教士權力的同時，路德也否定了教皇在德國的一切利益。他指出：教皇須讓吾國不再受其劫掠和搜刮，教皇須交還我們的自由、權利、財產、榮譽、身體和靈魂。

　　一五二二年九月，路德翻譯出版了德文《聖經》，使一般民眾皆可讀懂《聖經》，可憑藉自己的理解來解釋，不再由教士所專斷。路德的宗教改革得到了一些諸侯和下層人民的支持，在宗教改革運動的推動下行動起來，他們不只是反對羅馬教皇和教會的壓榨，並開始起來反抗封建領主的壓迫，在日耳曼地區爆發了大規模的農民戰爭。一些封建諸侯趁農民戰爭之機奪取了教會的財產，他們爲保護自己的既得利益多數支持路德的宗教主張，並在領地內建立了新教會。一五二九年路德編寫了《教義問答》。一五三〇年在奧格斯堡帝國議會上，路德委託梅蘭希頓起草了《奧格斯堡信條》，成爲路德教的基本綱領和信仰聲明。一五五五年，神聖羅馬帝國皇帝在鎮壓不成的情況下被迫與新教諸侯締結了《奧格斯堡和約》，規定教隨國定，使路德教最後得到了確立。在歐洲當時的宗教改革中，以路德的宗教改革爲代表影響最大，挪威、丹麥、瑞典成爲最先公開接受路德教的國家。

　　喀爾文的宗教改革發生在瑞士。他出生在法國北部，青年時因支持路德的宗教改革而受迫害，流亡到日耳曼地區。一五三六年他發表《基督教信仰典範》一書，論述了自己的宗教主張，得到上層統治者的支援。當時恰好日內瓦發生了驅逐大主教事件，於是他被邀請到日內瓦。從一五四一年起，喀爾文成爲日內瓦的宗教領袖，

他主張信仰得救，反對教會的腐敗行為，提倡廉潔。在教義上他比路德激進，倡言透過個人努力可以成為上帝的選民，發財致富是正當的行為。在喀爾文的管理下，日內瓦成為政教合一的神權國度，實行著嚴屬的宗教統治。喀爾文教派的教義，有利於當時正在興起的資本主義及手工業的發展，因而在歐洲傳播得很快，尤其是法國和尼德蘭。在法國，喀爾文教被稱為「胡格諾教」；而尼德蘭革命就是在喀爾文教的形式下發動的，並建立了第一個共和國國家。

　　英國的宗教改革是在王權的支配下進行的，自上而下透過國家力量實現。在中世紀時期，一個地區的人民不但要順從於本地領主或國王，而且必須聽從當地教會的命令。教會有權干涉當地的一切事務，而教會的最高機構卻在羅馬。隨著民族國家的逐步形成，以國王為代表的地方勢力要求擺脫教皇的干涉，英國就是這方面的典型例子。

　　一五〇九年英國國王亨利八世繼位，英國的中央集權在其統治時期得到了進一步的加強，導致亨利八世與羅馬教皇直接對立。英國脫離羅馬教廷，肇因於教皇不許亨利八世與西班牙公主凱薩琳離婚。一五三三年，亨利八世不准英國的教會把教會的收入交給教皇，隔年促使國會通過《至尊法案》，法案中規定英國國王是英國

⇨亨利八世與其家庭。

給 21 世紀的 100 堂歷史課

111

◆ 耶穌會創始人羅耀拉像。

教會的最高領袖，擁有任命教職人員和解釋教義的權力，實質上脫離了羅馬教皇的支配。英國的教會雖然脫離了羅馬教皇，但在基本教義方面並沒有多大變化，可說是歐洲宗教改革中最保守的。改革後的英國教會稱為「英國國教」。

路德教、喀爾文教和英國國教構成了新教體系。基督教產生不久就逐漸分化為以希臘語地區為中心的東派和拉丁語地區的西派；羅馬帝國東西兩部分裂後，基督教也於一〇五四年正式分裂為羅馬公教（即天主教）和東正教（或稱希臘正教）兩大教派；到十六世紀後，基督教演變成了新教、天主教和東正教三大派。

在各國紛紛進行宗教改革的情況下，羅馬教界感到有必要在自身上進行一些整頓，清除腐敗。天主教意識較牢固的西班牙，在這方面進行了嘗試。在羅馬教皇的支持下，西班牙貴族羅耀拉創立了耶穌會。耶穌會建立後發展很快，在拉丁美洲和亞洲都有其深遠影響。

給21世紀的話語

　　宗教改革使歐洲社會發生了根本的變化，基督教大一統天下的國家觀念從此一去不復返，代之而起的是適合當時發展需要的信仰和教義，它突破了傳統宗教思想的束縛，使歐洲人的思想得到了一次大解放。同時，它還帶來了歐洲民族國家的形成和新興政權的出現。

026

科學革命的發動者

哥白尼發表太陽中心說

　　在哥白尼提出地球繞日旋轉的「太陽中心說」（或稱地動說）前，幾乎所有人都認為太陽是繞著地球而轉的，畢竟這很符合「一般的觀測結果」，因為每天早上太陽會從東邊升起、晚上則自西方落下。這個自然現象先是被許多古代哲學家提出各種解釋，後來則被希臘大哲亞里斯多德以總結為地球為宇宙中心的理論「地心說」，建立完整體系。該體系後來又被希臘化時代的科學家托勒密以算式和各種觀測結果印證，成為「地球中心說」（或稱天動說）的依據。

　　到了中古時代，雖然羅馬教會與亞里斯多德、托勒密的淵源有限，不過他們以地球為中心的理論，卻符合教會的主觀意識，得到教會的擁護，因而成為主流學說。即便如此，還是有些人對托勒密天文系統裡出現的許多細小誤差感到懷疑，但懍於教會的威勢，因而放棄了深入研究；有些人卻為了尋求答案而不惜得罪當道，最後終獲成功。哥白尼，就是其中一位為求真理不懼權威的知識勇者。

　　哥白尼出生於波蘭，父母都來自富商之家，因此才能在衣食無缺之餘，展現他對天文方面的濃厚興趣和獨特感受。他自小就愛觀察星空，後來又在大學時受到數學家兼天文學家的老師調教，對傳統的天文學理論開始質疑，特別是托勒密的太陽繞地說。哥白尼身為神職人員的舅舅，鼓勵他任修士，以便到義大利深造。到了義大利以後，哥白尼果然獲得了帕度亞大學的教會法博士學位，並和文藝復興健將達文西等人交往，更勇於向自己的疑問提出挑戰。

獲得學位後，哥白尼接受舅父的安置，到波羅的海沿岸的波蘭城市「弗倫堡」傳教、行醫。他在當地築了一座小塔，作爲生活起居之處，該塔後來即被稱爲「哥白尼塔」。傳說哥白尼便是在塔中，利用自己所做的簡單工具觀測天象。

● 哥白尼《天體運行論》的手稿。

　　哥白尼認爲，托勒密的體系雖然可以解釋一些天文「異象」（例如日蝕、月蝕等），但他發現許多細節矛盾不僅難以自圓其說，且顯得太過複雜。身爲教士的他，相信全能的上帝不會用如此複雜的方式來推動世界，定可以找到更簡單的解釋模式。他回溯到古代天文學家阿瑞斯塔卻斯提出的「地球繞日運行」之說，發現如果不拘泥於「地球是宇宙中心」，將中心改爲太陽來思考的話，許多托勒密體系裡的問題便可迎刃而解。

　　因此他便積極投入撰述，完成了一篇簡單的論著。這篇簡論雖然篇幅不長，本身亦無太多直接證據，不過仍得到許多科學家重視。當時一位著名的數學家雷提卡司對該篇非常讚賞，乃親往哥白尼的住處和他討論、研究，並著書推介哥白尼的理論。有了雷提卡司的背書，哥白尼的簡論更受重視，在一五四〇年出版了《首次報告》，說明自己的理論要點，在當時招到不少宗教人士的抨擊。

　　後來，對哥白尼極爲看重的雷提卡司，將哥白尼的手稿交給其友奧希安德，希望由他代辦哥白尼完整理論的出版事宜。沒想到奧希安德是位路德教派的牧師，擔心哥白尼體系會觸怒馬丁路德，乃自作主張地爲哥白尼的著作添上一篇序言，僞裝成他的自序，表示

他只是試著提出計算行星運行規則的方式，書中的主張並非事實。這本「加料」過的著作，便是哥白尼的經典著述——《天體運行論》。

　　哥白尼本人在《天體運行論》出版兩個月後，便因腦溢血病逝，未能親眼見到自己的著作，特別是那篇被人越俎代庖的自序。那篇自序則反成為日後哥白尼長期被史家所輕的原因，大家皆以為哥白尼向宗教屈服，未能堅持自己的理念，直到十七世紀初才由克卜勒為他洗刷冤屈。於是，哥白尼的視野與勇氣，已無人質疑，而他所倡論的太陽中心說，也得到許多天文學家、天體物理學家的支持，並為其增加新的論證、修正內容謬誤（如哥白尼認為行星繞日的軌道乃是圓形而非現在所知的橢圓形），終於建立了今日天文學的重要內涵。甚至有人說，因為哥白尼不盲從神學理論，敢於向宗教的權威論述挑戰，而將自然科學從宗教神學中解脫出來，故而哥白尼可說是造成近代科學革命的發動者！

西班牙超級強國的終結

無敵艦隊的覆滅

　　十六世紀中後期是舊帝國主義「霸權轉移」的一個關鍵時代，代表著舊的海上霸權退場、新的海上霸權崛起。這個舊霸權乃是西班牙，新霸權則是英國，後者崛起後稱霸海洋長達二百多年。導致新舊霸權交接的原因雖然很多，不過西班牙「無敵艦隊」的覆滅，則是一個很有代表意義的事件。

　　無敵艦隊的西班牙語名稱爲「La Felicissima Armada」，意謂「最爲幸運的艦隊」，這是在一五八八年由西班牙國王菲立普二世所建立的偉大艦隊。當時西班牙在美洲、非洲和亞洲都有著廣大殖民地，據統計每年可從海外各地運回黃金五千五百公斤、白銀二十四萬餘公斤，是個資金超級雄厚的國家。因此，爲了確保海外殖民地對西班牙母國的海上交通線得以暢通，西班牙必須擁有強大的艦隊以作爲武力後盾。

　　不過西班牙也非全無對手，主要的對手之一便是英國。英格蘭地區本來也算是菲立普二世的囊中物，因爲他還是王儲之時，便已迎娶了英國女王瑪麗一世（不含蘇格蘭）。菲立普二世與瑪麗一世皆信奉天主教，故曾在英格蘭境內興起大規模的迫害新教徒之舉（這便是瑪麗一世被稱爲「血腥瑪麗」的原因），

●西班牙國王菲立普二世。

也因此可能讓英格蘭重歸天主教的懷
抱，違反先王亨利八世創建「聖公會」
（Anglican Church，或稱「英國國教
派」）的國策，使得英國貴族們多有不
滿。幸好瑪麗一世不久後即撒手人
寰，信奉國教的新主伊莉莎白一世繼
位，才讓菲立普二世沒能如願。眼見
英格蘭即將脫離掌握，菲立普二世乃
向伊莉莎白一世求婚，希望能重拾

→英國女王伊莉莎白一世像。

西、英的過往情誼，卻遭伊莉莎白一世拒絕。於是惱羞成怒的菲立
普二世，即暗中生起了興兵英國之心。

　　除了宗教因素以外，經濟也是重要原因。原來伊莉莎白一世即
位後，也致力於英國海外勢力的擴張，但英國沒有西班牙的厚實經
濟基礎，只好以「偏門」的方式擴張，即是「海盜」。伊莉莎白一
世收編了幾個實力較強的海盜——據說還曾以委身之法——如著名
的探險家兼海盜德雷克等，允許他們劫掠其他國家的商船，事成之
後再按固定比例「分贓」。如此一方面讓國庫得以充實，還解決了
困擾當時各國的海盜問題，更重要的是，將海盜問題轉嫁到其他國
家身上！這一來一往，使原本擁有最大海上勢力的西班牙備受壓
力，英國的相對國力變得日益強大。

　　為了宗教、經濟等問題，西班牙與英國的戰鬥幾乎已難以避免
了。於是菲立普二世乃決定先發制人，組織了強大的「無敵艦
隊」，企圖一舉解決英國的威脅。這便是無敵艦隊成軍的背景。無
敵艦隊擁有近一百五十艘的大小船艦，工作人員超過萬名，戰鬥人
員更突破兩萬，可說是當時海上霸權的最大規模艦隊（除了百多年
前的明朝鄭和艦隊之外）。無敵艦隊浩浩蕩蕩地從里斯本出海，

●無敵艦隊的潰敗宣告了西班牙超強帝國的終結。

　　進行征服英國的大業。

　　　如果不是熟知海上攻擊行動的海盜（德雷克）來領導英軍，英國可能便將在此役之後，從此成為西班牙的領地。英軍實際指揮者德雷克挽救了英國的頹勢，他以不同於傳統的戰術，給了無敵艦隊迎頭痛擊。原來無敵艦隊載運了二萬以上的步兵，其戰術是衝撞敵艦後以步兵強行登艦，進而奪取該艦，這是傳統正規的戰術模式。不過德雷克深知英國的船艦效能、步兵戰力都不及西班牙，然艦速較快、機動靈活卻是英軍的長處，因此沒有用傳統的戰術面對無敵艦隊。他先以幾艘裝載易燃物品、船身並塗滿油脂的商船衝撞無敵艦隊，造成無敵艦隊中燃起一片火海，大傷敵軍士氣；繼而又在決戰中避免與無敵艦隊船身接觸，而以遠距離轟擊的方式破壞敵艦。果然在這種新戰術的作用下，無敵艦隊遭到擊敗，沒能完成征服英國的重任。

但無敵艦隊的厄運還不僅如此。殘存的無敵艦隊艦隻，企圖順著風勢繞過不列顛島，沿愛爾蘭西岸返回西班牙。沒想到上帝忘了保佑她們，無敵艦隊竟在這段航程中遭遇暴風襲擊，又給殘餘的艦隻極大的打擊。該年十月，歷盡風霜的剩餘船隻方才返回西班牙，但此時僅剩四十多艘船艦。整個無敵艦隊征英行動，便以其戰艦損失破百、人員死傷逾一萬四千告終。傾西班牙全國之力建立的龐大艦隊，從此再難重振；而西班牙也因為這次的損失太過嚴重，而逐漸失去海上霸主的地位。

給21世紀的話語

　　一個海上霸權不會因為一次戰役的失敗而瓦解，且西班牙與英國的戰爭也長達五年以上，並不僅無敵艦隊征英一戰。然因此役損失艦、兵過鉅，西班牙海上交通線的安全漸漸難以維持，決定了霸權興衰與否的關鍵。到了十九世紀末，美國戰略學家馬漢即總結這些歷史經驗，提出「海權理論」，強調擁有優勢海軍即能擁有制海權、進而取得全球霸主之位，成為名噪一時的戰略理論。今天雖然歐美國家以「全球化」為號召，但仍全力進行海上勢力的擴張（無論是海面上抑或海面下的），不難識見海權的重要性，並沒有因為人類進入太空時代而降低。「海洋」仍是決定世界權力版圖的重要戰場，無敵艦隊的覆滅，只是漫長海權爭奪史的一個段落而已。

給新世界帶來自由火種

五月花號越洋壯舉

　　一六〇七年五月，由倫敦維吉尼亞公司組織的移民一百二十名英國人分乘「蘇珊‧康斯坦特號」、「幸運號」、「發現號」三艘小船，經過五個月的艱苦航程，由泰晤士河出發到達北美維吉尼亞的詹姆斯河。他們建立了詹姆城，成為第一個英屬北美殖民地，開始了以英格蘭人為主體的移民潮，標誌著英屬北美殖民時代的開始。當初，大多數移民是為了到新大陸尋求舊世界之外的樂土。

　　一六一九年七月三十日由詹姆士敦的一千多名成年男子推出的二十二名代表，舉行了代議會議，制訂了殖民地法律，形成了殖民地時期最早的自治政府形式。第二年的九月，裝載六十六名貧苦移

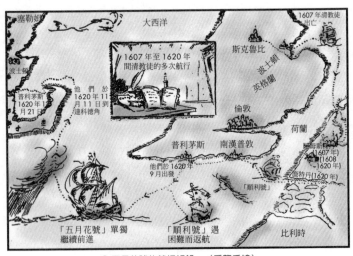

●五月花號的航行紀錄。（房龍手繪）

民的一艘長九〇英尺、寬二五英尺、重一八〇噸的「五月花號」帆船，駛離了英國的普利茅斯港，向北美的維吉尼亞地區進發。途中來自荷蘭萊登的獨立派清教徒三十五人乘坐的「順利號」帆船，因不適合遠洋航行而棄船登上「五月花號」。越洋航行面臨一年中最惡劣的季節，「五月花號」一再遭狂風巨浪襲擊，這一百零一名移民經過四十多天的死亡航行，終於欣喜地發現了陸地，但與目的地偏北了四百英里，到了麻塞諸塞的科德角。

經過實地尋察，他們發現了曾於一六一四年被約翰・史密斯船長所命名的普利茅斯港口。一六二〇年十二月下旬，這些「移民始祖」建立了以普利茅斯命名的定居地，英國人有了在北美建立的第二個殖民地。

登陸之前，在後來成為普利茅斯總督的威廉・布雷德福特的倡議下，「五月花」號船上的四十一名清教徒，商定了上岸後共同遵守的自治綱領，簽署了《五月花公約》，宣布自願「在上帝面前莊嚴結盟，同心協力為較佳秩序與生存建立一個文明實體」，「並隨時制定、擬定和設計那種公認最為適合殖民地全體人民利益的公平法律、條例、法令、法規，及其設立治理機構」。這個公約的原則以教會盟約的形式，表達了移民始祖們對新大陸的政府權力源於社會契約的強烈願望，成了普利茅斯殖民地政府的自治基礎，是美國建國史上的一個重要文獻，並成為新英格蘭殖民地遵守的共同模式。

一六二八年，一批清教徒在倫敦組織了新英格蘭公司，次年改組為麻塞諸塞公司，從英王那裡取得了在普利茅斯以北地區建立殖民點的特許狀。這一年八月，清教徒紳士約翰・溫思羅普總督和其他十二名清教徒股東，簽訂了《劍橋協定》，規定新據點的權力歸屬於殖民地人民。於是，由「五月花」從舊大陸帶來的民主、自由

印第安酋長。

的火種，成了北美大陸民主政治的最初基石，《五月花公約》也從此成為美國民主的象徵。這些清教徒主張個人直接祈禱，反映了在上帝和法律面前人人平等的觀念；他們主張以共和制改革教會，反對教會勒索和繁瑣的宗教儀式、偶像崇拜。一六三○年，約翰·溫思羅普率上千移民來到麻塞諸塞灣周圍定居，建立了波士頓、沃爾賈斯特、羅克斯伯里、坎布里奇等移民區，並仿效《五月花公約》建立自治管理機構，很快形成了以清教徒為主體的麻塞諸塞殖民地。

英國清教徒是殖民地初期北美移民的重要來源，奠定了美利堅文化的初步基礎。移民初到新大陸，隨即面臨飢餓、嚴寒和死亡的威脅，威廉·布雷德福特記敘了這個令世人難忘的情景：「大家如果回顧身後，就只見他們泛渡過來的汪洋大海，如今成了千重波障、萬里鴻溝，將大家隔絕在文明世界之外。」「這些先祖的子孫難道不會或應當很正確地說『我們的祖先是英國人，他們橫渡大洋準備死在這個荒野；但是他們向主呼救，主聽見了他們的聲音，看到了他們的不幸』。」倖存者們全靠自我奮鬥，並仰仗印第安人的接濟，教會他們捕魚和種植玉米，艱苦度日，在一六二一年秋季終於收穫了大量的玉米。為了感謝印第安人對「移民始祖」的相助和感謝上帝的恩賜，「五月花號」的移民和馬薩索伊特酋長率領的近百名印第安人在一起，用獵來的野火雞和其他野禽，舉行了盛大的狂歡慶祝活動。這種習俗後來被沿襲下來，一七八九年華盛頓總統

宣布每年的十一月二十六日（星期四）爲全國性的感恩節；一九四二年美國國會通過了立法，規定每年十一月的第三個星期四爲感恩節假日。

「五月花」號爲北美新大陸從舊世界帶來了新移民，開創了美利堅文明。據歷史資料估算，一六一○年英屬北美殖民地僅有歐洲白人兩百餘人，一六九○年則有二十一萬餘人，其中十分之九來自英格蘭。到一七七五年獨立革命爆發時，殖民地移民及其後裔猛增到兩百五十萬人，其中黑人奴隸五十萬人；這時移民的主體除英格蘭人外，還有來自愛爾蘭、蘇格蘭、日耳曼、法國和荷蘭等地區。

英屬北美殖民地來自不同的民族和國家的移民，在幾代人的長期共同生活中，使用以英語爲主語的共同語言，發展共同的文化與經濟生活，使美利堅逐漸成爲一種新族群，一個嶄新的美利堅民族終於慢慢地屹立在新大陸。

一批接一批的「五月花」號移民潮，他們多數是爲逃避舊大陸的封建暴政和宗教迫害，或求改變經濟貧困和追求自由平等的貧苦大眾。其中不乏許多訂有契約的貧民，企盼在新大陸奮鬥以求獲得自由身分，他們給新大陸帶來了新技術和新思想，也帶來了新的自由火種。「五月花」人的嚮往自由平等，勤奮進取，苦幹務實的精神，爲潮水般湧向北美大陸的歐洲移民們所效法。

　　美國是個移民國家，自十七世紀以來的近四百年間，來自世界各國胸懷「五月花」精神的人們不斷地透過帆船、輪船、飛機等各種交通工具越洋來到北美這塊「樂土」，在整個移民史上，其持續時間之長、移民範圍之廣、社會經濟和政治、思想、文化影響之深實乃世界之最。

　　從一八一五～一八六○年間，美國共有外來移民五百萬人，主要來自西歐、北歐的農民和手工業者，對美國社會的發展發揮著重要的作用。從一八六○～一九○○年間，外來移民共一千四百萬人；隨後光是一九○○～一九一五年間，又有一千四百五十萬外來移民湧向美國。和老移民不同，新移民大量增加了東南歐和北歐的移民。雖然新移民中天主教、東正教、猶太教等教派和非英語系移民大量增加，美利堅民族來源的構成趨向歐洲以至亞洲多元化。

　　進入二十世紀以來，雖然有過二○～四○年代的嚴格限制移民的短暫時期，但是移民潮並沒有停止。第二次世界大戰後特別是二十世紀八○年代以來，又出現了新的移民浪潮。一九九三年的移民總數近百萬人，數以十萬計的非法移民尚未計算在內。整個說來，除了印第安人外，美國是由不同時期的移民所組成，他們在不同程度上都受到了「五月花」開拓精神的鼓舞。

集海盜、商人、政府於一身
英國東印度公司統治印度

英國東印度公司是十七世紀至十九世紀中期英國對東方（主要是對印度和中國）進行壟斷貿易和殖民擴張的組織，全稱「對東印度群島貿易的英國商人聯合公司」。它是英國擊敗西班牙無敵艦隊後，為了發展以印度為主的東方貿易，於一六○○年十二月三十一日建立的，初稱「在東印度群島貿易的倫敦商人的總裁和公司」。它得到英國伊莉莎白女王的特許狀，壟斷了好望角以東各國的貿易權。

💿 英國東印度公司貨幣。

一六○九年，公司在印度西海岸的蘇拉特建立第一個商業事務所，開始享有在印度洋和太平洋上的貿易壟斷權。一六一二年，其艦隊在蘇拉特海面擊敗了一支來自果阿的葡萄牙艦隊。蒙臥兒皇帝為對抗葡萄牙勢力，於一六一三年頒發敕令，允許公司在蘇拉特設立商館，給予種種貿易特權，還在古吉拉特獲得特惠條件。一六一五年，英國在蘇拉特港外的海戰中，再敗葡萄牙艦隊；同年，英王詹姆士一世委派湯瑪斯·羅為駐蒙臥兒帝國大使，晉見查罕基，為英國在印度謀求殖民利益。此後，英國「東印度公司」於一六一六年，在印度東甫沿海的馬蘇利巴丹姆建立商站。一六三九年，公司以每年六百英鎊的代價向當地王公租得馬德拉斯帕村周圍的土地，築成聖喬治堡（後發展為馬德拉斯市）。

一六六一年，葡萄牙國王將孟買作為公主的陪嫁，贈予英國查

理二世。一六八七年，查理二世把孟買轉讓給公司，公司遂將蘇拉特的商館遷至孟買；一六八九年，東印度公司董事會決定在印度增加稅收、擴大貿易、保持武力、建立國家。從此，東印度公司不再是單純的貿易公司，而是一個擁有武裝的政權機構。

一六九八年，東印度公司經奧朗則布特許，在胡格利河口建立加爾各答城。董事會設在加爾各答城內，以英王命名爲威廉堡。這樣便形成了馬德拉斯、孟買和加爾各答三個管轄區，它們成爲英國進一步侵略印度的基礎。

一六九八年，新成立的「對東印度群島貿易的英國公司」與初建的「在東印度群島貿易的倫敦商人總裁和公司」爭奪對印貿易的壟斷權。一七○八年，經英國政府的特許，兩者合併稱爲「對東印度群島貿易的英國商人總裁和公司」，並獲得在印度宣戰和媾和的特權。集商人和政府於一身，不僅在印度和馬來群島一帶進行貿易，且還在印度進行統治，逐漸擴展勢力，進而把印度變爲英國的殖民地。

● 1763 年《巴黎和約》的簽訂。

十八世紀中期，英國東印度公司在印度建立一百五十處商站和十五家大代理站，並與其主要競爭者法國進行激烈的角逐。一七四〇年，奧地利王位繼承戰爭爆發後，法國從英國手中奪取了馬德拉斯；一七四八年法國根據戰爭後簽訂的《亞琛和約》，把馬德拉斯歸還給了印度，以換取英國在戰爭期間占領的法屬加拿大的路易士堡。此後，英、法爭奪的場域，轉移到德干高原上的海德拉巴和東南沿海的卡爾那蒂克。

一七五一年，英國東印度公司的一名職員羅伯特‧克萊武率兵攻下阿科特，並進而控制了卡爾那蒂克。不久，七年戰爭波及美洲和印度，克萊武遂於一七五七年攻占了法國在孟加拉的殖民據點昌德納果爾。接著，東印度公司又於同年發動普拉西戰役，占領了富庶的孟加拉。孟加拉的財力和人力資源，幫助英國東印度公司擊敗法國在南印度的軍隊。一七六三年，英、法簽訂《巴黎和約》，法國放棄了它在印度的全部殖民地，僅可保留五座城市作通商之用。從此，法國在印度不再是英國的對手了。

七年戰爭後，英國東印度公司由原先的商業掠奪，進而直接占領大片領土，著手在印度建立一個殖民帝國。為了征服印度，英國東印度公司發動了一系列侵略戰爭。一七六三年，孟加拉王公米爾‧凱西姆不甘心做英國傀儡，起來反抗殖民者。一七七四年，英國東印度公司駐孟加拉省督哈斯丁斯把起義血腥鎮壓下去，侵占了恆河下游遼闊富庶的土地。之後，英國東印度公司又把侵略矛頭對準了南印度的邁索爾。從一七六七～一七九九年，透過四次侵略戰爭控制了邁索爾。隨後又征服馬拉特聯邦和旁遮普，至十九世紀中期，終於侵占了整個印度。

英國東印度公司在征服印度的過程中，掠奪了大批印度的財富。侵占孟加拉後，據統計至一七六五年止，英國東印度公司從孟

加拉庫中掠奪了價值五百二十六萬英鎊的財富。一七九九年，英軍攻占邁索爾首府色林卡帕丹後，掠得王室珍寶價值一千兩百萬盧比以上。

英國東印度公司還對印度實行分而治之的政策。全印度的領土被分為由英國直接占領和受英國控制的藩屬兩大部分，直轄領地與土邦犬牙交錯。英國侵東印度公司侵入後，成為印度最大的地主，強行對農民徵收田賦。在孟加拉，公司原先是借助印度傀儡來徵收賦稅的，後從一七六五年起，便直接掌握孟加拉（包括比哈爾邦和奧里薩）的財政稅收大權。一七六四～一七六五年度，孟加拉的田賦總額是八十一萬英鎊，而一七六五～一七六六年度，猛增到一百四十七萬英鎊，一七九二～一七九三年度，更高達三百四十萬英鎊。同時，英國東印度公司還改變了印度的土地占有關係，實行永久租佃制和暫時租佃制、萊特瓦爾制，加強對農民的剝削，並培植柴明達爾作為英國對印度實行殖民統治的社會基礎。這使東印度公司政府的職能發揮得更加淋漓盡致。

與此同時，英國東印度公司以商人身分，強迫印度手工業者以不等價交換的方式把產品賣給公司，再把紡織品和香料轉賣歐洲藉此牟取暴利，還透過壟斷印度的食鹽貿易和販賣鴉片而大發橫財。他們壟斷了食鹽的專賣權，利潤一般達二、三倍。一七九三年，公司的食鹽專利收入達八十萬英鎊。英國東印度公司強迫印度農民大規模種植罌粟，然後販賣罌粟的製成品鴉片，傾銷到印度、中國和其他亞洲國家。一七七三年，英國議會通過對東印度公司的《管理法案》，將其商業和行政分開，印度的最高官吏改由英國政府任命。一七八四年，議會通過了《皮特印度法案》，規定由內閣任命督察委員會主管印度事務。一八三三年，議會通過《特權法案》，規定公司行政機關成為「受英王委託」管理印度的代理機構。

　　英國東印度公司透過種種手段攫取了驚人的財富，轉化爲資本，加速了英國資本主義的發展和工業革命的產生。但是，隨著英國工業中產階級力量的增長，英國議會對公司事務的干涉程度越來越高。

　　一八五八年，在印度民族起義的影響下，英國議會通過《關於改善治理印度法案》。該法案規定：撤銷東印度公司；除股本外，公司的全部財產歸英國國家所有；英國內閣設印度事務大臣；印度總督改稱副王，爲英王駐印度直接代表。於是，集海盜、商人、政府於一身的英國統治工具——東印度公司壽終正寢了。

古典物理學的完整建構

牛頓奠定物理體系

⟫ 布萊克所描繪的牛頓。牛頓的物理學改變了人類的世界觀。

此人小時候曾成為所謂的「中輟生」，也因為木訥寡言而被同伴們稱呼以「呆子」；長大後曾為了讓母貓和幾隻小貓能夠自由進出門戶，而在門上打了一個大洞和數個小洞；另外聽說他還曾因沉迷閱讀而誤將懷錶當成雞蛋放入鍋中蒸煮，待起鍋後才發現。他是牛頓，是被公認有史以來影響最為深遠的科學家。

雖然生活方面常有些離譜的趣事，但牛頓的貢獻可說震古爍今，且直接影響數學、力學、光學、天文學等學科的發展。一個「小時不佳」的怪人，最後卻成為人類文明的領航者，他的行為本身即是個值得效法的勵志故事。

牛頓畢業於劍橋大學著名的三一學院，隨後便成為三一學院研究生，但甫成為研究生，黑死病便開始侵襲倫敦，數以萬計的生命因此死亡。當劍橋師生聽到消息後，大家乃決定暫停教學活動、各自逃生保命，於是牛頓便也跟著返回故鄉。雖然少了同儕學者的交流與刺激，牛頓卻在寧靜的鄉間思考知識的奧祕，成為日後發展研究的基礎。

　　牛頓先是在光學研究上，展現他的研究成果。他發現，原來人們眼中所見的白光，其實是一道由多種顏色組合而成的光束（就像彩虹一般）。他仔細分析，得出折射、反射等情形的結果，並加以歸納、計算，建立了反射、折射的基本公式，設計出世界首支反射式望遠鏡。這座望遠鏡，比起過去伽利略觀測星象時所用的簡單望遠鏡更進步，今天大多數的天文觀測者仍使用著牛頓所發明的望遠鏡。

　　透過自己發明的望遠鏡，牛頓得以更精確地觀測天象，從而解答自哥白尼以來的天體運行問題，並進一步將天體運行與地面運動的關係連結起來，而這不但是過去無人曾經思考到的，也可說是牛頓的最大成就。

　　所謂最大成就，就是由「牛頓三大運動定律」和「萬有引力定律」所構築出來的物理體系。所謂「三大」，即是描述物體不受作用力時的運動（第一）、物體的加速度（第二），以及作用力與反作用力定律（第三）。在這體系之下，人們得以理解並預測地面上一切看的到的運動情形，並且還能延伸至天體的運行。另一方面，牛頓為了解釋物理學中的計算問題，還整頓了當時的數學理論，發明了「微積分」（不過也有人說微積分是由與牛頓同時期的數學家萊布尼茲所發明，其實兩人對發明微積分都有無法磨滅的貢獻）。當時牛頓充分利用微積分等數學方式，漂亮解釋了許多的相關問題，

解決了人們的千古疑惑。一六八七年，牛頓的千古名著《自然哲學的數學原理》出版，一個完整的物理體系正式問世，人類對地球、宇宙的認識，從此跨入另一個境界。

《自然哲學的數學原理》出版後，牛頓從學術圈裡的名人，拉高成為全國的紅人。兩年之內，牛頓被選為國會議員，後來又擔任英國造幣局的局長。某些史家曾攻擊牛頓，認為他「不務正業」、「醉心於冶金學」，說得好似牛頓被金錢蒙蔽雙眼一樣。事實上當時英國的幣制相當混亂，導致國家的貨幣信用大跌。牛頓接任後，以其冶金學方面的知識為英國鑄造新幣，大幅解決了英國的困境。

一七○五年，英國女王授與牛頓爵士的名銜，據說這是英國有史以來，第一次對科學家進行爵位的封賞。

給21世紀的話語

牛頓所建立的力學體系被稱為「經典力學體系」，影響時間超過兩百年，直到現代雖然才有比較多的修正，但它還是具有非常高的典範地位，也仍然是物理學的根本知識。牛頓雖曾自謙，自己只是個在海灘邊撿拾貝殼的小孩，浩瀚的真理之海仍距他遙遠，以此比喻他的表現並沒有大家所說的那麼好；又謂他的眼光就算比其他人稍微遠了點，也不過是因為他站在「巨人的肩膀上」之故──這是他的一句千古名言。

那些巨人，指的乃是伽利略、克卜勒等前輩科學家──但是在牛頓的手上，畢竟整合了「巨人」們彼此或有不一的觀點，並以一個完整廣闊的體系涵蓋之，這樣的眼光與貢獻，環顧史上還沒有幾個人能辦到。他不但標誌了科學革命時代的傑出成果，更為十八世紀以後開始的工業革命，奠定科學知識的基礎。如果沒有牛頓，今天我們也難免懷疑愛因斯坦等偉大的現代科學家，有沒有名揚史冊的可能性。

開創「歐洲的俄國」
彼得大帝推動全面西化

　　對歐洲人（尤其是西歐）來說，俄羅斯無論在地理、歷史和文化上，都不是「歐洲人」。除了二十世紀中後期開始的共產主義體制，使俄羅斯成為民主集團的頭號大敵以外，過去的俄羅斯也是地處偏遠、粗魯無文，連宗教信仰的實質內涵也不一樣的「外人」。雖然這種飽受歐洲排擠的滋味，今日已因俄羅斯的核武實力而多少減弱了一些，可是無論在西歐人民心中，還是俄羅斯人本身，仍難免延續了這由來已久的感覺。

　　俄羅斯由幾個小公國開始躍入歷史，歷經蒙古人（欽察汗國）、莫斯科大公國的統治，直到一五四七年才由君主伊凡四世，建立了「沙皇」的統治體制。但此後俄羅斯從未成為歐洲政治舞台上的顯著角色，一直被歐洲各國所輕視，甚至忽視。到了十七世紀末葉，正當歐洲各國正逐漸藉著通商和貿易，累積大量銀貨資本的時候，俄羅斯仍是個經濟奠基在農奴制之上的保守政權，甚至連領土範圍都不能十分確定，因為某些小國、土邦還與俄羅斯時分時合。這樣的國家，當然還是不會讓歐洲諸國正眼看待。

　　一六八二年，年幼的彼得一世即位為沙皇，不過因為年紀太小，遂暫由姊姊、母親先後攝政，一六九四年

　●沙皇伊凡四世像。

方才親政。這位年輕的沙皇有著遠大抱負，希望能將自己的祖國，建設爲一個受人尊敬的國家，擺脫過去的卑微。因此在他親政後不久，便開始了圖強的計畫。

彼得的效仿對象是西歐國家，因爲當時的西歐國家如英國、荷蘭等國，都是藉著海外貿易而成爲富強之邦的國家。因爲它們的富足，使彼得領悟到財富的重要性，而除了貿易，幾乎找不到什麼更好的方式可以快速累積財富。因此，以封建、保守的農奴制爲經濟基礎的俄羅斯，一定得改弦更張，才能揚眉吐氣，追上西歐國家。另一方面，俄羅斯的統治體制效能不彰、財政又復紊亂，農民暴動問題層出不窮，都是亟待改革的問題。否則，內部動亂只會削弱國力，讓國家無法全力向前邁進。

因爲這些看法，彼得乃在一六九七年開始，派出使節團到西歐諸國，考察各國的政經發展狀況。這位統治者有趣的地方在於，他自己也化名出訪，想要親身體驗其他國家的內部情形。彼得在其西歐之行中領悟甚多，隔年返國以後，便開始按照其心得施行改革，力圖建造一個與西方一樣強盛而文明的東方帝國。

彼得的第一項改革，是建立起強大的正規部隊。過去的俄羅斯名雖一國，但軍隊從未國家化，較像是王室、貴族的私兵，戰鬥能力和意志等於還停留在中古時代，這也是其始終飽受瑞典、日耳曼、鄂圖曼土耳其等國家侵襲的原因。如今有了正規軍後，質樸的斯拉夫人開始展現堅強的戰鬥力，竟能與當時的陸軍強國瑞典纏鬥不休，並擊敗瑞典取得波羅的海出海口。地處內陸的俄羅斯，從此可以組織海軍，與各國在海上爭雄。一七○三年，彼得在波羅的海出海土地上興建了一座城市，將之命名爲「聖彼得堡」，並將國都由莫斯科遷至此，作爲發展俄羅斯海上霸業的起點。此後直至一九一七年帝俄瓦解，聖彼得堡才失去長達二百年的首都地位。今日的

聖彼得堡（蘇聯時期曾改名為列寧格勒），仍是俄羅斯的第二大城。

軍事改革之外，彼得也改革了政治組織，汰換老舊的行政部門，改以先進的西歐式行政機構，包括監察權的建立。另外，彼得也力行希臘正教的政教合一制度，強化君主專制，讓國家事權統一。在他的意志主導下，經濟革新、建立工業、發展貿易、興辦學校、推展文化等改革事業全面展開，俄羅斯邁入積極奮進的西化歷程中。

➡ 彼得大帝極力推動向西歐看齊，剪鬚運動也是改革的項目之一。

彼得的西化改革相當徹底，連服制也要更改，他下令以輕捷的匈牙利軍裝取代傳統的俄羅斯厚重長袍。因為改革範圍極廣，反對彼德改革的聲浪始終未曾稍減。由於彼得本人既有雄才，且在政治體制上強化了君主的力量，故得以嚴拒反對力量，堅定地進行改革。一七二一年，彼得廢棄了傳統的「沙皇」稱號，改以「皇帝」（Imperator）自稱，「沙皇彼得一世」乃成為「彼得大帝」，正式將俄羅斯由一個封建小國，改革成一個領土完整、武力強大的帝國。

　　彼得大帝是個雄才大略的統治者，從他的西化改革中可見出其眼光與魄力。他將俄羅斯與歐洲文化更為拉近，使其成為廣義歐洲文化的一分子。不過平心而論，彼得的改革並沒有長遠的效果。俄國國力雖有突進，但彼得的西化改革並未進行對農奴制的整頓，因此社會上的矛盾從未消失。故當他過世之後，俄羅斯僅有為數龐大的陸軍部隊，為歐洲各國所畏懼，其餘政治、經濟、社會乃至科技等各方面的發展，仍追不上西方。最後在二十世紀的初期，終究因為落後的封建制度，引發革命而覆亡。

032

十八世紀的思想解放浪潮

法國啓蒙運動崛起

　　十八世紀法國產生了以反封建制及天主教爲目標的思想解放運動，這就是啓蒙運動。啓蒙運動是法國大革命的前奏，爲其提供了政治與思想上的基礎，在世界史上產生了深遠影響。

　　啓蒙運動產生於法國王權專制出現危機、資本主義萌興的環境之下。十七世紀法國仍然是一個典型的王權專制國家，它從

⇒伏爾泰像。

「全盛」走上衰落是在路易十四到路易十六之間的統治時期，而啓蒙運動正是發生在這個時候。啓蒙運動的代表人物有伏爾泰、孟德斯鳩、盧梭、狄德羅、霍爾巴赫等人；他們猶如燦爛的群星，照耀在法國天空上，帶來了光明和希望。

　　啓蒙運動的先驅者是一位天主教神父讓・梅利葉。他生前默默無聞，臨終時留下三卷巨著《遺書》，公開了隱藏多年的眞實思想。他堅決否定一切宗教和教會，尖銳批判天主教義及其專制作風，爲啓蒙運動的方向開了路。他還預言一個沒有剝削、沒有壓迫、沒有私有財產的理想社會必將來臨。

　　伏爾泰從十八世紀二〇年代起就投身於反王權的思想論爭，在啓蒙運動中活躍了六十餘年。他出身於巴黎一個富裕家庭，因寫諷刺專制王權的作品曾兩次被關進巴士底獄，並於一七二六年被驅逐出境，半生流亡在外。他是博學而著名的作家，高舉著科學、民主

兩面旗幟，著作近百卷，代表作是一七三四年出版的《哲學通信》。他揭露專制王權的罪惡，抨擊教會的教條爲一派胡言；稱天主教爲「惡根」，教皇爲「禽獸」。政治上他倡導建立「開明君主制」，實行英國式的君主立憲。由於長壽，伏爾泰幾乎經歷了法國啓蒙運動的全部過程。就思想影響之廣而言，伏爾泰可說是啓蒙運動的領袖，受到人們尊敬的思想泰斗。

孟德斯鳩出身於貴族世家，繼承了男爵稱號和波爾多省法院院長的世襲職務。十年法院院長的閱歷和長期的社會考察，使他更瞭解到封建制度的黑暗，透過《波斯人信箚》、《羅馬盛衰原因論》、《論法的精神》等著作，嚴厲抨擊專制政體，並探尋其必然滅亡的規律。他對啓蒙運動的貢獻，在於具體規劃了新型國家的政治模式和基本制度，進一步發展洛克的分權思想，建立了三權分立的政治學說。他認爲立法、司法、行政三權必須分立，否則易淪於專制，如立法權與行政權在一個機關手中，國家就會處於暴政之下，因此強調三權應該互相牽制。此說乃針對國王專制，具有時代意義。

法國啓蒙運動中激進的代表者是盧梭。他祖籍法國，出生於日內瓦一個鐘錶匠家庭，由於家境貧寒而當過學徒，也曾浪跡天涯，體察過封建專制的黑暗和人間不平。他的主要著作有《論人類不平等的起源和基礎》、《社會契約論》、《愛彌兒》等。他指出，社會的不平等與問題源於私有制所造成的貧富不均，而國家又用法律助長此種不公。他反對富人剝削壓迫窮人，主張均衡貧富，提出「社會契約」、「主權在民」和建立民主共和國的學說。他理想中的國家是公民以契約形式結成的國家，公民是「主權者」，人人自由平

●盧梭像。

⇒百科全書派。

等：人民的意志是國家權力的源泉，一切權力的表現和運用必須體現其意志；如果統治者違反了人民的意志，侵犯他們的主權，人民就有權推翻它。此一思想成為第三階級群眾的理論號召，在《人權宣言》和雅各賓專政時期的政策中得到鮮明的反映，羅伯斯比本人就是盧梭思想的熱烈信徒。

與盧梭約同時期的思想家──狄德羅、霍爾巴赫、愛爾維修等，曾經共同編纂百科全書，被稱為「百科全書派」。他們在狄德羅主持下編纂的百科全書稱《科學、藝術、技藝詳解辭典》，全書三十五卷，編輯出版歷時三十年，參加撰稿近兩百人。當代啟蒙學者幾乎投身於此，其中有伏爾泰、孟德斯鳩、盧梭等，還包括自然科學家達朗貝、文學家博馬舍及經濟學家奎奈和杜爾哥等人。其核心人物是以狄德羅為首的唯物主義哲學家，他們宣傳的唯物論和無神論，為百科全書奠定了哲學基礎；此類觀點是在十八世紀自然科學較為發展的背景上形成起來的，為《人權宣言》提供了底本。

　　十八世紀的法國啓蒙思想家，對人類歷史作出了偉大貢獻。第一，他們以理性的尺度，衡量和批判王權專制、宗教迷信、特權階級，衝破一切禁錮人們思想的枷鎖，在人們面前展示一幅美好未來的圖景；第二，他們強調人的尊嚴，宣布人權神聖不可侵犯，眾人都有獨立的人格，都有追求幸福的權利；第三，他們傳播了科學知識；第四，如盧梭等的民權思想家宣傳了起義或革命的權利：當人民的權利和自由遭到蹂躪時，人民有權推翻壓迫者，此種主張成爲十八世紀以後革命的理論根據。

　　法國啓蒙運動成爲歐洲啓蒙運動的中心，推動了歐洲和北美的民主革命。美國的《獨立宣言》宣布人人生而平等，便直接取自啓蒙思想。德國的萊辛、歌德、席勒領導的文學革命和康德開啓的哲學革命，俄國的普希金、拉吉舍夫等，都受到法國啓蒙思想的影響，這些大師皆自稱是法國啓蒙思想家的信徒。

033

第一次科技革命的標誌
蒸汽機的發明和運用

　　從十八世紀下半葉到十九世紀上半葉，人類歷史上經歷了一次沒有硝煙的革命，這就是與第一次科技革命緊密相聯的產業革命。其中蒸汽機的發明使得工業生產的原動力發生了徹底的變革，引發各種工業的技術革命。

　　擺脫使用人力、畜力及自然力的限制，為生產發展提供新的動力，乃是人類多年的夢想。而隨著十八世紀中葉英國產業革命的開始，這一要求越來越迫切。產業革命從技術革命開始，生產工具的革新貫穿整個過程，從棉紡織業拉開了序幕。早在一七三三年，在競爭與需求的壓力下，蘭開夏的機械師約翰・凱伊發明飛梭，改進織布機，將其功效提高了兩倍，造成棉紗供不應求，出現「紗荒」。紡與織的矛盾推動了紡紗技術的革新。一七六四年，織工哈格里夫斯發明一臺同時可紡八根紗的手搖紡紗機——「珍妮機」。經過改進，珍妮機同時可紡的紗錠多達八十至一百三十個，人力搖動困難，迫切需要動力設備。一七六九年阿克萊特製成水力紡紗機，兩年後在曼徹斯特建立了棉紗廠，這是英國的第一個工廠。

　　自此，英國紡織業開始了機器代替手工的進程。一七七九年工人克隆普頓吸取舊紡紗機的優點，發明了性能更為優越的「騾機」。一七八五年，卡特萊特發明了水力織布機，效率提高了四十倍。紡織工業的機械化帶動了相關工業的技術革命，而機器運轉僅靠水力無疑受限，不僅工廠必須建立在遠離城市和交通大道的河流兩岸，受到水量季節性豐枯的影響，工廠規模也受到限制。此時機

器生產迫切需要新的動力，發明一種適應性更廣的動力機就成了這場技術革命的關鍵，蒸汽機正是應時代的要求登上了歷史舞臺。

從十七世紀開始，歐洲手工業的迅速發展推動了採礦業的發展，爲了解決礦井中排水的問題，人們開始試圖製造以蒸汽爲生產動力的裝置。一六九○年，法國發明家巴本設計了汽缸──活塞裝置，但未獲得實用價值。一六九八年，英國工程師塞維利改進巴本的設計，製造了一臺實用的蒸汽抽水機，首次將蒸汽變成了工業動力，然因效率極低而未能推廣。一七○五年鍛工紐可門對塞維利機進行改造，製成了更加適用的活塞式蒸汽機，被英、德、法等國的採礦業廣泛應用；但它仍僅可用於礦井抽水，且效率亦低，耗煤量大。蒸汽機眞正在工業中發揮巨大作用，乃是在瓦特進行了根本性的改進之後。

瓦特自幼刻苦好學，一七五七年到格拉斯哥大學當教學儀器修造工，這使他有幸接觸到許多著名的科學家。他虛心求教，獲得不少科學理論知識，當時，自然科學的發展已爲蒸汽技術革命奠定了理論基礎。十七世紀的科學革命就提出「用火提水的發動機」原理，即通過蒸汽冷凝產生眞空作動力來作功。正是根據這一原理，前人製造出了蒸汽機原型。十八世紀六○年代格拉斯哥大學教授布萊克又提出了氣體與液體轉換時可大量吸收、釋放出熱能而溫度不變的原理，即潛熱原理，將改進紐可門蒸汽機化爲可能。

瓦特在大學修理紐可門蒸汽機的過程中，對該機進行了研究，發現此機爲了產生眞空，每一衝程都要用冷水冷卻汽缸，熱能損失達 80％而造成效率不彰。瓦特於焉產生了利用潛熱原理，把蒸汽的冷凝過程和汽缸分離的想法，經過反復試驗，他於一七六五年成功研究出分離冷凝器，四年後取得了此新型機器的發明專利。隔年在布魯姆菲爾德煤礦，第一臺實用型蒸汽機投入使用。經瓦特改進

的蒸汽機熱效率可達 3％，每馬力耗煤量從紐可門機的二十五公斤降為四‧三公斤。瓦特隨後在英國實業家博爾頓的鼓勵和支持下，進一步改進蒸汽機，他將原來的單向式蒸汽機，改進為活塞雙向往復運動都由蒸汽來推動的雙向式蒸汽機，於一七八二年

●瓦特發明的蒸汽機。

獲此專利。一七八三年他又利用平行連桿機構製成了第一臺旋轉式蒸汽機，使它成為可以與任何工作機相連接的動力機。

　　為了研究將原來只可往復運動的蒸汽機，轉變成可以旋轉運動的蒸汽機，瓦特提出了著名的「行星齒輪機構」，後來在工業中得到廣泛應用。一七八七年，瓦特又在蒸汽機上安裝了離心調速器和節氣閥。一七九○年他又完成了汽缸示功器的發明，由於多方改進，到一八○○年蒸汽機已具備了現代化蒸汽機的基本特點，成為供應整個機器工業運轉的萬能動力，人類多年的夢想終於變成了現實。

　　一七八○年代間蒸汽機的技術已趨成熟，開始進入實用階段。一七八三年第一臺旋轉式蒸汽機首先在威爾金森的製鐵廠驅動蒸汽錘，隔年，英國建成第一家蒸汽紡紗廠。一七九○年，煉鋼中使用了以蒸汽作動力的鼓風機，很快地蒸汽機就被採礦、紡織、冶金、造紙、食品、建築、機器製造等工業廣泛採用。一八○○年英國約有三百二十一臺蒸汽機，到一八二五年已增至一萬五千臺，總功率達三十七‧五萬馬力，二十五年間增長近六十倍。

　　蒸汽機成為工廠的動力後，很快就帶動了交通運輸業的技術革命。一八○七年美國的富爾頓建造的「克勒蒙特」號蒸汽輪船，在紐約的哈德遜河成功地完成了十四‧五海浬的處女航。英國人立即進行仿造，一八一二年「彗星」號汽船試航成功，汽船開始出現在

不列顛的水道上。一八一九年美國建造的長一百英尺，使用七十二馬力發動機的「薩溫那」號汽船橫渡大西洋成功；而英國也於一八四○年正式建立輪船航運公司。像利用蒸汽機推動艦船一樣，許多人也在設想將蒸汽機用於陸上交通。

　　一八一四年英國工程師史蒂文生建造了第一臺實用蒸汽機車，可在鐵軌上牽引三十多噸貨物。一八二五年由史蒂文生負責勘測、修建的斯托克頓到達林頓的鐵路建成通車，全長三十七英里，成為世界上第一條鐵路。到十九世紀末，歐洲的鐵路網已形成。一八二九年美國也製造出了自己的蒸汽機車，並且迅速發展了鐵路；到一八五○年鐵路總長度已達一點四五萬公里，居世界首位。由蒸汽技術革命帶動的交通革命，不僅降低了運費，加快了貨物與勞動人口的流通，也使得經濟交往日漸密絡，貿易市場擴張，推動了工業的進一步發展。至十九世紀中葉，蒸汽機已成為新興工業中的主要動力來源。

給21世紀的話語

　　蒸汽機的發明及其廣泛運用，為人類社會開闢了一個嶄新的時代。由於動力機的發明，掀起了產業革命，機器生產體系由此建立；所有機器包括火車、輪船等，都因蒸汽機的帶動而飛速運轉，徹底改變了整個工業生產的面貌。以英國為例，一七七○年起的七十年中，英國工人的日勞動生產率平均提高了約二十倍；棉花年加工量從千萬磅增至四億五千萬磅；生鐵產量在一七四○年至一八五○年間，增長了一千三百多倍。

　　蒸汽機的出現，不僅使生產力提升到前人不可想像的高度，同時引起了人類社會的巨大變化；它的運用，使工廠制發達起來而形成了許多新興工業城市，促進了城市化過程，人口的集中與技術的改良，加速了往後整個歷史進程的發展。

人人生而平等

美國《獨立宣言》響徹全球

● 傑弗遜總統雕像。

首先以民主共和為立國之本的國家，當數美國；而奠定其立國基礎的最重要文獻，則是在北美獨立戰爭中誕生的《獨立宣言》。美國獨立革命是一場以爭取獨立民主，由殖民地中產階級所領導，反對母國英國剝削壓迫的戰爭。

一七七四年七月，美國民主思想家湯瑪斯・傑弗遜起草了《英屬美洲權利綜論》，主張殖民地各州沒有必要承認英國議會的權力。一七七六年一月九日，另一位思想家潘恩發表了對獨立戰爭影響深遠的《常識》，宣稱「君主政體和世襲制度不僅使某個王國，而且使整個世界陷於血泊和瓦礫之中」，「組織吾人自己的政府，乃是吾人自然的權利」；同年三月下旬起，南卡羅萊納、北卡羅萊納、羅得艾蘭及普羅維登斯等州紛紛脫離英國宣告獨立。

一七七六年六月七日，維吉尼亞殖民地代表亨利・李在大陸會議上，提出宣布「殖民地是自由和獨立的國家，並且按其權利必須是自由和獨立的國家」的議案。六月十一日，根據大陸會議的決議，組成了湯瑪斯・傑弗遜、

《獨立宣言》的起草。

約翰‧亞當斯、班傑明‧富蘭克林、羅傑‧謝爾曼和羅伯特‧李文斯頓五人起草宣言委員會。由於富蘭克林患中風而未能工作，謝爾曼和李文斯頓的文學修養不夠，因此主要執筆人落到了約翰‧亞當斯，特別是年僅三十三歲的傑弗遜的頭上。傑弗遜搬進市場街拐角的一棟漂亮的樓房裡，他在二樓寬敞明亮的客廳中的輕便書桌上從事起草工作，原稿經過了多次反復的修改。

一七七六年六月十二日，維吉尼亞議會通過了由喬治‧梅森草擬的《維吉尼亞權利法案》。它宣稱：「所有人都是生來同樣自由與獨立的，並享有某些天賦權利」，「所有的權力都屬於人民，因而也來自人民」，社會的大多數人有權「改革、變換或廢黜政府」。維吉尼亞州議會批准了州憲法，並把權利法案列為憲法序言。隨後幾日，特拉華、康涅狄格、新罕布夏、馬里蘭先後宣布成立獨立的共和制政府。

傑弗遜起草宣言後，由亞當斯和富蘭克林略加修補，將草稿提交大陸會議討論。會議討論中，出席的九個殖民地的代表贊成，南卡羅萊納和賓夕法尼亞代表反對，特拉華的兩名代表意見相左未果，紐約代表因未獲指示而不準備投票。後來情況發生了變化：對獨立持猶豫和反對態度的州改變了態度，紐約州不再表示反對，特拉華代表贊成獨立。於是，七月二日大陸會議代表就是否獨立投了一致贊成票。接著兩天，傑弗遜在會場上聆聽著六十五位批評家對他執筆起草的宣言逐字逐句的審查和校正，原稿中激烈抨擊英王喬治三世販賣黑奴的段落被刪除了。七月四日，大陸會議通過了《獨立宣言》，並決定再提交各州全體代表會議審議，十三個殖民地的代表先後在宣言文本上簽字。隨後兩日內宣言文本發送各地，八日在費城，九日在紐約，都先後宣讀了《獨立宣言》。

　　約翰・亞當斯回憶說：「人民表示贊成的歡呼聲響徹雲霄，並且連呼了三次，軍隊也在公共場所遊行……鐘聲叮噹，晝夜不停。」

　　後來大陸會議決定《獨立宣言》使用一致宣言的形式，正式謄清宣言，由大家簽名。大陸會議全體代表在謄清的羊皮紙上簽名的日期是八月二日。由於當時宣言被認為是叛逆文獻，在其後的半年多時間裡，簽署者的名字一直是保密的。一七七七年元月，大陸會議首次公布了《獨立宣言》簽署者的名單；至於傑弗遜作為執筆人這件事，隔了幾年之後才為世人所知。

　　《獨立宣言》的全稱為《美利堅合眾國十三個州一致通過的獨立宣言》。宣言闡述了天賦人權和社會契約的主張：「我們認為以下真理是不言而喻的：人人生而平等；人人都享有上帝賦予的某些不可轉讓的權利，其中包括生命權、自由權和追求幸福的權利。為了保障這些權利，人們建立其正當權力來自被統治者同意的政府。

任何形式的政府，只要破壞上述目的，人民就有權利改變或廢除它。」宣言歷數一七六三年以來英王喬治三世壓迫北美殖民地的專制和獨裁罪狀二十多條，其中涉及殖民地立法權利的就有十九條，充分地表達了北美新興中產階級爭取民主、自由、平等和民族獨立的政治主張。

給21世紀的話語

美國國會把七月四日這一天定為獨立日，《獨立宣言》則被美國和世人視為獨立的標誌而永垂史冊。它宣揚了人生而平等的思想，雖然「人人生而平等」中的「人人」是否指一切美國人，在實際生活中各有見解。一八五八年共和黨人林肯和民主黨人史蒂芬·道格拉斯在競選中，就圍繞黑人是否有資格享有《獨立宣言》中列舉的各種天賦權利展開了一場大辯論。因此美國在世人心目中的平等、自由、民主和人權，是在實踐中逐步擴大而發展的歷史過程。就公民權而言，從美國的自由白人享有公民權到黑奴、印第安人被列為美國公民，前後長達三個半世紀；就美國公民參政而言，從少數政治家到中、下層人物參政，也經歷了一個半世紀以上的時間。然而，《獨立宣言》的民主、平等和自由的精神，則一直被視為美國立國、興國和強國之本。

《獨立宣言》對歐陸革命亦產生重大影響，它點燃了法國大革命的烈火，推動了英國的議會改革運動。法國在草擬《人權宣言》時，曾吸收其若干內容，它還鼓舞了拉丁美洲殖民地人民對西班牙統治的抗爭，此思想浪潮在遙遠東方亦泛起了民族革命。今日《獨立宣言》被翻譯成幾十種文字的版本，人人生而平等的觀念已為世界各國所曉，成為群眾爭取民主和平等、反對霸權勢力和強權政治的思想武器。

自由資本主義的闡釋

亞當斯密國富論的問世

亞當斯密是十八世紀以後的偉大經濟思想家，他雖然不是第一位對經濟理論進行研究的人，卻可說是首位將經濟學理論系統化的學者。如果沒有亞當斯密，經濟學理論的發展不知將延遲多久，而日後人們對經濟行為的理解，及解決經濟困境時的策略，也將付出更多的試探時間、更「不經濟」的摸索過程。

在亞當斯密的時代以前，流行的主要經濟思想，大體可分為「重商主義」和「重農主義」。此二理論並非望文生義地表示對商人或農民的看重，而是代表此二者對「資本」內涵的看法。重商主義認為只有「貨幣」才是財富，因此也是資本，財富要靠商業的流通才能產生，單純的生產只是提供創造財富的先決條件而已；而重農主義則強調生產──特別是農業生產──層面的重要性。因為重商與重農主義各有著重，故也使兩者分別將「黃金」（貨幣）及「土地」當作最主要的資本，然而這兩種論點都是偏頗的。

亞當斯密不認為資本只有貨幣或土地兩種形式，指出無論商業或土地（或是工業等等），都屬於資本的一種型態，而這些資本可以運用在基礎性和非基礎性投資等用途之上，再交互作用而產生更多的資本。他十分強調「分工」，尤其認為勞動的分工將能生產方面的成長。

西元一七七六年，亞當斯密的名著《國富論》問世，這本為他贏得永恆聲望的經典之作，不但闡釋了上述重商及重農主義的偏廢之處，更提出許多著名的觀點，尤其是所謂「看不見的手」，更是

所有市場派的經濟學家會不斷掛在嘴上的名句。

「看不見的手」指的就是「市場力量」，和「看的見的手」——政府的控制力量——往往處於對立的立場，或者說，看的見的手其實根本無法掌握看不見的手，市場的長期變化並不是政府能夠左右的。因爲亞當斯密如此強調市場力量，故乃對政府所制訂的各種工商業政策大加抨擊，認爲政府管的愈多，只會愈管愈糟。

亞當斯密認爲，市場必須保持自由，雖然自由市場看似混沌無章，其實卻會因爲人性的發揮，產生自我調節的機制。舉例而言，當某種產品極受歡迎，一下子銷售一空，則其價格自然就會上升，而使生產者獲利增加；生產者見有利可圖，便會以這些獲利再去投資，生產更多的此種產品，其他生產者可能也想加入競爭，因此便會使該物的供給增加。最後，雖然政府並未介入，沒有強制生產者必須增產，但市場卻自己出現供給增加的情況，解決了原本的短缺問題。此即是亞當斯密建基於人性上的觀察結論：即使無人有心爲社會解決問題，但因大家都想增加自己的利益，於是便會被「看不見的手」領著去從事其原本並未意識到的某種作爲；透過其追逐個人利益的行爲，整個社會反而將會更有效率，故政府的介入是極其無謂的。

更進一步地說，政府不但「不需」介入，甚至該說根本「不該」介入。亞當斯密認爲政府應該對市場採取放任的態度，讓自由貿易順利運作，政府的保護、限制、干預（例如抽取高額關稅、貿易壁壘、保護本國產業等）都會讓市場變得更沒效率，然後所有人都因而得支付更高的價格。不要干預市場、讓看不見的手自己去調節，能夠做到這點的政府，就是個成功的政府。亞當斯密的這種看法，其實正是對當時流行的重商主義思想——政府應壟斷國內外所有貿易以累積貨幣（資本）——的迎頭痛擊。

某種程度上，亞當斯密的學說和中國道家所說的「清靜無爲」有點接近之處，但亞當斯密不是從玄思上發展其觀念，而是藉著具體的觀察和系統的推論，建構出他的經濟學體系。亞當斯密學說的追隨者，如提出「人口論」的馬爾薩斯、政治經濟學大師李嘉圖等著名學家，乃不斷補充、修正他的觀點，建立了「古典經濟學」的基本架構。此後，直到凱恩斯大大擴充了經濟學的面貌，古典經濟學的概念才逐漸沒落。然而，古典經濟學仍有許多值得參考的論點，它是認識經濟現象的初步知識，直到今天仍有學習的價值，而其奠基者正是亞當斯密。

　　除了自由經濟學說之外，亞當斯密也曾在其書中，觸碰到日後被馬克思大加發揮的「剩餘價值」問題。只是亞當斯密當時著重之處，在於市場、政府與商業貿易行爲之間的關係，沒有處理勞工處境等社會問題的意思。但也因其多少提到了此一面向，某種程度上也可算是影響了社會主義的發展。

給21世紀的話語

　　在全球化趨勢難以抵擋的今天，「自由貿易」一直是全球化的重要主張。有趣的是，這種論點並不是二十一世紀方才出現的新鮮玩意，而是十八世紀就存在的看法。亞當斯密反對政府對經濟、商業的干預，推崇自由貿易帶來的美好果實，不但使當時的英國政府採取了自由放任的經濟政策，獲致高昂利益，也讓二十一世紀以後的美、英等國繼續擎著自由貿易的大旗，在全球推銷他們的作法。即使全球化被某些人稱爲「帝國主義的另一種面紗」，但亞當斯密的學說影響有多深遠，仍然不證自明。

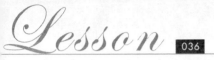

036

攻占巴士底，高歌馬賽曲

法蘭西共和國誕生

　　一七八九年七月十四日，巴黎起義民眾攻占了象徵封建統治的堡壘——巴士底獄，揭開了法國大革命的序曲。它動搖了歐洲王權專制的基礎，將革命思想散播到世界各地。整個十九世紀，亦是在法國革命的影響下度過的。

　　此番革命的發生並非偶然。十八世紀的法國是一個典型的封建專制國家，社會儼然劃分為三個階級，以王室為代表的教士、貴族分別構成第一和第二階級，他們占人口不到百分之一，卻占有全國百分之四十的耕地，且享有各種特權。中產階級、城市平民和農民是第三等級，他們擔負生產和納稅義務，卻無任何政治權利，尤其農民受剝削最深。在資本主義逐日發展的背景下，屬於第三階級的中產階級所占人數雖不多，但影響力很大，他們要求改變政治上地位，因而成為革命中的領導者。

　　一七七四年波旁王朝國王路易十五去世，其子路易十六即位。國王沉湎於享樂打獵、對政事不感興趣，夜以繼日在凡爾賽宮舉辦盛大的宴會、舞會；路易十六的王后是奧地利公主，她揮霍浪費，被稱為「赤字夫人」。國家財政面臨破產境地，皇室卻仍揮金如土，為買宮堡花去一千六百萬利弗爾；一七八九年國債已達四十五億利弗爾。路易十六走投無路，決定召開已停隔一百七十五年的「三級會議」，希望藉此通過增稅以擺脫危機。

　　在啟蒙思想的激起下，反抗王權專制的運動已席捲全國，這些深受啟蒙感召的中產階級，希望「三級會議」的選舉和召開能促成

國家政治的改革。一七八九年五月五日，三級會議在凡爾賽召開，出席會議的代表共一千一百三十九人，其中第一階級（僧侶）二百九十一人，第二階級（貴族）二百七十人，第三階級五百七十八人。為對抗國王的增稅要求，第三階級的代表宣布組成國民議會，接著第一階級的部分代表也參加進來；國王隨即宣布國民議會為非法，但代表們堅持不讓，後來第一、二階級的代表也全部參加了國民議會，並把制憲作為議會的主要任務。七月九日，國民議會改名為制憲議會。

國王決定用武力解散制憲議會。早前他已下令調動軍隊，很快有三萬名雇傭軍開到巴黎，但巴黎人民舉行遊行示威，起來保衛議會，與軍警發生衝突。七月十三日，起義群眾從軍火庫中奪取近三萬枝步槍武裝起來，很快控制了巴黎大部地區，只剩下巴士底獄未占。巴士底獄位於巴黎東南部，是國王專制的象徵，同時也是一個重要堡壘，裡面駐紮著軍隊，砲口正對著聖‧安東區，威脅著整個巴黎。七月十四日，成千上萬的起義者包圍了巴士底獄；經過四個小時的激烈戰鬥，起義者犧牲了百餘人，最後攻占了這個堡壘，處死了守軍指揮官德洛內。

巴士底獄的攻占，標誌了法國大革命的開始。

⇒攻克巴士底獄。

處死路易十六的斷頭臺。

羅伯斯比像。

國王不得不承認制憲會議的合法地位，它成了國家最高權力機關。會議代表中自由派貴族和中產階級占優勢，他們構成君主立憲派，同時因屬於斐揚俱樂部，所以又稱「斐揚派」，其中最重要的人物有米拉波、拉法耶特、巴納夫等人。他們希望通過議會，迫使國王改變專制制度，制訂憲法。立憲派奪取了巴黎市政權，並組織了國民軍，配帶三色帽徽（紅白藍），後來三色旗便成為革命的標誌。

制憲議會在八月通過了一些反對封建特權、取消農奴制、什一稅以及廢除領主法庭等決議，並通過了著名的《人權宣言》。

隨著革命的發展，以國王為首的封建統治者非常害怕，大批工黨分子和貴族逃出巴黎和法國，德、法邊境的科布倫茨成了反革命者的巢穴。他們在奧地利、普魯士等皇室支持下企圖捲土重來，但法國境內的革命情緒高漲，組織了許多革命團體，其中影響最大的是雅各賓俱樂部，成員中既有君主立憲派的拉法耶特等，也有代表工商業中產階級的布里索，更有革命民主派的羅伯斯比、馬拉等。制憲會議加緊了制憲工作，在一七九○～一七九一年先後通過一系列法令，進行有利於資本主義發展的改革，特別是制訂了《一七九一年憲法》（草案）。儘管在保留王權上有所讓步，但國王仍企圖藉外力來鎮壓革命。一七九一年六月某夜，

路易十六化裝逃跑，馬車開到瓦倫被截，隨即被押回巴黎；國王逃跑一事激起巴黎人民的憤怒，要求廢除國王，建立共和國。制憲議會中的革命民主派代表羅伯斯比等人支持群眾要求，但君主立憲派編造理由爲國王辯護，說他是被「拐帶」走的。群眾集會要求審判國王，制憲議會派拉法耶特率軍隊鎮壓。在完成制憲工作後，制憲議會於一七九一年九月底解散，新選出的立法議會於十月一日誕生。

●馬賽曲樂章。

立法議會一誕生便面臨複雜的政治局面，即國內工黨叛亂和外來戰爭威脅。八月二十七日，奧地利皇帝和普魯士國王發表聯合宣言，號召歐洲各國王室干涉法國革命。一七九二年四月二十日，立法議會宣布對奧宣戰，普魯士援奧。戰爭開始後，法軍節節敗退，奧軍長驅直入法境，革命處在危急中。馬拉、羅伯斯比、丹頓等人大聲疾呼，立法議會亦宣布「祖國在危急中」，號召人民爲拯救祖國而戰鬥，高漲的愛國熱潮迅速席捲全國。巴黎在幾天之內就組織了一萬五千人的義勇軍，各地也紛紛組成義勇軍，開赴首都和東北前線。馬賽地區的義勇軍一路高唱《萊茵區軍歌》奔向巴黎。這支歌曲就是著名的《馬賽曲》，它很快成爲一首風行全國的戰歌，激勵著法國人民奮起保衛祖國。在後來的第三共和國時期，它被定爲法國國歌。

法國人民的革命和愛國熱情更加高昂。馬拉在自己創辦的《人民之友》報上揭露了宮廷的反革命行徑，要求逮捕國王和王后。

羅伯斯比領導的雅各賓俱樂部鼓動立即解散立法議會，並警告立法議會如不宣布廢除國王，就立即起義。一七九二年八月十日晨，巴黎二十八個區的代表在武裝群眾支持下，來到市政廳，宣布推翻舊市府，成立巴黎公社。國王乞求立法議會保護，但在革命壓力下，立法會議宣布國王暫時停職，待召開國民公會公決。

巴黎公社擔負了保衛革命成果、抗擊外國侵略的重任。普奧聯軍於七月三十日分三路發動進攻，九月一日凡爾登失陷，通向巴黎的大門被打開。在這緊急關頭，巴黎公社發出戰鬥號召：公民們，拿起武器來！敵人已經到了我們的門口。丹頓發表演說呼籲：「我們必須勇敢，勇敢，再勇敢，法國才能得救。」義勇軍迅速開赴前線。九月二十日，法軍在凡爾登附近的瓦爾密打退了普軍，鼓舞了法國人民的鬥志和信心。接著轉入反攻，敵人被逐出了法國領土。在義勇軍開赴前線的同時，全國選出了國民大會代表。九月二十一日，即瓦爾密大捷後的第二天，國民大會在巴黎開幕。根據雅各賓派代表的提議，大會在狂歡和如雷的掌聲中通過了廢除君主制的決議。第二天宣布成立共和國，並決定以一七九二年九月二十一日為共和日，即新紀元的開始。這就是歷史上的法蘭西第一共和國。

給21世紀的話語

《人權宣言》宣稱：「在權利方面，人們生來是而且始終是自由平等的」；「自由、財產、安全和反抗壓迫」是「人的自然的和不可動搖的權利」；「每個公民都有言論、著述和出版自由」；「在法律面前，所有公民都是平等的。」宣言中提倡人權和法治，宣布了中產階級自由、平等，以及「主權在民」和「三權分立」的民主原則，這是第一次用法律形式把法國啟蒙思想家的思想刻印下來；宣言中並同時宣布私有財產「神聖不可侵犯」。

037

澳洲與世界接軌

南方大陸的發現

　　地理大發現以後，澳洲並未像非洲、美洲一樣，很快地成為殖民列強彼此爭奪的焦點，因為首先「發現」澳洲的葡萄牙人，以及後來實際探查澳洲的荷蘭人，都因為特別的原因，而讓澳洲得以繼續保持它千百年來的神祕。

　　一六〇五年，葡萄牙人托瑞斯曾率領了三艘船艦掠過澳洲北邊的海域，並在航海日誌中登載了似乎見到澳洲陸地的紀錄。不過或許是因為當時船上的補給充分，船員們並沒有登岸探險的意願，令他們與名垂史冊失之交臂。隔年換成了幾個荷蘭人，不過他們雖然登上了澳洲大地，卻被當地土著襲擊，身死異域。然而荷蘭人畢竟敏銳多了，雖然首次的接觸以悲劇收場，他們仍持續探索這塊未知的土地，期待能建立一個廣大的新殖民地。

　　荷蘭人將澳洲命名為「新荷蘭」，祕密地探勘下去。之所以要「祕密」，是為了避免其他競爭對手進入澳洲，而壞了他們的好事。荷蘭人幾乎將澳洲的海岸線探測完畢，並繪出相當準確的地圖，在那半個世紀多的時間裡，沒有別的國家比荷蘭人對澳洲的認識更深了。若非後來有了新的對手，否則澳洲今日的面貌就不是這樣了。

　　一六八八年，第一個「發現」澳洲

◉ 澳洲原始彩繪。

的英國人丹皮爾在澳洲西北岸登陸。不過因爲他並未得到淡水等補給品，故只得黯然離開，那時他並未意識到自己或許可能爲其母國帶來更大的收穫。在將近一個世紀之後，另一個英國人才來到澳洲，此人沒有錯失機會，他成功地將自己的大名刻上史冊。這人就是著名的庫克船長。

庫克原本只是個海軍的下級軍官，因緣際會地被海軍部選爲一項祕密任務的指揮官，預定遠赴南半球觀察天象。於是，庫克被擢升爲上尉，並率領一艘名爲「奮進號」的小船前赴南半球探險。奮進號當眞只是一艘小船，排水量才僅三百多噸，乘員也不到百人。不過小歸小，一七六八年八月二十六日首次出航的奮進號，仍舊是這次歷史之旅的主角。

一七七〇年八月二十一日，奮進號成功抵達澳洲東北海岸，和之前的丹皮爾不同的是，他在出海前即已知道澳洲的情形，因此甫一上岸，便馬上宣布該地屬於大英帝國，並將該地命名爲「新南威爾斯」。從此之後，澳洲正式與西方文明拉上關係，和世界接軌。

庫克船長是歷史上的知名航海家，雖然不是第一個發現澳洲的探險家，但卻是第一個將澳洲納入現行世界的人。而他除了此項功業以外，還發現了夏威夷群島、紐西蘭等地。在醫學史上，庫克也因爲首次發現治療壞血病的方法而留名。他雖將登陸澳洲之地命名爲新南威爾斯，而新南威爾斯也是今日澳洲最早的行政區；不過，終他在世之時，大英王國都未能正視這個新到手的南方大陸。直到一七八八年年初，第一批英國移民抵達澳洲，英國的實際統治才正式開始。

這批英國移民的居住地，即是今天的雪梨，英國政府爲這批移民在當地興築了基本建設，並在市中心揚起了大英帝國的國旗，使得當地的殖民地色彩開始散發。只是英國人並沒有妥善規劃澳洲的

利用方式，反將大批的罪犯流放到澳洲，使美麗的南方大陸成爲一個難堪的「刑事罪犯殖民地」。

幸好，上帝並不像英國政府一樣，辜負了才剛與近代世界接軌的澳洲。一八五一年，澳洲的居民陸續在當地發現了「金礦」，澳洲一下子成了世人眼中矚目的新天堂。大批自由移民從各地湧入澳洲，希望能在這個崛起的「新金山」中，完成自己的發財夢。

從此以後，英國政府日益重視澳洲的價值，開始在大陸各地開發，並建立了六個殖民地。到了二十世紀初，澳洲成立聯邦，成爲大英帝國內屬的自治領地，名爲君主立憲國，而其效忠的君主即是英王。此後，雖歷經二十世紀的動盪與混亂，但澳洲終究還是以其獨立國家的型態，成爲南半球的重要大國。

給21世紀的話語

其實早在荷蘭、英國等殖民勢力進入澳洲之前，澳洲已經和「文明世界」有所接觸了。據說在中國的唐代之時，便有一些印尼人在澳洲北邊海岸進行採集活動，再將採集而來的物品加工售予中國商人。這表示澳洲最晚在唐代便已與東亞世界接軌，或許也曾透過歐亞之間的貿易網絡，而與其他地方有所連絡。而中國某些書籍也有類似澳洲的記載，這些資訊還曾由馬可波羅轉介到歐洲。

如果這些說法屬實，那麼澳洲與世界的接軌究竟始於何時，倒是一件頗堪玩味的事了。

038

人為刀俎，我為魚肉

波蘭三次被瓜分

　　波蘭在十八世紀中葉，仍是歐洲大國。它地處波羅的海和黑海之間，是一個地域遼闊的多民族國家，面積之廣，居歐洲第三位。自十世紀中葉建國以來，波蘭經歷了十五、十六世紀的繁榮強盛時期；由於農奴制的束縛和中央政權的削弱，加上連年的戰禍，自十七世紀中葉以後，波蘭國力漸衰，逐漸成為鄰國侵略的目標。

　　十八世紀中葉，波蘭受到俄國、普魯士和奧地利的包圍。這三個鄰國的總兵力有八十萬，而波蘭只有一萬人的軍隊。

　　普魯士曾是波蘭的附屬國，十八世紀剛崛起不久，就領土、人口、財富而言，都不如波蘭強大。但它和勃蘭登堡合併以後，領土被波蘭隔開，故一心想吞併介於普魯士和勃蘭登堡之間的格但斯克波莫瑞地區。普魯士最先提出瓜分波蘭的建議，但因國力不支而無所作用。在波蘭問題上最具發言權的是其東方強鄰俄國。自從北方戰爭以後，波蘭事實上已淪為俄國的附庸國；但俄國意在對波蘭實行所謂「保護」，而非瓜分，因此初期拒絕了普魯士的瓜分主張。至於奧地利，雖因忙於東、南、西三方事務而無暇它顧，對北方的波蘭野心不大，但自從西里西亞被普魯士奪去後，便希望從別處得到補償，於是待瓜分時機成熟後，它是最先動手的一方。

　　一七六三年十月五日，波蘭國王奧古斯特三世病故。俄國女皇凱薩琳二世挑選斯坦尼斯瓦夫・波尼亞托夫斯基為新國王候選人，指使駐波蘭大使做好選舉準備。一七六四年九月六日，在俄國軍隊包圍下，波蘭議會在華沙召開，波尼亞托夫斯基當選為波蘭國王。

新國王在一七五五～一七五八年間，曾作為波蘭駐彼得堡大使，與凱薩琳有一段舊情，並生有一女。凱薩琳這時把他扶為國王，旨在控制波蘭。但波尼亞托夫斯基是一個愛國者，並受啟蒙思想啟發。他希望在女皇支持下實行改革，仿照鄰國「開明專制」，在波蘭建立「開明共和國」。他即位不久，即廢除了過去流

→ 普魯士王弗里德里希二世。

弊已久的貴族自由否決權（一票否決權），開始實行多數通過的表決原則；並整頓財政稅收，擴充軍隊，以圖加強中央政權，維護國家獨立。但是，這些改革引起了凱薩琳二世的干涉。

　　凱薩琳的對波政策，得到普魯士國王弗里德里希二世的支持。弗里德里希二世因在「七年戰爭」中戰敗，臣服於凱薩琳二世。一七六四年俄、普兩國在聖彼得堡簽訂反對波蘭和土耳其的同盟條約。一七六七年秋，兩國向波蘭提出「異教徒問題」，要求波蘭議會通過非天主教徒和天主教徒權利平等法案。波蘭是一個多民族國家，和歐洲其他國家相比，波蘭在宗教問題上是較為自由的。波蘭人和立陶宛人信奉天主教，住在東部的白俄羅斯和烏克蘭人信奉東正教，西北部少數德意志人信奉路德教。猶太人在歐洲一些國家受到迫害時，卻能在這裡找到避難所。十八世紀中葉，波蘭有七十五萬猶太人。當波蘭議會拒絕了俄、普兩國的無理干涉後，凱薩琳二世直接派兵入侵，扶植反對改革的貴族，強迫議會於一七六八年通過異教徒權利平等法案，並廢除一切改革措施。

　　俄國的侵略行徑，激起了波蘭人民的憤怒。同時也加劇了俄國與土耳其、奧地利、法國之間的矛盾。一七六八年十月俄土戰爭爆發。奧地利害怕俄軍勝利會危及它在巴爾幹的利益，故聯合普魯士

對俄國施加影響。在俄土戰爭還在進行期間，為避免外交上的孤立，阻止奧地利倒向土耳其一邊，凱薩琳二世接受了普魯士瓜分波蘭的建議。

一七七二年八月，俄、普、奧三國在聖彼得堡簽訂了第一次瓜分波蘭的條約。普魯士得到波羅的海沿岸地區（格但斯克市和托倫市除外）和一部分庫雅維亞地區；俄國得到了西德維納河、德魯奇河和第聶伯河之間的白俄羅斯和拉脫維亞的一部分；奧地利占領了維斯瓦河和桑河以南地區、加里西亞的大部。波蘭這次被瓜分共喪失 30 ％的領土，人口減少 35 ％。俄國還進一步控制了波蘭政權。

由於面臨民族滅亡危機，波蘭愛國者起來抗爭。以胡果·科翁泰和斯·斯塔希茨為首的中、小貴族和中產階級組成愛國黨，與市民和部分農民結成聯盟，一七八八年召開議會，繼續進行國家制度改革。在一七八九年法國大革命的影響下，波蘭議會在一七九一年通過《五三憲法》，規定實行君主立憲，廢除自由否決權，實行三權分立，實行信教自由。俄國女皇利用波蘭反革命貴族，策劃直接干涉，於一七九二年五月派出十萬俄軍入侵波蘭。波蘭愛國志士在約瑟夫·波尼亞托夫斯基將軍和塔·科希秋什科指揮下奮勇抵抗。而國王波尼亞托夫斯基迫於俄國女皇壓力，下令停止抵抗。科希秋什科被迫離開波蘭，僑居德累斯頓。以胡·科翁泰為首的議會領袖也逃亡國外。侵略軍占領華沙，憲法被廢除。

一七九三年元月，俄國和普魯士在聖彼得堡簽訂了第二次瓜分波蘭的條約。奧地利因忙於干涉法國革命，未能參加。根據這個條約，普魯士得到了垂涎已久的格但斯克和托倫兩個市和大波蘭的幾個省，以及瑪佐夫舍地區的一部；俄國占領了西烏克蘭的大部分地區以及白俄羅斯和立陶宛的一部分，即德魯亞－平斯克－茲布魯齊一線以東地區。

經過兩次瓜分，波蘭僅剩下二十萬平方公里的土地和四百萬的人口。但是波蘭愛國志士，以「不自由毋寧死」的英雄氣概，決定發動全民武裝起義，對抗侵略者。塔·科希秋什科被推舉爲起義領袖，他出身於白俄羅斯西部一個中等貴族家庭，曾留學法國，深受進步思想影響，一七七六年去美，爲美國獨立戰爭奮戰七年。一七八四年回國，投身於祖國獨立事業。一七九四年三月，科希秋什科率眾在波蘭古都克拉科夫舉行民族起義，起義者宣誓爲「保衛民族疆界、國家完整、重獲主權和奠定普遍自由」而戰；起義開始後，得到全國各地回應。不久華沙民眾和愛國官兵也發動了聲勢浩大的起義，取回了首都。面對波蘭的民族起義，俄、普、奧忙調大軍鎮壓。凱薩琳派蘇沃洛夫率軍開赴華沙，起義軍民進行抵抗，科希秋什科在戰鬥中墜馬被俘。華沙失陷後，起義者遭殘酷鎮壓。

俄、普、奧經過一番分贓爭吵以後，一七九五年元月，俄、奧兩國首先簽訂了第三次瓜分波蘭的協定，同年十月普魯士簽字，三國瓜分成立。根據協定，俄國吞併了立陶宛、庫爾蘭、西白俄羅斯和沃倫西部，把邊界推進到涅曼河——布格河一線；奧地利占領了包括克拉科夫、盧布林省在內的全部小波蘭地區和一部分瑪佐夫舍地區；普魯士奪得了華沙其餘的西部領土和瑪佐夫舍的一部分。至此，波蘭被瓜分殆盡，存在了八百多年的波蘭滅亡了。一個歐洲大國在世界地圖上被抹去，波蘭人從此在他國治下長達一百二十三年，直到一九一八年才恢復獨立。

在三次瓜分波蘭中，俄國奪得的土地最多，占原波蘭領土的62％；普魯士奪得20％；奧地利奪得18％。通過瓜分波蘭，俄、普、奧三國直接接壤，他們結成神聖同盟，成為歐洲反革命勢力的支柱。而波蘭問題，即恢復波蘭的獨立問題，則成為十九世紀歐洲的最重要問題之一。

免疫學的起點
天花疫苗的發明

　　一九八〇年五月八日，世界衛生組織宣布了一項好消息——威脅人類長達數百（甚至可能上千）年的疾病「天花」，其致病病毒已在地球絕跡。這個曾造成無數人死亡的病毒，終於無法再爲死神作倀了。

　　天花之所以絕跡，背後英雄是英國的愛德華・金納醫生。金納曾在倫敦習醫，學成之後返回故鄉服務，爲發明「牛痘」奠下了根基。原因是某次他爲一位擠牛乳的少女看診，懷疑她感染了天花，但少女卻強調她不可能得天花，因爲她過去曾替染過牛痘的牛隻擠奶，因而也得過牛痘；而當時鄉間傳說只要牧牛者染過牛痘，就不會再感染天花了。牛痘被稱爲是「牛的天花」，其病毒與天花病毒乃是近親，只是當時人們尙不知兩者的這層關係。金納檢驗後，驚訝地發現少女的確沒有染上天花。這個奇妙的發現，讓金納決定開始研究牛痘與天花之間的關係。

　　經過一段時間的觀察，金納試著提出一種想法，即得過牛痘的人不但對牛痘免疫，也將不會染上天花。爲了實驗此說的正確與否，金納找了個小男孩實驗：他從一位感染牛痘的女孩身上，取得了牛痘病毒，再將牛痘病毒塗至一位八歲小男孩菲立普的傷口上。菲立普過去從未得過牛痘和天花，而在被塗抹牛痘病毒後，出現了感染牛痘的症狀，但並不嚴重。二個月後，菲立普已然痊癒，金納又以同樣方式，將天花病毒種至菲立普身上。

　　果然一如金納預期——菲立普眞的對天花免疫了！

根據金納自己的記載，他的確是「大膽地預測」感染過牛痘的人確定不會得到天花，而菲立普的免疫證明了金納的「豪賭」成功。但金納終究是勝利了，人類的免疫學知識也從此前進了一大步。

　　當時金納曾向倫敦的英國皇家學會提出他的實驗報告，卻被學會退件，因為學會認為他的學說太過離奇，也似乎不大「人道」。由於皇家學會拒予刊登其論文，金納只好「自力救濟」，自行出版小冊宣揚他的論點。而宣傳小冊雖讓金納的看法漸漸為人所知，但也得到各界毀譽參半的評價。幸好贊同金納學說的人士中，不少人也以類似的實驗或臨床療法，為金納累積了愈來愈多的實證證據，最後金納的接種方式終於為大多數人所接受，成為此後全世界普遍的天花預防方式。甚至連美國總統傑佛遜，也接受過此法的預防接種。傑佛遜還曾致信金納，讚揚他發明天花疫苗的成就，並感謝他對人類世界的貢獻。

　　其實早在金納發現牛痘接種法以前，類似的方式便已經出現，而且在某些地方還算是一種普遍的防疫手段，例如中國。

　　根據部分考證結果，中國至早在唐玄宗時期，便已出現「將取自天花患者身上膿痂所磨成的痂粉吹入正常人鼻中以令常人預防天花」的診治方式，到了宋代更成為一種廣在民間使用的方法。中國此種方法後傳至其他國家，包括透過中西交通而至的西方諸國。連法國大哲伏爾泰，都曾宣揚過中國的這種「人痘法」。因此，也有人認為金納的天花疫苗，靈感可能來自中國。

　　金納為今日的免疫學奠下了基礎。然可惜的是當時的微生物學不夠發達，人們對細菌、病毒等微小致病體的認識相當有限，因此金納的天花疫苗頂多只能提供一種臨床診治方式，還沒有辦法據而創建完整的免疫學理論體系。不過當微生物學在十九世紀後期日漸

發展以後，免疫學也因而生根。一九〇一年，「免疫學」一詞正式出現，人類的知識學門又增加了一項，對世事萬物的理解，也因而多了一個途徑。

雖然金納當年的方式確實有點冒險，但他的成功仍造就了日後人類世界的諸多進步。金納可被視爲在致病微生物大洋中奮進的哥倫布，挽救了無數的生命免於天花病毒的迫害。爲了表揚金納的功勞，英國和法國皆於十八世紀末葉時在首都爲金納豎立雕像，以資感念。

給21世紀的話語

如今，全球只剩下實驗室中的天花病毒，是世上殘存的致病「惡棍」。但對於是否要將實驗室中的天花病毒也一併消滅掉，至今仍無法決定。反對者認爲人類無權徹底消滅一個物種，且未來倘若發現天花病毒的其他功用，豈不憾恨？但贊成者認爲消滅是避免未來又生新患的良方，而人類已能獨立製造天花病毒，根本不須留其母株。這樣的論爭尚未有結果，不過，當人類已能討論「處置天花病毒」的議題而非苦於對抗，實屬萬幸了。

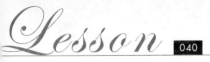

Lesson 040

叱吒歐洲，兵敗滑鐵盧
拿破崙第一帝國壽終正寢

　　法國大革命以急風暴雨之勢，摧毀了古老的封建制度。一七九四年七月的熱月政變，結束了革命衝擊的動盪時期。熱月黨及督政府的統治，雖朝著鞏固中產階級革命成果方向前進，然政局依然不穩。熱月黨人代表中產階級利益，推行的政策引起了新的衝突與問題，貨幣貶值，日用必需品的價格在督政府時期上漲了兩百三十倍，而工資只增了六十三倍。人民負擔各種苛捐雜稅，生活每況愈下，對督政府的統治非常不滿，他們曾幾次舉行起義，力圖推翻督政府。與此同時，保皇黨的勢力也乘機抬頭，掀起暴亂，企圖復辟波旁王朝的統治。在國際上，英、俄、奧等國結成第二次反法同盟，英軍在荷蘭登陸，從北面威迫法國；俄軍進入義大利北部，到達法國南部大門口；奧軍在德意志南部打敗了法軍。一七九九年秋，法國又處於反法聯軍壓境的形勢之中。在內外交攻之下，中產階級急需一個強有力的軍事獨裁政權，來穩定它的統治並捍衛其利益，而督政府無能為力，於是他們把目光移到當時正出征埃及的拿破崙身上，將他推上了政治舞臺。

　　一七九九年十月，拿破崙從埃及回到巴黎，十一月（霧月）依靠軍隊上層，在巴黎中產階級的支持下發動政變；他解散五百人院，奪取政權，並組成執政府，自任第一執政。一八○二年拿破崙規定第一執政終身任職，並有權任命後繼人；一八○四年他再次修改憲法，宣布法國由共和改為帝國。他宣稱：「我看見了法國的王冠在地上，我用刀尖把它拾起來。」拿破崙偕同約瑟芬在巴黎聖母

院舉行加冕典禮，稱拿破崙一世。在「皇帝萬歲」的呼喊聲中，法蘭西第一帝國代替了法蘭西第一共和國。

➡拿破崙即法蘭西帝位。

拿破崙的軍事專政取代了法國革命的民主成果，在其統治時期，他大力加強中央集權，建立了官僚統治制度。他劃全國爲八十八個郡，郡守由中央派發，有權任命和撤換城市和鄉村的長官。爲了鞏固統治，拿破崙剝奪了人民的言論、出版自由，把全國七十三種報紙封閉了六十種，只保留十三種，很快又只剩下四種。這四種篇幅不大的報紙，英國人把它叫做「擤鼻涕的手帕」。拿破崙陸續頒布了《民法》、《商法》和《刑法》等一系列重要法典，其中《民法》是他對今日立法的最大貢獻。他曾說：「我眞正的光榮不在於打了四十場勝仗，唯一不能被遺忘的且將萬古長存的，乃是我的《民法》。」這部《民法》被後世命名爲《拿破崙法典》。

拿破崙帝國時期，是歐洲社會從封建過渡到民主的一個重要階段。爲爭奪歐陸霸權，拿破崙對外發動了連綿不斷的戰爭；戰爭使軍需業大發橫財，軍隊中高級將官也富裕起來，革命軍隊開始腐化變質。拿破崙的擴張野心和正在進行工業革命的英國發生了衝突，法國工業的迅速發展和它在歐陸上的軍事勝利，皆令英國非常不安。一八〇五年四月，英國聯合俄國組成第三次反法聯盟，參加者有奧地利、瑞典、那不勒斯等。拿破崙迫使西班牙援法，並積極準備渡海進攻英國，在法國北部布侖港集結十五萬大軍。同年十月，

法、西的聯合艦隊與納爾遜指揮的英國艦隊在特拉法加海角遭遇，法、西艦隊在激戰中慘敗，拿破崙不得不放棄在不列顛島登陸的計畫。但在陸戰中，法軍卻取得重大勝利，在烏爾姆擊潰奧軍，並接著攻下維也納，奧斯特里茨一戰，就消滅俄、奧聯軍三萬餘人。奧地利被迫與法國議和，第三次反法聯盟解體。

拿破崙帝國的擴張加重了英、俄的不安。一八○六年，第四次反法聯盟組成，普魯士也加入。戰爭再次爆發，普魯士在耶拿一役中被擊敗。同年十月底，法軍占領柏林。一八○七年拿破崙擊敗俄軍後，和俄、普簽訂《提爾西特和約》。根據和約，俄國退出反法聯盟，承認法國對已經取得的國外土地的占領；普魯士喪失領土二分之一，付出一億法郎賠款，還須裁減軍隊。拿破崙在波蘭建立華沙大公國，在德意志境內建立西發利亞王國。一八○九年，英國又與奧地利組成第五次反法聯盟，戰爭愈趨激烈。法軍連敗奧軍後，迫使奧地利簽訂《維也納和約》，奧割讓大片土地予法，並賠款八千五百萬法郎。

一八一一年，拿破崙帝國的擴張達到頂點，然帝國實質上並不鞏固，國內外危機四伏。歐洲各國的反法民族運動，動搖了拿破崙帝國的統治。西、葡展開游擊戰，拿破崙在伊比利半島上駐軍二十多萬，終未能撲滅兩國人民反法的火焰；德意志的民族運動也蓬勃高漲。

加速帝國崩潰的重要因素，是一八一二年拿破崙侵俄戰爭的失敗。一八一二年六月，拿破崙率六十萬大軍偷渡涅曼河侵入俄國；俄軍前線人少，處於劣勢，節節撤退。同年九月，雙方在莫斯科以西的鮑羅金諾村進行激戰。法軍數次進攻，不能突破俄軍防線。俄軍總司令庫圖佐夫為保存俄軍，放棄莫斯科，但莫斯科已是一座空城。法軍沿途大肆劫掠，並在莫斯科縱火；在進入莫斯科後，一個

多月內一無所獲。被拿破崙野蠻焚掠行爲所激怒的俄國人民，在各地展開游擊活動，支援俄軍反攻。拿破崙看到無法迫使俄國投降，而冬季來臨，大軍又面臨凍餓和陷入重圍的危險，於是不得不下令撤退。法軍在撤退時，一路遭到俄軍和游擊隊的夾擊，糧草缺乏，饑寒交迫，死亡枕藉，逃到涅曼河時只剩下兩萬餘人。拿破崙幾乎是隻身逃返巴黎。

　　一八一二年俄國的勝利，鼓舞了拿破崙帝國裡各國人民的反抗情緒。英國、俄國和普魯士、瑞典、西班牙、葡萄牙等國趁機組成第六次反法聯盟。一八一三年八月奧地利也加入。拿破崙和各國聯軍在萊比錫展開決戰，雙方投入兵力約六十萬；經激烈交戰後，法軍大敗。一八一四年三月聯軍進入巴黎，拿破崙退位，被囚禁在地中海上厄爾巴島。路易十六之弟普羅溫斯伯爵即位，稱路易十八，波旁王朝復辟。

⇒滑鐵盧戰役的激烈。

波旁王朝復辟後，大批逃亡貴族返國。野心未死的拿破崙逃出厄爾巴島，於一八一五年三月率一千多人在法國登陸，返回巴黎，路易十八倉皇逃跑，拿破崙重登帝位，開始了「百日復辟」。歐洲各國立即組成第七次反法聯盟，戰火再起。一八一五年六月，聯軍與法軍在比利時的滑鐵盧發生激戰，法軍再次大敗。拿破崙被迫第二次退位，被流放到南大西洋的聖赫勒那島。至此，拿破崙第一帝國徹底垮臺。

給21世紀的話語

《拿破崙法典》規定，除法律所禁止外，所有權是對物絕對無限制的占有和處置的權利。除因公共利益得給價徵收外，不得強迫任何人出讓其所有權。《民法》還要求工人遵從雇主關於工資額的規定；丈夫必須保護妻子，妻子必須服從丈夫；支配子女的權利屬於父親。《刑法》中更明文禁止工人組織工會和罷工，違者處以監禁；規定工人必須持有「身分證」，否則視同流浪者，可以治罪。《商法》中規定貿易自由，大商業公司有權得到國家的津貼。

　　拿破崙為了中產階級的利益，採取促進資本主義工商業發展的政策，採用國家定貨政府津貼，獎勵出口等辦法，鼓勵和刺激資本主義工商業的發展。一八○○年建立法蘭西銀行，隨後又大力發展軍事工業，由政府給以大量訂貨。中產階級獲得了巨大的利潤，城鄉人民生活則日益困苦。

歐洲保守勢力的反撲
維也納會議

　　拿破崙的法蘭西帝國，因為他的失敗而告終了，也宣告法國大革命所推翻的法國舊王朝有了復辟的機會。舊王朝之所以能夠復甦，倒不全然是因為歐洲各國為了與波旁王朝的姻親情分而情意相挺；而是在拿破崙席捲歐陸以後，各國對革命風潮所引發的各種效應，有了脣亡齒寒的感受。拿破崙所建立的廣大帝國，破壞了當時歐洲最重要的外交原則「均勢」（Balance of Power），讓歐洲各國君主深覺此風不可長，於是乃針對歐陸新局勢，進行一番以「協調」與「補償」為原則的行動。

　　這些君主在一八一四年九月，於奧國首都維也納召開了「維也納會議」，展開處置歐陸局勢的商討。參與維也納會議的君主，除了奧皇法蘭西斯一世、俄國沙皇亞歷山大一世，及該國的王公大臣以外，還有來自英國、普魯士、丹麥、巴伐利亞、符騰堡等各歐洲國家的代表。另外，法國波旁王室也有位傑出的代表出席，他是後來讓法國不致被其他國家瓜分的重要人物塔里蘭主教。這些歐洲王公、貴族在拿破崙席捲歐洲的時代不敢露面，這時終於能夠在公開的社交場合活動了。此時的維也納冠蓋雲集，歌舞昇平的社交生活日日上演。

　　維也納會議是由表面上的社交盛宴，與檯面下的祕密會議所共同構成的。而檯面下的祕密會議，幾乎全掌握在奧、俄、英、普四國的代表手上，特別是奧國首相梅特涅。

　　梅特涅是專制君權的堅定支持者，深信民主政治是沒有根據、

不符正義的政治形式，他以為這股被民主革命、拿破崙大軍所吹起的政治歪風必須遭到清除，以恢復歐洲過去的安定政局。而其餘的代表也都有著和梅特涅接近的背景、類似的態度——沙皇亞歷山大一世想要建立穩定的歐洲安全制度；英國代表雖更換多次，但他們的共同目的都是建立歐洲均勢以保障英國的利益；普魯士雖期望己方勢力的擴大，但也擁護均勢的歐洲可免奧國再被法國吞噬——因此新的歐洲各國版圖，便在他們的私相授受之下決定了。

　　比較值得一提的是，代表法國的塔里蘭主教，長袖善舞的功力令人讚佩。他由前波旁王朝時期的法國主教，革命發生後仍能轉任拿破崙帝國的外長，拿破崙沒落後他又重新為波旁王室啟用，可見其能耐。塔里蘭應用其靈活的手腕，使原本身為戰敗國的法國（雖然敗戰者乃是拿破崙而非波旁王室）在維也納會議時能與上述四國平起平坐，不致被當成待宰羔羊看待。

　　在這幾位權貴人士的控制下，新的歐洲版圖就在他們眼前的地圖上被分配好了。

　　劃分新歐洲版圖的原則有三個，分別是「恢復」、「正統」及「補償」。所謂恢復，是要盡可能地使歐洲恢復成一七八九年以前的

維也納會議的諷刺畫。

政治及地理狀態；「正統」則是要讓原被拿破崙所破壞的各國「正統」王朝得以復辟，此由塔里蘭所提出。聽起來，這二者都是很公正的原則，不過它們的重要性遠不及其後的「補償」原則。所謂「補償」，就是指要讓拿破崙戰爭的戰勝國，獲得新的土地，以補償戰勝國在戰爭中所消耗的各項損失，此原則明顯便是戰勝國意圖藉機「勒索」的表現。尤其梅特涅十分強勢，主導了會議的發展，讓義大利、德意志等地方，幾乎被奧國囊括。

　　維也納會議是此後直至歐戰結束之時，最重要的外交協定，也是致使歐洲維持一段極長和平時期的重要協定。因為它對法國採取了和平寬大的態度，使法國不致燃起新的怒火；而俄、普、奧的邊界也在此次會議大體決定，維持了近一個世紀的和平。而特別重要的是，維也納會議也確立了此後歐洲政治的「會議制度」取向。會議制度是指歐洲各國藉由國家與國家間的會議，商討彼此面臨的國際問題及其解決辦法，以協商交涉的方式，達成問題的「協調解決」。這也是維也納會議之後，歐洲得以保持長期和平的重要原因。

給21世紀的話語

　　平心而論，維也納會議雖有穩定局勢、創造和平的效果，然它的性質畢竟是保守、抑制的，不符當時的時代趨勢。維也納會議之後，被壓抑了好一陣子的自由、民主思潮，終究還是找到潰堤的出口，並在十九世紀時一舉爆發，衝垮歐洲保守君權最後的防線。

擺脫三百年歐洲殖民統治

拉丁美洲的獨立之聲

　　拉丁美洲是指從墨西哥灣格蘭德河以南，一直到南美最南端合恩角的廣大地區。這一地區長期處於西、葡、法的殖民統治下，獨立後又以拉丁語系的語言為官方語言，在宗教、風俗文化上帶有濃厚拉丁語系國家的色彩，故被稱為「拉丁美洲」。

　　歐洲殖民者入侵之前，拉丁美洲原來主人印第安人世代生活在這裡，並創造了美洲的古代文明，形成了墨西哥地區、馬雅地區和印加地區三個古代文化中心。一四九二年新大陸的「發現」引起西班牙人、葡萄牙人相繼侵入，除巴西被葡萄牙占領外，其餘幾乎全被西班牙所占；後來英國人、法國人和荷蘭人也來搶占了加勒比海一些島嶼及圭亞那等少部分地區。

　　當時西班牙、葡萄牙都是歐洲封建專制國家，他們對拉丁美洲實行殘酷的封建專制統治。殖民者強占了印第安人的土地，建立起大莊園和種植園奴隸制，種植單一作物如甘蔗、棉花、可可等；還強迫印第安人和黑奴開採金銀礦藏。十八世紀拉丁美洲金銀產量占世界總產量十分之九，礦場勞動條件極其惡劣，加上殖民者殘酷虐待，勞動者死亡率極高。西班牙殖民統治三百年間，從拉丁美洲掠奪黃金兩百五十萬公斤，白銀一億公斤。殖民者利用天主教作為實行統治的機構，教會擁有殖民地全部土地的三分之一，教堂遍布各地。

　　十八世紀末，殖民地經濟已有明顯發展，與宗主國的矛盾日益尖銳。當時拉丁美洲全部居民近兩千萬，其中西屬殖民地約有一千

六百萬人。社會最上層是約三十萬直接來自西班牙的官吏、高級僧侶、商人和地主，他們被稱為「半島人」（因西班牙位於伊比利半島故有此稱），是殖民地社會的統治者；其次是約三百萬土生白人，又稱「克列奧人」，是西班牙移民後裔，大部分成為當地地主，他們中出現了「獨立派」，作為「美洲人」的民族意識逐漸增強，成為後來獨立戰爭中的領導力量；再次是混血人，他們雖被視為自由人，但受種族歧視，人數約五百萬；印第安人和黑人占人口半數，是社會的最底層。

歐洲啟蒙運動和美國、法國兩地革命對拉丁美洲影響甚鉅。一些到過歐洲或受到革命影響的知識分子，開始在殖民地宣傳中產階級革命的思想，進行爭取獨立的祕密活動。而拿破崙戰爭期間，西班牙、葡萄牙參加歐洲「大陸封鎖」，英國隔斷了他們與美洲殖民地的聯繫，使拉丁美洲殖民地更容易擺脫宗主國的統治。

海地首先吹響爭取獨立的號角。它原為西班牙殖民地，一六九七年被法國割占。到十八世紀末，統治海地的法國殖民者約四萬人，而占海地人口十分之九的黑人奴隸有四十八萬人，全無人身自由，處境悲慘。一七八九年法國大革命給海地人民極大鼓舞，促發海地革命。一七九一年又發生大規模武裝暴動，大批黑奴參加，起義領導人是傑出的黑人領袖杜桑・盧維杜爾。他原是一個種植場的奴隸和馬車夫，鑽研過啟蒙思想家著作，嚮往自由。他率領起義黑奴打敗了一萬多名法國遠征軍，接著又打敗了接踵而來的西班牙、英國殖民軍；一八〇一年他宣布海地獨立，並頒布憲法，廢除奴隸制。拿破崙派遣妹夫勒克雷爾率領五十四艘戰艦和近三萬名軍隊在海地登陸；但遭起義者痛擊，以「和平談判」為名把杜桑騙去，逮捕後遣返法國。此後海地人展開了更激烈的抗爭，一八〇三年法軍終於被迫投降，同年十一月海地人民發表《獨立宣言》，一八〇四

年一月一日海地正式獨立。

海地革命強有力地推動了拉丁美洲獨立戰爭。海地獨立後,美洲爆發了大規模的民族獨立運動。一八○八年拿破崙軍隊入侵西班牙,國王一家被囚禁;一八一○年法軍占領西班牙全境,這一消息成了西屬美洲殖民地獨立的信號。西屬美洲殖民地獨立戰爭主要有三個戰場:以委內瑞拉爲中心的南美北部戰場;以拉普拉塔爲中心的南美南部戰場;以墨西哥爲中心的中美戰場。

獨立戰爭前,委內瑞拉人米蘭達曾在美國組織一支遠征隊,企圖在委內瑞拉登陸失敗。一八一○年法軍占領西班牙的消息傳到委內瑞拉後,加拉加斯爆發起義,成立革命政府,得到各地響應。米蘭達回到委內瑞拉,召開國民議會,通過《獨立宣言》,正式宣布獨立,成立了以米蘭達爲首的共和國政府。但新政府站立未穩,一八一二年被殖民軍扼殺,米蘭達本人被捕,死於西班牙獄中。第一共和國雖然夭折,但其另一領導人西蒙・波利瓦爾繼續領導群眾進行抗爭。他出身於土生白人地主家庭,曾留學歐洲,受法國大革命影響。第一共和國失敗後,他歷盡艱險,重組隊伍,打回加拉加斯。一八一四年宣布成立第二委內瑞拉共和國,但不久又被鎮壓,波利瓦爾流亡海地。他積蓄力量,一八一六年又回到委內瑞拉,一八一八年十月宣布成立第三委內瑞拉共和國。一八一九年,他率軍遠征,翻越險峻的安地斯山,征服了哥倫比亞地區。一八一九年十二月,成立了包括委內瑞拉在內的「哥倫比亞共和國」。一八二二年占領厄瓜多首都基多後,又成立了統一的「大哥倫比亞共和國」。波利瓦爾當選爲共和國總統。至此,南美北部的獨立戰爭取得完全勝利。

南美南部拉普拉塔地區,從一八一○年起也展開爭取獨立的抗爭。布宜諾賽利斯土生白人推翻了西班牙總督,成立了臨時政府。

一八一四年臨時政府任命聖・馬丁擔任北方軍總司令，負責收回上祕魯地區。聖・馬丁出身於阿根廷土生白人船主家庭，留學西班牙期間參加祕密革命團體，一八一二年回國參加革命抗爭。他有豐富的指揮經驗和軍事才能。他認爲要保障拉普拉塔聯合省的獨立，必須摧毀西班牙在南美洲的堡壘祕魯；而要攻下祕魯，不能取道上祕魯，必須先拿下智利，由海路北上。爲此，他在阿根廷的門多薩城準備了三年多。一八一七年春，聖・馬丁率一支五千人的遠征軍，翻越終年積雪的安地斯山進入智利，一八一八年智利宣布獨立。一八二〇年他親率艦隊向祕魯進軍，一八二一年攻下祕魯首都利馬，祕魯宣布獨立，聖・馬丁被授予共和國「保護者」的稱號。一八二二年，他在厄瓜多的瓜亞基與波利瓦爾舉行了祕密會談，商討軍事問題。聖・馬丁回到利馬後不久，辭去了祕魯政府首腦職位離開祕魯。波利瓦爾及其戰友完成了攻克祕魯的任務。一八二五年上祕魯宣布獨立，爲紀念波利瓦爾的功勳，新共和國命名爲「玻利維亞」。隔年西班牙殘軍宣布投降。

一八一〇年墨西哥地區在伊達爾哥領導下爆發人民起義。伊達爾哥是多洛莉絲鎮的牧師，熟悉啓蒙學者著作，積極宣傳法國革命的「自由」和「人權」思想。一八一〇年九月十六日晨，他敲響教堂的鐘召集群眾，號召爭

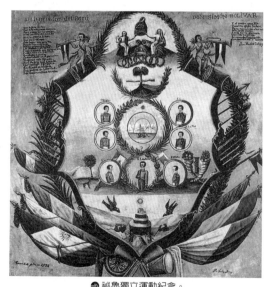

➡ 祕魯獨立運動紀念。

取自由，群眾高呼「獨立萬歲」，這就是著名的「多洛莉絲呼聲」。這一天後來被墨西哥定為「獨立節」。起義席捲西北部地區並逼近墨西哥城，隊伍擴大到八萬人。但因起義領導人缺乏軍事經驗，在轉移中遭伏擊，伊達爾哥和幾名主要領導人被俘犧牲。他的學生和戰友莫瑞洛斯繼續指揮戰鬥，一八一三年十一月宣布墨西哥獨立；一八一四年再次遭到失敗，一八一五年莫瑞洛斯被捕後壯烈犧牲。一八二〇年西班牙本土爆發中產階級革命後，墨西哥反動軍官伊都維德篡奪政權，一八二二年建立墨西哥帝國，不久被人民推翻。一八二四年墨西哥通過新憲法，確定墨西哥為聯邦共和國。

在墨西哥獨立運動影響下，中美洲地區於一八二一年宣布獨立並加入墨西哥，一八二三年又脫離墨西哥建立聯邦共和國（中美洲聯合省）。一八三八年又分成瓜地馬拉、薩爾瓦多、尼加拉瓜、宏都拉斯、哥斯大黎加五個國家。

十八世紀末至十九世紀初在葡屬巴西也展開了爭取獨立的運動。因起義和抗爭比較分散，未能推翻葡萄牙統治。一八〇七年底，拿破崙軍隊侵入伊比利半島，葡萄牙王室逃到了巴西，使巴西一時成了葡萄牙王國的政治中心。一八二〇年葡萄牙本土爆發中產階級革命，在新議會的要求下，葡王約翰六世於一八二一年回國，他把兒子彼得羅留下統治巴西。當時巴西局勢動盪，要求獨立呼聲很高。葡議會要求彼得羅也回國，被他拒絕。一八二二年，彼得羅自立為帝，宣布巴西脫離葡萄牙獨立；隔年七月，最後一批葡萄牙殖民軍被迫從巴西撤走。

　　拉丁美洲獨立戰爭，就其性質來說是一次中產階級革命。它摧毀了西班牙、葡萄牙等國的殖民統治，建立了十七個獨立國家，大部分為共和國制（只有巴西保存帝制到一八八九年），推動了拉丁美洲社會的發展。但由於領導權掌握在土生白人地主手中，大地產制被保留下來，影響了後來社會的常態發展。

世界罕見的領土擴張
美國的西進運動

一七七六年，美國宣布獨立。最初，美國只有阿帕拉契山脈以東的十三個州，面積不過八十三萬平方英里，人口約三百九十餘萬人。此後，新興的美利堅合眾國不斷向外擴張。在十九世紀短短的數十年時間裡，美國由偏居北美大陸東海岸一隅的小國，一舉膨脹為橫跨北美大陸，瀕臨大西洋和太平洋的美洲大國。美國由此獲得了廣闊的領土和豐富的資源，為其日後成為世界強國打下了基礎。

美國於一八〇三年購買路易斯安那地區是其向西大規模擴張的起點。路易斯安那地區地域遼闊，它包括密西西比河以西，洛磯山脈以東，北抵加拿大，南達墨西哥灣的廣大地區。該地區原屬西班牙，後幾易其主。一八〇〇年，法、西達成祕密交易，西班牙將該地區讓與法國。美國與西班牙在密西西比河自由航行權和新奧爾良存貨權等方面頗有爭議。路易斯安那易主，使美國不但未能解決上述問題，反而面對一個更強大的對手，這是美國極力希望避免的事情。美國總統傑弗遜為了避免用戰爭解決問題，力圖通過談判購買路易斯安那的新奧爾良，並獲取密西西比河自由航行權。

一八〇二年四月十八日，美國駐法公使羅伯特·李文斯頓受命與法國進行談判。傑弗遜於次年年初又任命門羅為全權公使，前往法國與李文斯頓一起進行談判。美國最初並未打算購買整個路易斯安那。談判期間，形勢忽然發生變化。法國因鎮壓海地黑奴起義和遠征聖多明各失利，損失了數萬法軍。一八〇二～一八〇三年的封凍又阻止了法軍增援新奧爾良。此時，法國為了確保美國在英法戰

爭中保持中立，於一八〇三年四月中旬派其代表塔里蘭向美方表示願意出售整個路易斯安那地區。一八〇三年四月三十日，美、法雙方達成協定，美國僅以一千五百萬美元就買下了整個路易斯安那地區。這塊面積達近八十三萬平方英里的土地，包括今日的路易斯安那、密蘇里、阿肯色、艾奧瓦、明尼蘇達、堪薩斯、內布拉斯加、科羅拉多、北達科他、南達科他、蒙大拿、懷俄明、奧克拉荷馬十三個州（其中四個州只是部分地區），美國的領土由此增加了一倍，密西西比河成了美國的內河。美國購得路易斯安那地區，為其向西擴張掃除了障礙。

路易斯安那的南部和西南部邊界原來就不明確，美國買下路易斯安那後，上述問題引起美國與西屬佛羅里達和德克薩斯的邊界爭端。居於美國南部的佛羅里達是西班牙的屬地，它以帕的多河以東的阿帕拉契柯拉為界分為東、西佛羅里達兩部分。美國取得路易斯安那後，即開始謀取佛羅里達。一八〇四年二月，美國國會依據傑弗遜總統的建議通過了莫比爾法案，成立包括西佛羅里達的密西西比地區，此事引致西班牙的抗議。同年，美國與西班牙談判，以期獲取佛羅里達，但未能奏效。一八〇八年後，西班牙本土政局動盪，戰火連綿，美國遂停止了與西班牙的一切正式外交關係，兩國直至一八一五年才恢復邦交。一八一〇年下半年，西佛羅里達的美國移民在美國慫恿下發動叛亂，宣布成立西佛羅里達共和國，同時要求與美國合併。一八一一年，美國國會授權美國總統在適當的時候奪取東佛羅里達。一八一二年，美國國會通過了將珀爾河以西的西佛羅里達，併入路易斯安那州的決議；隨後又將珀爾河以東的西佛羅里達地區併入密西西比地區。

一八一四年和一八一七年，傑克遜將軍按照美國總統的指令，兩度率軍侵入東佛羅里達。一八一八年四月和五月，傑克遜率軍相

繼攻占了東佛羅里達的聖馬克斯堡和彭薩科拉基地，同時廢黜西班牙總督。西班牙與美國恢復外交關係後，曾呼籲西方列強助其保住佛羅里達，並一再向美國申明其主權，同時進行談判，然而均未奏效。此時，拉丁美洲民族解放運動方興未艾，西班牙已焦頭爛額，難以同時顧及南北，只得向美國讓步。一八一九年二月，美、西雙方的代表在華盛頓簽署《佛羅里達條約》。條約中聲明，西班牙將東、西佛羅里達割讓給美國，同時放棄對俄勒岡地區的領土要求權；美國則同意承擔賠付本國公民的五百萬美元費用。一八二一年，雙方換文生效。至此，美國僅用五百萬美元就獲得了東、西佛羅里達七萬餘平方英里的土地。

俄勒岡地區瀕臨太平洋，最早來到這裡的西方殖民者是西班牙人，其後，英國、俄國和美國人紛紛加入開發。一八一九年和一八二四年，美國分別與西班牙和俄國簽訂條約，西、俄不再介入這一地區，俄勒岡成了英、美兩國爭奪的區域；兩國曾議定，共同占領這一地區並對雙方國民開放。進入十九世紀四〇年代後，大批美國移民進入此區，一時形成「俄勒岡熱」，美國國內要求兼併俄勒岡的呼聲也日益高漲。一八四六年，美國政府決定終止與英國共同占領俄勒岡地區。此時，面臨美墨戰爭的美國和遠離北美的英國均無意在這一地區訴諸戰爭。英國提出以北緯四十九度線劃界的條約草案，美方立即予以接受。英、美簽署《俄勒岡條約》，議定以北緯四十九度線為美國與英屬加拿大的分界線。美國由此獲取今日的俄勒岡、蒙大拿、華盛頓、愛達荷和懷俄明五個州。至此，美國終於將其版圖推進到太平洋沿岸，使其國土得以橫跨北美大陸。

美國得到佛羅里達後，開始覬覦德克薩斯、新墨西哥和加利福尼亞。這一廣闊的地區原為西班牙殖民地；一八二一年墨西哥獨立後成其領土。一八二七年後，美國政府曾多次向墨西哥政府提出購

→ 被剝奪生活空間的印第安人。

買德克薩斯的要求，均遭到墨方的拒絕。一八三五年，德克薩斯的
美國移民發動叛亂；次年三月，德克薩斯宣布獨立，成立「德克薩
斯共和國」。一八三七年美國正式承認該共和國，不久，德克薩斯
就提出與美國合併的要求。一八四五年，美國泰勒總統正式簽署
參、眾兩院通過的合併議案，德克薩斯正式成為美國的第二十八個
州。美國政府為這片約三十九萬平方英里的土地，僅支付了一千萬
美元的債務賠償。

　　一八四三年八月，墨西哥政府曾明確表示，美國合併德克薩斯
無異於向墨西哥宣戰。德克薩斯正式併入美國後，墨西哥政府逐斷
絕了與美國的外交關係。一八四六年美軍越界侵入墨西哥領土，不
久後向墨西哥宣戰，挑起了美墨戰爭。翌年九月，墨西哥首都墨西
哥城陷落，墨西哥戰敗，被迫與美國談判。一八四八年，美、墨簽
訂《瓜達羅佩──伊達爾哥條約》，美國據此奪得格蘭得河以北的
所有墨西哥領土。這片土地約含括今日的加利福尼亞、內華達、科
羅拉多、懷俄明、猶他、新墨西哥和亞利桑那七個州，面積共約五
十三萬多平方英里。美國為此支付墨西哥一千五百萬美元，同時承

擔了本國公民向墨方索要的賠償費。一八五三年，美國又用一千萬美元購取了墨西哥希拉河流域的約三萬平方英里土地。至此，墨西哥的一半領土納入美國版圖。

　　一八六七年，美國又以七百二十萬美元的代價從俄國購得阿拉斯加。十九世紀中葉以後，美國西進勢頭不減，在獲取了北美大陸近一半土地後，又相繼占據了太平洋中的一系列島嶼，直至將夏威夷王國納入美國版圖，使其成為美國的第五十個州。

給21世紀的話語

　　美國的西進擴張，與美國大量移民的西進開拓相伴而行。西進開拓的需要促使美國不斷向西擴張，而領土擴張又為西進開拓創造了條件。一七九〇年，美國只有占全國6％的人口居住在阿帕拉契脈以西地區。一八六〇年，居住在該山脈西部的人口已近全國人口的一半。

　　雖然西進運動和領土擴張是伴隨著印第安人的血淚而進行的。但是它對於美國經濟大國的形成和發展，對於開發廣闊的西部地區，並形成全國各具特色的專業經濟區具有重大的意義。由於人口不斷地西移，一八九〇年美國人口調查的年度報告宣稱已不存在邊疆線了。十九世紀最後三十年，西部墾殖的土地面積超過了一六〇七～一八六〇年間美國所開墾的土地。

　　美國的西進運動和領土擴張，既有脫離西方列強、實現非殖民化之因，也有對外擴張的霸權傾向。它造就了一種積極進取、勇於開拓的美利堅精神，同時也留有肆意掠奪和殘酷屠殺印第安人的史實。正是在西進和領土擴張的基礎上，一個迅速崛起並在日後影響世界的超級強國誕生了。

法國一著涼，歐洲打噴嚏

席捲歐洲的一八四八年革命

　　一八四八年，革命浪潮席捲歐洲大地，從巴勒摩到巴黎，從柏林到維也納，從布拉格到布達佩斯，都爆發了革命。

　　一八四八年歐洲革命是工業革命在歐洲勝利發展的情況下產生的。它反對封建專制，以實現民主、民族革命為主要任務，但不同國家和地區具體任務是不同的。在德意志和義大利，主要任務是實現國家的統一；而多民族的奧地利帝國統治下各個被壓迫民族，則是實現民族獨立。一八四八年革命在許多地方以失敗告終，但對歐洲反革命勢力產生了一次聲勢浩大的有力衝擊。革命失敗後，許多革命志士逃亡美國，為美國的社會改革和政治生活增加了強勁活力。

　　一八四八年歐洲革命最初是從義大利西西里島的巴勒摩開始的（一月十二日），巴勒摩起義帶動了整個義大利。當時義大利分裂為八個封建專制小王國，直接或間接受奧地利控制。義大利革命的任務是推翻外族壓迫實現民族獨立，消滅各邦封建專制統治，完成國家統一。一八〇九年建立的祕密團體「燒炭黨」；一八三一年馬志尼建立的「青年義大利黨」，都曾為完成這一革命而奮鬥。巴勒摩起義開始後，教皇領地、托斯卡尼和薩丁尼亞王國一個接一個地捲入了革命運動，薩丁尼亞國王和托斯卡尼大公還被迫宣布實行憲法。巴勒摩起義是義大利民族革命的開始，同時也是一八四八年革命的序曲。一八四八年義大利革命被王室勾結的法、奧聯軍鎮壓下去了。義大利統一直到一八七〇年才實現。

一八四八年二月法國巴黎爆發了革命。從一八三〇年起，統治法國的是「七月王朝」。七月王朝是金融貴族的王朝，他們掌握了政權。農工階層不滿七月王朝的統治是革命爆發的根本原因，其任務是推翻金融貴族的統治，建立共和國，實現民主。

一八四八年二月，巴黎人民舉行示威遊行，遭軍警鎮壓。各街區工人及勞動群眾迅速築起街壘，發動了起義。國王路易‧菲力浦匆忙逃往英國，七月王朝被推翻。中產階級臨時政府宣告成立，由十一人組成，重要職位都由中產階級掌握。在群眾要求下，臨時政府宣布了普選制和建立共和國，這就是法蘭西第二共和國。同年十一月，制憲會議通過了一部憲法，確認了普選制，接著進行總統選舉。

結果路易‧波拿巴當選為總統，他是拿破崙一世的姪兒，才能平庸而野心很大，想學習他伯父在法國建立一個新的帝國，因此曾兩次試圖奪取法國政權失敗（一八三六年和一八四〇年）。他自詡為拿破崙一世的繼承人，就任總統後，便著手恢復帝制；他逐一打敗政敵，大權獨攬。一八五一年十二月，他調集軍隊，逮捕議員，解散國民議會，此即路易‧波拿巴的「霧月十八日」政變。一八五二年一月，他把總統任期延為十年，同年底宣布法國為帝國，並即位自稱「拿破崙三世」。這便是法國歷史上的第二帝國。

一八四八年德國革命是從法國靠近的南德各邦開始的。受法國二月革命影響，巴登、巴伐利亞等邦人民於

➡拿破崙三世建立法蘭西第二帝國。

三月初先後開始革命。革命中心是普魯士首都柏林，柏林群眾舉行聲勢浩大的示威遊行，並包圍王宮。國王威廉四世下令鎮壓，群眾築起街壘，雙方發生了激戰。國王被迫下令把軍隊撤出柏林，並召開國民會議制訂憲法，改組政府。中產階級靠工人起義取得了政權，但他們害怕工人抗爭的發展，保留舊國家機構。國王背地裡積蓄力量，重新指定新內閣，並調軍隊強制解散了國民會議。

　　三月革命開始後不久，全德各地都要求召開全德國會，領導德國統一運動。一八四八年五月，全德國會在法蘭克福開幕。在五百七十三名議員中，絕大多數是擁護君主立憲制的中產階級自由派和貴族的代表。在統一德國問題上，他們分為兩派，即「大德意志派」和「小德意志派」。前者主張建立一個包括奧地利並由它領導統一德意志帝國；後者主張排除奧地利，由普魯士領導統一德國。一八四九年，法蘭克福議會通過了《德意志帝國憲法》。這部憲法確定德意志為聯邦帝國，保留各邦君主的統治地位，中央只設一個皇帝和一個帝國議會。它並宣布一切人在法律面前平等，保障言論、集會、結社自由，在當時是有進步意義的。但是這部憲法遭到各邦君主拒絕。法蘭克福議會推選普魯士國王為帝國皇帝，並派代表把皇冠送去，普王卻以嘲笑的態度拒絕接受，他說：「這不是皇冠，而是奴隸所戴的鐵項圈，一戴上它，國王就會變成革命的農奴。」各邦君主拒絕憲法，激起人民憤慨，各地發動武裝起義，保衛帝國憲法。德意志各邦君主連忙

⮕ 1848 年普魯士革命浪潮。

⇨ 逃跑的梅特涅。

調軍隊鎮壓，到一八四九年六月，維護帝國憲法運動失敗。一八四八～一八四九年德意志革命結束。

　　哈布斯堡王朝統治下的奧地利帝國，十九世紀中葉仍是一個龐大的、多民族的封建專制國家。除奧地利本土以外，它還統治著捷克人、匈牙利人、羅馬尼亞人、義大利人、波蘭人等。奧地利革命的主要任務是推翻封建君主制和解放哈布斯堡王朝統治下的受壓迫民族。

　　巴黎二月革命和柏林三月革命的消息很快傳到奧地利，三月十三日，首都維也納群眾舉行示威，並很快發展為起義。首相梅特涅被迫辭職，化裝逃亡英國。皇帝被迫改組內閣，同意成立國民自衛軍。四月二十五日頒布了「欽定憲法」，確定立法機關為兩院制，皇帝對立法有否決權。維也納革命群眾為反對政府派軍鎮壓匈牙利革命，十月六日發動運動，攻下了軍火庫，十萬群眾武裝了起來。皇帝逃出首都，政權轉到市議會手中。但市議會領袖沒有採取積極措施去鞏固勝利，逃出首都的皇帝卻調集了七萬大軍包圍並砲擊維也納城，十一月一日維也納陷落，起義被鎮壓。一八四九年三月四日，制憲國民會議被解散，恢復了封建專制統治。

　　奧地利帝國統治下的捷克王國和匈牙利王國，一八四八年也爆發了爭取民族解放的起義和革命。

　　捷克在十九世紀中期是奧地利帝國資本主義最發達的地區，為爭取民族獨立，一八四八年六月布拉格爆發起義，被軍隊鎮壓。

　　匈牙利佩斯在一八四八年三月爆發了一場轟轟烈烈的革命，領導人是匈牙利傑出的革命詩人山多爾‧裴多菲，起義者發表了自己的政治綱領《十二條》。奧皇被迫做了一些讓步，同意成立匈牙利責任內閣等，同時調動軍隊準備鎮壓。匈牙利議會組織軍隊抗擊並兩次打敗奧軍。佩斯遭攻陷後，遷出佩斯的匈牙利議會於一八四九年四月宣布匈牙利獨立。奧皇請求「歐洲憲兵」沙皇尼古拉一世出兵援助，匈牙利革命軍腹背受敵，雖終告失敗，但匈牙利革命在歐洲歷史上寫下了光輝的一頁。

人類的祖先是猴子
達爾文發表進化論

如果說達爾文的《物種起源》、《人類的由來及性選擇》不是歷史上爭議最大的幾本書，至少應該也能被排進前五名，因為他的論點在信仰虔誠者的眼中，實在太過「不敬」，竟敢否定《聖經》所言「上帝依照自己形體造人」的「真理」。而在今天，我們恐怕也很難想像身處當時保守環境的達爾文，究竟背負著多大的壓力。

➡️ 刻有達爾文文像的錢幣。

據說達爾文小時候並不像個聰明小孩的樣子，出身於醫生世家的他，從小就對自然環境有著極高的興趣，常到野外「廝混」，因此課業表現並不良好。其父將達爾文送進了名校之一的愛丁堡大學習醫。不過達爾文似乎不甚領情，還是沒啥進步，父親只好再將他送到劍橋大學攻讀「神學」。雖然這些求學經驗，都和達爾文日後成名的領域不甚相干，不過多少還是帶給他潛移默化的效果。例如，他在生物學上的基礎與醫學訓練不無相關，而其神學背景也讓他對自己的學說，抱持一種虛懷若谷的態度。

西元一八三一年是一個重要的年分。達爾文自劍橋畢業，經當時一位知名植物學家的推薦，以「博物學家」的身分登上海軍艦艇「小獵犬號」，隨艦進行長達五年的環球航行計畫。這是達爾文生命的轉捩點。

小獵犬號的航線是先到南美洲南部海岸，再經過「加拉巴戈群

島」，達爾文就是在這裡觀察到許多特殊生物而得到啓發的；之後穿越太平洋、印度洋，返回英國。這段航程讓達爾文見識到英國以外的物種，鮮活地在他眼前躍動，而非被嵌印在書頁之上。這些物種有些他已讀過，但有更多是他聞所未聞的——不過這些不明物種，往往和他原先認識者有許多細微的差異。這些細微差異爲何會出現呢？敏銳的達爾文，很快便開始思考：如果萬物皆爲上帝所造，那麼上帝爲何一開始就把這些生物造成各具細微差異的模樣呢？如果上帝並未打算如此費工，則這些生物的細微差異是怎麼來的呢？達爾文做了一個簡單的推測，即是這些生物很可能都源自共同的祖先，只是爲了在不同的環境生長，而在長時間下逐漸演化成不同的物種。

結束小獵犬號的旅程後，達爾文即開始埋首於思考與著作，並發表了許多相關論文，這些論文讓他漸漸獲致「知名生物學家」的名號。當時他還沒有明確提出什麼關於「演化」的論點，他的演化觀是在讀了經濟學家馬爾薩斯的《人口論》之後，方才逐漸建立的。

馬爾薩斯提到，人類賴以爲生的資源只能以算術級數成長，但人口卻會按照幾何級數增加，因此人口增長的趨勢將恆大於維生資源的增長趨勢。既然如此，最後只有「競爭」才能決定留存者，於是不能適應環境的弱者將被淘汰，留下來的將會是在生存競爭中能夠適應環境的強者。這個論點給了達爾文很大的啓發，於是他開始收集相關資料，準備開始撰述他的心得。

一八四二年，日後將成爲驚世之著的《物種起源》初稿完成，不過達爾文還是不斷進行補強，沒有加以付梓。然而一八五八年英國植物學家華萊士寄給達爾文請其提供建議的論文，卻讓達爾文又驚又喜——因爲在東印度進行研究的華萊士，竟然也得出和達爾文

THE
LONDON SKETCH BOOK.

PROF. DARWIN.

This is the ape of form.
Love's Labor Lost, act 5, scene 2.
Some four or five descents since.
All's Well that Ends Well, act 3, sc. 7.

● 達爾文進化論在發表當時，遭到諷刺與打壓。

十分接近的演化結論！可是驚喜之餘，到底要怎樣才能證明兩人都是在獨立的情況下研究而無抄襲之嫌呢？這種尷尬的情況後來也成了某些歷史學家質疑達爾文之處。

不過達爾文的影響力，畢竟是華萊士無法企及的。一八五九年十一月，《物種起源》問世，馬上造成極大轟動。不過當時他只討論其他物種的情形，尚未及於人類。一八七一年的《人類的由來及性的選擇》出版後，立刻將「演化」和「神造」兩論點的爭議推上高峰，因為達爾文正式在書中做出「人類來自於動物」的結論。從此以後，達爾文毀譽參半，很少出現於公開場合，論爭主要是由極度認同其學說的社會學家湯瑪斯・赫胥黎做為「打手」。

雖然在當時，連教皇庇護九世都曾致信達爾文，指責他的學說「與嚴正的科學和知識的經驗，乃至與理性本身都有矛盾」，但隨著愈來愈多的科學研究成果問世──尤其是門得爾基於遺傳學的理論──達爾文的演化觀點已逐漸成為學術上的主流，抨擊之聲也日漸減弱了。

一九九六年十月，教宗若望保祿二世提到，天主教會原本對演化論斷然排斥，因為它與《聖經》之中描述上帝創造亞當、夏娃的記載不同，可是現代科學已愈來愈接受這種論點，所以教會方面接受該說法可能不是一種「假設」，也不再與教會處於對立的狀況。教宗的意見，雖然未必能說服今日仍有廣大「信眾」的神造說支持者，但至少表示教廷已在某種程度上承認了達爾文的論點。科學與神學的長期論爭之一，終於有了比較明確的結果。

給21世紀的話語

　　達爾文學說的影響不僅限於科學方面，雖然在科學領域裡，它帶動了生物學的極大進展；然其在政治學、社會學、經濟學、人類學等各方面，也給予後人很大啟發，連馬克思都想把其巨著《資本論》題獻給達爾文。達爾文學說最重要的影響在於，它改變了當時（及以後）大部分人對世界的看法，以及人類對自己的理解，給人們重新反思人與整體環境的機會。

　　如果人類並非上帝所造、老天爺的最愛，也許有天人類也將可能失去地球的主導權，被其他的演化物種取代。達爾文學說給我們的不只是單純科學上的震撼，似乎更該說是心靈上的「革命」。

自由人權的落實

林肯解放黑奴

一八六二年，美國總統林肯在南北戰爭中宣告解放黑奴，這一壯舉震撼了美國乃至世界，大大地推動了美國社會的發展，在美國歷史上留下了光輝的一頁。

美國獨立以後，南方和北方存在著不同的經濟制度。北方自由州與南方蓄奴州之間始終存在著矛盾。

美國南方的地主種植園經濟是一

➡林肯紀念堂的林肯坐像。

種相對落後的經濟制度，它束縛著美國工業資本主義的發展。莊園領主視奴隸爲財產，不允許他們自由流動，這與北方工業中產階級需要更多自由勞動力的要求相矛盾。地主希望從歐洲獲取廉價的工業品，因此極力主張降低關稅。北方中產階級爲增強本國產品對歐洲商品的競爭力，維護自身經濟發展，則極力主張提高關稅。雙方的需求形成了尖銳的對立。

在莊園裡，黑人奴隸被當做「會說話的工具」，可被主人任意賤踏。他們沒有人身自由，過著非人的生活。奴隸的身體被烙上火印，戴著鐐銬在田間勞動，且經常遭到領主和監工的毒打。他們食不果腹，衣不蔽體，經常要勞動十五、六個小時，有時長達十八、九個小時。奴隸逃跑一旦抓回，不是打死就是致殘。黑奴們不堪忍受壓迫，他們用怠工、逃亡、毀壞莊園，甚至以殺死領主、暴動來

進行反抗。一八二二年和一八三一年，美國南方就曾先後爆發了維西起義和納特‧特納起義。

　　美國的許多有識之士始終反對奴隸制。一八三二年，加里森等十餘名廢奴主義者成立了「新英國反奴隸制協會」。次年，全國性的「美國反奴隸制協會」成立。幾年以後，北部各州的各種廢奴協會已多達五百餘個。《奴隸之友》等主張廢除奴隸制的期刊以及其他宣傳品，不僅在北方傳播，少量宣傳品甚至流散到南方。美國文學界亦興起一股廢奴文學。哈里耶特‧比徹‧斯托夫人的長篇小說《湯姆叔叔的小屋》（又譯《黑奴籲天錄》）於一八五一年發表後，在美國國內和海外引起了極大的迴響，有力地推動了廢奴運動的發展。除此之外，廢奴派還通過祕密的「地下鐵道」，幫助黑奴逃到北方各州或加拿大。奴隸出身的哈麗特‧塔布曼是當時著名的「地下鐵道」營救人員，她曾十九次隻身潛入南方，先後幫助三百名奴隸安全地逃到北方；從一八三○年到一八六○年，共有六萬餘名奴隸透過這一管道獲得自由。

　　美國不斷向西部擴張，新領土以何種身分（自由州或蓄奴州）加入聯邦，直接關係到北方自由州與南方蓄奴州之間的力量平衡。一八二○年，雙方在國會達成《密蘇里妥協案》，此後雙方又於一八五○年再一次達成妥協案，兩次妥協案暫時緩和了南北之間的矛盾，但並未從根本上解決問題。《一八五○年妥協案》中制訂了一項更嚴峻的《逃亡奴隸法》，這使南方領主得以抓捕逃奴的名義在北方各州橫行，以致北方各州的自由黑人一時人人自危。

　　在聯邦政府中，領主勢力具有相當大的影響。一八五四年五月，國會通過了《堪薩斯──內布拉斯加法案》，規定該地區是否實行奴隸制由當地人民「自決」。按照《密蘇里妥協案》的規定，這一地區應以自由州的身分加入聯邦，國會通過的法案明顯有利於

南方領主。此後，堪薩斯的領主通過各種非法手段取得了州政權，他們大肆壓制反對奴隸制的人，在遭到反對後，他們反而得到聯邦總統皮爾斯的袒護，以致日益囂張。一八五六年五月，領主洗劫了自由移民的勞倫斯鎮，此事促使堪薩斯的自由移民紛紛拿起武器進行反抗；雙方均得到了南北各州的支援，彼此的武裝衝突一直持續到一八五六年年底。這一事件使美國南北雙方的矛盾進一步激化。一八五九年，約翰‧布朗發動了反對奴隸制的武裝起義，在當局的鎮壓下，起義遭到失敗。布朗起義對反對奴隸制的抗爭產生了深刻的影響，他用自己的鮮血激勵人們徹底消滅奴隸制度。

隨著南北矛盾的發展，廢奴各派也不斷分化和組合。一八五四年，反對奴隸制的自由土壤黨人和輝格黨、民主黨內反奴隸制派聯合組成了一個新政黨——共和黨。該黨成立後逐步發展壯大，林肯亦是該黨最初的成員。一八五六年，共和黨建立了全國性組織。在當年的大選中，共和黨首次競選就獲取了一百三十四萬餘張普選票，與當選的民主黨相差不足五十萬張選票。此後，許多北方工業資本家加入該黨，共和黨的勢力由此迅速發展起來。

一八六○年十一月，共和黨推舉的候選人亞伯拉罕‧林肯當選美國總統。林肯反對擴張奴隸制，但他持一種溫和的限奴政策。儘管如此，南方領主對林肯當選仍視爲一場災難；他們預感到奴隸制已面臨崩潰的危險。一八六○年十二月，南卡羅萊納州在領主策動下首先發難，宣布脫離聯邦。此後，密西西比、亞拉巴馬、佛羅里達、喬治亞、路易斯安那和德克薩斯相繼宣布脫離聯邦，並於一八六一年二月宣布成立「美利堅聯眾國」（即「南部同盟」），公開與聯邦政府對抗。

一八六一年三月，林肯在總統就職演說中堅決反對南方新國家。同年四月，南方叛軍首先向聯邦軍隊駐守的薩姆特堡發動進

攻，挑起了美國內戰（即南北戰爭）。隨後林肯宣布南方各分離州為叛亂州，同時徵召七萬五千名志願軍鎮壓叛亂。維吉尼亞、北卡羅萊納、田納西和阿肯色四個蓄奴州亦宣布脫離聯邦；合眾國原有的十五個蓄奴州中，只有緊靠北部的馬里蘭、肯塔基、密蘇里和特拉華四州尚在聯邦內。

戰爭初期，聯邦政府在各方面均占優勢。北方擁有二十三個州，兩千一百多萬人口；南方反叛的十一個州只有約九百餘萬人口，其中包括四百萬黑奴。北方工業基礎雄厚，全國九成的製造業位於北方，主要鐵路線和大部分商船亦為北方所控制，此外還擁有實力強的海軍；且北方糧食儲備充足，同時擁有國庫。南方則工業基礎薄弱，幾乎絕大部分工業產品需要依賴北方或從海外進口；而南方糧食也供應不足。在道義上，北方進行的是正義的戰爭，因而也得到較高的支持。

然而，北方在戰爭前期卻一再失利。究其原因，主要有兩方面的問題。南方對戰爭做了充分的準備，貯備了大量軍事物資，同時擁有許多傑出的軍官。他們在南方戰場中，較為熟悉地形。此外，南方漫長的海岸線也使北方的封鎖未能完全奏效。北方卻恰恰相反，軍事準備不足，主要將領無能，後方鎮壓反革命不力，致使北方在軍隊人數超過敵人的優勢狀況下，仍屢戰屢敗，甚至連首都華盛頓都受到威脅。另一方面，林肯政府一直礙於仍在聯邦內的四個蓄奴州的利益，遲遲沒有下決心廢除奴隸和武裝黑人。要廢除奴隸制並非易事，即使在北部各州，白人歧視黑人的觀念也依然存在。因此，儘管林肯一直高舉聯邦統一的旗幟，仍未能充分動員。

戰局的不利形勢，人民和廢奴派對政府施行政策的日益不滿，以及要求改變的巨大壓力，使林肯敏銳地感到必須順應形勢的變化和公民的要求。他終於下定決心，於一八六二年和一八六三年，

相繼公布了《宅地法》和《解放黑奴宣言》。《宅地法》規定：凡年滿二十一歲的美國公民，或沒有反抗過合眾國政府和資敵行為的申請入籍者，只要交納十美元的登記手續費，就可獲得一百六十英畝的土地。連續耕種五年後，此地歸己所有。《宅地法》的頒布斷絕了南方領主大肆侵奪西部「自由土地」的可能。它是美國人民長期爭取自由土地抗爭的結果，同時亦激發了人民支持聯邦政府的熱情。《解放黑奴宣言》則莊嚴宣告：南部叛亂各州的奴隸將永遠獲得自由，同時允許黑人參加聯邦軍隊。這一宣言震撼了美國乃至世界，北部各州的黑人紛紛集會慶祝，南方各州的黑奴則大批逃往北方或投奔聯邦軍隊，民眾以空前的熱情支持聯邦政府。南部各州的經濟以及其他方面則遭到了嚴重的破壞。

此後，戰局發生了巨大的轉折。北軍在格蘭特等優秀將領指揮下，不斷取得戰爭的勝利。南軍則步入窮途末路，再無還手之力。一八六五年四月，南軍主要將領羅伯特·李率部投降。接者南軍殘餘軍隊紛紛投降，戰爭結束。

一八六五年四月十四日晚，林肯總統被一名支持南方奴隸制的藝人布斯刺殺，他的死，如同其《解放黑奴宣言》，深深烙印在史冊上。

➋林肯於南北戰爭結束後不久遇刺。

給21世紀的話語

《解放黑奴宣言》和南北戰爭的勝利，是美國和世界史上具有重大意義的事件。它終結了奴隸制度，同時亦消除了美國資本主義發展的桎梏，為其迅速發展成為世界強國鋪下了道路。

047

共產革命的基石

馬克思主義的誕生

當蘇聯解體、冷戰結束、中國也逐漸走向市場經濟以後，世人對「共產主義」這個名詞也就漸漸陌生了，彷彿忘了過去一百多年之間，它曾一度是全世界最主流的思潮之一，並主宰了超過三分之一個地球的土地。而直到今天，也仍有不少人仍

◆ 馬克思像。

舊信奉著它，試圖在小幅度的修正下重新實踐，完成它的偉大理想。這個影響深遠的思想，主要的創造者便是卡爾·馬克思。

大家都說馬克思是德國人，不過正確的說，當時並沒有「德國」，馬克思是出生在德國的主要創建者「普魯士」國中。一八一八年五月，馬克思出身在一個律師之家，這提供了他一個極佳的庭訓環境。長成後，他遠赴著名的波恩大學、柏林大學等學府，攻讀法律學位。在修讀法學的同時，他也研讀了許多哲學書籍，尤其是當時的青年導師黑格爾的著作。獲得博士學位後，馬克思先在科隆的《萊因報》擔任編輯，大力抨擊時政，為自己取得了一些名聲，不過也給《萊因報》帶來不少麻煩，後來《萊因報》果然遭到查封。「頓失所依」的馬克思，乃決定遷居巴黎。

搬到巴黎對馬克思的一生非常重要，可說是他人生的里程碑，因為他在那裡結識了他的思想伙伴兼重要戰友——恩格斯。今日大家好像將恩格斯放在次於馬克思的地位，但其實如果沒有恩格斯，恐怕所謂的「馬克思主義」就不是今日的面目了。他們雖然常以

各自的名義發表文章，不過許多學者認爲，這些文章很可能都是他們共同完成的。

馬克思在巴黎時期頗爲活躍，除了辦雜誌、寫文章之外，他還寫就了著名的《哲學經濟學手稿》（不過當時並未發表，且遲至一九三三年才被發現，因此該書出版後被名爲《一八四四年經濟學哲學手稿》），作爲日後完整共產思想的前身。同年，他就和恩格斯共同完成了一篇文章，在文中首次揭示了「無產階級解放世界」的概念。不過對政府來說，馬克思似乎太危險了，因此不到半年，他便被逐出法國。再度失去立身之地的馬克思，只好再轉到比利時的首都布魯塞爾居住。在布魯塞爾，馬克思仍與恩格斯保持密切的合作，共同發表了數篇文章，而以他之名出版的名著《哲學的貧困》，以及讓他斐聲國際的《共產黨宣言》，也都是在此時發表的。

除了論著，馬克思此時也更積極地投入實際的社會運動。一八四七年馬、恩兩人皆獲邀參與「正義者同盟」，與來自歐洲各地的工人交流。正義者同盟本來是個流亡於法國的德國工人團體，但後來吸納了荷蘭、俄國等國家的工人，而演變成國際性的工人組織。在馬克思的建議下，該團體更名爲「共產主義者同盟」，強化了其在政治層面的努力目標。再由馬克思、恩格斯所撰寫的同盟綱領《共產黨宣言》指導下，共產主義者同盟以「聯合全世界的無產階級者、打倒中產階級統治、建立無產階級政府」爲目標，成爲無產階級革命黨派的先聲。雖然當時未立刻造成政治上的新局，不過已代表了「馬克思主義」的正式誕生。

此後馬克思曾到過德國、法國（曾將其驅逐出境的國家）參加共產黨的革命活動，不過都沒有成功，最後他輾轉遷居英國倫敦，並在那裡度過他的餘生。

倫敦時期的馬克思窮愁潦倒，主要靠的是恩格斯的接濟。然而

他也沒有忘情無產階級革命的大業，因此一八六四年所成立的「國際工人聯合會」，馬克思仍親自為其撰寫成立宣言及部分章程，並以德國代表的身分與會。這可說是他畢生的志業，也是他的情操所以令人敬佩的原因。

一八六七年，馬克思發表了擎天巨著《資本論》第一卷，在書中他不斷地討論他最關切的主題：資本主義是怎麼造成的？出了哪些問題？該怎麼解決這些問題？這些複雜難解的問題，《資本論》第一卷也沒能全部釐清，一八八三年，恩格斯將馬克思的遺稿集結整理以後，替他出版了第二、第三卷。

➡ 這張德國海報中，突顯出勞工階級團結的精神。

給21世紀的話語

討論馬克思學說是一件困難的大事，此處不擬涉入。馬克思的理論很快便風起雲湧地席捲了世界，因為他比過去的社會主義理論多出一種概念，是比較獨特的地方，此即「堅持無產階級專政」。這句口號讓貧窮的藍領階級（在中國則為農人）深覺動聽，也讓許多有熱血的知識分子極為動容，成了他的追隨者。

列寧、史達林、毛澤東及以後的各國政治人物，都宣稱是馬克思的信徒。雖然因各人有各人的理解，而使得馬克思主義已非他原

本所宣示的那般面貌——就如馬克思在倫敦聽到別人談論馬克思主義時的有感而發：「如果他們說的是『馬克思主義』，那我應該不是一個『馬克思主義者』！」——但是他的一切，畢竟還是成了一塊「神主牌」，影響著千萬民眾的生活，因為其追隨者會不斷地援引馬克思主義的各種面向，作為從事革命、改革、執政等各種工作時的指導原則。就政治哲學家而言，這塊神主牌還可說是有史以來擁有最多信徒供奉的一塊，而且只要資本注意的弊害持續存在，則各種各樣的「馬克思主義」，可能也將會永遠存在！

048

俾斯麥推行鐵血政策

德意志統一的實現

　　到十九世紀中葉，德意志依然處於四分五裂狀態。一八四八年的德意志革命失敗了，沒有完成國家統一的任務。但經過革命，德意志的政治經濟狀況都發生了不小的變化。政治上，德意志大多數國家都實行君主立憲政體，允許中產階級有一定程度的政治權利，甚至連普魯士也不例外。它在一八四八和一八五〇年頒布兩部憲法，成立議會。議會有表決法案、批准預算的權利。但國王有絕對否決權和行政、軍事大權，內閣大臣不向議會負責，而向國王負責。普魯士不過是在君主立憲制度掩蓋下的君主專制國家，但也不是純粹的專制主義國家。在一八四八年革命後，德意志較大的變化是在經濟方面。一八五〇～六〇年代是德意志資本主義經濟迅速發展的時期，德意志的工業逐漸趕上法國；然而資本主義愈發展，國家的分裂狀態愈令人難以容忍，中產階級感到統一的必要和迫切，但他們自己卻無力擔負起統一德國的任務。

　　普魯士在一八四九年和一八五九年曾兩次企圖領導統一德國運動，但是都由於奧地利的阻撓而失敗。普魯士越來越清楚地認知到：要想統一德國，非使用武力不可。於是普魯士政府開始推行軍事改革，以便為用武力統一德國做準備；一八六〇年陸軍部長向議會提出軍事改革方案，常備軍增加一倍，擴充到二十一點七萬人，服役期從兩年改為三年，追加軍費一千萬塔列爾。議會裡居多數的中產階級議員利用一八五〇年憲法賦予的權力，否決了政府的軍事改革法案，並要求實行英國式的君主立憲制度。國王解散了議會。

一八六一年，中產階級成立進步黨。在新選出的議會中，進步黨占據多數，一八六二年在新議會上再次否決軍事法案。中產階級實際上也希望普魯士領導統一。他們與以國王為首的容克（地主）之間的「憲法糾紛」，是想要求更多的統治權，害怕軍事改革會增強貴族的力量，阻撓政治上的民主化，影響自己的地位。

在「憲法糾紛」的關鍵時刻，一八六二年普王威廉一世決定邀強人俾斯麥出來組閣，以度過難關。

➡鐵血宰相俾斯麥像。

奧托‧馮‧俾斯麥出身於普魯士容克家庭。他在一八四八年革命時，曾建議國王用武力鎮壓革命；一八五一～一八六二年，歷任邦聯議會的普魯士代表以及駐俄和駐法大使。他認為在普魯士領導統一下，奧地利是主要障礙，因而提出普魯士拉攏法、俄，排除奧地利，用武力統一德國的方針。俾斯麥擔任首相後，對進步黨態度強硬。他在議會發表演說時說：「德意志所矚望於普魯士的，不是它的自由主義，而是它的實力……當前重大問題的解決，不是靠說空話和多數人的決議──一八四八和一八四九年的錯誤就在這裡，而必須用鐵和血來解決。」

俾斯麥的「鐵血政策」由此得名。當議會要求罷免俾斯麥時，他回答說：「這裡不是英國，我們這些大臣是國王的奴僕，而不是你們的奴僕。」他不顧議會的反對，撥鉅款推行軍事改革，並下令嚴格取締新聞自由。他和「全德工人聯合會」的領導人拉薩爾密談，取得對自己政策的支持，並在國際上做了一系列的外交準備，

接著便開始推行透過王朝戰爭「自上而下」統一德國的計畫。

　　一八六四年俾斯麥發動了對丹麥的戰爭，起因是德意志北部什列斯維希和霍爾斯坦兩公國的地位問題。這兩個公國是德意志邦聯的成員，同時也是丹麥國王的個人領地，不過並未與丹麥合併。兩公國居民多數是日耳曼人，北部有一部分丹麥人。一八四八年革命時兩公國曾要求脫離丹麥國王管轄而與德意志合併未成。丹麥統治階級早就有意把兩公國正式合併到丹麥版圖內。一八六三年底，丹麥頒布新憲法正式宣布合併，這在德意志引起許多人的反對。俾斯麥便利用德意志的民族情緒，發動了對丹麥的戰爭；為免除後顧之憂，他把奧地利也拉入戰爭。一八六四年二月一日，普奧聯軍開進兩公國，丹麥軍隊很快被打敗。在隨後簽訂的《維也納和約》中規定：什列斯維希──霍爾斯坦兩公國及勞恩堡小公國脫離丹麥，交普魯士、奧地利共管。

　　普、奧兩國為瓜分戰利品又訂立專約，規定兩公國仍歸普、奧共有，但什列斯維希歸普魯士管轄，霍爾斯坦歸奧地利管轄。普魯士有權在霍爾施坦開鑿基爾運河、修鐵路及鋪設電纜等。對丹麥的戰爭，是俾斯麥統一德國的重要步驟，它是普魯士和奧地利最後一次合作，同時也是他們破裂的決定性機緣。「共管」引起的政治和行政的矛盾和糾紛，為俾斯麥挑起對奧戰爭埋下了伏筆。

　　對丹麥戰爭結束後，普、奧矛盾激化。俾斯麥認為：「如果奧國不在戰場上遭受失敗，它不會允許普魯士成為統一德意志的主宰。」為了準備對奧戰爭，俾斯麥展開了積極的外交活動，以圖達到孤立奧地利的目的。一八六三年波蘭起義，普魯士充當俄國鎮壓波蘭起義的幫兇，因而得到了俄國在普奧戰爭中守中立的保證。為了爭取法國的中立，俾斯麥在一八六五年九月會晤拿破崙三世時，表示普魯士不反對把盧森堡劃入法國版圖，作為對法國在普奧戰爭

中守中立的報答。鑒於義大利與奧地利間的矛盾（當時奧仍占領威尼斯），一八六六年四月，普魯士與義大利王國訂立攻守同盟條約，規定：如果普魯士在三個月內對奧開戰，義大利將立即對奧宣戰；只有在奧地利把威尼斯歸還給義大利後，雙方才能同意與奧地利議和。

在一切都準備就緒後，俾斯麥便製造理由要求奧地利把霍爾斯坦讓給普魯士，奧國拒絕。一八六六年六月，普奧戰爭爆發。戰爭開始後，德意志大多數邦支持奧國對普魯士作戰，只有北德意志幾個小邦支持普魯士。主要因為一些邦的君主害怕普魯士統一德國因而會使自己失去統治地位。義大利在南方參戰，反對奧地利。奧地利處於南北兩線作戰，分散了兵力。七月在捷克境內的薩多瓦村附近，普、奧兩軍主力展開決戰。普軍不但人數多於奧軍，而且裝備和武器也比奧軍精良，經過改革以後的普軍在軍事上取得明顯的優勢。普軍使用的是後膛槍，即撞針發射槍，使用有來福線的大砲，而奧軍使用的仍是前膛槍、前膛砲。只經半天激戰，奧軍大敗。普軍逼近奧國首都，由於法國出面調停，八月普、奧在布拉格簽訂和約，規定：奧地利退出德意志邦聯；承認普魯士在緬因河以北建立北德意志聯邦；什列斯維希——霍爾斯坦以及協助奧軍作戰的漢諾威、黑森、拿騷和法蘭克福市劃歸普魯士。對奧戰爭的勝利鞏固了普魯士在德意志的統治地位。一八六七年以普魯士為首的北德意志聯邦成立，由緬因河以北的十九個邦和三個自由市組成，完成了德意志統一的決定性步驟。北德聯邦的建立為中產階級開拓了廣闊的市場，俾斯麥的威望大大提高，中產階級完全拜倒在俾斯麥的腳下，熱烈支持他的「鐵血政策」，議會追加了他的軍費預算。

普奧戰爭後，還有南德四邦（巴伐利亞、符登堡、巴登、黑森——達姆斯塔特）由於受法國的阻撓，沒有參加北德意志聯邦。

因此，對法戰爭就成為實現德國統一的最後步驟。拿破崙三世極力反對德國統一，準備發動對普魯士的戰爭，而俾斯麥則企圖通過對法戰爭完成德國統一，並奪取法國礦區亞爾薩斯和洛林。

一八七〇年七月，拿破崙三世和俾斯麥以西班牙王位繼承問題為藉口，挑起了普法戰爭。法軍在色當戰役中慘敗，拿破崙三世率十萬大軍向普軍投降。普軍長驅直入，包圍了巴黎。一八七〇年底，南德四邦加入了德意志聯邦。

一八七一年一月，在法國凡爾賽宮的鏡廳裡，德意志帝國正式宣告建立，普王威廉一世成了德意志帝國的皇帝，俾斯麥為帝國宰相。隨後帝國議會通過帝國憲法並公布。根據憲法，德意志帝國由二十二個君主國、三個自由市和一個直轄市（亞爾薩斯——洛林）組成。德意志帝國的建立，標誌德意志統一的實現。

給21世紀的話語

德意志的統一，結束了數百年的四分五裂狀態，推動了德國資本主義經濟的迅速發展，推動了社會的進步。到十九世紀末，德國工業生產已躍居世界第二位。德國統一後成為歐洲大國，改變了歐洲國際關係的格局。且德意志帝國繼承了普魯士的軍國主義，成為兩次世界大戰的策源地。

躋身世界強權的變革

日本明治維新

　　一八五三年六月三日，四艘黑色軍艦緩緩地駛進了江戶附近的浦賀港（今神奈川）。四艦均駛定後，其中一艘船艦忽然向空放出一砲——碰！轟轟——其餘三艦也隨後發出轟隆砲響。神祕的黑船與駭人的火砲聲，讓岸邊的日本人陷入恐懼與尖叫之中。

　　這是日本近代史上著名的「黑船事件」，即美國東印度艦隊司令培里率領美軍船艦強行進入東京灣鳴砲示威的事件。當時，培里耀武揚威地對幕府的使者表示，如果幕府不接受美國總統費爾摩的國書，答允開港通商，下次將會率領更多船艦赴日，並且一旦發生戰爭，「貴國必敗，可以拿著白旗來見！」隨後交給使者白旗兩面。驚魂未定的使者只得收下國書，而幕府也在壓力之下，與培里約定明年再予答覆。培里自覺任務必成，還大搖大擺地在東京灣內進行測量一番，方才離去。

　　隔年，培里再率七艦抵日，與日本訂下又稱《神奈川條約》的《日美和平親善條約》，議定日本開放伊豆下田及北海道函館二港，並給予美國片面最惠國待遇。英、俄等國聞風而至，一一和日本訂約，打破日本百餘年的鎖國傳統。而這些條約，就如清廷遭到強權壓迫而簽訂的一樣，也是日本人念茲在茲想要推翻的「不平等條約」。

　　黑船事件在日本孝明天皇時代發生，當時的天皇只是皇權的象徵，國家大政實乃由「幕府」掌握，主政者以「征夷大將軍」名義統治全國的武家政權。正因如此，各國與日本簽約時的交涉對象，

不是位在京都的天皇及其朝廷，而是原本應屬天皇臣下的幕府。

德川家康在織田信長、武田信玄、上杉謙信等英雄競逐的「戰國時代」後，建立了日本的第三個幕府政權。這個行政中樞位於江戶的幕府，雖然擁有全國的政、經、軍大權，但部分被稱為「大名」的封建藩主，在各地仍有相當實力；這些大名對形同架空天皇權力的幕府將軍，也難免口服心不服。因此，雖然當時並無太大的動亂，但日本內部對幕府的統治實已心生不滿。

十七世紀初，幕府受荷蘭人誘導，排斥被懷疑有意協助大名作亂的葡萄牙等外國商人，開始實施「鎖國政策」。鎖國政策只開放長崎一地與中、荷小規模通商，不准他國貿易，企圖藉此阻止外國勢力介入日本。但這樣的鎖國結果，卻讓日本錯過了引進西方的工業化增進國力的機會；另一方面，歐美各國也因此無法開拓日本市場而益發不滿，這是黑船事件所以發生的重要原因。

黑船事件後，鎖國政策已明顯無用。雖然幕府顢頇故我，但也非所有日本人都昧於現實，認為日本不需向外學習，或鎖國即可斷絕外來壓力。有個著名的故事，可以充分表現日本志士對西方長處的學習態度。

土佐藩（今高知縣）是推動改革的重要支持力量，其藩士坂本龍馬更是日本近代史上赫赫有名的人物。有一次，坂本在街上遇到該藩另一位藩士、亦為著名劍士的檜垣直治，見他腰際懸著長劍、好不威風的模樣，忍不住對直治秀出自己腰間的短刀，笑說：「以後國內的大型野戰不會太多，所以恐怕短刀會比長刀有用哦！」

直治覺得有點道理，幾天後便改佩了短刀去找坂本。沒想到，坂本二話不說，直接掏出一把手槍，「磅」地放出一槍，隨後對著直治微笑，一語不發。

見到手槍威力與坂本態度的直治，若有所思地告別坂本而去。

數月之後，儈垣直治也弄來了一支手槍，興高釆烈地又去拜訪坂本龍馬。但是，這次坂本龍馬又是微微笑著，取出一本名爲《萬國公法》的書，對儈垣直治笑說：「今後要成爲世界強權，要靠這種東西，單純的武器之力已經不夠用了。」說罷，儈垣直治點了點頭，兩人深有默契地相視一笑……

身爲日本改革初期的重要人物，坂本龍馬的眼光不止關注在器物層面，也深刻了解政法、制度等更有大力改革的需要。他對進步的理解，明顯領先當時中國多數的知識分子。而日本的近代化目標，也在這些目光正確的人物領導下日益清晰。

日本各界對幕府簽訂「不平等條約」的窩囊行爲萬分憤慨，而出現「倒幕運動」，欲將被幕府把持的政權歸還天皇，建立權力集中的現代政府。第二大藩薩摩（今九州鹿兒島）乃與長州（今山口縣）、土佐等藩共組「薩長同盟」，從事推翻幕府的政治運動。而「維新三傑」──薩摩藩的西鄉隆盛、大久保利通，長州藩的木戶孝允及土佐的坂本龍馬等人，均是其中的著名志士。

倒幕運動原本並非全以武力爲手段，坂本龍馬所倡之「大政奉還」，也是策略之一。但將軍德川慶喜企圖藉著名實不一的新憲法維繫幕府的實權，讓倒幕派忍無可忍，終於在一八六八年發生了著名的「戊辰戰爭」。薩、長、土等藩的軍隊，打著擁護天皇的

● 明治政府生產近代化武器設備的情形。

「尊王」旗號，與幕府軍大戰一場，逼令德川慶喜投降。江戶幕府終結，日本的政治大權才終於脫離其手，「明治維新」也才有了實行的基礎。

德川慶喜退位後，政權正式回歸孝明天皇的次子睦仁。睦仁即位於戊辰戰爭的前一年，但其年號「明治」則建立於戊辰戰爭結束以後，成爲著名的「明治天皇」。他所推行的明治維新運動，是個不折不扣的西化、歐化運動，欲令日本擺脫傳統的束縛，迎向現代化的新未來。戊辰戰爭將結束前，明治天皇即已向全國宣示著名的《五條誓文》，以「富國強兵」、「殖產興業」及「文明開化」爲具體目標。雖然只是簡單的文字，但日本人做起來可一點也不含糊，不到十年即有了明顯成效。

給21世紀的話語

日本不斷尋求證明自己已成爲強權的尺度，其中最好的方式莫過於挑戰周遭地域。琉球、臺灣、朝鮮等地一一受到日本的侵擾。中國雖也同時進行著「自強運動」的改革，但在一八九四年的甲午戰爭中，不敵日本。日本打敗中國，一躍而爲東亞首強，十年後的日俄戰爭又打敗俄國，躋身世界強權。

此後日本一路平步青雲，成爲新帝國主義國家中唯一的東亞國家、黃種人國度。日本不斷擴張，企圖建立以日本爲主體的「大東亞共榮圈」，抗拒歐美的帝國主義。雖然這個計畫終告失敗，但對整個世界局勢仍有極大影響。日本以原受侵略的弱國，成爲英、德等歐洲強國的結盟對象，或美、蘇等新興強權的戰爭對手；這些令人訝異的國力展現，都是奠基在明治維新的成效上得以達成的。

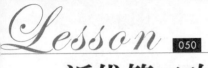

050

近代第二次科技革命崛起

人類進入電力時代

　　一八七九年十月，愛迪生用了兩年時間，經過一千三百多次實驗，試用過包括中國的湘竹絲在內的一千六百多種材料，終於點亮世界上第一隻實用白熾燈即碳絲電燈。這一事件象徵著人類終於開始跨入了電力照明的新時代，告別漫長的黑夜，邁向現代社會。

　　一八八〇年一月三日美國《哈潑》周刊登載了一篇〈白熾燈之印象〉的報導：「此事似難置信……竟可發生電光……為最明潔而純粹之光，如一團球狀之太陽光，毫無毒害人之任何氣體或蒸汽，不受氣候或風雨之影響，不需火柴引燃，亦不放煙氣，具有均勻穩定之光亮。一如晴天時之太陽光，但其所費價格，則又較最便宜之油燈為低。」燈光照明經歷了油燈、汽油燈、電光照明的過程。在一八五九年摩西‧格里什已經製成了白熾燈，其後查理斯‧布希、湯姆生─豪斯頓、豪查斯特等人都曾試製照明用發電機或弧光燈，不過真正實用的則為愛迪生的白熾燈。

● 1863 年從馬賽傳到巴黎的電報。

愛迪生一生雖只讀過三個月的書，但他勤於鑽研，富於奇想，自學成材，酷好發明。他十六歲在火車站任電報收發員時就發明了簡易自動發報機。一八六九年在西聯電報公司任職時，他發明了交易所自動計票機，這是他一生以他名義正式登記一千

三百二十八項發明中的第一件。一八七○～一八七五年間，他從事改良電報的研究，一八七六年改進了貝爾的電話，提高了音響度。同年他在紐澤西的門羅派克建立了世界上第一個工業研究實驗室，次年發明了留聲機。接著，他著手改進照明系統，一八七九年間他改良了新式的發電機。一八八○年他與史蒂芬·菲爾德試製成了電力拖引車輛，同年愛迪生還製成了小型電動機行駛的拖車。

　　一八八二年九月，愛迪生的第一個商業用電站在紐約市的珍珠街正式發電，不久美國各地出現了一百五十多個小電站。緊接而來的是輸電、配電、直流變交流、高壓變低壓等一系列技術與設備的發明和改進。一八八三年，在真空燈泡試驗中，愛迪生意外地發現了冷熱電極之間有電流通過，後人稱這一發現為「愛迪生效應」。一八八七年愛迪生創辦了愛迪生實驗室，在這裡他又發明了留聲機用的蠟紙唱片、鹼性蓄電池、電影放映機和攝影機等。

　　愛迪生的直流供電法電壓低，輸送距離有限，這方面的缺陷由另一位電力發明家喬治·威斯汀豪斯解決了。一八八六年威斯汀豪斯成立了西屋電機公司，在麻塞諸塞州的大巴林頓設立了一家實驗工廠開始發電。其後又在紐約州的布法羅成立了第一家商業用交流電燈廠。為解決輸電、直流變交流、高壓變低壓等一系列電氣應用技術問題，一批西屋電機公司工程師發揮了重要的作用，如威廉·史坦利對變壓器的改進，奧列夫·雪倫伯格發明交流感應電錶，尼古拉·特拉斯發明感應電動機並取得多項電動機的專利，史迪威製作電壓調整器，班傑明·蘭門改進了鼠籠式感應電動機以及第一輛實用電車電動機，變交流為直流的轉動變換器。一八九二年西屋公司在芝加哥博覽會上裝置了當時最大發電能力為一千匹馬力的發電機。一八九四～一八九五年，又在尼加拉瀑布地區利用水力裝置了三部水輪發電機，發電能力分別為五千匹馬力。一八九二年在查理

斯‧科芬的力促下，愛迪生通用電力公司和湯姆生——豪斯頓公司合併成立了通用電氣公司。伊萊休‧湯姆森發明了瓦特計和電焊之電阻法。

電工技術的發展還表現在一八七一年安德魯‧哈利迪發明了電纜有軌電車，一八七三年在三藩市得到應用。一八七四年史蒂芬‧菲德爾發明了有軌電車，在紐約市運行。一八八五年，巴爾的摩一條三英里長的美國第一條電車軌道建成。一八八九年勝家製造公司發明了電動縫紉機，一八八二年史凱勒‧惠勒發明了電風扇，同年亨利‧西利申請電熨斗專利獲准，一八九六年威廉‧哈達韋申請電爐專利獲准，一八八六年伊萊休‧湯姆森取得了電焊機的專利，一九〇四年哈維‧哈貝爾申請可分離的電插銷專利獲准，一九〇七年赫林機器公司還發明了自動電器洗衣機等。

電力革命帶動了通訊手段的現代化，亞歷山大‧貝爾等人發明的電話及其和無線電通訊的推廣，具有劃時代的影響。還在一八五四年法國人查理斯‧布林索伊爾發表了有關電傳聲的論文，義大利人安東尼奧‧穆塞西製成了金屬線傳話機械，一八六〇年德國人菲力普‧萊斯試驗用電傳聲機械成功，但它只能傳導單音並不能通話。一八七五年貝爾製成了世界上第一部電話機，一八七六年二月十四日，在貝爾向專利局遞交專利申請後幾小時，以利沙‧格雷也送交了專利申請，聲稱最近將發明一種藉電以傳話的機器，此外賓夕法尼亞密爾頓的丹尼爾‧德雷鮑亦宣稱他在一八七六年前就發明

⇒貝爾電話機。

了電話機，另一位發明家阿莫斯‧多比爾亦在爭奪發明權。法院最後判定貝爾為電話發明人。一八七六年三月十日，貝爾和他的助手湯瑪斯‧華生首次通話試驗成功。那天有一點硫酸灑在貝爾的身上，貝爾焦急地對著電話機喊道：「華生先生，請快來，我需要你的幫助！」一八七七年五月，波士頓的霍姆斯製成了第一部電話交換機，同年，第一份電話新聞稿送交了《波士頓世界報》。一八七九年，全國貝爾電話公司成立，翌年又成立了美國貝爾電話公司，承繼貝爾專利權，經營美國電話事業。一八八〇年，貝爾電話機生產了約四萬七千餘部，一八九〇年約二十二萬餘部，一九〇〇年猛增到八十五萬餘部，一九〇二年紐約到紐華克之間建立了長途地下電纜電話。

　　無線電技術發明的先驅是法國的愛德華‧布蘭萊、英國的奧列夫‧洛奇、俄國的波波夫等。不過無線電通訊的最早成功者當推義大利的吉利莫‧馬科尼。一八九六年他的成功實驗轟動世界，三年後他為美國海軍部的戰艦間建立了無線電通訊設備。一九〇一年，他成功地在紐芬蘭的聖約翰城無線電臺接收了英國康沃爾的波爾多電臺發出的電訊，兩地相距一千八百海浬。同年起，一批美國學者研究改進無線電通訊技術取得了進展：

1907：德福里斯特發明三極真空管。

1913：美國阿姆斯壯發明了再生接收機。

1916：德福里斯特在紐約州的海布里奇電臺，用真空管廣播
　　　實驗成功。

1921：威斯汀豪斯公司通過電臺正式進行無線電廣播。

1922：美國電話公司做了越過大西洋的無線電話試驗。

1923：倫敦到紐約的無線電話正式接通，很快無線電臺廣播
　　　和無線電話普及歐美。

1926：英國人巴豆製成了高敏度的實用顯像管。

1929：美國人伊夫斯發明了彩色電視。

1932：德國和美國之間首次交換了傳真電報。

給21世紀的話語

電力技術的應用和推廣，對於社會經濟和生活的現代化具有革命性的影響。它不僅使城市生活面貌大變，也使世界經濟的聯繫空前加強。

二十世紀初最能代表技術和工業發展成就的就是電力技術，它在美國和德國最為發達，和早期英法通過蒸汽機革命率先發展工業形成了鮮明的對照。電機和電氣用具製造成了二○年代美國經濟繁榮的三大支柱之一。工廠設備的電氣化，一九一四年只占30％，到一九二九年達70％。電冰箱在一九二一年還是新產品，僅四千臺，到一九二九年猛增到九十萬臺，電熨斗、洗衣機、吸塵器等家用電器迅速增加。目前，全世界的人們都實際感受到了電力技術對現代生活的影響。

051

開啟運動狂潮新紀元

第一屆現代奧運揭幕

　　四年一度的奧運會是在西
元前七七六年開始的，和現在
一樣，當時也是每四年舉行一
次。當年舉辦奧運會的原因，
是因為古希臘逐漸發展成城邦
式的政治環境。各城邦間彼此
征戰不已，故須訓練出體格強

● 古希臘角力競賽。

健的戰士，而以「體育」訓練戰士，則是一種既經濟又有效率的方
式。因此，古希臘很早便有了重視體育活動的傳統。不過，雖然古
希臘的體育原是為戰爭服務的，但頻繁的戰事總會讓人開始心生倦
意。於是後來各城邦便協議舉辦這場競技活動，以代表希臘各城邦
的和平與友誼。

　　當時的比賽時間，定在夏至後的滿月，由伊利斯的信使前往希
臘各城邦宣布奧運會即將開始。古代奧運自希臘城邦時代一直持續
到羅馬帝國時代，相傳著名的羅馬暴君尼祿還曾強制命令某屆奧運
會延遲兩年好讓自己參賽，最後他還當真獲得了六個競賽項目的勝
利。直至西元三九四年，篤信基督教的羅馬狄奧多西大帝禁止舉辦
奧運會，原因是其乃異教徒的活動，讓古代奧運就此劃下休止符。
在這一千多年中，總共有二百九十三屆奧運會，不過實際上並未當
真舉辦過那麼多次，只是古代奧運會規定不管舉行與否，都算一屆
奧運週期。

早期的奧運會原只有一天的賽程，後來慢慢增加。除了競賽時間外，第一天的開幕式和最後一天的閉幕式，也會舉行各種獻祭、宣誓和頒獎的儀式。這除了表示古代奧運會的宗教色彩仍頗濃厚外，也充分體現了奧運會本身的和平氣息。

　　顧拜旦於一八六三年的元旦出生在法國的貴族之家，從小就受到良好的教育培養，也對許多貴族式的競技活動深感興趣。這是他日後成為「現代奧運之父」的重要基礎背景。

　　十九世紀末某次希臘的一項工程，無意間發掘出大批的古代奧運的遺跡和遺物。這個消息除了讓考古學者振奮以外，也讓顧拜旦聞後極為傾心。在他的觀念裡，體育活動本就是一種為了爭取榮耀的君子之爭，不是為了其他的物質目的，而古代奧運所強調的和平、榮譽等精神，正是這種性質的最佳典範。他又聽說在一八五九～一八八九年之間，希臘人曾經試圖恢復奧運活動，舉辦過四屆小型的奧運會，然無以為繼。在得知此消息後，這位充滿理想的貴族人士，乃定下「恢復奧運」的目標，並自一八八三年開始，努力將此目標付諸實踐。

　　經過了超過十年的光陰，在顧拜旦等熱心人士的積極奔走下，終於一八九四年六月二十三日，成立了國際奧林匹克委員會，約莫兩年後，第一屆現代奧運會正式誕生。為了紀念古代奧運的偉業，顧拜旦等人乃特地將舉辦地點設在希臘首都雅典。

　　顧拜旦除了一手催生現代奧運的舉辦，另外也制訂了第一部的奧林匹克憲章，將現代奧運的精神、規範、內涵一一羅列，奠定了現代奧運的內在基礎。其他

ATHENS 2004

此為 2004 年雅典奧運標誌。現代奧運的聖火經過一百零八年的時光，又再度回到雅典。

諸如奧運會徽——著名的五色環徽章及會旗等，也是由他所設計的。正因顧拜旦對現代奧會的影響太大了，故被敬稱為「現代奧林匹克之父」，永遠在歷史中被人記憶著。

第一屆雅典現代奧運其實不算十分盛大（以今天的規模來看），且因經費短缺、毫無經驗及準備不足，進行得有些粗率。但它終究是一個重要的里程碑，有著無法取代的地位。

奧運的體育競賽，強調的是運動精神與人性光輝的彰顯，而反對以金錢為誘因參與體育賽事。因此，顧拜旦在奧運憲章中明確規定了現代奧運的業餘原則，另外也只頒發獎盃等象徵性獎勵，而不發給獎金等物質獎賞。另外，第一屆奧運尚無女性選手，不過到了第二屆的巴黎奧運，即出現了十九位女性選手參賽，也可說是一項創舉。當時男女社會地位極不平等，即使是在今天視為理所當然的投票權，也要到一九一四年以後的英國方才出現。因此現代奧運會能夠在當時突破男女的限制，允許女性參賽，也是一項不凡的決定——雖然當時奧會的態度只是「默許」，真正的許可要到一九二四年才出現。

給21世紀的話語

奧運會從恢復之後，除了兩次世界大戰爆發時的第六、第十二、第十三屆以外，都能正常舉行。雖然奧運會並無法真正落實以體育競技取代戰爭的和平理想、雖然今日的奧運會已可允許職業選手參賽而使業餘競技的精神不再、雖然奧運實難脫政治力量的羈絆而仍舊是國際政治角力的戰場，但它的象徵意義仍舊相當偉大。另一方面，奧運會的商業轉向，也使得體育競賽與資本主義活動的連結更加密切，造成過去未見的新發展，這或許是顧拜旦所不願見到的，但卻是人類社會變遷歷程中的一個重要里程。

052

世界外交版圖的重整

英日同盟的締結

在過往歷史上，中國一直是東亞世界的領袖，即使陷入分裂局面，相對實力仍高於東亞諸國；且在文化上，環繞在中國周邊的各國，也多是中國儒家文化的接受者。因此，即使它在與英國的鴉片戰爭後不敵，簽訂了《南京條約》，開啓所謂「不平等條約」的時代，中國大體上仍然還是東亞地區的龍頭國家。然而，過去常游移在中國「天朝體系」邊緣的日本，自明治維新後開始奮起，並於一八九五年的中日甲午戰爭擊敗中國，令東亞的國際政治版圖產生變化。古老的巨龍益發衰弱，火紅的烈日則開始綻放耀人的光芒。

另一方面，德國的統一和崛起，使歐洲權力版圖大為改變，也令世界首強英國，不得不開始調整傳統的「光榮孤立」外交政策，在各地尋找盟友。不過，英國尋找盟友的過程並不順利，因為當時的強國均在歐洲，故而也都是英國在海外殖民事業上的對手，想要找到實力夠強卻又願意化敵為友的國家，殊為不易。尤其英國最大的競爭對手，也正是世界第二大海權國的法國，終於突破「俾斯麥體系」的封鎖，與陸軍強國兼第四大海權國的俄國締結了「法俄同盟」。這使英國更加擔憂。英國的海外殖民事業能夠成功，靠的是世界海軍首強的戰力，可是當法國與俄國同盟後，卻讓英國相對上成為弱者。因此在外交政策之外，英國也曾提出「兩國標準」的海軍政策，加強海軍實力，使其能夠阻擋任何兩個海軍強國的聯合力量；後來甚至又覺不足，而欲以「三國標準」代之。但是這樣的海軍擴張卻使英國經濟開始吃不消，因而更需加速尋找盟友的步伐。

此般背景，使得英國和日本的合作，成爲一種可以考慮的選項。

引起英國加快其結盟步伐的原因，乃是中國問題。原來英國傳統的對華政策乃是以貿易爲首，不是殖民侵占，此與俄國對華向有領土野心的態度大爲不同。故當俄國的在華擴張，引發列強在中國的「租借地攘奪戰」後，乃令英國大爲擔憂。因爲英國雖在此一競爭中，將擁有整個長江流域的勢力範圍，但也代表其產品在中國其他地區銷售時將面臨更多限制，未必符合利益，亦即分裂的中國並非英國所期待。因此，英國暗中促使美國提出「門戶開放政策」，減緩各國競取中國的態勢。雖然英國在此事上勉算成功，但也驚覺到己身對遠東事務的宰制力量已經不再。如不儘速找到可以分擔問題的盟友，英國要不是被迫放棄部分海外利益，要不就是被日益龐大的海軍擴張給拖垮。

當然，要令英國直接與長期以來即被歐洲白人輕視的黃種人國度結盟，是不大可能的事，因此英國首先想到的對象是德國。自從法國突破其俾斯麥體系的封鎖，與德國原先的盟友俄國結盟以後，德國也正不斷尋求可以壓制法國的聯盟對象。尤其法俄同盟〔註〕明顯衝著德、奧、義所組成的「三國同盟」而來，也讓德國思考增加其合作對象的需要。因此，英國似乎有機會成爲三國同盟中的第四個盟友了。

在英國殖民部長張伯倫的強力建言下，英國開始與德國交涉。然而當英國向德國探詢結盟的可能時，卻因爲雙方目標、利益的差異而沒有具體的進展，僅在一九〇〇年時爲中國的門戶開放問題有了些許協議。英國考量到對德交涉將會使英國益發被時勢拖遠，因而決定改換對象，否則英國若仍保持「孤立」，那就別想再保有「光榮」了！於是英國乃在一九〇一年中，開始與日本交涉，希望藉由日漸強大的日本，在東亞阻扼俄國的擴張，減輕其在東亞的海

軍編制，轉而護衛其他海外領地。

　　對日本而言，世界首強的突然垂青，不啻是件喜出望外之事，雖然相關的權利義務還是得先行議定，但整個談判過程總是順利多了。因此，英、日兩國終於成功達成聯盟的協議，組成了「英日同盟」，於一九○二年一月三○日正式締約。

給21世紀的話語

　　英日同盟的出現，不但是英國「光榮孤立」政策的終結，也是自帝國主義興起之後，帝國主義強權首次和原本的被侵略者結盟，也是白人國家第一次與黃種人國家成為盟友，意義非凡。

　　不過英日同盟並非僅有單純的象徵意義，它也成功地令英國減輕了維持「帝國生命線」的負擔，讓它不致在歐洲權力版圖重整的亂局之中，立即被他國取代，而猶能以首席強權的姿態，影響世界局勢；而日本也因此成為國際外交場合中的角色，增加了發言空間，以及國家信心。不到兩年，日本即勇於籌畫與俄國的戰爭，爭奪在中國東北的利權，爆發了「日俄戰爭」。

　　英國在日、俄交鋒之時，也因此同盟而暗助日本（雖然表面上宣告中立），例如以各種理由阻止俄國黑海艦隊出海、逼迫俄國出動波羅的海艦隊，最後因師老兵疲而在日本海遭以逸待勞的日本海軍擊敗等。也就是說，英日同盟促成國際外交的新成員出現，並且一躍而成要角，在日後的歐戰、巴黎和會、華盛頓會議乃至於第二次世界大戰中，均引起重要影響。這也是後來，英日同盟被歷史學者評論為「兩個島嶼帝國的同盟」之因。如果英國沒有和日本同盟，那麼整個二十世紀的外交史，可能都要重新改寫了。

〔註〕法俄同盟的條約內容是祕密的，直到歐戰結束後方才公開，當時只能由其同盟效期盯住三國同盟等側面證據推測。不過當條款公布後，則證實了該推測是正確的。

053

物理新世界的誕生

愛因斯坦提出相對論

據說物理學界公認，二十世紀的物理「第二人」是量子力學之父波爾，第一人則是大家耳熟能詳的「愛因斯坦」。其實愛因斯坦曾與波爾大辯過一場，也出現過「上帝不玩骰子」的名言，不過最後證明波爾的論點好像比較正確。然而不管怎說，如果沒有愛因斯坦「開天闢地」般的偉大理論問世，二十世紀的物理觀大躍進可能還要延遲好一陣子。

愛因斯坦的偉大「相對論」人人都聽過，不過除了物理界的人士外，大部分的人恐怕頂多知道「凡事沒有絕對、只有相對」的簡單論調，和一個簡潔漂亮的公式「$E=MC^2$」。其實相對論並不是一篇單純的論文，或是一個簡單的概念，而是由多篇論文建構出來的完整體系，包括一九○五年的「狹義（特殊）相對論」和一九一五年的「廣義（一般）相對論」，其他還包括補充狹義相對論或有關光量子的數篇論文。有趣的是，愛因斯坦本人對於相對論，好像還沒有他在光量子研究上的評價來得高。因為當時只有愛因斯坦勇於將光視為「粒子」（而非能量），因此他自豪地認為這可是「革命性」的觀點，也表示他思考光量子問題的時間遠比相對論還多。所以最後讓他獲得一九二一年諾貝爾物理獎的論文，其實不是什麼相對論，而是他關於光量子的研究。然而一方面因為狹義相對論的著名公式之一「$E=MC^2$」實在太有名了，也因為狹義相對論後來衍生出了原子彈的設計概念，因此大家幾乎都只記得了愛因斯坦的相對論。

撇開學術層面的討論，截至目前為止，狹義相對論的影響力的確還是大於愛因斯坦的其他研究，原因在於原子彈問題。一九三九年，愛因斯坦以德籍美國猶太人的身分，親自致信美國總統小羅斯福，指出製造原子彈的可能性，以及他對德國可能已經開始著手研製原子彈的擔憂。這封信對二次大戰的影響極為明顯，因為不久後美國便開始進行製造原子彈的「曼哈頓計畫」。曼哈頓計畫的成果雖然來不及在歐洲戰場上展現，不過卻決定了太平洋戰爭的最終結果，也讓人類的「殺人工具」，從此進入更具毀滅性的階段。

⇨愛因斯坦發表相對論。

　　狹義相對論之外，愛因斯坦的廣義相對論更是讓人們對宇宙的理解，邁入另一個層次。一九〇七年，愛因斯坦在回顧其狹義相對論時，感受到古典物理學中的重力說（也就是牛頓的力學理論）必須修正，可是無論當時的相關修正理論，或是他自己所想到的修正方式，都不能讓他滿意。思考了許久，他終於在某一天豁然開朗，發現了牛頓力學體系不足處的切入點。他想到其實重力並非絕對，會因為相對位置的變化而變化。舉例而言，今天若觀測者將物品自高處放下，則該物品必然會因為重力而下落，觀測者所見必然是一個下墜的物品；可是若觀測者與物品一同自由落下，那麼觀測者所見到的物品，卻反而會是個「靜止」的物體了！可見重力是否存在，是對應於觀測者的位置，重力並非無所不在！

　　這個看似無甚神奇的靈感，卻讓愛因斯坦開始聯想：如果可以利用位置的座標轉換來消除重力，那反過來當然也能用來製造重力了。總而言之，即是愛因斯坦發現可以增加一個描述任意位置的

因子，進入他的狹義相對論中，以加強過去他只利用了慣性運動的座標系所建立的體系。這個想法大大轉變了原有的時空觀念，也讓他不斷地尋求合理的證明方程式。最後，愛因斯坦終於將這些複雜的關係牽上線，建立了廣義相對論的體系。當年的那個靈光一閃，被他稱爲「一生中最快樂的想法」，不過他把這個快樂想法付諸事實，卻總共花了八年左右的光陰。然而，果實是無限甜美的。

愛因斯坦的廣義相對論被認爲是「最完美的物理理論」，因爲他用了許多優美的數學式來描述廣義相對論。雖然有人認爲他從頭到尾沒有任何現實證據，可是當他的理論提出後，所有的天文觀測結果都證明了愛因斯坦的理論。他是個坐在椅子上的思想家，透過神奇腦子的不斷運轉，就讓世間隨之轉變。那種費時的證明功夫，就留給愛因斯坦信徒們去做吧！

給21世紀的話語

有些人認爲，知識的進步是一種累積，如果沒有前人的物理學理論耕耘，如果沒有當時繁花遍地的物理學家彼此爭鳴，如果沒有世界大戰促成的政治、經濟、文化新思潮，相對論未必會在「當時」被愛因斯坦提出，所以愛因斯坦只是走到「關鍵時刻」而找到了「關鍵拼圖」的一個歷史巧合而已！但終究是由愛因斯坦走到了那個位置，貼上了那塊拼圖。

今天，「愛因斯坦」幾乎已經成了天才的同義詞，不過在欽羨其智商的同時，更應該記得正是由他，造成了現代以來的物理新視野，整個人類世界也因此轉變。至於原子彈……那是掌握強權者的罪孽，不是愛因斯坦的！

現代世界史上第一次大浩劫

塞拉耶佛槍聲引發的大戰

　　一九一四年六月二十八日，奧匈帝國皇儲斐迪南選擇五百多年前塞爾維亞、波士尼亞聯軍被土耳其打敗這一天，親臨波士尼亞首都塞拉耶佛檢閱。當斐迪南在城郊檢閱演習後進入市區時，被十七歲的愛國者「青年波士尼亞」成員普林西比槍擊，當場斃命。這一事件成了第一次世界大戰的導火線，帝國主義利用塞拉耶佛事件挑起戰爭。奧匈帝國政府作出「清算」塞爾維亞的決定，德皇表示堅決支持奧匈採取行動。德國首相貝特曼‧霍爾威格致電德駐維也納大使說：「皇帝陛下將忠誠地站在奧匈一邊。」同年七月二十三日，奧匈帝國在德國的支持下向塞爾維亞提出了附有十條極為苛刻條件的最後通牒，其中包括「從軍事機關或一般行政機關中開除所有」進行反奧匈宣傳的軍官和官員，「接受帝國和王國政府代表在塞爾維亞協助取締」反奧匈的破壞活動等，限最遲在七月二十五日晚六點為止。

　　雖然塞爾維亞已經答應了大部分要求，奧匈帝國仍於七月二十八日宣戰，進攻塞爾維亞，隨後德、奧、義「三國同盟」和英、法、俄「三國協約」兩大對立軍事集團各大國紛紛捲入。八月一日下午德國對俄宣戰，同日向法提出最後通牒，限四十八小時內答復在德俄戰爭中是否中立；八月二日德國對比利時提出最後通牒，德軍並開進了盧森堡；八月二日夜，德軍侵入比利時，八月三日德國宣布「與法國處於戰爭狀態」，法國則宣布「法、德兩國處於戰爭狀態」；八月四日英國向德國提出最後通牒並於同日對德宣戰，

五日奧匈對俄宣戰，隨後英、法先後對奧匈宣戰；塞爾維亞和黑山對德、對奧匈宣戰，第一次世界大戰正式爆發。

八月二十三日日本對德宣戰，出兵占領德國在山東的租借地和太平洋上的殖民地島嶼，戰爭越出了歐洲範圍；十月一日俄國以承認羅馬尼亞有權取得奧匈領土爲代價換來羅的「善意的中立」，簽定了俄羅祕密協定。十月二十九日土耳其根據德土八月二日祕密簽訂的《德土同盟條約》，如俄、德發生軍事衝突則兩國同盟作戰生效，土軍砲轟俄國城市，十一月二日俄對土宣戰。

一九一五年四月義、奧談判，奧匈未能滿足義大利的領土要求，四月二十六日，協約國與義簽訂密約，滿足了義大利的領土要求，五月三日義大利宣布「與奧匈的同盟條約作廢」。五月二十三日義大利對奧匈宣戰。由於德、奧宣稱準備滿足保加利亞的領土要求，一九一五年九月六日，《德保同盟條約》簽訂，九月二十一日保加利亞參戰。由於協約國進一步承認羅馬尼亞的領土要求，一九一六年八月二十三日羅對奧匈正式宣戰。

➡一次世界大戰製造砲彈的婦女。

大戰開始至一九一七年初，美國宣布「中立」，冷眼旁觀。俄國發生二月革命，英法軍事實力受挫，一九一七年四月六日美國對德宣戰，坐收漁利。其後希臘、巴西、暹羅（今泰國）、賴比瑞亞、印度、澳大利亞、加拿大、南非、古巴、巴拿馬、漢志（今沙烏地阿拉伯）、瓜地馬拉、尼加拉瓜、海地、宏都拉斯、哥斯大黎加等國先後參戰。中國北洋政府在一九一七年八月十四日宣布對德、奧作戰。整個大戰波及歐、亞、非、美、澳幾大洲共十五億人口，占當時全世界人口的四分之三。參戰國家共有三十一國，其中協約國二十七個，同盟國四個。此外，戰爭結束時新成立的波蘭和捷克斯洛伐克也宣布參戰。

　　第一次世界大戰以歐洲為主戰場。歐洲包括西線、東線、巴爾幹、義大利四個戰場。西線的法國戰場為決定性戰場，海戰以北海為主戰場，空戰在大戰中首次投入。大戰大體上分為一九一四年、一九一五～一九一六年、一九一七～一九一八年三個階段。主要戰役有一九一四年九月五～九日的馬恩河會戰、一九一六年二月二十一日～十二月中旬的凡爾登戰役、一九一六年七月一日～十一月八日的索姆河戰役、一九一六年五月三十一日的日德蘭海戰、一九一八年七月十五日～八月四日的第二次馬恩河會戰等。這場帝國主義兩大集團之間的重新瓜分殖民地和領土的掠奪戰爭，在戰爭期間簽訂了一系列相互交錯的密約〔註〕。

　　由於俄國爆發十月社會主義革命，一九一七年十一月蘇俄政府宣布退出戰爭。在協約國的打擊下，一九一八年九月二十九日、十月三十日、十一月三日，保加利亞、土耳其、奧匈帝國先後投降。十一月三日，德國爆發十一月革命，德皇威廉二世退位，十一月十一日晨在法國東北部貢涅比森林的雷道車站，德國政府代表簽署停戰協定，向協約國投降。至此，第一次世界大戰宣告結束。

第一次世界大戰是人類歷史上的空前劫難。交戰雙方動員兵力近六千五百萬人，直接參戰部隊近三千萬人，死於戰場的近千萬人，受傷人數達兩千萬人，戰時財政開支共三千六百億美元，戰爭造成的經濟損失達兩千七百億美元。成百上千個城鎮毀於戰火，人民生命財產蒙受巨大損失。一九一八年一月八日，美國總統威爾遜提出了「十四點」的和平計畫，這一方案後來

➡ 德皇威廉二世像。

成為德國和英、法接受停戰的談判基礎。和平法令和「十四點計畫」對戰後國際關係均帶來了重要影響。

第一次世界大戰的後果摧毀了四大帝國。一九一七年三月十五日（俄曆二月），沙皇尼古拉二世被迫宣布退位，延續三百多年的羅曼諾夫王朝壽終正寢。一九一七年十一月七日，俄國十月革命的勝利，宣告了世界上第一個社會主義國家的誕生。一九一八年十一月三日，哈布斯堡王朝垮臺，奧地利宣布為共和國。十一月九日，德意志帝國霍亨索倫王朝被推翻。一九一九年八月，德國威瑪共和國成立。一九一九年土耳其爆發凱末爾革命，一九二三年十月土耳其共和國成立，結束了長達六百多年的奧斯曼帝國的封建統治。在四大帝國的廢墟上誕生了一批共和國，其中還包括匈牙利共和國（一九一八年十一月十三日成立）、捷克斯洛伐克共和國、波蘭共和國（一九一八年華沙光復，結束了一百二十三年的亡國生涯）、芬蘭共和國、塞爾維亞──克羅地亞──斯洛伐尼克王國（一九二九年改稱南斯拉夫王國）等。

在大戰期間，主要交戰國家普遍加強了政府對經濟事務的干預。這主要表現爲普設由壟斷組織操縱的戰時經濟管理機構，實行國家的直接控制和強制性調節，如組織軍需訂貨，對生產、原料分配、勞動力調度、交通工具的指揮、貿易、金融、物價和工資的控制等。政府還通過財政預算以補貼性訂貨和貸款方式資助壟斷組織興辦企業。實行企業「國有化」並交由壟斷組織管理。

另一方面，在第一次世界大戰期間，與軍需有密切聯繫的科學技術有了突飛猛進的發展。大戰前一個國家最多只有幾十架飛機，而大戰結束時，法國共生產了五‧一萬架飛機，德國生產了四‧八萬架飛機。無線電技術的應用和發展在大戰前後變化也極其明顯。爲適應戰爭的需要，出現了人工合成硝酸、人工合成橡膠。大戰期間的坦克、潛艇、毒氣、發煙劑、燃燒彈、噴火器等技術也進入了成熟階段，並在戰場上有效使用。此外，在大戰期間防毒、外傷等醫療技術也有迅速的發展。

給21世紀的話語

第一次世界大戰的結果，改變了大國之間的經濟和政治力量對比，美國成爲世界財政資本中心，日本在太平洋地區興起，德國蒙受巨大的損失，結束其歐洲中心的時代。戰後形成了帝國主義的凡爾賽——華盛頓體系新格局，它雖然左右著戰後的世界政治，但是矛盾並未解決。

〔註〕如一九一五年間英、法、俄三國關於瓜分土耳其領土的《君士坦丁堡協定》。一九一六年間則有英法、法俄、英俄之間關於瓜分土耳其帝國亞洲部分領土的協定；協約國與義大利間的《倫敦條約》；協約國與羅馬尼亞間的《布加勒斯特條約》；俄日關於山東問題和太平洋德屬島嶼歸屬的協定。一九一七年間則有法俄密約、英日密約、日法密約及美日《蘭辛——石井協定》等。

055

阿芙樂爾巡洋戰艦砲轟冬宮

列寧的十月革命

⇒末代沙皇尼古拉二世與其王后。

　　二十世紀初，俄國已是一個帝國主義國家，但經濟發展仍較落後，存在著濃厚的封建農奴制。在對外關係方面，俄國帝國主義既富於侵略性，又對西方帝國主義存在依賴性。因此，俄國社會的各種矛盾錯綜複雜地交織在一起。俄國主張革新者組成革命政黨——布爾什維克黨，以馬克思列寧主義為指導。列寧提出社會主義可行的願景，鼓舞了俄國支持改革的民眾。

　　一九一七年三月（俄曆二月），俄國爆發第二次民主革命，推翻了沙皇專制制度，形成工人代表的蘇維埃及中產階級組成的臨時政府，兩個政權並存的局面。

　　一九一七年四月十六日，列寧從國外回到彼得格勒。第二天，他作了《論無產階級在這次革命中的任務》的報告。報告的提綱公布在《真理報》上，這就是著名的《四月提綱》。列寧認為當時革

命有可能和平發展，他提出「全部政權歸蘇維埃」的口號，欲將地主和中產階級的代表驅逐出政權機關，結束兩個政權並存的局面，進而擴大和增加布爾什維克黨在蘇維埃中的影響。

一九一七年五月一日，臨時政府外交部長米留科夫向協約國發出照會，聲稱臨時政府「將充分遵守對我協約各國所承擔的義務」，「把世界戰爭進行到徹底勝利」，激起人民群眾的憤怒。連續兩天，聖彼得堡十萬工人和士兵舉行示威遊行，反對參與一次世界大戰。這次聖彼得堡工兵大示威，意味著臨時政府危機的開始。

臨時政府在西南前線發動大規模進攻遭到慘敗。消息傳到首都，群情激憤。七月十七日，布爾什維克黨率首都五十萬群眾舉行聲勢浩大的示威遊行，遭到臨時政府的強力鎮壓。列寧遭到通緝，布爾什維克黨被迫重新轉入祕密狀態。七月事件標誌著兩個政權並存局面的結束。

俄國國內政治形勢的急劇變化，中產階級臨時政府爲了尋求鞏固其單一政權的新支柱，於八月二十五日至二十八日在莫斯科召開「國務會議」，臨時政府總理克倫斯基宣稱要用「鐵和血」的手段確立秩序。會議結束後，俄軍最高總司令科爾尼洛夫回到莫吉廖夫大本營積極策劃軍事政變，企圖建立軍事獨裁統治。他先令前線俄軍放棄里加，爲德軍進入聖彼得堡敞開大門。隨後以保衛首都爲藉口，調哥薩克第三騎兵團和由高加索山民組成的「野蠻師」於九月七日向聖彼得堡進軍，同時

➡️列寧向支持群眾講演。

向克倫斯基政府發出最後通牒，要求政府辭職，把全部權力交給最高總司令。但在布爾什維克黨的宣傳與策反下，軍隊反將槍口對準科爾尼洛夫及其軍官。在國際上，各國帝國主義正忙於彼此廝殺，無暇向俄國革命發動進攻。布爾什維克黨趁機重新提出「一切權力歸於蘇維埃」的口號，並積極準備武裝起義。

十月二十日，列寧祕密回到聖彼得堡，領導武裝起義。正當布爾什維克黨積極準備武裝起義的時候，十月三十一日《新生活報》刊載了《尤‧加米涅夫談起義》的訪問記，洩露了此項祕密計畫。十一月六日，聖彼得堡武裝起義爆發了，除冬宮等少數據點外，幾乎整個首都都已被起義者所控制。克倫斯基乘坐美國大使館的汽車倉皇逃出聖彼得堡。停泊在尼古拉耶夫橋邊的「阿芙樂爾號」巡洋艦發出攻打冬宮的信砲，赤衛隊員和革命士兵開始了對冬宮的總攻擊。十一月七日，起義隊伍攻下冬宮，逮捕了臨時政府的部長們。

十一月七日，全俄工兵蘇維埃第二次代表大會在斯莫爾尼宮開幕。大會通過《告工人、士兵和農民書》，宣布臨時政府已被推翻，全部政權轉歸蘇維埃手中。會上成立了第一屆蘇維埃政府——人民委員會，列寧當選為人民委員會主席。

給21世紀的話語

十月革命的勝利，創建了世界上第一個社會主義國家，開始了從資本主義向社會主義過渡的世界歷史進程。此後，在二十世紀中葉，東歐國家、古巴與亞洲的中國、越南紛紛建立了社會主義共和國，形成了俄國為首，與美國民主陣線抗衡的共產國家陣線，左右了整個二十世紀的國際局勢之發展。

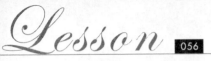

056

新舊帝國主義在巴黎的交鋒

威爾遜的十四點與凡爾賽和約

一九一八年十一月十一日晨，協約國聯軍總司令福煦元帥與德國外交大臣埃爾茨伯格為團長的求和代表團，在巴黎東北四十五公里的貢比涅森林雷通車站福煦元帥乘坐的列車上，簽署了停戰協定，歷時四年零三個月的第一次世界大戰以同盟國的失敗而告終。

戰爭使帝國主義各大國的力量對比和組合發生巨大變化。美國大發戰爭財，經濟實力迅速增強，爭霸世界的野心急劇膨脹。一九一八年一月八日，美國參戰剛九個月，威爾遜總統就在國會演說中正式提出了試圖安排有利於美國爭霸的戰後秩序的「尋求世界和平的計畫」，即「十四點」原則。它主要包括：廢除祕密外交，公海航行自由，消除一切經濟壁壘，裁減軍備，「公正」地調整殖民地，協助蘇俄「自由發展」，恢復法國、比利時的領土，奧匈帝國和土耳其統治下的各民族自治以及建立國際聯合機構等等。為宣傳這一計畫，美國印刷了六千萬本小冊子向世界各地散發，輿論工具把威爾遜描繪成西方的救世主，宣稱「十四點」原則是「人類自由宣言」、「第二個解放宣言」。美國政府迫使交戰國以「十四點」作為結束戰爭的談判基礎。為了實現這一計畫，威爾遜親自率領一支由一千三百多人組成的龐大代表團，遠涉重洋，來到巴黎參加戰勝的協約國集團於一九一九年一月十八日召開的凡爾賽會議。

各帝國主義國家帶著各自不同的爭霸計畫和掠奪要求而來，它們根本不理會威爾遜「理想主義」的宣言。法國總理克里蒙梭諷刺說：「上帝滿足於十誡，威爾遜這位仁兄卻給了我們十四點。」

英國首相勞合·喬治挖苦說：「威爾遜沒有指出達到理想的實際方法，而我們卻提出了實際計畫。」在會議上，法國力圖確立它在歐洲大陸的霸主地位，主張瓜分德國，限制德國的武裝力量，並要求德國付出巨額賠款。而英國力圖維護其殖民大國地位，根據其傳統的「均勢」政策，反對瓜分或過分削弱德國，以制止法國在歐洲稱霸；同時，英國想借助日本在遠東和太平洋地區與美國抗衡。義大利則意欲獨霸亞得里亞海，把過去屬於奧匈帝國的一部分領土和參戰前與英、法等國簽訂的《倫敦密約》許諾給它的領土併入自己的版圖，並且還要進占巴爾幹，奪取久已垂涎的阜姆港。而日本力圖鞏固在戰爭期間趁列強無暇東顧之機攫得的利益，並進一步獨霸中國，建立在遠東和太平洋地區的霸權。五個多月的巴黎分贓會議，始終處於勾心鬥角的爭吵之中。

首先是關於建立國際聯盟問題。會議的第一天，威爾遜要求首先討論建立國際聯盟問題，而英、法則竭力主張先討論瓜分殖民地與領土問題。大會議而未決，後經英、法、美、義、日五國領袖和外長組成的「十人會議」進行了長達四天的討論，決定國聯問題與其他問題同時平行討論，並由威爾遜為首的特別委員會起草《國聯盟約》。

列強在關於薩爾區的歸屬和關於海上自由是否應列入《國聯盟約》等問題上激烈爭執，相持不下。法國要求取得原德國領土薩爾，以補償戰爭損失。美國害怕法國取得薩爾豐富的煤礦之後，將增強其在歐洲的勢力。英國反對在《國聯盟約》中列入海上自由條款，以維護自己的海軍優勢和貿易地位。美國則力圖以海上自由為名，向海外擴張。後來，為了擺脫國內反對派否決盟約的窘境，威爾遜要求在《國聯盟約》中加上關於門羅主義與「國際聯盟」不相抵觸的一條說明。英、法立即以此作為談判的籌碼，迫使美國同意

把薩爾交與法國委任統治，同時，美國保證放棄海上軍備競爭，以換取英國在《盟約》和薩爾問題上對美國的支持。

列強在如何處置德國問題上發生了激烈的爭鬥。關於德國的疆界問題，法國為了自身的安全，不僅要求收回亞爾薩斯和洛林，奪取薩爾礦區，而且要求以萊因河確定法、德邊界，在其左岸建立一個依附於法國的萊因共和國；還要求建立一個包括波茲南、但澤在內的大波蘭，以確保法國的歐洲霸主地位。英、美害怕法國過於強大，堅決反對。三月二十五日，勞合·喬治提出一個備忘錄，即著名的《楓丹白露檔》，建議萊因區仍歸德國，但要非軍事化；亞爾薩斯和洛林歸還法國；法國對薩爾煤礦享有十年開採權；波蘭獲得但澤走廊。同時英、美共同向法國提供軍事保證，以防止德國進攻。美國大致接受英國的主張。面臨著美、英聯合壓力，法國不得不妥協。

關於德國的賠款問題。專門委員會擬定的賠款總額為四千八百億金馬克，但法國要求六千億至八千億金馬克。英國認為法國提出的數字是「瘋狂的幻想」。美國也反對過分削弱德國，提出賠款總額為兩千兩百八十億金馬克。關於賠款的分配，英國提出法國得50％，英國得30％，其他國家20％。但法國認為它遭受的戰爭損失比盟國大，應取得大部分賠款，堅持要得58％，英國得25％。最後，美國建議暫不確定賠款數字，把問題交賠款委員會去研究。

關於阜姆問題。義大利根據一九一五年參戰時與協約國簽訂的倫敦密約，要求得到許給義大利的土地，並要求處於亞得里亞海樞紐地位的阜姆港。美國代表認為這與威爾遜「十四點」不符，英、法也不同意。為此，義大利代表團一度退出會議。

關於中國山東問題。日本代表要求把德國在中國山東的「權益」全部交給日本，中國代表予以堅決駁斥。英、法因與日本曾有密約

都支持日本的無理要求。美國最初為了貫徹其門戶開放政策，反對日本獨霸中國，建議將德國在山東的權益交予和會接收，由「國際共管」。日本以拒絕加入國聯和簽署和約相威脅，迫使威爾遜讓步。四月二十九日，英、法、美同意日本的要求，並把這些掠奪條款寫入《凡爾賽和約》。

關於「俄羅斯問題」。巴黎和會多次討論武裝干涉俄國的問題，批准了對蘇俄的經濟封鎖，並決定由波羅的海沿岸國家組成「防疫地帶」來抑制俄國革命影響的擴展。

經過幾個月的激烈爭吵，六月二十八日，協約國在凡爾賽宮的鏡廳簽訂了極為苛刻的對德和約。和約的主要內容有：

（一）重定德國的疆界。德國歸還法國亞爾薩斯和洛林；薩爾煤礦歸法國開採十五年，期滿後由公民投票決定歸屬；萊因河左岸由協約國占領十五年，右岸五十公里以內不得設防；歐本和馬爾梅迪歸比利時，石勒蘇益格——荷爾斯泰因地區部分歸丹麥；波茲南、西普魯士大部和西里西亞——部分交給波蘭；但澤作為自由市；上西里西亞南部歸捷克。這樣，德國喪失了原有領土的八分之一和人口的十分之一。

（二）瓜分德國的殖民地。德國交出全部殖民地，並按委任統治原則交給有關國家：東非的坦干尼喀歸英國；多哥和喀麥隆由英、法瓜分；盧安達和蒲隆地歸比利時；德屬西南非洲歸南非聯邦；德屬太平洋島嶼赤道以北的馬紹爾群島、加羅林群島、馬利安納群島歸日本；赤道以南的新幾內亞歸澳洲；薩摩亞歸紐西蘭。

（三）限制德國軍備。德國應解散總參謀部，廢除普遍義務兵役制，德國陸軍不超過十萬人，禁止德國擁有重砲、坦克、潛艇、軍用飛機等，德國海軍只能擁有三十六艘輕型艦隻。

（四）關於賠款問題。和約規定德國及其同盟國賠償協約國因

戰爭所受的一切損失。協約國賠償委員會應在一九二四年五月一日前確定賠款總額；在此之前，德國應先支付兩百億金馬克。此外，還規定了德國應交付的船隻、機器、牲口等實物。

對德的《凡爾賽和約》簽訂之後，戰勝國還相繼與德國的盟國簽訂了一系列和約，包括對奧地利的《聖日耳曼和約》；一九一九年十一月二十七日對保加利亞的《納伊和約》、對匈牙利的《特里亞農和約》、對土耳其的《色佛爾條約》。這些條約與《國聯盟約》和《凡爾賽和約》一起，構成了戰後歐洲國際關係的新秩序。

給21世紀的話語

凡爾賽體系是帝國主義戰勝國根據新的力量對比在抗爭與妥協的基礎上確立起來的。它只是暫時緩和了帝國主義之間的矛盾，而不可能從根本上消除帝國主義的矛盾，反而加劇了戰勝國與戰敗國之間的矛盾，以及戰勝國之間的矛盾、帝國主義與殖民地被壓迫民族的矛盾。因此，凡爾賽體系只是一個「建立在火山上的」極不穩固的暫時秩序。各種矛盾演變的必然結果只能造成新的戰爭。法國總理克里蒙梭指出：「這個和約，正如任何其他和約一樣，只不過是戰爭的繼續而已。」

現代憲政觀念的具體化

德國制訂威瑪憲法

在第二次世界大戰爆發前，所謂「德國」的正式國名雖然都叫「德意志帝國」（Deutsches Reich），但其實已歷經三次變革。歐戰之前，是由原普魯士霍亨佐倫家族所建立的德意志帝國，但在歐戰正式結束前，霍亨佐倫王室即遭推翻，由採行共和制度的新政府取代，這個新政府被稱為「威瑪共和」，不過國家的正式名稱仍為德意志帝國。威瑪共和雖僅享國十四年左右，即被希特勒所建立的新政權取代，但它在歷史上仍饒有貢獻。因為許多現代憲政體制上的先例，都是在其所制訂的《威瑪憲法》中，首先被揭示的。

威瑪政權的出現，是因為當時德國的部分知識分子，認為發動幾與全歐為敵的戰爭，卻忽略國家內部動盪不安的情勢，是王室的重大錯誤，因此必須以符合潮流的政治體制，取代原本的專制體制。既然如此，成功後的威瑪政府，當然便面臨了制訂一套能夠取代舊有體制的新憲法。尤其威瑪政府成立於一九一九年十一月九日，兩日後便即與歐戰的協約國列強簽訂停戰協定，故而更需面對來自戰勝國方面的壓力。如何迅速地制訂一套能夠穩定局勢的新憲法，乃成為威瑪政府當時的首要大事。

威瑪政府不願繼續君主專政體制，而帝國議會新改選的結果呈現三個政黨鼎立的態勢，故「共和」是確定的國體；但政體方面有「君主」（首先被否定）、「民主」、「社會體制」等選項，又該選擇何者呢？最後在各黨派的協調下，以「民主共和」國為最終決定，並準備立刻制憲，將這確定後的國家體制付諸國家根本大法之內。

這個任務，交到著名的公法專家、柏林大學教授普洛伊斯手上。在當時，普洛伊斯可以參考的對象，大體有美國、英國與蘇聯三種制度，分別為總統制、內閣制與工人議會制。普洛伊斯的考量是，德國共產黨（成立於一九一八年年終至隔年元旦之間）是社會的不穩定力量，因此蘇聯的制度不應遽以引入；而英國的議會內閣制、美國的總統制均是不錯的選擇，但此二制的產生均有其歷史背景，與德國的歷史發展未必全然適合，所以恐怕還是需略作改變。於是，頗有雄心的普洛伊斯，乃決定將各卓負盛名之民主國家的憲政精神結合起來，制訂一套最傑出的民主共和憲法。

　　普洛伊斯創立了「半總統制」的政治體制，設計了一位由民選產生的總統，以及一位由政黨比例產生的內閣總理，總統擁有「緊急命令權」等高階權力，但內閣總理也有部分實際治權，只是需向民選的議會負責。而議會採用非常純粹的比例代表制，且不設政黨門檻，因此即使是微不足道的小黨，也有可能占有議會中的些許席次。另一方面，既然「民選」的比重極大，故普洛休斯也從瑞士帶來了「公民投票」的制度，作為當總統面臨政治糾紛時的民意參考。一九一九年八月，普洛休斯的新憲法得到帝國議會的通過，即將正式施行。因為此憲法乃是威瑪共和政府的立國之法，因此被稱為《威瑪憲法》。

　　《威瑪憲法》是近代憲政史的里程碑，因為這是史上第一次出現「半總統制」的憲政設計。半總統制雖然未使總統擁有如同美國之總統一樣的諸般行政權，只有任命閣揆代其行使大部分治權的權力。然而當其與閣揆意見相左時，卻有緊急處分等權力，等於地位還是凌駕在閣揆之上；而閣揆不似總統制國家之僅如「總統幕僚長」的地位，能夠在接受總統的任命後，自行組織符合自己施政的內閣，也有一般內閣制的優點。因國家治權主要由總統、閣揆分擔，

因此半總統制有時也被稱爲「雙首長制」，是許多新興民主國家時常仿效的政治型態，由此可知《威瑪憲法》的典範性。

除此之外，《威瑪憲法》也是將公民投票、男女平權、經濟民主、福利國家等現代憲政概念，全數融合進一部憲法中的首例。當時，雖然各有部分國家的憲法，包含了上述概念，但從無任何一憲法盡數含括。故而某種程度上，《威瑪憲法》也可視爲集當時憲法概念精華於一身的「憲法大全」。

給21世紀的話語

《威瑪憲法》公布後，並不能使德國局勢立刻穩定下來。不過多少還是有點正面影響，至少因其對聯邦制的明確規範，而使某些大倡分離主義的小邦無法脫離德國。日後也仍舊因爲其漏洞，而使議會中小黨林立的亂象（因無政黨比例門檻），甚至出現希特勒的專權、納粹德國的建立等「大害」。不過《威瑪憲法》的重要性，不是在當時的現實價值方面，而是在其對日後情勢發展的影響層面，以及其在整個近代憲政發展史上的意義方面。因此《威瑪憲法》雖然未必是一部完美的憲法，卻仍然是一部進步而有典範性質的憲法。

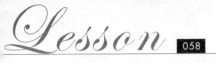

奠定資本社會的基礎

壟斷性股份有限公司興起

在中世紀的西歐，曾有過聞名於世的經特許的對外貿易公司如東印度公司、東陸公司、幾內亞公司、俄羅斯公司等。在殖民地時期的北美，擁有開發特許狀的倫敦維吉尼亞公司、麻塞諸塞公司、奴隸貿易公司、皇家非洲貿易公司等對移民開發和北美三角貿易等都發揮了不小的影響力。

美國建國初期的一八〇〇年，由各州立法機構授權的各種從事工商業活動和慈善事業公司已有三百家。自一八一〇年後美國開始進入工業革命時期，為刺激經濟的發展，滿足籌措資金的需要，各州紛紛頒布一般公司法，淡化帶封建壟斷特性的特許狀。到南北戰爭前的一八六〇年，美國已擁有了幾千家這類公司。它們雖然適於近代資本主義的發展，但是還不是現代意義上的股份公司。最初組織美國的公司的責任是無限的，一八三〇年，麻塞諸塞州議會通過了有限責任法規，到一八六〇年時，各州普遍推行了有限責任公司，從而有利於股份公司的發展。

美國內戰後，股份公司有了長足的發展，性質上也逐漸發生了質變，在這個基礎上演變為奠定現代資本主義基礎的資本壟斷組織的大公司。十九世紀七〇年代到二十世紀初，美國先後盛行普爾、托拉斯、控股公司等壟斷股份公司組織。

「普爾」即聯營組織，指同類股份公司企業間為控制物價訂立的分配營業的協定，或就銷售市場、或就價格、或就產品數量達成的協定，相似於歐洲的卡特爾，為美國最早出現的低級壟斷組織，

不少鐵路公司最早運用普爾形式來控制運價，其後在許多行業中推廣，普爾形式流行於流通領域，一八八七年州際貿易法頒布後被明令禁上。

「托拉斯」是由許多生產同類商品的企業或有密切關係的企業合併而成，由董事會統一經營全部生產、銷售和財務活動，是一八八七年後美國普遍流行的壟斷組織。它促進了生產、商品和資本的社會化。由於它是美國這一時期壟斷組織的主要形式，故人們稱美國為「托拉斯國家」。

「控股公司」又稱「持股公司」或「股權公司」，是一種通過擁有其他若干公司的足夠比例的普通股所有權而控制那些公司的公司。它注重對其子公司財務、管理或營銷職能的控制，從而多扮演著監控者的角色。一八九七～一九〇三年企業合併後成為美國的主要壟斷形式。一九〇〇年擁有十億美元資產的美國鋼鐵公司，就是當時最大的控股公司。

在歐洲盛行卡特爾、辛迪加壟斷股份公司組織。「卡特爾」源出法文，是指生產同類商品的資本主義企業，劃分銷售市場、規定商品產量、確定商品價格等某一或某些方面達成協議的壟斷組織。卡特爾在德國最為盛行，有「卡特爾國家」之稱。「辛迪加」是指由同一生產部門的少數大企業通過簽訂共同銷售產品和採購原料的協定而建立的壟斷組織，喪失了商業上的獨立性。俄國最盛，有「典型辛迪加國家」之稱。

在日本盛行康采恩壟斷股份公司組織。「康采恩」源出俄文，是指把分屬於不同經濟部門的許多企業聯合在一起，以大工業壟斷企業和大銀行為核心的多種企業集團，為高級和複雜的壟斷股份組織。

此外，在發達資本國家還有混合聯合公司，是指從事多種在

生產或職能上很少具有聯繫的經營性巨型壟斷企業。它與康采恩不同在於：所屬企業失去獨立性，公司間生產或職能沒有聯繫，企業來自合併。二十世紀初以來有長足的發展。國際壟斷同盟是指資本主義各國最大壟斷組織根據協定而結成的國際性壟斷組織。在十九世紀末至二十世紀初以國際卡特爾為最多（第一次世界大戰前有一百一十六個）。其後國際托拉斯和國際康采恩成為主要形式。此外有多國壟斷組織。

二十世紀初至二〇年代，在美國的主要壟斷組織是以摩根財團和洛克菲勒財團為代表的八大財團和六十家族。

洛克菲勒財團的創始人約翰・大衛・洛克菲勒，在一八七〇年時創辦俄亥俄石油公司只擁有資本一百萬美元，控制全國煉油業的10％。一八八二年他組建了美孚石油公司，壟斷全國石油90％～95％，擁有資金七千萬美元，控制十四家公司的全部股票及二十六家公司的多數股票。由股份資本家負責公司業務，這是現代壟斷組織發展中的劃時代事件。洛克菲勒由壟斷煉油到壟斷運輸、銷售和開採，進而由壟斷石油到兼營銀行，一八九〇年代控制了花旗銀行，成為工業資本和金融資本相結合的典型。

摩根財團創始人是約翰・摩根，他於一八七一年和人合辦德雷克塞爾－摩根公司，一八七三年後取得北方太平洋鐵路公司。一八八〇年代又控制了紐約中央鐵路公司，一八九四年改稱傑・普・摩根公司，一九〇一年，組成全國最大的美國鋼鐵公司，控制占全國一半的鋼產量，號稱「鋼鐵王國」。摩根財團是金融資本和工業資本結合的另一個典型。

杜邦財團創始人是皮埃爾・塞繆爾・杜邦，靠賣軍火起家，被稱為「死亡商人」。一九一五年形成現有公司形式的杜邦公司，該財團是家族統治的托拉斯典型。梅隆財團創始人是湯瑪斯・梅隆，

獨家壟斷了制鋁工業。波士頓財團是由英國地區麻塞諸塞州一些富豪家族在世代相傳中逐漸形成的一個地區性集團。庫恩——洛布財團創始人是阿伯拉罕·庫恩和所羅門·洛布，一八六七年成立庫恩——洛布公司，從事證券投機活動。芝加哥財團核心是一八五七年創辦的芝加哥大陸伊利諾伊國民銀行和信託公司。克利夫蘭財團是中西部財團，由撒母耳·馬瑟父子、馬克·韓納、賽勒斯·伊頓及韓弗理等富豪家族在克里夫蘭組成。

西歐和日本的壟斷組織同樣盛行。在德國，十九世紀二〇年代有十多個工業和金融寡頭統治，主要的壟斷組織是：以德意志銀行為中心的德意志銀行財團是最大財團；以德累斯頓銀行為中心組成的德累斯頓銀行財團；以法本集團為主體，由拜爾、赫希斯特和巴斯夫三大化學康采恩組成了化學工業財團；商業銀行財團及以蒂森家族為中心的鋼鐵業最大的壟斷資本集團。在英國主要的壟斷組織有：維克斯集團在國內外擁有大批製造軍火、軍用材料、金屬、船隻、飛機和電氣設備的大康采恩；帝國化學工業公司是化學工業最大的壟斷組織；尤尼萊弗公司是世界油脂業最大壟斷組織。還有英荷殼牌石油公司、帝國菸草公司、柯特爾茲公司是紡織業最大的壟斷組織。在法國，到二十世紀三〇年代「兩百家族」控制著法國的國民經濟，主要的壟斷組織有：巴黎荷蘭銀行（一八七二年）、東方匯理銀行集團（一八七五年）、雷諾汽車公司（一九〇〇年）。在日本主要的壟斷組織有：三井財團、三菱財團、住友財團和安田財團。

給21世紀的話語

　　從經濟發展史的角度來考察，早期壟斷資本主義的發展是工業革命新時代真正到來的里程碑。人們沒有忘記近代化初期出現的機器生產以及搗毀機器運動，現在我們又看到了現代世界初期大生產的出現和反壟斷運動。然而，如同機器生產的歷史地位不容否定一樣，經濟生產體的歷史，也是應當充分肯定的。事實上，壟斷生產的經濟效益，一般說來是利多弊少的。

059

巴黎和會誕生的怪胎

霸權主義控制的國際聯盟

　　一九二○年一月十日至一九四六年四月，國際聯盟作爲第一次世界大戰的怪胎成活了四分之一世紀，第二次世界大戰實際上宣判了它的終結。它從誕生的頭一天起就先天不足，後天失調，霸權主義始終控制著國聯，它也從來沒有成爲一個具有眞正權威的國際組織，然而它對兩次世界大戰之間國際關係的影響不容低估，國聯的軟弱無能未能制止局部戰爭的蔓延和法西斯主義思潮及侵略擴張勢力的發展，使世界走向了另一次世界大戰的深淵。

　　建立國際聯盟的主張是美國總統威爾遜提出的。還在一九一七年九月二日，威爾遜委託他的助手豪斯研究起草十四點。一九一八年一月八日，威爾遜在美國國會中提出了著名的「十四點原則」諮文，其中的第十四點說：「必須在特定條約指導下完成國際聯合機構，以不論國家大小彼此保證政治獨立和領土完整爲目的。」豪斯主持的官方對十四點的解釋時把這個國際聯合機構稱爲「國聯」，強調「它是達到永久和平的全部外交結構的基礎」。

　　在一九一九年一月十八日巴黎和會的頭一天，威爾遜要求首先討論建立國際聯盟問題，主張國聯盟約與對德和約密不可分。和會決定將國際聯盟問題提交以威爾遜爲首的專門委員會進行研究，負責制訂國聯盟約草案。美國企圖建立一個在民主自由的旗號下有利於美國爭霸的國際聯合機構；法國反對德國加入國聯，主張建立受法國控制的國際參謀部來監督各國兵力；英國主張國聯成爲協助英帝國維護殖民利益的機構。二月十四日和會全會通過了威爾遜提出

的以美、英方案爲基礎的國聯盟約，鑒於美國國會反對派堅決要求將門羅主義條款納入盟約，專門委員會遂將它列入盟約第二十一條。經修正後的國聯盟約於一九一九年四月二十八日獲一致通過。國聯盟約被列入《凡爾賽和約》和其他和約的第一部分。一九一九年六月二十八日，《凡爾賽和約》簽字，一九二〇年一月十日，《凡爾賽和約》正式生效，它標誌了國際聯盟的正式成立。國際聯盟全稱「國際聯合會」，簡稱「國聯」。

根據國聯盟約，第一批參加國應是參加對德奧集團作戰的國家以及在盟約附件上的簽字國，以後的參加國需經國聯大會三分之二的多數票通過。國聯成立時的會員國有四十四個。一九二〇年七月十六日，中國批准對奧和約，從而成爲國聯創始國之一。美國由於眼看難於控制未來的國聯，國會以參議院附有保留條款的修正案，以及威爾遜主張的不附任何條件加以批准的議案均未通過，美國終未批准和約，也當然不加入國聯。但是威爾遜因此在一九二〇年十二月獲得了諾貝爾和平獎，並被授予由威爾遜發布通知召開和主持國聯成立儀式的「特殊榮譽」。一九二四年威爾遜病逝，國聯所在地還樹起一塊銅牌，上面刻著「威爾遜，國聯創始人」幾個大字。由於《洛迦諾公約》的簽訂，一九二六年九月，德國加入了國聯。蘇聯直到一九三四年九月才參加國聯。

先後參加國聯的共有六十三個國家，盟約規定會員國退出國聯要在兩年前通知，先後退出國聯的有十七個國家，會員國最多的在一九三七～一九三八年間，共五十八個。一九三三年三月，日本因遠東問題退出國聯，一九三三年十月十九日德國退出國聯，一九三七年十二月義大利也退出了國聯。蘇芬戰爭爆發後，一九三九年十二月蘇聯被國聯剔除會籍。到第二次世界大戰開始時，國聯實際上已名存實亡，僅剩英、法強國留在國聯內，國聯實際上成爲英、法

操縱的工具。

國聯的主要機構是會員國全體大會、行政院和下設的祕書處。行政院由常任理事國（初爲英、法、義、日，後增補德、蘇）及由大會定期選舉產生的非常任理事國（初爲四席，後陸續增加，直到十一席）組成。大會和行政院的職能基本相同，他們的決議除程序性問題外，均需全體會員國（均一票）一致通過。這使得國聯難以通過眞正有效的維和措施。根據盟約，國聯下設獨立機構，包括國際法院、國際勞工組織以及其他附屬機構。國聯總部設在日內瓦。

一九三二年二月二日起，國聯主持在日內瓦召開裁軍會議，在包括美、蘇在內的六十四個國家參加的會議上，各大國都提出了符合自身利益而限制他國軍備的方案，這次冗長的討價還價的會談先後共舉行九百多次會議，不僅沒有達成一個實質性決議，而且加快了德、義、日的擴軍備戰步伐。一九三三年十月十四日德國宣布退出裁軍會議，十九日又退出了國聯。一九三五年三月十六日，德國頒布實行普遍義務兵役制的法令，公然撕毀了《凡爾賽條約》的軍事條款。同年四月十七日國聯行政院召開了特別會議，會議只通過了一紙譴責決議而毫無具體制裁措施。一九三六年三月七日希特勒出兵萊因非軍事區，聲稱如退還前德屬殖民地，德國可返回國聯。三月十九日國聯行政院通過決議確認德國違反了《凡爾賽條約》和《洛迦諾公約》，但是根本不提制裁之事。一九三五年十月三日，義大利向衣索比亞不宣而戰，雖然十月七日、十九日國聯行政院和國聯大會決定對義大利進行制裁，但是並未採取切實措施阻止義大利侵略衣索比亞的軍事行動。而海爾‧塞拉西一世親赴日內瓦呼籲國際聲援衣索比亞抗義抗爭時，卻遭國聯否決。

一九三六年七月四日，國聯默許了義大利的侵略後果，宣布撤銷對義大利的制裁。在德、義武裝干涉西班牙期間，一九三七年

九月十八日，西班牙代表向國聯要求確認德、義對西班牙進行侵略等五點要求，但國聯只通過了從西班牙撤出非西班牙軍事人員的決議。一九三九年十二月開除蘇聯的那次會後，國聯大會已經沒有再開了。國聯的經濟和社會工作雖未中斷，但範圍有限。一九四六年四月八～十八日，國聯召開了第二十一次大會即最後一次會議，四月十九日國聯正式解散，國聯在日內瓦的建築和圖書館及其所屬的財產和檔案移交給聯合國，成為它的歐洲總部，常設法庭正式解散，國際勞工組織作為與聯合國有密切聯繫的自治機構繼續存在。

給21世紀的話語

　　國際聯盟標榜的宗旨是「促進國際間合作，並保持其和平與安全」，「尊重各會員國領土的完整及現有政治上的獨立」，但是在西方列強特別是英、法的操縱下，它成為少數大國推行強權政治、壓制戰敗國的工具。西方列強特別是英、法控制了常任理事國，小國處於不平等地位。英國本土加上它的五個自治領和一九二三年參加的愛爾蘭，操縱了七票，處於優勢地位。

　　盟約規定對「從事戰爭者」的會員國「應立即與它斷絕各種商業上或財政上的關係」，然而並沒有嚴格界定侵略的內涵和制裁的具體措施，從而使制裁侵略者形同虛設。盟約第二十二條規定了三類委任統治制度，進行「暫管」、「負地方行政之責」和作為受委任國領土一部分管理，這不過是由原屬德、土的殖民地轉歸戰勝國的殖民地。

　　盟約還規定：「為維持和平起見，必須將本國軍備減至最少的程度。」一九二四年十月二日的國際聯盟大會通過了《日內瓦議定書》，規定會員國間應信守和平解決爭端，並建立裁軍和安全保障制度，但西方大國根本對此不予理睬，軍備越裁越精，軍備競爭愈演愈烈。

060

紐約交易所的悲鳴

世界經濟大恐慌

　　一九二九年十月，以美國紐約股票市場大危機為標誌，爆發了一場資本主義世界規模的生產過剩危機。它很快向歐洲、北美、日本等主要資本主義國家蔓延，並波及許多殖民地、半殖民地國家和地區，席捲全世界。這次危機前後持續四年，使全球損失價值兩千五百億美元，比第一次世界大戰的物質損失還多八百億，成為到目前為止世上最為嚴重的一次經濟危機。

　　一九二〇年代中期對西方資本主義國家來說，絕大多數人認為是經濟繁榮的大好時光。美國的梅隆、洛克菲勒、道威斯和摩根等大銀行家和企業家被認為是聖賢，「有錢人就是皇帝」，人們拜倒在有錢人的神龕前，股票市場標準被看成是道德標準。股票投機成風，往往股票的賣價比帳面價值高出幾倍甚至二十倍，人們似乎從不懷疑這個市場有朝一日會突然崩潰。胡佛宣稱「美國已經達到了歷史上最舒適的程度」，「接近於消滅貧困的最後勝利」。一九二九年十月二十四日這一天突然烏雲密布，股市暴跌，被西方世界稱作「黑色的星期四」。這一天，紐約股票市場開盤後一個小時內就拋出了一千三百萬股，超出正常標準的一百萬股以上，雖然花旗銀行、大通銀行和其他兩個大銀行的總裁們在摩根公司大廈策劃買進二億四千萬美元進行干預，仍然無濟於事。十月二十九日這一天更糟，拋出股票一千六百五十萬股。到十二月底，紐約市場股票價值總共下跌了四百五十億美元左右。從一九二九～一九三二年間，美國由於跌價而造成八百四十億美元證券貶值。股市風波席捲全球各個

領域，一場空前規模的世界經濟大危機開始了。

在整個大危機期間，引起了金融貨幣、信用和財政的全面危機。危機期間，股票價格指數下降的幅度美國在百分之五十一、德國在百分之三十二、日本在百分之四十五。一九三一年五月十一日，奧地利最大的信用銀行倒閉，隨即引起各國向銀行擠兌存款風潮，國際貨幣體系和傳統金本位制面臨嚴重挑戰。一九三一年七月十三日，德國四大銀行之一的達姆塔特國民銀行宣告破產。一九三一年九月二十一日，英國宣布放棄金本位，禁止黃金出口，英鎊貶值近三分之一，隨後日本等五十六個國家紛紛宣布放棄金本位或貨幣貶值。此後，資本主義世界貨幣體系四分五裂，分裂成若干個區域性的貨幣區：英鎊集團、美元集團、法國維持金本位集團，及德國、日本分別控制的貨幣集團。它造成了國際支付的普遍受阻，資本輸出幾乎停止和對外貿易的大蕭條。一九二八年美國發行的有價證券共十三億美元，到一九三三年只有一百六十萬美元。一九二九～一九三三年美國破產的銀行共約一萬家，占銀行總數的半數。美國的進出口在一九三○年爲約十億美元，而一九三三年只有十萬美元。英、法、德、日的進出口總額都減少了六成以上。

大危機使工業生產大幅度下降，企業倒閉，大量工人失業。一九三二年的工業生產總值與一九二九年相比，呈現大幅滑落〔註1〕。危機使資本主義世界的工業大約倒退了二十年，重工業損失尤烈〔註2〕。危機期間，美國的企業倒閉數在十三萬家以上。大危機使失業人數達有史以來創紀錄水平，美國的失業率高達 24.9％、德國 26.3％、英國 21.3％。

大危機蔓延成世界規模的農業危機，涉及穀物、畜牧、林業等技術作業部門，造成農民破產和農民收入大幅度減少。由於農業危機與工業危機的交織，工業對農產品需求的大幅度減少和城鄉居民

購買力急劇下降，加深了農業的慢性危機。農業危機造成的農用生產資料和消費資料的需求減少又反過來使工業危機深化。大危機期間，美國的農產品價格指數下降了 56 ％，農民總收入下降了 57 ％。農業生產力的嚴重過剩引起了生產力的大倒退和大破壞，許多農場手工勞動取代了機器操作，農田管理質量急劇下降，穀物、棉花等農作物爛在地裡或被當做燃料，牛奶、咖啡等

➡領取救濟金的失業者。

飲料被倒入江海，牲畜被宰殺。在大危機的打擊下，資本主義各國的國民收入大幅度下降，人民生活嚴重惡化。

伴隨資本主義世界的經濟大危機，整個西方世界出現了社會大動盪，法西斯主義思潮氾濫和社會主義運動興起，大規模的工人罷工運動高漲，各國面臨嚴重的政治危機。一九三〇年三月六日，美國爆發了一百二十五萬人參加的大示威；一九三二年春夏，兩萬退伍軍人向華盛頓進軍，導致政府在七月二十八日動用軍隊鎮壓。在法國，一九三〇年就有一千七百次工人罷工；在英國一度發生水兵暴動；在西班牙爆發了民主革命；在德國社會民主黨和共產黨的影響日增。法西斯主義思潮的氾濫以德、義、日爲最，一九三一年「九一八」事變標誌日本軍國主義者策動第二次世界大戰的亞洲戰爭策源地的形成；一九三三年一月三十日希特勒出任總理，標誌德國走上了建立法西斯專政、發動世界戰爭的道路；義大利墨索里尼政府則強化了法西斯極權統治。在美國黑色軍團、三 K 黨、德美

聯盟等法西斯組織和右翼團體十分活躍；在法國火十字團、法蘭西行動、法蘭西團結、愛國青年等右翼團體日益猖獗，一九三四年二月六日，出現兩萬名法西斯分子武裝示威遊行，妄圖政變的事件；在英國一九三二年九月，原工黨領導人莫利爵士組織了英國的法西斯聯盟。

➡墨索里尼閱兵。

　　這次大危機的明顯特點是持續時間長、危害程度深、滲透各個領域、涉及全世界、影響深遠的經濟和政治全面危機。在以往經濟危機週期的過程是由危機、蕭條、復蘇、繁榮相繼的，這次在大危機結束後並未出現繁榮，而是持續蕭條，到了一九三七年又發生了短暫的經濟危機。這次財政信貸、外貿、工業和農業的全面危機，不僅涉及生產領域，而且涉及流通、分配等領域。這次危機雖使整個世界深受其苦，但對各國的影響程度不均。美國、德國所受的影響最為嚴重；英國因在一九二〇年代沒有出現繁榮局面而受危機影響相對地較輕；在日本由於很快走上了國民經濟軍事化和擴大對外侵略的道路，較早擺脫了經濟危機；法國由於危機開始較晚，一九三二年中才真正進入危機時期，到一九三六年到達谷底。

　　二十世紀三〇年代的經濟大危機，使得傳統自由放任的經濟學發生危機，凱恩斯主義應運而生；也使人們對現代資本主義發生信任危機。著名的專欄作家沃爾特·李普曼在一九三二年曾評論說：「或許，在人類知識的現階段，我們尚未具備理解這樣一種大規模新型危機的條件」，「它也是一次人類理解能力的危機。」

　　資本主義世界為尋求擺脫危機途徑而矛盾加劇，最終訴諸戰爭。為避免經濟危機的重演，從二十世紀三〇年代到九〇年代，經濟界和學術界紛紛提出各種解救方案。二十世紀三〇年代的各種經濟改革方案，直接與緩解危機惡果對策相聯；二次大戰後各國政府的經濟調整方案，也與避免危機重演的意圖相關。今天，防止經濟危機仍是各國政府最為關注的課題之一。

〔註1〕美國下降了 46.2％、德國下降了 40.2％、日本下降了 37.4％、義大利下降了 33.2％、法國下降了 31.9％、英國下降了 20％。

〔註2〕危機期間美國的機床製造下降了 80％，生鐵下降了 79.4％（倒退了三十七年），鋼鐵下降了 75.8％（倒退了二十八年），汽車下降了 74.6％，採煤下降了 40.9％。最嚴重時汽車的開工率只有 5％。危機期間，美國的企業倒閉數在十三萬家以上。一九二九～一九三三年間，煤炭產量德國下降了 31.6％，生鐵產量德國下降了 56.3％、英國下降了 45.5％、法國下降了 38.5％。粗鋼產量德國下降了 50.3％。

061

啤酒館暴動初試光芒

希特勒與納粹黨上臺

　　納粹黨的前身是一九一九年一月五日由慕尼黑鐵路工人安東・特萊克斯勒所創建，具有強烈反猶主義和復仇主義的組織——「德意志工人黨」。一九一九年九月，希特勒加入該黨，成為第五十五名成員和主席團的第七名委員。由於其「出色」的宣傳組織才能，一九二○年被特萊克斯勒任命為「宣傳部長」。

　　一九二○年二月二十四日，希特勒在霍夫勃勞豪斯啤酒館的宴會廳組織大規模集會。他闡述了「德意志工人黨」的黨綱——「二十五點綱領」。綱領宣稱要建立一個包括所有日耳曼人的「大德意志帝國」，主張「建立一個強大的中央集權的國家」；要求廢除《凡爾賽和約》和《聖日耳曼條約》；規定猶太人不能擔任公職，不能享有公民權利。綱領還提出「取締不勞而獲的收入」；「沒收一切戰爭利潤」；「企業（托拉斯）實行國有化」；主張壟斷性的大百貨商店收歸公有，廉價租給小商人；「要求廢除地租，要求制止一切土地投機倒把」活動；要求對賣國賊、高利貸者、投機分子判處死刑；「要求建立和維護一個健康的中產階層」等冠冕堂皇的許諾。「二十五點綱領」是把煽動民族情緒的民族主義和欺騙工農、下層中產階級的「社會主義」口號拼湊起來的大雜燴。

　　一九二○年四月一日，希特勒把德意志工人黨更名為「民族社會主義德意志工人黨」，簡稱「納粹黨」，宣布「二十五點」為該黨的正式綱領，還為納粹黨設計了黨徽和黨旗，並出版了黨的機關報《人民觀察家報》，宣傳納粹黨的主張。一九二一年夏天，希特勒以

擅長演講和為黨募捐為資本，迫使特萊克斯勒修改黨章，由自己擔任主席，從而獨攬納粹黨的權力；他還在黨內確立「領袖原則」，規定由黨的領袖直接任命黨的各級領導；領袖擁有絕對權力，有權按照自己的意志行事。由此，希特勒確立了在黨內的絕對領導權，並獲得「元首」稱號。一九二一年十月他正式組建納粹黨准軍事組織衝鋒隊。到一九二二年一月，納粹黨黨員人數已增至三千名。

　　一九二三年一月，法、比以德國拒不履行賠款義務為藉口，出兵占領了德國煤鋼產量占全國四分之三的工業心臟地區魯爾。德國政府命令魯爾區企業以停工進行「消極抵抗」。德國經濟迅速陷入崩潰，發生了空前嚴重的通貨膨脹。中產階級和工人階級辛苦一生的積蓄蕩然無存，廣大勞動者陷入痛苦的深淵，社會因此動盪不安。法西斯勢力乘機加緊奪權活動。

　　一九二三年十一月八日晚，巴伐利亞長官卡爾應慕尼黑一些企業團體的邀請，在市郊一家名叫貝格布勞凱勒的啤酒館舉行施政演說。出席大會的還有巴伐利亞駐軍司令洛索夫將軍，和該邦警察局局長賽塞爾上校，以及一些知名人士。正當卡爾向三千名群眾發表講話時，希特勒率衝鋒隊員包圍酒店，衝進會場。希特勒跳上桌子，拔出手槍對著天花板開了一槍，全場颯然肅靜。希特勒喊道：「全國革命已經開始了！巴伐利亞政府和全國政府已被推翻，臨時全國政府已經成立。國防軍營房和員警營房已被占領。軍隊和員警已在　字旗下向市內挺進。」接著，希特勒指使衝鋒隊員把卡爾、洛索夫和賽塞爾三人帶到另一個房間，用手槍威脅他們與他合作，遭拒絕。希特勒於是派人請來魯登道夫將軍「說服」三人共同組建全國政府。希特勒回到大廳立即宣布自任帝國政府領袖，魯登道夫任全國軍隊的總司令，卡爾任巴伐利亞的執政官，洛索夫為國防軍部長，賽塞爾為國家警察局局長。

但由於希特勒未派人占領電報局等要害部門，叛亂的消息很快傳到柏林。根據政府的命令，乘機溜走的卡爾、洛索夫和賽塞爾隨即組織鎮壓，啤酒館政變以失敗告終。幾天後，除了戈林和赫斯逃亡外，所有叛亂頭目都被逮捕。

　　希特勒把法庭當做進行宣傳的講壇，他以滔滔「雄辯」和民族主義「熱情」打動了德國人民。雖然希特勒被判五年監禁，但從一九二四年四月判刑開始，希特勒實際上只服刑兩百六十四天。在獄中，他口述了那本被稱為改變了世界歷史的書《我的奮鬥》，闡述了納粹黨的行動指南和基本綱領。更為重要的是，通過對過去活動的反省，希特勒領悟到「不能單靠武力取得政權」，「要捏著鼻子進國會，和天主教議員和馬克思主義議員打交道」。他決定改變策略，利用威瑪共和國憲法所提供的條件，通過爭取國會的多數選票，合法地攫取政權。

　　一九二四年十二月二十日希特勒出獄時，面臨的前景十分黯淡。納粹黨及其報紙被取締，其頭目不是亡命，就是倒戈。黨員人數從原來的五‧五二萬人下降到一‧五萬人。希特勒本人也被禁止在公共場合演講。而且，由於一九二四年八月道威斯計畫的出籠，

● 納粹青年團吸收學子效忠獨裁者，為德國戰爭歲月的產物。

德國經濟結束混亂局面，進入相對穩定時期。這很不利於善於混水摸魚的納粹黨的發展。希特勒暗暗積蓄力量，伺機東山再起。他積極加強納粹黨的建設工作，千方百計網羅黨員，在全國各地建立層層控制的納粹分支組織，並設了一個仿照政府各部的龐大政治機構。他還將衝鋒隊改組為一個擁有幾十萬隊員的武裝團體；並在衝鋒隊之外，建立了一個效忠於他個人的黨衛隊。另外，他還努力爭取壟斷資本家的支持。

➜ 希特勒的宣傳海報。

一九二九年開始席捲整個資本主義世界的經濟危機，給希特勒重整旗鼓、奪取政權提供了絕妙的機會。納粹黨利用千百萬勞動者的悲慘處境和對威瑪共和國的不滿情緒，依靠壟斷資本提供的資金，大量印發報紙和傳單，展開了規模空前的宣傳活動。希特勒聲稱，德國經濟危機是「政府無能」的一個證明；危機的根源在於《凡爾賽和約》和巨額的戰爭賠款。希特勒及其黨徒宣稱他們的黨不是一個階級的政黨，而是「大眾的黨」。他們保證上臺後將使德國恢復強大，廢除《凡爾賽和約》，取消軍備限制，拒付賠款，收回在一戰中失去的領土，奪取「生存空間」。

他們向工人許諾消滅失業現象，向農民許諾禁止拍賣土地，向小業主許諾關閉大百貨商店，向手工業者許諾降低原料價格並提高他們的產品價格，向全體人民許諾廢除「利息奴役制」，並保證每個德國人都有工作和麵包。相當多的大學生、職員、失業工人、農民受到納粹黨宣傳的影響。一九三〇年，納粹黨員增加到近三十萬，一九三一年超過八十萬。一九三〇年九月十四日國會選舉時，納粹黨得到了六百零四餘萬張選票，比一九二九年幾乎多了七倍；

在國會獲得了一百零七個議席，從位居第九的最小黨一躍而成爲僅次於社會民主黨的第二大黨。

從一九三二年一月起，希特勒和德國有勢力的工業巨頭進行了一系列旋風般的會見和談判，通過許諾上臺後實行有利於他們的政策取得了前德意志銀行總裁沙赫特和以蒂森、基爾道夫爲首的萊因——西伐里亞的重工業壟斷集團的資助和支持。一九三二年一月二十七日，在杜賽爾多夫舉行的有三百名壟斷巨頭參加的祕密集會上，希特勒揚言要「徹底根除德國的馬克思主義」，結束工人階級的革命運動，恢復企業家對工會的權威，「集結全民族的政治力量去尋求新的生存空間」。蒂森帶頭高呼「希特勒萬歲」。希特勒還取得了國防軍的支持。他宣稱納粹黨是「準備且願意和陸軍聯合起來，以便有朝一日協助陸軍保衛人民利益的政黨」。他保證「在我們執政以後，以目前的國防軍爲基礎，一支偉大的德國人民的軍隊將會興起」。陸軍高級軍官們好似吃了定心丸，一九三二年一月，國防軍撤銷了禁止徵募納粹黨人加入的命令。

一九三二年四月十日，興登堡連任總統。五月三十日，馮‧巴本取代布呂寧上臺組閣。七月三十一日國會選舉中，納粹黨獲選票一三七四‧五萬張，占兩百三十個議席，成爲國會第一大黨。十一月九日，幾十名企業界巨頭聯名呈送興登堡請願書，要求任命希特勒爲總理。十一月十七日，巴本辭職，國防軍將領施萊徹爾受命組織新政府，他的政策不得人心。一九三三年一月二十四日，希特勒和巴本經多次商談最終達成一致協議，建立一個由希特勒任總理、巴本任副總理，由全體右翼黨派參加的民主集中內閣。一月二十八日施萊徹爾被迫辭職。一月三十日，興登堡正式任命希特勒爲德國政府總理。

　　希特勒一上臺，立即取消了一切民主，埋葬了威瑪共和國。他建立法西斯獨裁統治，並在「要大砲，不要奶油」的口號下，把德國經濟納入軍事化軌道，瘋狂地擴軍備戰，使納粹德國成為發動第二次世界大戰的主要起源地之一。

⇒ 希特勒在國會宣戰。

力挽狂瀾解救危機

羅斯福實施「新政」

●小羅斯福像。

在危機蔓延，充滿恐怖和悲哀的黑夜，曾被供爲「救濟總統」的胡佛這時被指爲「飢餓總統」，人們朝夕盼望看到新的曙光。一九三二年七月二日，在芝加哥民主黨全國代表大會上，一位下肢完全癱瘓，患有小兒麻痺後遺症，出身望族，二十世紀初擔任美國總統的老羅斯福的遠親——富蘭克林·羅斯福，從坐著的輪椅上用拐杖艱難地站立起來，發表了接受新一屆的總統候選人提名演說：「如果競選成功，我要爲美國人民施行新政。」這位殘疾人在危難之際的拼搏形象極爲感人，象徵著處於風雨飄搖、千瘡百孔的美國急待挽救。一九三二年十一月，羅斯福以四百七十二張選舉人票比五十九張選舉人票擊敗了在任總統胡佛，當選爲美國第三十二任總統。他在任十二年多，以施行新政和領導反法西斯戰爭的勝利聞名全球，成爲世界現代史上最有影響的人物之一。

一九三三年三月四日，羅斯福在

就職演說中說：「我們唯一值得恐懼的就是恐懼本身。」他要求國會准許使用「應付危機的唯一剩餘手段——向非常狀況開戰的廣泛行政權力」，採取與傳統政策不同的一系列強化國家干預措施。僅在一九三三年三月九日～六月十六日史稱「百日新政」的日子裡，就先後頒發了七十多項重要的新政立法和行政命令。一九三三～一九三五年間，新政措施以復興和救濟為主；一九三五～一九三九年間以改革為主。這位「新政大夫」在整個新政期間，共頒布有關新政的法令和命令共七百多項，涉及整頓財政金融、調整工業生產、節制農業發展、實行社會救濟、舉辦公共工程和調整三權分立體制等方面。

在整頓財政金融方面。一是著手整頓銀行：一九三三年頒布《銀行緊急法令》、《經濟法》、《格拉斯——斯特高爾法》（即一九三三年《銀行法》）、《聯邦證券法》；一九三四年成立進出口銀行，又頒布《證券交易法》；一九三五年頒布《銀行法》。透過這些措施，加強對財政金融的有序管理。二是統制貨幣：一九三三年羅斯福頒布不准黃金再出口令，接著頒布《放棄金本位法令》；特別是一九三四年一月頒布《黃金儲備法令》，宣布美元貶值41％，三十五美元兌換一盎司黃金，還頒布了《白銀購買法》。三是改革稅制：一九三三年頒布《啤酒稅法》；一九三五年頒布《財產稅法》；一九三六～一九三八年，先後頒布了幾個新稅法；一九三九年實施食品稅計畫，保障了國庫的收入和財富的再分配。四是頒布公平競爭法規：一九三六年頒布《聯邦反對價格歧視法令》，又稱《羅賓遜——派特曼法》；一九三七年頒布《密勒——泰丁斯法》，規定零售商的公平交易。

在調整工業生產方面，最重要的是一九三三年頒布《全國工業復興法》（又稱《產業復興法》）。據此，在同年八月建立全國勞工

局，據該法第二條，建立公共工程管理局。該法案於一九三五年五月在謝克特家禽公司訴美國政府案中被宣布違憲。一九三五年七月頒布了《全國勞資關係法》，即《華格納法》，該法重申了全國《工業復興法》中七條 A 款的重要內容。一九三八年六月又頒布了《公平勞動標準法》，即《工資工時法》。在這以前的一九三六年，還頒布了《政府雇員工作法》。此外，還有其他管制工業立法，如一九三五年八月頒布《格菲——施奈德法案》，據此建立了全國煙煤委員會。一九三八年四月，又頒布了《格菲——文森煙煤法》；一九三五年頒布《康納利法》規定石油運價，以及《酒精管制法》、《公用事業控股公司法》（即《惠勒——雷伯恩法案》）。

在節制農業發展方面，最重要的是一九三三年頒布了《農業調整法》，對農業生產的規模和結構進行限制，一九三六年被宣布違憲。一九三五年頒布《土壤保護法》，據此建立土壤保護署；一九三六年頒布《土壤保持和國內分配法》；一九三八年再次頒布《農業調整法》。其他農業調整和扶持措施主要有：在一九三三～一九三四年間，頒布《農場信貸法》，建立農場信貸管理署；頒布《公司貸款法》；成立農產品貸款公司；頒布《農場抵押再貸法案》，建立聯邦農場抵押公司；頒布《瓊斯——康納利農場救濟法》；頒布《班克里德棉花控制法》；頒布《瓊斯——科斯蒂根食糖法》；頒布《菸草控制法》；頒布《聯邦農場破產法》。一九三五年還通過了《農場抵押延緩法》；一九三七年頒布《班克里德——瓊斯農場租佃法》，建立農場保障署。

在實行社會救濟和社會保障方面：一是於一九三三年三月頒布了《民間護林保土隊法》，建立民間護林保土隊。二是實施聯邦緊急救濟措施，主要有：一九三三年五月頒布《聯邦緊急救濟法》；一九三五年四月通過了《緊急救濟撥款法》，實施以工代賑計畫；

一九三五年五月根據《緊急救濟撥款法》，成立重新安置署；一九三五年六月根據《緊急救濟撥款法》，建立全國資源委員會；一九三五年六月根據《緊急救濟撥款法》，建立全國青年管理署。三是建立社會保障機制，一九三五年八月國會通過《社會保障法》，確立了美國現代社會保障制度。四是保障住宅，主要有：一九三三年頒布《農場主再貸款法》，建立農場主貸款公司；一九三四年頒布《國有住宅法》，建立聯邦住宅管理署；一九三七年頒布《國有住宅法》，通稱《瓦格納——斯特高爾法》，建立美國住房署。五是建立保障雇員權益的一些機構，主要有：一九三三年頒布《全國雇員制度法》，建立美國雇員署，同年頒布《緊急鐵路運輸法》。六是建立民間救濟工作管理機構：一九三三年建立民間工作管理署；一九三四年頒布《民間工作緊急救濟法》。七是規定鐵路職工福利保障，一九三四年頒布《鐵路職工退休法》；一九三五年頒布《瓦格納——克羅塞鐵路職工退休法》。八是規定退伍軍人福利保障，一九三六年頒布了《退伍軍人補償金調整法案》。九是一九三四年六月國會頒布《印第安人改組法》，改善印第安人處況。

在舉辦公共工程方面，最重要的是一九三三年頒布了《田納西河流域管理法》，據此成立了田納西河流域管理局，進行了具有深遠影響的田納西河流域系統開發工程。其次是建立其他公共工程管理機構，主要有：一九三五年建立農村電力管理局，並頒布《機動運載工具法》。再次是一九三八年頒布《食品藥物和化妝品法》。第四，其他水利工程，主要有：一九三六年頒布《洪水控制法》，一九三九年頒布《哈奇法》。

在改革司法制度和行政管理制度方面：首先著手改革司法制度，一九三七年二月，羅斯福提出增加最高法院法官的建議，由九名增至十五名；七月，國會司法委員會提出反對改革的報告，否決

了羅斯福的建議；同年八月，頒布《司法程序改革法》。其次爲改革行政管理機構，主要有：一九三八年六月建立臨時國民經濟委員會，七月頒布《全國經濟問題第一號》行政命令；一九三九年四月頒布《政府機構改組法》，同年九月還頒布了第一號行政命令，即八二四八號命令，改革行政辦事機構。

給21世紀的話語

　　羅斯福新政是順應美國歷史發展潮流的產物，是美國歷史上進步主義傳統的繼續，它的改良措施在緩解經濟危機的惡果、防止法西斯主義的擴張上有積極作用。尤其新政措施開國家壟斷資本成功嘗試之先河，爲戰後美國政府特別是民主黨政府的經濟調整和改革措施提供了一種模式，在西方現代世界各國的改革史和經濟史上占有特殊的地位。

　　人們常把「新政」和改革當做同義詞，不是偶然的。六十多年來，羅斯福新政研究一直是各國學術界的研究焦點之一，雖然不同時期的學者對羅斯福新政的評價各異，褒貶不一，但新政所開闢的加強國家對經濟事務干預的趨勢是不可逆轉的，新政改革在現代改革史上的地位是不可否定的。羅斯福功載史冊與新政同在，和林肯、華盛頓齊名。一九六〇年代美國一所小學的民意測驗表明：羅斯福最受歡迎，上帝其次。

由德國突襲波蘭揭開序幕

二次世界大戰爆發

一九三九年九月一日淩晨，德國出動五十七個師約一百五十萬軍隊、兩千五百餘輛坦克、兩千三百多架飛機對波蘭發動突然襲擊。九月三日，在照會和最後通牒均無效之後，英、法兩國政府對德宣戰。隨後，澳洲、紐西蘭、加拿大、印度和南非聯邦也相繼對德宣戰。第二次世界大戰全面爆發。

到一九三九年九月底，德國征服了整個波蘭。緊接著，希特勒從歐洲西、北、東南方向發動大規模進攻，並取得迅速而驚人的勝利。一九四〇年上半年，德軍在北歐占領丹麥、挪威；在西歐征服荷蘭、比利時、盧森堡；

●二次大戰時的德國坦克。

並於五月十三日突破法國防線，深入法國領土，六月十四日占領巴黎，法國於六月二十二日投降。希特勒在施加軍事壓力和加強和平攻勢，迫使英國屈服、媾和的嘗試失敗後，一九四〇年七月至一九四一年五月，德軍對英國實施「空中閃擊戰」，爲推行在英國登陸的「海獅計畫」作先導，但終告失敗，無限期推遲「海獅計畫」。一九四〇年九月，德、義、日三國簽訂軍事同盟條約，隨後希特勒進兵東南歐。一九四〇年秋開進匈牙利、羅馬尼亞和保加利亞，並強迫它們加入德、義、日三國軍事同盟。一九四一年上半年德軍又征服南斯拉夫和希臘。至此，歐洲大陸的十四個國家，約五百萬

平方公里都已成爲希特勒的囊中之物。

　　在一九四○年六月十日法國即將陷落之際，義大利迫不及待地對英、法宣戰，在法國背上捅了一刀。七月初，駐衣索比亞義軍進犯東非，於九月中旬占領英屬索馬里、肯亞和埃及部分地區。十月義軍入侵希臘，屢被擊退。英軍趁機於十二月上旬發起反攻，迅速收復失地並占領衣索比亞首都阿迪斯阿貝巴。義大利在希臘和北非的不斷敗退，引起希特勒的不安。他一方面於一九四○年秋派兵控制巴爾幹半島；另一方面於一九四一年二月派隆美爾率軍開赴非洲，重創英軍，控制了北非局面。一九四一年六月，希特勒突襲蘇聯，德軍長驅直入，七月初占領了拉脫維亞、立陶宛、白俄羅斯和烏克蘭的廣大地區，深入蘇聯腹地六百公里。至此，希特勒已達到其勝利的頂峰，占領了北達北極海、南到埃及、西臨大西洋、東至伏爾加河的廣闊地區。

　　爲了建立夢想的「大東亞共榮圈」，侵占了中國大片領土的日本，於一九四一年加緊推行「南進」戰略。七月出兵中南半島，危及英美在東南亞的利益。在和談煙幕掩護下，日軍於十二月七日對美國太平洋海軍基地珍珠港發動突襲；翌日，美國即對日宣戰，隨後英國、澳洲、加拿大、紐西蘭、古巴等二十多個國家相繼對日宣戰。十二月十一日，德、義及其從國對美國宣戰，太平洋戰爭爆發，第二次世界大戰進一步擴大。從十二月七日起，日軍在東南亞和西南太平洋發動全面進攻，不到半年便占領了泰國、馬來西亞、香港、新加坡、緬甸、菲律賓、印尼、關島、威克島、新幾內亞、所羅門群島等地，勢力擴大到東起威克島，西迄印度洋東岸、北鄰西伯利亞、南至澳洲以北的廣大地區。

　　德、義、日的瘋狂擴張，嚴重危及和損害了英、美的安全與利益。一九四一年三月，美國國會通過《租借法案》，標誌著美國

放棄中立，參與反法西斯戰爭。一九四一年八月，美國總統羅斯福與英國首相邱吉爾發表《大西洋憲章》，表達了兩國共同反對「納粹暴政」和「重建和平」的決心；九月美、英、蘇三國在莫斯科達成協議，規定三國在反法西斯戰爭中聯合行動，相互支持。一九四二年元旦，美、英、中、蘇等二十六國在華盛頓簽署《聯合國家共同宣言》，各國保證傾其「全部資源」打擊軸心國（德、義、日三國號為反共的「軸心國」），不與敵人單獨媾和。世界反軸心國聯盟（同盟國）終告建立。

　　一九四二年十一月英軍在阿拉曼戰役的勝利成為北非戰場的轉捩點，到一九四三年五月，德、義軍全部投降，北非戰事結束。七月初，盟軍攻占西西里島，隨後不久墨索里尼政權垮臺，十月義大利退出軸心國並對德宣戰，軸心集團開始瓦解。在德、蘇戰場，德軍於一九四三年二月結束的史達林格勒戰役和七、八月的庫爾斯克戰役中完全失去戰略主動權，從此一潰千里。

　　在太平洋戰場，日軍在一九四二年六月的中途島海戰和一九四三年二月結束的瓜達卡納爾島戰役中，完全喪失了在太平洋上的主動權，被迫轉入戰略防禦。

🌐第二次世界大戰的轉捩點──史達林格勒會戰。1942 年 7 月德軍進攻蘇聯，紅軍 11 月展開反攻，於 1943 年 2 月在史達林格勒取得關鍵性的勝利。

在世界反軸心國戰爭發生根本轉折的情況下,一九四三年十一月,中、美、英三國領袖舉行了開羅會議,討論了對日作戰計畫,發表《開羅宣言》,宣布戰爭的目的在於「制止及懲罰日本之侵略」,剝奪日本自一九一四年以來在中國和太平洋上侵占的領土。英、美、蘇三國領袖舉行了德黑蘭會議,決定在一九四四年五月開闢歐洲第二戰場。

一九四四年年底,蘇軍大抵肅清境內德軍並先後攻占了羅馬尼亞、阿爾巴尼亞、匈牙利、波蘭、捷克,到一九四五年四月進抵柏林郊區。在西線,一九四四年六月六日,盟軍在諾曼第半島登陸,開闢歐洲第二戰場,使德軍處於東西夾擊的鐵鉗中。到一九四四年底盟軍反攻比利時、盧森堡和法國,並擊潰十二月德軍在阿登地區的最後反撲。一九四五年上半年,盟軍又收復了荷蘭、義大利、挪威、丹麥,並於三月突破萊因防線,德國崩潰在即。一九四五年二月,英、美、蘇三國領袖舉行雅爾達會議,制定了徹底擊敗德國的計畫並就戰後如何處置德國、波蘭的疆界等問題達成協議。四月二十五日,盟軍與蘇軍在易北河會師。四月三十日,蘇軍攻克柏林,希特勒自殺。五月八日,德軍簽署無條件投降書。至此,法西斯第三帝國徹底崩潰,歐洲戰爭結束。

一九四五年七～八月,英、美、蘇三國領袖召開波茨坦會議,就如何處理和安排戰後德國與歐洲的問題進行了進一步磋商。會議期間,中、美、英三國發表《波茨坦宣言》,重申《開羅宣言》必須實施,敦促日本無條件投降。八月六日和九日,美國在日本廣島和長崎投下兩顆原子彈。八月八日蘇聯對日宣戰並於九日零時出兵中國東北。八月十五日,日本接受《波茨坦宣言》,無條件投降,於九月二日簽訂投降書。二戰以德、義、日軸心國徹底崩潰而結束。

　　第二次世界大戰是人類歷史上一次規模空前的戰爭，一場史無前例的浩劫。戰爭歷時六年之久，六十一個國家和地區的二十多億人口捲入戰爭，占當時世界總人口的百分之八十。戰火燃及歐、亞、非三大洲和太平洋、大西洋、印度洋、北極海四大洋，參戰的軍隊多達一億一千萬人。戰爭造成六千七百多萬人死亡，物資損失總計四兆美元，而戰爭所造成世人在精神與肉體上的巨大痛苦是無法估量的。

　　同盟國的勝利粉碎了德、義、日軸心國稱霸世界的迷夢，動搖了帝國主義和殖民主義長期統治的基礎，改變了世界政治版圖。法西斯三國被擊垮，英、法亦遭到嚴重削弱，免於本土遭受戰爭洗禮的美國爬上了世界霸主地位。而戰前唯一備戰的蘇聯，國力更加強盛。東歐和亞洲建立了共產政權，形成新的共產主義世界體系，成為國際政治中與美國陣線抗衡的力量。亞、非、拉丁美洲各國人民，在戰後紛紛掀起了民族獨立運動，迅速摧毀了西方帝國主義的殖民體系，擺脫了殖民主義的枷鎖。

　　戰爭也是國家壟斷資本主義加速發展的催化劑。戰爭期間，各主要資本主義國家都運用國家的力量把全部資本主義經濟納入戰爭軌道，使國家壟斷資本主義獲得大幅度發展。戰爭也大大地推動了科學技術的進步與發展，促進了戰後世界第三次科技革命的興起和發展。

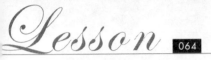
帶來戲劇性後果的奇襲

珍珠港事件

　　一九四一年十二月六日，為數龐大的日本戰鬥機、轟炸機群飛臨美國夏威夷群島上空，在島上眾人的驚愕聲中，投下難以大量的彈藥，嚴重摧殘了位於火奴魯魯的珍珠港海軍基地。珍珠港海軍基地是美國太平洋防線的「前沿防禦」端點，是美國太平洋艦隊的主要基地，因此日軍的這項空襲行動，造成美國海軍的重大損傷，引發美國參戰，二次大戰的歷史因而出現關鍵的轉折。

　　日本與德國雖在第一次世界大戰時分屬不同陣營，不過第二次大戰卻決定攜手，共同組成「軸心國」陣營。不過德、義、日三國幾乎無甚合作，實際上的互相援助極少，幾乎只能算是名義上的盟友而已。相對於同盟國陣營積極拉攏美、俄的動作，軸心國在外交上已經落於下風了。

　　特別是德國原本只在西線猛轟英國，企圖威逼英國投降，卻在一九四○年年底開始籌劃「巴巴羅莎行動」，準備進取起先尚維持著不錯關係的蘇聯；隔年四月攻擊蘇聯附庸的南斯拉夫，六月正式進攻蘇聯。德國的行動令這頭雄壯的北極熊，開始以其遼闊的幅員進行反擊，拖累了德國的全盤戰事。然而身為德國盟友的日本，卻在希特勒早已擬定攻蘇計畫之後，與蘇聯簽訂了互不侵犯協定，減低了蘇聯兩面作戰的可能性。軸心國同盟內容的鬆散，可見一斑。

　　除了俄國以外，另一重要國家美國，原先就如其在歐戰早期的行為一樣，早早便宣布中立。這次的大戰中，它雖隱隱感到軸心國若戰勝，可能將對美國的安全產生負面影響，但除了以《租借法案》

等方式暗助英國、蘇聯之外，對同盟國陣營並無太大的助益。當蘇聯與德國開戰以後，美國也與英國簽署了《大西洋憲章》，宣示建立「自由世界」的共同目標，隱含了支持同盟國的訊息。然而，只要沒有發生什麼巨變，美國一時也無甚口實參戰，故當珍珠港事件爆發，一切便改觀了。

珍珠港事變之所以爆發，是因為日本雖然在東亞大體沒有敵手，但其南進政策乃至於未來的帝國前途規畫，都不得不面對美國在太平洋西岸勢力部署的問題；而美國與英國的親密關係，更是他國難以企及的，故美國若是參戰，極有可能加入日本的敵對方。對日本而言，這將是維繫帝國生命線的一大隱憂。日本原先認為，美國必定將保護其在東亞的唯一殖民地菲律賓，因此日本只需站穩自己在東南亞的根基，便能不懼遠來東亞的美國部隊。可是日本「聯合艦隊」司令長官山本五十六卻另有見解，認為美國的國力終究強於日本，如此的戰法將使日、美陷入長期的拉鋸戰，此對整體國力較弱的日本不利。故而在一九四○年下半年，日本便即開始著手

🔹 由照片中，可看出美國驅逐艦遭到日本突襲的慘烈。

擬定「太平洋戰爭」的作戰計畫，決定先發制人，先行摧毀美國的太平洋艦隊，以削弱美國在太平洋上的作戰力量。

一九四一年十一月二十五日，聯合艦隊中負責襲擊珍珠港的艦隊從千島群島起航，以六艘大型航空母艦為主體的艦隊，向珍珠港進發。經過一周多的時日，該艦隊抵達珍珠港附近，未被美國發現，接下來，石破天驚的珍珠港事件便即展開了。

珍珠港當時駐留了三艘航空母艦、九艘戰艦，巡洋艦二十艘，驅逐艦六十九艘。事變發生後，除了三艘航空母艦因出海未返航而倖免於難，其他所有船隻全部遭到輕重程度不一的損傷，戰艦「亞歷桑納號」的沉沒更成為一個經典的戰場畫面。美國海軍損失慘重。但是這個悲痛的日子，卻讓美國上下一心，決定向日本宣戰，報復日本「偷襲」珍珠港的無良行動。

對於日本是否真欲「偷襲」，其實眾說紛紜，美國方面強調日本的最後通牒送達時間晚於其艦隊出發的時間，因此明顯是一種偷襲行動；但日本方面則強調此係作業延遲所致，且美國早已藉由先進的無線電監聽及解碼系統，得知了日本的行動，故認為珍珠港事件乃是小羅斯福總統故意以美國官兵的犧牲，製造參戰的藉口。不過據解密檔案得知，十二月六日當天，日軍的行蹤已被澳洲的偵察機查知，然當飛行員報告基地並請求派員追蹤時，英國的遠東空軍司令卻下令不必跟蹤。當美國駐澳武官得知此消息並要求通報美國時，澳洲政府卻拖延了半天方才應允，使該情報到達華盛頓之時，珍珠港事件早已發生。因此也有人說，珍珠港事件是英國「縱容」的結果，其目的在於促使美國早日參戰！不管實情如何，美國政府的確在十二月八日對日宣戰，很快地德美、義美、英日、法日等軸心、同盟諸國也相互宣戰，正式將歐洲和亞洲的戰場結合起來，成了名符其實的「世界大戰」。

　　美國參戰後，雖與日本有著血海深仇，不過整體上係從事「歐洲第一」的戰略，以擊敗歐洲的軸心國首強德國為目標。然而對在亞洲戰場已漸感不支的中國來說，多了美國的挹注仍是一劑強心針；另外歐洲方面也因為實力雄厚的美國加入，勢力更盛。最後，軸心國終究不敵由英、美、蘇三大強國為主的同盟國陣營，第二次世界大戰的結局因而底定，剩下的只是時間的證明了。

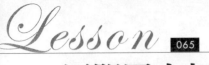
同盟國吹起反攻號角

諾曼第登陸

　　在第二次世界大戰中，美、英、法、加、比、荷、挪、波、捷、澳和紐西蘭等十一個國家的軍隊，於一九四四年六月六日在法國西北部的諾曼第進行了歷史上規模空前的登陸作戰，這次戰役在軍事史上是十分成功的典範。

　　一九四一年六月二十二日德國突然入侵蘇聯。七月中旬，德軍兵鋒直指莫斯科的門戶斯摩棱斯克，蘇聯面臨嚴酷的處境。在德、蘇戰爭爆發的當晚和次日，邱吉爾和羅斯福分別發表了援助蘇聯的聲明。英、蘇之間幾經接觸後，七月十八日史達林在給邱吉爾的第一封電信中正式要求英國「在西方（法國北部）和北方（北極地帶）開闢反對希特勒的戰場」，邱吉爾的答覆是：英國力量不足，大舉登陸必遭慘敗，對英、蘇兩國均弊多於利。此後他們之間又兩度互通電信，但並未達成共識。

　　一九四一年十二月七日太平洋戰爭爆發，美國正式參加反法西斯戰爭，開闢第二戰場的問題也就擴大到英、美、蘇三國之間，成為反軸心國聯盟打敗德國法西斯的首要戰略問題。

　　一九四二年初，在羅斯福的敦促下，英、美議定了一九四三年春在西歐實施登陸作戰的計畫。四月十二日，史達林收到羅斯福的電信，邀請莫洛托夫訪美，討論「一個非常重要的、關於利用我們的武裝力量來解脫你們西線困境的軍事建議」。蘇聯政府代表團先後在華盛頓和倫敦，分別與美、英達成了由蘇聯代表團起草的關於一九四二年在歐洲開闢第二戰場的協議，並於六月十二日公布於

世。然而，一九四二年並沒有開闢第二戰場，協議成了一紙空文。

為了平息蘇聯的不滿，避免關係惡化，一九四二年八月十二日，邱吉爾不得不硬著頭皮親赴莫斯科，與美國特使哈里曼一起向史達林作出解釋。在會談中，邱吉爾遭到史達林的指責，他滔滔不絕地表白：由於力量不夠，

● 史達林（右）成為列寧（左）的接班人。

加上英吉利海峽的氣候每年十月到來年四月間不宜大規模渡海作戰，「要動手，時間沒有了」。到一九四三年，將有八至十倍之多的登陸艦和百萬美軍，就可以發動一場有四十八個師（其中近半數是裝甲師）參加的西線攻勢。

但是，英、美決定當年（一九四二年）在北非登陸作戰。邱吉爾還當場勾畫了一張鱷魚速寫圖，說明英、美的戰略意圖是「在打鱷魚的硬鼻子時，也要攻擊牠柔軟的下腹部」（即地中海北岸歐洲南部地區）。史達林明白了這是英、美在一九四二年對德作戰的既定方針，面對現實，他終於接受了邱吉爾的取代方案，也「同意對軸心國的任何打擊都會使盟國鬆一口氣」。這場盟國間的危機因此得到解決。

一九四三年五月，北非戰事以德、義軍隊的全軍覆沒而告終。與此同時，德國潛艇戰的威脅也大抵消除，這時美、英在對德作戰中，由防禦轉為進攻。美、英實力與一年前相比，也有了很大變化。然而，美、英之間對開闢第二戰場的地點意見分歧，又由於美國還面對太平洋戰場，因此人員和裝備方面的準備落後於計畫，

以致在地中海的北非戰場上，美、英軍隊的比例為一比三，實際上是美國跟著英國走。到一九四三年六月，羅斯福和邱吉爾把開闢第二戰場的日期再次推遲到一九四四年春的決定通知蘇聯時，史達林憤慨地指出：開闢第二戰場的約定遭背棄，再次推遲。此後，史達林曾中斷了與邱吉爾的通信，推遲原定在七、八月間與羅斯福的會晤，對羅斯福關於美國轟炸機在蘇聯機場緊急降落的要求不予答覆，並召回了駐英、美的大使。一時間，雙方關係處於「破裂的邊緣」。然而，大敵當前，羅斯福、邱吉爾和史達林終在一九四三年十一月底，就近兩年半爭執不下、懸而未決的開闢第二戰場問題，於德黑蘭進行了高峰會談。

會上，羅斯福和史達林顯得很融洽。美國在戰時和戰後要依靠蘇聯，故與蘇聯關係融洽有利於美國在歐洲戰場的推展。這樣，美、英、蘇三國終於就「從東、西、南三方面將發動的軍事行動之規模和時間達成了一致協定」。三國領袖決定於一九四四年五月在法國北部發動「霸王」戰役，開闢第二戰場。

為了保證計畫成功，一九四四年一月，西線盟軍最高司令官艾森豪把發動進攻的第一梯隊從三個師擴大到五個師，並配備了兩個師的後續部隊。開闢第二戰場日期不得不再次推遲一個月。原定同時在法國南部進行配合的登陸作戰，也因缺乏大型登陸艦艇，推遲到八月中旬進行。

盟國為了在法國西北部諾曼第登陸，在英國本土集中了約兩百八十八萬人、一萬五千多架飛機、六千多艘艦艇，還準備了兩個人造港和一條海底輸油管。此外，還計劃用十個師的美、法軍隊，在法國南部進行配合的登陸作戰。在美國還

➲ 意氣風發的艾森豪將軍。

有四十一個師整裝待發。

一九四四年六月六日清晨，**響徹諾曼第雲霄的隆隆砲聲**，宣告經過三次延期的第二戰場終於開闢成功，絕地大反攻就此展開。

在第二戰場開闢前，德、蘇戰場的形勢是蘇軍除了在與羅馬尼亞接壤的局部地區打出國境外，戰爭仍在蘇聯境內進行，蘇聯國土還有約四分之一仍由德軍占領。第二戰場開闢後，分散了德軍的力量，東線德軍在全部德軍總比例中下降到近六成。由於蘇軍和盟軍的聯手出擊，在以後的一系列戰役中使德軍疲於奔命，東西不能相顧，屢戰皆敗，終至覆亡。第二戰場的開闢為處於德軍占領區的歐洲各國人民帶來極大的鼓舞，西歐各地掀起大規模的武裝抗爭，如法國人民以自己的武裝力量反攻巴黎。

第二戰場的開闢，讓二次大戰進入了粉碎德國的最後決戰階段，在十一個月後，德國終於投降。可見第二戰場的開闢，對打敗希特勒德國具有決定性的作用。

給21世紀的話語

回顧歷史，開闢第二戰場是戰時美、英、蘇三國之間協商的主題，也是「戰時盟國關係中最重要、最複雜的問題之一」。從一九四一年六月底開始醞釀到一九四四年六月實現的過程中，三國之間意見分歧，矛盾迭起，這些分歧是三國之間不同國家利益的反映。然而諾曼第登陸，清脆地敲響了法西斯末日將臨的喪鐘。

時隔半個世紀，諾曼第登陸日不僅沒有隨著時光流逝而被遺忘，相反卻愈益得到更多世人的承認。在五十年後的今天，人們以不同形式來紀念這個關鍵之日，緬懷它壯烈地扭轉歐洲大局的歷史意義。

頗有爭議的軍事行動

美國對日使用原子彈

➡1942 年 6 月的中途島戰役。珍珠港事件後半年，美國阻擋了日軍登陸中途島，成功反制日本在太平洋地區的繼續擴張。

一九四五年八月六日八時十五分，是日本廣島市永誌難忘的時刻，戰後每年的這一時刻，整個廣島鐘聲四起，汽笛長鳴，一千五百隻和平鴿騰空飛翔。成千上萬來自日本和世界各地的人們彙集在和平公園，默哀一分鐘，以哀悼原子彈死難者，祈禱世界和平。原子彈的另一受害城市——長崎，每年八月九日也要舉行類似的盛大活動，以讓人們永遠記住那個災難性的事件和日子。二次大戰後期，美國對日本空投的兩顆原子彈，如同兩塊沉甸甸的巨石，一直壓在戰後日本和世界人民的心口上，使人透不過氣。

太平洋戰爭爆發後，一九四二年六月的中途島戰役使太平洋戰場局勢發生了有利於美軍的重大轉折。日本聯合艦隊受到美軍毀滅性打擊，四艘重型航空母艦被擊沉，三百多架飛機被擊毀。從此之後，美軍掌握了太平洋戰爭的戰略主動權，開始了強有力的攻勢。一九四三年二月，瓜達爾卡納爾島爭奪戰以美軍的勝利而告終，日軍在太平洋戰場上的優勢喪失殆盡。美國人趁機推出了跳島進攻戰略。由尼米茲將軍指揮的中太平洋部隊和麥克阿瑟將軍指揮的西南太平洋部隊，如同一把強有力的鐵鉗，避實擊虛，直逼日本本土。

馬里亞納群島被攻陷了，幾經鏖戰，菲律賓被美軍占領，日本的門戶硫磺島和沖繩島在歷經浴血奮戰之後，也相繼被美軍硬攻了下來，日本的投降已指日可待了。

在太平洋戰場上，雖說美軍取得了一連串的勝利，但由於日軍的頑強抵抗，美軍也付出了慘重的代價，並且越迫近日本本土，戰鬥就越殘酷。硫磺島戰役，美軍傷亡人數達兩萬五千多人，這是到該戰役為止美軍在第二次世界大戰中最大的傷亡數字，而約兩萬名守島日軍，僅有兩百一十六人當了俘虜。在代號為「冰山行動」的沖繩島爭奪戰，歷時三個月，美軍傷亡竟達近五萬人，其中陣亡一萬二千餘人，四十餘艘軍艦被擊沉破壞，損失艦載飛機七百六十三架，連美軍第十集團軍司令布克勒也在這次戰役中血灑疆場，成為二戰期間為數不多的陣亡美軍高級將領之一。

儘管一敗再敗，但日本軍國主義者仍拒絕投降，頑強抵抗到一九四五年春天；日本進行大規模軍事動員，一再降低徵兵年齡，擴大徵兵範圍，並從中國、朝鮮等地向本土調兵。隨後，日本實行全民總動員，十五歲到六十歲的男人，十七歲至四十五歲的女人都要參加義勇兵。農民拿起農具當長矛，兒童拿起竹棍練拚刺，連大阪夜總會的舞女也拿起步槍練射擊，寺廟的僧侶都戴上防毒面具參加演習。到一九四五年七月，日本士兵人數達到七百二十萬，飛機達七千餘架。

還在一九四四年十二月，美軍參謀長聯席會議就制定了在日本本土實施登陸的作戰計畫，但太平洋戰場上美軍付出的慘重代價和日軍的負隅頑抗，使美國決策者陷入了長考，他們估計如進攻日本本土，美軍至少也要傷亡百萬人。正當杜魯門期望蘇聯分擔責任時，一九四五年七月十六日上午，美國新墨西哥州阿拉默戈多沙漠裡的一聲巨響，原子彈試驗成功。

二次大戰美國在日本投下的原子彈。上為投在廣島的「小男孩」，下為投在長崎的「胖子」。

從原子彈一出世，圍繞著原子彈投放問題的爭論頻起。有一些參與研製原子彈的科學家和部分軍事將領堅決反對對日使用原子彈，認爲常規武器足以迫使日本投降。還有人建議選擇一個無人居住的地區投放，向日本顯示一下核子武器的威力，而無需直接對日本本土投擲。美國最高決策者拒絕了這些建議，認爲除非直接使用於軍事上，技術性示威不太可能結束戰爭。一九四五年七月二十二日，杜魯門總統批准對日使用原子彈。

在決定了對日使用原子彈之後，關於投擲地點也有不同的意見。一九四五年三月成立的轟炸日本「目標委員會」初步選定原子彈的轟炸目標：小倉、廣島、新瀉和京都，杜魯門的軍事顧問陸軍部長史汀生反對把京都列爲轟炸目標。他說，轟炸這座既是日本古都又是文化名城的城市，在日本人以至世人的心理上可能會引起相反的作用。經過一番爭論，長崎取代了京都，成爲原子彈投放的預定目標，之所以選擇了長崎，據說因這個城市盟軍戰俘較少，且尚未遭到盟軍大規模轟炸。

一九四五年七月二十四日，杜魯門指令美陸軍戰略空軍司令卡爾·斯帕茲將軍派遣第二○航空隊第五○九混合大隊在八月三日之後，當氣候條件允許時，立即在日本廣島、小倉、新瀉和長崎四個城市中選取目標，投擲原子彈。

一九四五年七月二十六日，美、英、中三國《波茨坦宣言》發表，其中談到，「吾人通告日本政府立即宣布所有日本武裝部隊無條件投降……除此一途，日本即將迅速完全毀滅」。第二天，日本

首相鈴木對記者說，《波茨坦宣言》只是重談《開羅宣言》的老調，表示不予理睬。八月二日，杜魯門在從波茨坦返美途中，下令對日本投放原子彈。

廣島為戰前日本的第七大城市，人口二十多萬，為日本西南部主要行政及商業中心。八月六日這天清晨，廣島天氣晴朗，氣候炎熱。七時九分，該市響起一陣防空警報，美軍三架飛機在上空盤旋數回而去。八時整，防空警報再次拉響，對於美軍飛機的轟炸，人們早已習以為常，廣島市民大多數沒有停止手中的工作，他們尚不知厄運正降臨他們頭上。

八時十五分十七秒，這是一個令人難忘且悲慘恐怖的時刻，配帶著降落傘的原子彈「小男孩」在九千六百公尺高空從投放原子彈的 B-29 飛機中脫艙而出，四十三秒之後，能量相當於一萬二千五百噸 TNT 炸藥的「小男孩」爆炸了。「一朵蘑菇狀煙雲逐漸形成，在蘑菇狀煙雲下面的情況，使人最先想起的是一壺正在沸滾的瀝青。」這是投放原子彈的 B-29 飛機機長蒂比茨，在日記中記下原子彈爆炸的情景。整個廣島一片火海，在爆炸中心五百公尺之內的溫度接近攝氏一百萬度，所有的東西都化為灰燼。爆炸中心方圓

➡ 六十年前的廣島原爆後景況。據日本官方統計，廣島原爆死亡 78,150 人，負傷 51,408 人，是長崎的兩倍以上。

八百公尺內的所有居民無一倖免。由於救護機構被摧毀，受傷人員得不到及時救治，更由於市民缺少防原子彈的常識，當原子彈爆炸之後不久，就到放射性嚴重的地區行走，致使死亡率大增。據統計，現場死亡和後來因患原子病（白血球稀少）而死亡人數，達十七萬之多。核子武器以它特有的方式，給人們留下了恐怖的記憶。

原子彈在廣島爆炸後，因日本方面尚無立即投降的跡象，八月九日，美軍在長崎上空投擲了第二顆原子彈。十一時零二分，原子彈「胖子」在長崎爆炸，繁華的城市頓時化為一片焦土，街道狼藉、屍橫遍地，一千公尺半徑之內因極其劇烈的爆炸波及熱度，全部人畜立即死亡。長崎市當時和隨後五年因原彈死亡者共計達十四萬人，另外還有大批人員失蹤，傷亡人數占全市人口的三分之二。

美國在廣島投下原子彈之後，八月八日，蘇聯對日宣戰。蘇聯紅軍出兵中國東北，日本關東軍土崩瓦解。八月十五日，日本天皇用國民從未聽到過的顫抖聲調，向日本公民發表了日本戰敗求和的「御音」。九月二日，日本投降儀式在泊於東京灣的美國軍艦「密蘇里號」上正式舉行。至此，反法西斯的第二次世界大戰劃下了出乎世人意料之外的句點。

給21世紀的話語

有無對日投放原子彈的必要，至今仍眾說紛紜。原子彈減少了美軍士兵的傷亡，加速了日本無條件投降，這是顯而易見的事實。誠然，真正贏得戰爭的是世界各國人民反侵略的英勇抗爭，但美國動用原子彈，不全是為了儘快結束與日本之間的糾纏戰爭，其背後還有牽制其當時蠢蠢欲動擴張勢力的盟友——蘇聯之作用。用杜魯門的話說：「炸彈投在日本，正是為了在俄國收到效果。」

劃分勢力範圍的密議

雅爾達會議決定戰後新格局

●雅爾達會議三巨頭由左至右分別是：邱吉爾（英）、羅斯福（美）、史達林（俄）。

　　一九四五年二月四日至十一日，羅斯福、邱吉爾和史達林率美、英、蘇三國代表團，在克里米亞半島的療養勝地雅爾達舉行了歷時八天的會談。這是第二次世界大戰期間，最重要的一次三國首腦會議。

　　一九四五年初，東線蘇軍已打到離柏林只有六十公里的奧德河東。西線盟軍也粉碎了希特勒在阿登地區的最後反撲，兵鋒直指萊因河西，德軍被圍在兩條大河之間，負隅頑抗。在亞洲太平洋地區，美國估計還要苦戰年餘，作出巨大犧牲，才能結束戰爭。如果

蘇聯及早參戰，可減少美軍傷亡。蘇聯也望早日結束對歐戰事，並在遠東問題上作出有利於自己的解決。此外，三大國共同安排戰後世界事務也是一大議題。

雅爾達會議的中心議題有四：

第一，德國問題，主要是分區占領和賠償問題。決定在德國投降後，由蘇、美、英、法分區占領，柏林則實行共管。對德國賠款的分配，蘇聯不得少於其中的一半。此外，三國宣布，德國必須實行非軍國主義化。

第二，波蘭問題，中心是邊界和波蘭政府的組成。這是蘇聯和英、美在會議期間討論最多、爭論最為激烈的問題，在八次全體會議中，多次涉及波蘭問題。蘇聯關心邊界問題，而英國因在倫敦還有個波蘭流亡政府而關注政府組成問題。因此，幾經較量才議定：波蘭東部基本以寇松線為界，西部則從德國得到領土補償。對於政府的組成，由於蘇軍已由波蘭進入德國的既成事實，加上蘇聯與流亡政府已無外交關係，因此，只能以「在更廣泛的基礎上實行改組」這句原則性的措詞記錄在案了。

第三，聯合國問題。會上解決了四個問題：（一）在聯合國六個主要機構中最重要的安全理事會，由美、蘇、中、英、法五個常任理事國和六個非常任理事國組成。除程序問題外，任何實質性問題均需經過五個常任理事國一致同意，也就是五大國擁有否決權。這實際上是由大國說了算，如果大國一致，問題就可迎刃而解，即使不一致，也可用否決權來確保各自行動不受制約。（二）確認蘇聯的烏克蘭、白俄羅斯為「創始會員國」，擁有單獨的表決權。（三）殖民地託管問題，邱吉爾對此十分敏感，當美國提出這個問題時，他怒氣沖天地揚言：只要他當一天英國首相，就一天也不讓出帝國遺產的一小片。「只要我還活著，我就要反對。」當美國

表示此事只涉及敵國時，邱吉爾仍不放心，他表明託管不涉及英國。（四）爲了成立聯合國，決定於一九四五年四月二十五日在三藩市召開聯合國家會議。

第四，蘇聯參加對日作戰。早在一九四三年十月開始的歷次美蘇會談中，就涉及德國戰敗後蘇聯參加對日作戰的問題和具體條件。一九四五年二月，使蘇聯早日參戰仍然是羅斯福抱病與會最直接的目的。二月八日下午三時半，史達林和羅斯福在莫洛托夫、哈里曼和雙方譯員陪同下，背著邱吉爾私下進行會談。由於過去幾經接觸，雙方已有相當基礎，所以當天就達成協定。十一日，在最後一次會議上，羅斯福和史達林邀請邱吉爾在他們已經商定好的協定文本上共同簽署。邱吉爾雖然因未能事先參與討論而不快，但爲了使英國的三大國地位能有所顯示，並保持今後能參與討論遠東問題的資格，他還是不顧受冷落的難堪而簽了字。

根據協定，蘇聯承諾在德國投降後的二、三個月內參加對日作戰，其條件是：（一）外蒙古（今蒙古人民共和國）的現狀須予維持。（二）由日本在一九〇四年日俄戰爭中，從沙俄手中奪取的「權益」須予恢復。即庫頁島南部及鄰近一切島嶼須交還蘇聯；中國的大連商港須國際化，蘇聯在該港的優越權益須予保證，蘇聯租用旅順港爲海軍基地須予恢復；中東鐵路和南滿鐵路（簡稱中長路）由中蘇共同經營。（三）千島群島須交予蘇聯。

有關外蒙古及上述港口、鐵路的協定尚須徵得當時中方領袖蔣介石的同意。根據史達林的提議，美國總統將保證在打敗日本後敦促中國政府同意蘇聯上述種種要求。爲此，蘇聯方面表示準備和中國國民政府簽訂一項中蘇友好同盟協定。由於當時一致同意對協定的內容保密，所以被稱爲「雅爾達祕密協定」。

「雅爾達祕密協定」實際上是美國和蘇聯互相劃分勢力範圍，

並據此來解決中國問題。美國得到了中國的絕大部分（即它對蔣介石政權的支持），蘇聯得到一小部分——中國東北、西北（新疆）和「獨立」的外蒙古。雖然，雅爾達會議對於協調盟國在最後戰勝德、日的步伐，使勝利早日到來，發揮了關鍵作用，但美、蘇領袖是在未有中方參與的情形下，擅以中國領土主權作為談判價碼，事後再通知中國政府。

綜前所述，第二次世界大戰後期，美、英、蘇三國曾就戰後世界的安排進行過多次雙方和三方會談。從一九四三年底的開羅和德黑蘭會議，一九四四年十月的英蘇和十二月的美蘇莫斯科會談，到一九四五年的雅爾達和波茨坦會議，三大國以宣言、公報、協定，公開的、祕密的、書面的、口頭的和建立常設機構等形式，肯定了它們所安排的戰後世界秩序，形成了以雅爾達協議為主體的戰後體制，被統稱為「雅爾達體制」。

雅爾達體制是反法西斯戰爭勝利的產物，它既反映了戰勝國對世界的安排，也反映了當時美、英、蘇三國現實力量的對比。對德國實行分區占領，戰後歐洲按三大國現有軍事力量重新劃分。例如蘇波、德波邊界西移，巴爾幹地區由英、蘇分別控制。也就是在歐洲，以德國為中心，一分為二，從德國東部向東屬於蘇聯勢力範圍，從德國西部向西屬於以美國為代表的西方勢力範圍。在遠東，除對中國已達成協議外，保留英國原有的勢力範圍，其他地區也由美、蘇協調。例如日本雖未明確由誰占領，但是庫頁島南部「交還」和千島群島「交予」蘇聯已作為蘇聯參戰條件，見之於文。朝鮮按「北緯三十八度線」分為南北兩方雖非上述會議決定，但也可視為「雅爾達體制」之一部，也就是美國以承認蘇聯在東北亞的優勢地位，換取了蘇聯參加對日作戰。與以往的國際體制不同的是，雅爾達體制帶有濃厚的意識形態色彩。過去以歐洲強盛為基礎、歐洲

均勢爲中心的傳統國際政治格局，也隨之失去了存在的基礎，代之而起的是美、蘇兩強。且很快地就由兩強並立，演變爲以美、蘇爲首的東、西方兩大集團冷戰對抗的兩極體制。

給21世紀的話語

多年來，美、蘇兩個超級大國爲了爭霸，不停歇地進行軍備競賽，發展核子武器，且四處干預他國內政。一方面使世界不得安寧，另一方面也使他們除了畸形發展的軍事力量外，自己的國力也受到嚴重影響。最後終於因兩極中的一極窮兵黷武，超出了國力限度，造成經濟滑落，不堪重負退出角逐。由此引出了從一九八九年開始的東歐劇變和直到一九九一年底蘇聯解體。這一連串震撼世界的事件，徹底改變了美、蘇間的戰略平衡，導致四十多年來左右世界、以雅爾達體制爲核心的國際關係格局的終結。從此，世界進入了一個向多極化過渡的重大變動時期。

國際風雲變幻莫測
聯合國的風風雨雨

　　誕生於二次大戰戰火中的聯合國是當今世界規模最大、影響最深的國際組織。從它成立到現在的半個世紀中，國際風雲變幻莫測，聯合國也隨之走過了一段複雜曲折的道路，並不斷發展壯大，其會員國已從最初的一個創始國發展到一百九十一個（二○○五年爲止）。一九九○年代初。它在國際政治中的作用日益增強，迄今已成爲國際社會中維持和平安全、促進發展最有影響力的國際組織機構。

　　一九四一年八月十四日，美、英兩國達成的《大西洋憲章》中首次提出了建立聯合國家組織的設想。一九四二年一月一日，二十六個國家在華盛頓簽署的《聯合國家宣言》中再次重申戰後要確立一種維護世界和平的普遍安全機制。一九四三年十月，美、英、蘇三國外長莫斯科會議和一九四三年十一月召開的開羅會議以及德黑蘭會議上，美、英、蘇三國就未來國際組織的建立進一步討論、協商和交換了意見。

　　一九四四年八月至十月，美、英、蘇三國和中、美、英三國分別在美國敦巴頓橡樹園舉行會議，對聯合國的創建進行了具體籌劃。會議確定未來的國際組織叫「聯合國」，規定了聯合國的宗旨和原則、會員國的資格及主要機構的組成和職權。一九四五年二月在雅爾達會議上，又確立了「大國一致原則」，即常任理事國在實質問題上擁有否決權。一九四五年四月二十五日，五十個國家兩百八十二名代表參加的聯合國制憲會議，在美國三藩市開幕。經過

激烈的爭論和妥協後，六月二十五日會議一致通過了聯合國憲章及國際法院規約，五大國代表率先簽字。同年十月二十四日，共十九章一百一十一條內容的《聯合國憲章》正式生效。一九四六年一月十日至二月十四日，第一屆聯合國大會在倫敦舉行，聯合國正式開始運作。

聯合國的宗旨和原則反映了世人痛恨戰爭、渴望世界和平的強烈願望，乃聯合國組織的精髓所在。《聯合國憲章》的第一條規定了聯合國的宗旨：維持國際和平與安全，發展各國間的友好關係，促進國際合作，協調各國行動。

為實現聯合國的宗旨，憲章第二條又規定了聯合國組織及其會員國必須遵守的基本原則，包括：國家主權平等原則、互不侵略和領土完整原則、不干涉他國內政的原則、和平解決國際爭端原則等。

根據憲章規定，聯合國會員國分創始會員國和接納會員國兩大類。凡參加三藩市會議，或在此之前簽署過《聯合國家共同宣言》並簽署和批准《聯合國憲章》的國家，均為聯合國創始會員國，共五十一個國家。凡愛好和平，接受憲章所載的義務，經聯合國認為能夠並願意履行憲章義務的，均可成為聯合國會員國。

聯合國共有六大機構，即聯合國大會、安全理事會、經濟及社會理事會、託管理事會、國際

➡聯合國總部大廈位於美國紐約市。

法院和祕書處。

「聯合國大會」是聯合國最高權力機關,由全體會員國代表組成,每年舉行一屆年會。

「安全理事會」由中、法、蘇、美、英五個常任理事國和十個非常任理事國組成。非常任理事國由聯合國大會選出,任期兩年,交替改選,即每年改選五個。安理會是聯合國唯一有權採取行動來維持國際和平與安全的機構,它還向聯合國大會推薦新會員國和祕書長。

「祕書處」是處理各機構的行政事務,執行各機構交付之任務的行政機關。它設祕書長一人、副祕書長八人,助理祕書長五人。祕書長是聯合國的行政首長,負責向大會提交聯合國的年度報告和必要的補充報告,以及有權把認爲可能威脅國際和平與安全的事件提請安理會注意,聯合國祕書長是經安理會推薦後由大會任命的,任期五年。聯合國成立以來至二○○五年,共任命過七個祕書長,這第七任祕書長是在一九九七年一月上任的迦納人科菲・安南。

經濟及社會理事會由聯合國大會選出的五十四個理事國組成,任期三年;經社理事會每年舉行兩次常會,專門研究國際經濟、社會、文化、教育、衛生及其他問題,並就上述問題向大會、會員國和專門機構提出建議。託管理事會是聯合國處理戰後殖民地問題的專門機構。國際法院爲聯合國的主要司法機關,設在荷蘭海牙。法院有法官十五名,任期九年,由大會和安理會分別選出,每三年改選五名。

聯合國成立以來,遵循其憲章規定的宗旨和原則,積極致力於維護國際和平及安全,促進全世界人民的經濟及社會發展。儘管由於戰後兩極格局的存在,阻礙了聯合國的宗旨和原則的完全實現,但瑕不掩瑜,近半個世紀來,聯合國爲維護世界和平安全,促進

全球經濟合作和發展及反對殖民主義、種族歧視等方面都作出重要的貢獻。

　　第一，在維護世界和平、緩解國際衝突方面，戰後以來聯合國一直發揮積極作用。為維護各國的獨立和主權，反對霸權主義促進世界和平，多年來聯合國通過了一系列的決議和宣言。對於蘇聯入侵阿富汗、越南入侵柬埔寨、伊拉克侵略科威特等侵略擴張行徑，聯合國大會都給予了譴責。聯合國還通過派出維和部隊和軍事觀察團及祕書長等有關人員，在爭端雙方中間穿梭斡旋，直接為緩解或避免新的武裝衝突作出努力。據統計，從一九四八年到一九九三年，聯合國共採取維和行動近三十次，參加維和行動的國家有七十多個。他們在制止武裝衝突，維護或恢復地區和平方面作出了世人矚目的貢獻。

　　第二，聯合國在促進世界經濟及社會的發展進步，尤其是促進落後國家的發展，縮小發展中國家同發達國家間的差距方面作出了一定貢獻。針對不發達國家經濟的惡性循環、非洲的發展、拉丁美洲外債、貧窮國家等問題，聯合國通過一系列的宣言和決議，並採取了許多有力措施。例如，為促進發展中國家的經貿發展以及工業化進程，聯合國成立了貿易及發展會議、開發計畫署、工業發展組織和技術合作促進發展部等機構，其中開發計畫署是當前國際上提供多邊技術援助最主要的渠道，活動遍及一百五十多個國家，業務項目五千多個。此外，聯合國還通過提供資金、委派專業人員、召開國際研討會等幫助各國發展科技、文化和教育事業。

　　第三，反對殖民主義、種族主義，促進世界非殖民化。根據其宗旨和原則，聯合國掀起了一場非殖民化運動，通過了一系列譴責殖民主義、種族主義的決議和宣言，還進行了反對種族主義和種族歧視的兩個「行動十年」運動。特別是針對南非政府的種族隔離

政策，採取了包括強制性武器禁運在內的一系列制裁措施，有力地支持了南非人民的民族獨立事業和反種族主義抗爭。

　　聯合國是美、蘇等大國設計的戰後國際秩序的重要組成部分。在兩極格局下，聯合國的活動不可避免地受到冷戰的影響，其宗旨和原則的發揮還是有限的。在聯合國成立之初和二十世紀五○年代，美國倚仗其雄厚的經濟軍事實力，把冷戰帶入聯合國，聯合國基本上處於美國控制下。二十世紀六○年代聯合國又成為美、蘇進行角逐和政治交易的場所，到七○、八○年代，隨著第三世界的崛起和紛紛加入聯合國，聯合國開始成為第三世界和已開發國家進行抗爭的合法舞臺，聯合國的宗旨和原則日益得到真正發揮。

給21世紀的話語

　　冷戰結束之後，聯合國在維護世界和平與安全、促進世界發展及建立新的國際秩序等方面的地位和作用明顯增強。目前聯合國是世界上最受重視的宣傳各國對外政策的國際講壇和開展多邊外交的場所。面對國際上地區性衝突的增多和各國經濟競爭的日趨激烈，任何國家都不能忽視聯合國在處理國際爭端和解決發展問題上的作用。

　　聯合國在冷戰後地位和作用增強的同時，也面臨著許多困難和挑戰，諸如經費不足、機構臃腫、管理不善、強權政治和霸權主義的陰影仍然存在等。聯合國機構的改革、安理會常任理事國的擴大等已提上日程，聯合國要在今後真正成為締造和維護世界和平、促進國際合作和社會發展的國際機構，還需要長時間艱苦的努力。

人性與戰爭的最終審判

紐倫堡大審和東京大審

　　一九四五年十一月二十日上午十時，第二次世界大戰的主要勝利國美、英、蘇、法四國，在德國紐倫堡舉行了一場歐洲國際軍事法庭，審判曾身為戰敗國領導者的二十一名德國「戰犯」。這場審判名為「紐倫堡大審」，可說是人類史上影響最深遠的一次國際審判。

　　早在大審開始之前，世界各國（尤其是戰勝國）便已理解到這場審判的重要性，而有了一連串的「會前會」，商討審判過程的細節。最早的議程是確定「進行審判」，那是在一九四二年一月所決定；隔年十月，各國便開始著手擬定所謂的「戰犯名單」。同時美、英、蘇三國的外交部長，也在莫斯科宣布了一項宣言，聲稱所謂的「希特勒分子」必須要對戰爭負責，並由曾被其迫害的人民加以審判。一九四五年，中、美、英、蘇四國更在三藩市的聯合國創

●紐倫堡大審。

設會議中，確定將舉辦該次大審，並於兩個月後的「波茨坦會議」中，正式簽署審判戰犯的條款。

只是審判的地點該定於哪裡呢？戰勝國的考量是必須選在一個對納粹德國有著重要象徵意義的城市，可是德國的政、經大城往往都已飽受轟炸而剩下斷垣殘壁了，因此「紐倫堡」便成了首選。因為紐倫堡是納粹每年舉辦黨代表大會的城市，是納粹的發源地和精神象徵；另一方面，在歷史上臭名昭彰的《紐倫堡法》——即「反猶太人法案」，當初就是這部法案令數以萬計的猶太人遭到遷徙、屠殺的命運——也是以此城市為名的，故選擇紐倫堡為審判地點，更能彰顯盟軍審判的正義形象。

美、英、蘇、法的法官，統整所有戰犯的「罪刑」，將其須被起訴的行為分為三類：破壞和平、戰爭及違反人道，即從戰爭的籌劃、實際參與戰事，到戰爭期間的奴役或殘殺平民等行為，都在起訴範圍之內。另外這三類起訴罪名，也在東京大審時沿用在日本方面的戰犯，後來則被聯合國通過成為國際法的準則。一九四六年十月一日，紐倫堡審判正式結束。這場耗時接近一年的審判，以厚達二百五十頁的判決書，及十九名戰犯被處以最嚴重的死刑和各種徒刑告結。

紐倫堡開審之後，在日本東京也召開了類似的審判法庭，審判軸心國的東方盟國日本。不消說，無法參與紐倫堡大審的中國，當然可以出席東京大審。中國代表法官梅汝璈、檢察官向哲浚等人，都在東京大審中有極佳的表現，也讓中國能在東京大審中，向其所認定的「侵略者」日本提出沉痛的控訴，傳達中國所受的戰爭苦痛。不過後來因中國準備不足，自認日本侵略「罪證確鑿」，因此並沒能提供充足的證據，而讓部分日本被起訴者逃過「制裁」，令中國扼腕不已。

站在中國的立場，自然是想將所有曾經參與侵略中國的日本爪牙一一定罪。但東京大審的目的不是爲一國一人報一己之私仇，而是要不論國籍、將「違反人道」、「破壞和平」的罪犯繩之以法。因此中國的「遺憾」，某種程度上正印證了東京大審的超然與公正，爲國際法的宣判和執行立下了良好的典範。

➡麥克阿瑟與昭和天皇（右）。

另外，在兩次大審之前，一般習慣認爲「戰爭是國家行爲，所以需負責者是國家而非個人」，但兩次大審均追究了「個人」的戰爭責任，使其成爲國際法發展歷程上的另一里程碑。這兩次大審不但成爲人類歷史上首次由以一個多國組成的法庭，以法律的公開審判，決定發動戰爭者、進行戰爭者和殘殺無辜民眾者罪刑輕重的審判，也因其將諸如「破壞和平」、「違反人道」等過去從無見於各國法典之中的法律原則，明確的以判例確定下來，而使此後的國際法更爲完備，並且也形同宣示了全人類的利益和福祉，大於一國利益的「普世價值」。這便是紐倫堡大審和東京最重要的歷史意義。

兩次大審彰顯了世界的公理和正義，爲遭受戰爭荼害的人民出了一口氣，不過諷刺的是，戰勝國眞有資格對德國、日本進行這樣的審判嗎？

舉例而言，大審宣判了德國、日本在戰爭期間如濫殺無辜百姓等的罪行，但戰勝國也並非純如白紙，同樣也有在自己的占領區中以「不人道」方式對待百姓、戰俘的情形，那麼本身不義者的指摘和宣判，還能如此有力嗎？兩次大審雖有國際法上的典範價值，卻不能解答這樣的矛盾。

給21世紀的話語

　　「第二次世界大戰究竟是誰造成的」是個值得深思的問題。德國是一次世界大戰的戰敗國，當時各主要戰勝國的處置會議「巴黎和會」，幾乎是個只想壓榨戰敗國（甚至包括戰勝國「中國」）的會議，讓當時的德國背負著無法承擔的賠償壓力；而巴黎和會後的華盛頓會議，則又因為利益的糾纏，造成日本的不滿，引發其內部的不安，加速其對外擴張的腳步。最後德國和日本，這兩個歐戰時分屬不同陣營的國家，卻在這時候攜手，挑戰讓它們深感受到歧視的世界。最後它們敗了，世界重新回到以歐美價值為主流的體系——特別是「美國」，但戰勝國本身的錯誤，難道不必被譴責嗎？

　　紐倫堡和東京大審固然確立了國際法上的重要原則，是它們的重要歷史地位，不過其內在的意義還是值得我們深思的。

070

一石兩鳥，一箭雙鵰

馬歇爾復興計畫

　　第二次世界大戰結束後，飽經戰火的西歐滿目瘡痍，疲憊不堪。一九四六年底又遇到百年罕見的嚴寒，零下溫度持續兩個月，糧食、燃料嚴重缺乏。法國居民每日口糧降到半磅麵包，比德國占領時期還少。過去以「不夜城」著稱的巴黎路燈只開一半，而且光線微弱。英國居民用煤配額減少一半，比戰爭時期還低，連戰時也不需定額配給的糧食都憑卡購買。一九四八年春，英國繼幾次暴風雪後，又洪水氾濫，工廠有一半停工，煤礦完全停產。義大利的生產只有戰前一半，貨幣流通量卻超過十三倍。鐵路貨車上擠滿了無家可歸到處尋找出路的退伍軍人。德國情況更慘，城市幾乎一片廢墟，物價飛漲、黑市猖獗，香菸成為流通的交換單位。不少居民靠占領軍發放的菜湯度日，柏林西部占領區的工人一天清除瓦礫的勞動所得還買不到一支香菸，占領軍的一塊巧克力就能換取「廉價的愛情」。總之，人民處於饑寒交迫之中，籠罩著西歐的是一片絕望，昏慘慘似燈油將盡。

　　嚴重的經濟困難造成人民不滿，社會問題層出不窮，階級矛盾日益激化，政局動盪不安。西歐各主要國家的工人運動蓬勃發展，共產黨人數比戰前增加八倍。法共在大選中得票占四分之一，成為第一大黨。義共在大選中得票三分之一，位居全國第三。西歐各國不分勝敗，都面臨一個類似的問題：如何挽救不穩定的政權和資本主義制度，避免或防止人民革命的發生。

　　另一方面，大洋彼岸的資本主義魁首美國，在戰後也面臨一個

似曾相識的問題，就是一次大戰後曾遇到過的安排退伍士兵就業和生產過剩等一連串難題。現在，二次大戰結束了，美國對於戰時急劇膨脹起來的過剩生產能力向何處去，必須有所安排。美國當權者認為，西歐是美國的傳統市場，如今一貧如洗，無力進口美國的糧食和工業品，美國出口銳減，必然會影響國內經濟。今日席捲西歐的經濟危機，明日就會殃及美國，導致經濟蕭條；這又會給正在易北河以東耐心等待，靜觀西歐形勢惡化的蘇聯有可乘之機。如果美國不能改變西歐的不穩狀況，有朝一日，蘇聯就會裡應外合把西歐納入自己的蘇維埃體制。脆弱的西歐，加上強大的蘇聯，會造成「歐洲的共產主義化」，這種局面將會造成對美國安全最大的威脅。

這種形勢對早就想稱霸世界，並為自己過剩的生產能力找出路、為資本和商品大量輸出尋找市場的美國來說，既是挑戰，又是機遇。美國認為，在西歐這個資本主義的關鍵地區，遏制蘇聯的最好辦法是「麵包和投票」，而不是子彈，「應該恢復西歐的健康和元氣，使他們堅強起來，才能剷除共產主義得以扎根成長的土地」。簡言之，只有復興西歐，才能遏制蘇聯。因為經濟財政援助的辦法好處有三：（一）既能在全球抗爭的關鍵地區西歐增強與蘇聯的抗衡力量，又能為自己迅速膨脹而要爆發的危機尋找市場，解決生產過剩的危機；（二）既能使西歐的資本主義制度轉危為安，又符合自己將盟國拴在一起，納入其稱霸全球的戰略軌道的願望；（三）既能有效地阻止共產主義勢力在歐洲增長，又能降低與蘇聯直接對抗的風險。所以，這種辦法對美國來說，風險最小、花錢最少、得到最多、效果最好。於是「歐洲復興計畫」就應運而出。

一九四七年六月五日，美國國務卿馬歇爾藉在哈佛大學接受名譽學位之機，發表了為時約十五分鐘的演說，宣稱歐洲經濟困難，將面臨非常嚴重的局勢，必須獲得美國大量經濟援助才能度過。美

國願意盡其所能，對瀕於崩潰的歐洲經濟給予援助，但這是歐洲人的事，希望歐洲各國聯合起來，向美國提出一項經濟合作發展計畫。這就是又名「歐洲復興計畫」的「馬歇爾計畫」。為了不致引起國內的質疑與反對國務院煞費苦心作了一番準備，美國政府對國內和國外輿論採取兩種不同的做法。對國內，在哈佛大學先籠統一般地提出建議，採取低姿態進行試探，不大肆宣揚。對國外，唯恐大洋彼岸的夥伴對這份「非同一般」的講話內容等閒視之，事先就特別約定三名英國記者將講話內容迅速傳給英國政府，再由英國與法國聯繫，回應美國的倡議，主動提出計畫，反饋回來影響美國輿論。

馬歇爾計畫深受西歐各國統治者歡迎。因為在政治上，他們可以依靠美國的支持度過革命危機；在經濟上，可以憑藉美元「輸血」，重振國力；在軍事上，可以仰仗美國保護，免於蘇聯威脅，轉危為安。就這樣，雙方一拍即合。七月三日，英、法出面邀請除西班牙和德國以外的歐洲國家參加在巴黎舉行的歐洲經濟會議。蘇聯、波蘭、捷克斯洛伐克、匈牙利、南斯拉夫、羅馬尼亞、保加利亞、阿爾巴尼亞和芬蘭等九國未派代表參加。英國、法國、義大利、荷蘭、比利時、盧森堡、愛爾蘭、冰島、挪威、瑞典、丹麥、瑞士、奧地利、葡萄牙、希臘和土耳其等十六國，向美國政府提出一份為期四年的復興歐洲經濟的總計畫，要求美國提供援助。實際上，這只是個西歐復興計畫。

在審批過程中，美國統治階級中有些人並未認識到馬歇爾計畫的真諦所在。針對某些反對再用鉅款來「援助」西歐的人，美國產聯主席默萊聲稱：美國花了三千多億美元，「打了一場事先並非有確實成功把握的戰爭」，馬歇爾計畫是用三千億美元的十分之一「來防止另一場戰爭」。「對那些只知金錢數字的人，可以這麼說，

爲和平花一毛錢，總比爲戰爭花一元錢來得合算，而且還更有保障些」。前衆議員費希在作證時直截了當地說：「這個法案的整個目的，是遏制、限制或阻止正在挺進中的世界共產主義。」

馬歇爾計畫從一九四八年四月三日到一九五二年六月三十日，共撥款一百三十一億五千萬美元（按一九九○年價值計算爲六百四十億美元），其中九成是贈款，一成是貸款。一九四八年，西歐外貿赤字高達八十億美元，馬歇爾計畫第一年撥款五十三億，其中十億貸款，其餘都是贈款，彌補了該地區外貿逆差約三分之二。計畫結束時，西歐地區工業產量比戰前提高了約35％，農業產量提高了近10％。

給21世紀的話語

馬歇爾計畫是戰後初期美、蘇冷戰的產物，是杜魯門主義加美元，也是杜魯門主義在歐洲的具體化。它把美國統治集團遏制蘇聯、稱霸世界和經濟擴張、解決危機這兩個政治、經濟目標結合在一起，一舉兩得，以政治目的爲主的一步「高棋」，也是戰後美國外交史中最大的成功。美國復興西歐，寓控制於援助。但是，西歐的復興又削弱了這種控制，這是馬歇爾計畫所始料未及的。

071

帝國殖民體系徹底瓦解

民族獨立浪潮

　　第二次世界大戰後，亞、非、拉丁美洲興起了民族獨立抗爭風暴。據統計，截至一九九○年，全世界一百八十多個國家中，有近一百個國家是在戰後宣布獨立的，其中亞洲二十七個、非洲四十八個、拉丁美洲十個、大洋洲十一個、歐洲一個。在短短的四十五年間，如此眾多的國家掙脫殖民枷鎖，登上世界歷史舞臺，其規模之大，影響之深遠，是戰前民族獨立運動所不能比擬的。民族獨立運動高漲，第三世界崛起，成為反對帝國主義和霸權主義、維護世界和平的重要力量，這是當代世界歷史的一個突出特點。

　　戰後民族獨立運動經歷了兩大浪潮：

　　第一個浪潮發生在一九四○年代中期至五○年代中期。這一時

⇨甘地所領導的不合作運動。

期，民族獨立運動的中心地區在亞洲和北非一帶。亞洲宣布獨立的國家先後有：一九四五年的印尼、越南、寮國，一九四六年的敘利亞、約旦、菲律賓，一九四七年的巴基斯坦、印度，一九四八年的緬甸、斯里蘭卡、朝鮮，以及一九五〇年代的阿曼、柬埔寨、馬來西亞。除了亞洲民族國家之外，與此同時，在北非還有利比亞、蘇丹、摩洛哥、突尼斯等國宣布獨立；埃及在一九五二年爆發了七月革命；阿爾及利亞人民在一九五四年舉行了反法武裝起義。

　　戰後民族獨立運動之所以在亞、非地區蓬勃掀起，與第二次大戰有直接關係。二戰期間，亞洲、北非地區，特別是東亞、東南亞地區遭受了直接侵略，使這些國家蒙受了巨大的生命和財產損失。但是，亞洲各國人民也展開了抗日武裝抗爭。其次與歷史的繼承性有關。二戰前，殖民地抗爭風暴主要集中在亞洲、北非，特別是在亞洲地區。再次，與社會經濟發展有關。亞洲、北非地區與非洲其他地區比較起來，一般社會經濟發展水平要高得多，有一定規模的中產階級和成長的工人階級，民族獨立運動有新興的階級來領導思想革新。至於拉丁美洲地區，早在十八世紀後期和十九世紀早期曾進行了長達三十多年之久的獨立戰爭，絕大部分地區都擺脫了歐洲殖民主義國家在政治上的直接控制，建立了民族獨立國家，所以在此以後，爭取民族獨立問題不像亞洲那樣尖銳。

　　戰後民族獨立運動的第二個浪潮發生在五〇年代中後期到九〇年代初期，這是一個以非洲爲中心建立民族獨立國家的浪潮。

　　一九五五年亞非會議的召開和一九五六年埃及人民收回蘇伊士運河抗爭的勝利，鼓舞和推動了非洲人民爭取民族獨立的抗爭。一九五七年三月，英屬黃金海岸宣布獨立，成立迦納共和國，從而開啓了撒哈拉以南非洲的殖民堡壘的一個缺口。一九五八年十月，幾內亞脫離法蘭西共同體，宣告獨立，成立幾內亞人民革命共和國。

以迦納、幾內亞獨立為契機，在非洲大陸上掀起了波瀾壯闊的獨立浪潮。

蓬勃發展的民族獨立運動，使英、法等殖民統治者疲於奔命，迫使他們不得不改變殖民主義政策。一九五八年，法國戴高樂政府頒布第五共和國憲法，宣布建立「法蘭西共同體」以取代「法蘭西聯邦」。法屬非洲領地由法蘭西聯邦內的「半自治共和國」變為法蘭西共同體內的「自治共和國」。以後，法國又推行「非殖民化」政策，一九六○年四～十一月，法國和共同體中的十二個成員國簽署了移交權力的協定，承認這些國家獨立。

一九六○年，非洲的政治地圖發生了巨大變化，有十七個國家取得了政治獨立，因此被稱為「非洲年」。這十七個國家中有十四個曾是法蘭西共同體的成員國和法國託管地。它們是：喀麥隆、塞內加爾、多哥、馬達加斯加、貝南（原名達荷美）、尼日、布吉納法索、象牙海岸、查德、中非共和國、剛果、加蓬、馬利、茅利塔尼亞。其餘三國是薩伊、奈及利亞和索馬里。他們獨立前分別是比利時、英國的殖民地和義大利的託管地及英國保護地。這樣，到一九六○年非洲的獨立國家就增加到二十六個，其面積約占非洲總面積的三分之二，人口約占非洲總人口的四分之三。

一九六○年以後，非洲民族獨立運動繼續發展。阿爾及利亞堅持八年的獨立戰爭，終於迫使法國於一九六二年三月簽署承認阿爾及利亞人民擁有自決與獨立權利的《埃維昂協議》。同年七月，阿爾及利亞正式宣告獨立。此外，一九六一～一九六八年，非洲還有十四個國家贏得民族獨立。到一九六○年代末，非洲的民族獨立國家達到四十一個，英、法、比在非洲的殖民體系崩潰。

葡萄牙是最早侵入非洲的老牌殖民主義國家，它在非洲領地實行野蠻、殘暴的殖民統治，激起非洲人民的反抗。從一九六○年代

初起，安哥拉、幾內亞比紹、莫三比克等葡屬殖民地人民相繼展開了爭取民族獨立的武裝抗爭。葡萄牙為鎮壓殖民地人民的武裝反抗派駐非洲的軍隊達十四萬多人，軍事預算占財政預算的一半以上。長期的殖民戰爭使得葡萄牙內外交困。一九七四年四月，葡萄牙發生軍事政變，堅持殖民政策的卡埃塔諾政權被推翻。葡萄牙新政府為擺脫困境，被迫實行非殖民化政策，分別和各殖民地解放組織簽署了承認它們獨立的協定。一九七三～一九七五年，幾內亞比紹、莫三比克、佛得角、聖多美及普林西比島以及安哥拉先後宣告獨立。至此，歷時五百年之久的葡萄牙在非洲的殖民統治徹底崩潰。

在葡屬殖民地獨立浪潮的推動下，法屬科摩羅群島和英屬塞席爾群島先後於一九七五年和一九七六年宣告獨立。位於非洲之角的法屬索馬里也於一九七七年獨立，成立吉布地共和國。

非洲民族獨立的浪潮繼續向南推進，辛巴威和納米比亞先後於一九八〇年和一九九〇年宣告獨立，讓非洲大陸擺脫了殖民的歷史枷鎖。

給21世紀的話語

經過兩次獨立浪潮的衝擊，西方殖民帝國苦心經營幾個世紀的殖民體系土崩瓦解，一批新興獨立國家登上世界歷史舞臺，亞、非、拉丁美洲歷史完成了由殖民地附屬國走向獨立的發展進程。近百個新興獨立國家相繼加入聯合國，使聯合國的力量對比產生了有利於世界整體的根本變化。在當今國際舞臺上，這些新興獨立國家在反對霸權主義、維護世界和平，與爭取建立國際經濟、政治新秩序的抗爭中，發揮著日益重要的作用。

大英帝國的落日餘暉
印度獨立與印巴分治

在第二次世界大戰前，印度一直是英國最大的殖民地，被譽爲英王冠上最明亮的一顆寶石。爲了維護對印度的殖民統治，英國殖民者培植親英的封建土邦王公爲殖民統治的社會基礎，實行分而治之。

早在一百七十多年前，英國官員就鼓吹「分而治之應當是我們的印度政府的座右銘」。十九世紀中葉，一位英國軍官宣稱：「我們的努力應當是用全力鼓勵不同的宗教和種族之間存在的分裂。分而治之應當是印度政府的原則。」一九三九年九月英國對德宣戰後幾小時，大英帝國的印度總督宣布印度參戰，接著殖民當局頒布《印度國防條例》，宣布印度處於戰爭狀態，限制人民的民主自由權利。

一九四一年八月羅斯福和邱吉爾發表《大西洋憲章》，宣布「尊重各民族自由選擇其所賴以生存的政府形式的權利」，但是邱吉爾在隨後的聲明中說印度、緬甸及英帝國的其他部分不在其內。太平洋戰爭後英國在東南亞不斷退守，戰火蔓延到印度大門口。一九四二年二月，羅斯福在廣播演說中則針鋒相對地聲明《大西洋憲章》「不但適用大西洋沿岸的那部分世界，而且適用於全世界」。其後又建議「印度人可以按照美國憲法的路解決他們的問題」。迫於形勢，一九四二年二月英國政府任命了以艾德禮爲首的小組委員會來研究印度問題。三月二十三日，下院領袖克里普斯受命帶改革方案去印度會談。方案許諾戰爭結束後「建立一個新的印度聯邦」，

遭到國大黨和穆斯林聯盟的堅決反對。八月，國大黨決議要求立即獨立並成立臨時政府。四月十三日，克里普斯空手返回英國。雖經羅斯福要求邱吉爾改變僵硬立場，但從德黑蘭會議到雅爾達會議，英國一直主張保持所有英國的殖民地。

二次世界大戰結束後，印度經濟陷入嚴重困難，印度軍隊又被派往鎮壓中南半島和印尼的民族解放運動，印度工、農反英抗爭高漲，特別是一九四六年二月發生了孟買訓練營印度水兵起義，全部印度海軍和孟買二十萬工、農、學加入抗爭行列。但是國大黨和穆斯林聯盟的領導人並不支持水兵起義，強調應當採取合法的和平的方式。

一九四六年三月十五日，英國首相艾德禮在下院發表聲明說：「一九四六年的溫度已不是一九二〇、一九三〇甚至一九四二年的溫度了」，「準備讓印度獨立」並「促使這個轉變盡可能平穩順利」。三月二十四日，英內閣的特別使團到達新德里，五月五日～十二日在西姆拉舉行有印度兩黨代表參加的會談中，國大黨和穆斯林聯盟的分歧仍然嚴重，國大黨要求建立由國大黨領導統一的印度，穆斯林聯盟則要求分治，建立由六個省組成的巴基斯坦獨立國家。

五月十六日，英國政府公布關於印度未來的方案，規定建立由各行省和土邦組成的聯邦；各省和土邦享有廣泛的自治權；省區按宗教原則分別建立穆斯林多數區和印度教區；成立制憲機構，在改組原行政會議的基礎上，成立各黨派擁護的印度臨時政府。六月十六日印度總督魏菲爾和使團聯合聲明，提出由國大黨和穆斯林聯盟各五人，其他黨派四人的臨時政府組成建議，國大黨反對，而穆斯林聯盟接受。六月二十九日，印度總督組成「看守政府」。一九四六年七月制憲會議結果，國大黨兩百零九席、穆斯林七十五席、

其他黨派十四席，印度總督提出了「六、五、三」的政府成員分配方案，並於九月二日強行成立臨時政府，從而加劇了印度兩大派別的衝突，十二月九日穆斯林聯盟拒不參加國大黨占絕對優勢的制憲會議，局勢趨於內戰的邊緣。

一九四六年下半年至一九四七年春，印度的反英抗爭進一步高漲。一九四七年二月二十日，艾德禮在下院聲明：「至遲在一九四八年六月以前，把政權轉讓給負責的印度人手裡。」一九四七年三月二十四日蒙巴頓接替魏菲爾出任印度總督，他的主要助手英駐印總督總參謀長伊斯梅回憶當時的形勢是：「印度是一艘艙中滿載彈藥而在大洋中著了火的船。當時的問題是要在大火蔓延到彈藥之前把火撲滅。」印度的緊張局勢使英國領袖認知，把承認印度獨立拖到一九四八年六月恐為時已晚。蒙巴頓在和國大黨、穆斯林聯盟領導人和各類人士進行了緊鑼密鼓的接觸和討價還價後，五月中他帶著新方案的原則返回倫敦請准。五月底蒙巴頓回到印度，並於六月二日召開轉讓新政權會議。六月三日蒙巴頓公布了著名的印度獨立方案，即「蒙巴頓方案」。

蒙巴頓方案依據宗教原則把印度劃分為印度教徒的印度斯坦和伊斯蘭教徒的巴基斯坦兩個自治國家；在分治前解決旁遮普邦和孟加拉邦的劃界問題；印度斯坦包括阿薩姆、孟加拉西部、旁遮普東部、比哈爾邦、聯合省、孟買、馬德拉斯等地區。巴基斯坦包括西巴基斯坦（旁遮普西部、信地省、俾路支省、西北邊省）和東巴基斯坦（孟加拉東部和阿薩姆的西爾赫特區）；各邦在政權移交後可自由決定加入哪一個自治領。當晚，國大黨、穆斯林聯盟、錫克族領袖分別發表聲明，原則上接受蒙巴頓方案，但表示各自的不滿。錫克族要求在旁遮普省建立錫克斯坦的要求未能滿足；穆斯林聯盟由於旁遮普和孟加拉被分離，也不滿意。

一九四七年七月，蒙巴頓方案以印度獨立法案的形式，提交英國議會。七月十六日法案正式通過。一九五〇年一月二十六日，印度宣布爲共和國。一九五六年三月二十日，巴基斯坦宣布成立巴基斯坦伊斯蘭共和國，兩國仍爲英聯邦的成員國。印巴分治結束了英國在印度一百九十年的統治，加速了大英帝國的衰落。

英國策劃的印巴分治給兩個新獨立國家和南亞次大陸帶來了近半個世紀的動盪，印巴關係長期處於緊張的對峙狀態中。千百萬印度教徒和伊斯蘭教徒離開祖籍地大遷徙，造成上千萬的難民，教派衝突中上百萬人死亡，僅一九四七年八月在旁遮普地區大屠殺中死亡的就有五十萬人。一九四八年一月三十日聖雄甘地被極右派分子刺殺，刺客稱甘地沒有盡印度「父親」的責任，而成了巴基斯坦的「父親」。

⇒聖雄甘地。

印巴分治使統一的經濟被人爲分離，例如長纖維棉花產地在西巴，黃麻產地在巴基斯坦，而紡織工業和黃麻工業集中在印度斯坦。巴基斯坦由東西兩個互不相聯的部分組成，相距一千六百公里，不利於巴基斯坦的發展。西巴基斯坦六條主要河流有三條的上游爲印度境內所控制，對巴基斯坦的農業和人民生活造成極大不便。

　　土邦歸屬帶來的喀什米爾問題也是給兩國和印度半島帶來災難的懸而未決的問題。它是印度的第二大土邦，是古代中國和古代印度、阿富汗陸上往來的要道。

　　印巴分治前喀什米爾的面積共二十二萬平方英里，人口約五百萬，居民約八成信奉伊斯蘭教，二成信奉印度教，經濟上與巴基斯坦聯繫緊密。按蒙巴頓方案的宗教歸屬，應歸巴基斯坦，但英國強調它是土邦，應由人民投票決定。印度則利用它控制的喀什米爾議會宣布歸屬印度。一九四七～一九四九年，印、巴在喀什米爾發生武裝衝突，印度圖謀吞併喀什米爾。一九四九年七月雙方在喀拉嗤簽訂軍事分界線協定，印度占有喀什米爾地區的五分之三，巴基斯坦占五分之二。一九五三年兩國總理聯合聲明，通過公民投票決定歸屬問題。

　　一九五六年又發生了第二次印巴戰爭，在聯合國干預下停火。一九六六年印巴總理發表《塔什干宣言》，同意恢復正常關係。

　　一九七一年底，印巴雙方又發生第三次戰爭，印度肢解了巴基斯坦。一九七二年一月七日，拉赫曼任分離的東巴即孟加拉人民共和國的首任總統。一九七二年七月三日，印巴簽署《西姆拉協定》，遵守停戰時的實際控制線，結束了雙方的戰爭狀態。一九七四年五月印、孟兩國長達三千三百公里的邊界簽訂了《印孟陸地邊界條約》，一九八三年兩國發生邊界衝突。南亞地區的邊界糾紛至今仍無法妥善的解決。

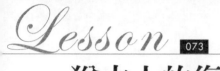

073

猶太人的復國奇蹟
以色列建國

🔹 耶路撒冷的哭牆。

以色列人——或者是一般所通稱的「猶太人」——在耶穌降生以前，便已經成了「亡國奴」，從此成為流浪在歐、亞各地的浪人。不過他們是個宗教精神強烈、家族情誼深厚的民族，國家的滅亡並沒有讓他們灰心喪志，仍舊堅定地信仰耶和華，也仍舊保持著密切的親族網絡，沒有因為到處遷徙而使族群精神消失。這是他們經歷了數千年的光陰，仍能在二十世紀中葉重新復國的內在原因。

除此之外，猶太人能夠復國，還有一個非常重要的外在原因，即是「政經實力」。尤其在二次大戰前後，大批猶太人因為德國的種族政策而移居美國，使得美國國內的猶太人大增。這批猶太人很快便在美國發展茁壯，無論在實業界、金融界、法律界乃至娛樂界，都有了強大的力量，因而取得影響美國政策方向的能力。尤其透過猶太裔金融鉅子的運作，使美國政壇人士即使不是猶太人，也不得不盡量仰承猶太人的鼻息。這是日後美、英等大國願意不顧當地國家意願，默許以色列在阿拉伯地區復國的重要原因。

猶太人的復國意志，在世界各地湧現民族獨立的思潮之後，開始激發起來。一八九七年時，一些比較積極的猶太人，建立「世界猶太民族主義組織」，致力於復國運動的推展。不過由於時機尚不

成熟，沒能立竿見影地成功。在兩次大戰期間，帝國主義列強對海外各地的控制力量大減，使得國際間興起民族獨立的浪潮，許多新興國家的建立，給了猶太人極大的鼓舞。

猶太人意圖復國的所在地，乃是上帝的「應許之地」巴勒斯坦，而這塊土地正與其周邊的兩河流域、阿拉伯半島等伊斯蘭地區一樣，住了許多的穆斯林。雖然世界猶太民族主義組織曾經透過宣傳，吸引了不少猶太人移居該地，但信仰伊斯蘭教的阿拉伯人，仍是當地的主要族群（猶、阿當時的人數比大約是一比二），因此民族衝突不斷。歐戰結束後，國際聯盟將該地託管於英國，不過英國也苦於該地的問題不斷，增加自己的負擔。於是二次大戰結束後，英國便於一九四七年將此地交至聯合國處理，放棄這塊燙手山芋。

聯合國為解決此問題，乃決定召開聯合國歷史上首次「特別委員會」，討論解決方法。此時，包括沙烏地阿拉伯、埃及在內的五個伊斯蘭國家，企圖將「巴勒斯坦獨立」的選項列入特別委員會的討論議程，不過卻遭到否決。猶太人的影響力量已在此時浮現了。

後來，聯合國巴勒斯坦特別委員會經過數次的調查、討論，訂出一項建議，即在巴勒斯坦分別成立一個阿拉伯人，一個猶太人的國家，至於兩個民族共同的聖地「耶路撒冷」，則交由國際共管。這個「和稀泥」式的提案雖然被聯合國大會通過、猶太人也願意接受，但阿拉伯人卻難忍伊斯蘭地區突然增加一個異教國家的結果，不願接受。於是此問題便即陷入懸案狀況，一時難以解決。

在聯合國討論巴勒斯坦問題時，巴勒斯坦當地的社會狀況，仍是由英國負責維持的。但該問題懸而不決，對英國十分不利，於是英國乃逕自宣布將於一九四八年五月十四日結束在巴勒斯坦的託管任務。獲知此消息且早對建國準備充分的猶太領袖們，即立刻在五月十五日的凌晨，宣布建立「以色列」。這個新生——或說復活——

的國家，雖然尚未明確指出以色列國的詳細領土範圍，不過首都所在（臺拉維夫）、政體及政府組織情形等政治細節，卻是很快便確定了。

伊斯蘭國家對以色列片面宣布建國的舉動深惡痛絕，立刻組成了由埃及、伊拉克、敘利亞、黎巴嫩和約旦五國構成的聯軍，共同突襲以色列，爆發「第一次以阿戰爭」（或稱中東戰爭）。

開戰之時以色列僅有二萬五千左右的兵力，不過戰鬥意識非常高昂，面對兵力雖眾卻缺乏統一指揮系統的伊斯蘭聯軍，仍能力戰不敗，讓世人對以色列人的強悍刮目相看。第一次以阿戰爭後來受到聯合國的調停〔註〕，以色列較戰爭前大致的領土範圍，擴增了超過一成的面積，並且也因原本散居在伊斯蘭地區的猶太人，因懼遭報復而歸返以色列，人數達八十萬人，大大地增強了國力。此後，以色列雖與周邊伊斯蘭國家爆發「西奈戰爭」、「六日戰爭」、「贖罪日戰爭」等幾次大型戰爭，以及難以計數的零星衝突，至今仍然屹立不搖。

給21世紀的話語

以色列雖然建國了，但由於其並沒有建立在尊重當地其他族群的基礎上，因此始終都是世界上的著名「火藥庫」之一，族群糾紛不斷，也消耗了許多國際成本。「巴勒斯坦解放組織」一直都與以色列發生衝突，狂熱激進的自殺炸彈攻擊和以色列軍隊的侵擾，形成冤報循環，讓許多無辜的生命也因而遭到波及。

一九九三年九月，以色列與巴解組織言和，互相承認對方的地位，雖然開啓了一扇和平的窗口，但族群、宗教、歷史仇恨等因素糾葛其中，巴勒斯坦地區能否回歸平靜，恐怕還有待觀察。

〔註〕以色列與埃及的戰鬥仍持續到一九四九年，未因聯合國的停火要求而終止。

074

韓戰的歷史標誌

兩韓分治與美國的頓挫

　　一九四五年八月上旬，在日本帝國主義節節敗退之際，兩名美軍上校參謀受命為美、蘇在韓國各自的出兵範圍確定一條分界線。他們從地圖上選定了幾乎均分朝鮮半島的北緯三十八度線，並得到了史達林的默許。北緯三十八度線附近既無深溝大河，亦無高山險嶺，但從此之後，該線兩側碉堡林立，戒備森嚴。由美、蘇隨意確定的這條臨時軍事分界線，竟成了戰後幾十年以來朝鮮半島南北對峙的鴻溝，分裂了韓國一族。它同時也是戰後美、蘇在遠東勢力範圍的重要分界線，任何涉及此線的軍事行動不僅嚴重影響韓國南北雙方，而且還會牽動美、蘇、中三國乃至全球。

　　一九四五年八月十五日，在革命武裝力量的配合下，蘇軍占領了北緯三十八度線以北的韓國領土。九月八日，美軍進駐北緯三十八度線以南。在美、蘇的影響下，韓國南北雙方都建立了政權。一九四八年九月九日，以金日成為首相的韓國民主主義人民共和國宣告成立；在南部，一九四八年八月十五日，以李承晚為總統的大韓民國也宣告成立。儘管分裂局面已定，然雙方都宣稱自己為唯一合法政府，都在積極準備統一全國，北緯三十八度線附近槍砲聲不絕，戰爭氣氛緊繃，一觸即發。

　　一九五〇年六月二十五日，韓戰爆發，這是一個夏季多雨的日子。戰爭一開始，北韓軍以排山倒海之勢突破了北緯三十八度線向南挺進，占領了漢城，然後乘勝追擊，到八月初，已把南韓軍壓制在洛東江左岸釜山周圍約百平方公里的狹小地區。北韓軍在不到

一個半月的時間裡，便征服了韓國南部九成以上的地區和九成七以上的人口，統一朝鮮半島似已近在咫尺。

七月七日，美國在聯合國安理會主導通過決議，組織支援南韓的部隊——聯合國軍（包括美、英、法、澳、加、南非、希臘、荷、泰、衣索比亞等十五國軍隊參戰），並任命美國駐遠東盟軍總司令麥克阿瑟將軍為「聯合國軍總司令」。

一九五〇年九月十五日拂曉，仁川港的天然屏障月尾島突然被驚天動地的砲火和飛機轟鳴聲打破了寧靜，美軍代號為「烙鐵行動」的仁川兩棲登陸戰開始了。由於北韓軍在防守上的失誤，而美軍飛機、艦艇、兩棲登陸坦克及二十多倍於北韓軍的兵力發起攻擊，美軍在幾乎無傷亡下就在數小時之內占領了仁川，將朝鮮半島攔腰斬斷，被包圍在南方作戰的北韓軍損失慘重。在此後韓戰進入了第二階段。

美國出兵韓國之時，出動第七艦隊保衛臺灣海峽的安全，並派第十八航空隊進駐臺灣。美國空軍飛越中國東北地區領空進行偵查，戰火逼近中國邊境，使中國感到美國的軍事威脅。中國總理周恩來透過印度駐華大使轉告美國，表示一旦美軍越過北緯三十八度線，中國將展開援擊。十月九日，美軍越過了北緯三十八度線向北推進，平壤十日後即淪陷。於是中國軍隊於十月二十五日進入韓國，援助北韓軍。韓戰由第二階段進入了第三階段。

從一九五〇年十月二十五日至隔年六月十日，美國在遭受五次戰役的沉重打擊之後，被擊退到北緯三十八度線以南，與盟國之間及其國內的矛盾日益加劇。美國的歐洲盟國迫切希望得到美國的武力保護，因而極力反對進一步擴大韓戰的規模。英國參謀長會議認為：「美國與中國交戰，今後無論再持續多久，只能像鯨和大象廝打，誰也傷不了誰多少。」美國政府也認為再打下去，徒耗國力。

一九五一年四月十一日，杜魯門免除了麥克阿瑟的職務，從七月十日開始，韓國、中國與美方代表團在開城停戰談判。韓戰進入了第四階段。

從一九五一年七月十日至一九五三年七月二十六日，停戰談判歷時兩年之久，過程異常艱難。在整個談判期間，雙方一直無法取得共識，因而出現了談談停停、邊談邊打，不時出現一方暫時退出會談的局面。一九五二年十月十四日美軍發動連續四十三天攻勢的「上甘嶺戰役」，慘敗而退，為了跳出軍事上停滯不前的泥沼，美方在板門店與韓國、中國方面的代表簽署了《韓國停戰協定》。這場歷時三年一個月零兩天的戰爭結束了。

給21世紀的話語

　　韓戰是第二次世界大戰後一場規模巨大的現代化局部戰爭，雙方投入的兵力都超過百萬。在整個戰爭期間，美國動用了陸軍的三分之一、空軍的五分之一和太平洋艦隊的大部分及同盟軍隊共兩百多萬兵力，軍費超過兩百億美元，使用了所有新式武器，卻遭到了挫敗，乃是當初始料未及的。聯合國軍隊苦戰三年，將朝鮮半島南北勢力維持在戰前北南雙方對峙北緯三十八度線的狀態。

075

蘇伊士運河不再嗚咽

納賽爾對抗英法干涉

迄今爲止，人類開鑿的運河難以數計，但能讓幾個國家爲它而打一場現代化戰爭的，恐怕就只有蘇伊士運河了。

蘇伊士運河自一八六九年十一月正式開通，至今已有一百二十餘年歷史。這之中絕大部分時間，它帶給埃及的是辛酸與屈辱。一八五九年，法國人費迪南‧德‧萊塞普斯建立了國際蘇伊士運河公司，組織開鑿運河事宜。在歷時十年的工程中，埃及投入了數十萬人力和一千六百八十萬英鎊的工程費用。公司爲加快進度，同時又盡可能降低成本，強迫使用簡陋工具的埃及民工過度勞動。

歷盡艱辛開通的運河，顯示出巨大的戰略和經濟價值。它溝通了地中海和紅海，把原來繞道好望角的那條古老航線一下子縮短了八千至一萬五千公里，成了歐、亞兩洲之間航運的一條捷徑。在許多人眼裡，它成爲一條「黃金通道」，想把它攫爲己有的列強之間展開了激烈的爭奪。一八八二年，英國從法國手裡搶占了埃及，立即在運河區建立起龐大的軍事基地，把運河置於英國的軍事控制之下。一九一四年，它又單方面宣布埃及爲其保護國，對運河的控制更加「名正言順」了。儘管埃及於一九二二年獲得了法律上的獨立，但根據一九三六年的《英埃同盟條約》，英國一直在運河區維持一萬名駐軍及四百名飛行員。同時，英國還透過控制蘇伊士運河公司的絕大多數股份，牢牢掌握著運河的管理和營運大權。對英國來說，這條運河就是它的大動脈、生命線和聚寶盆。一九五五年通過運河的船隻有三分之一是英國的，它們爲英國運去了進口石油的

七成。到一九四九年底，英國從運河公司獲得利潤累計起來，差不多是它購買該公司股票資金的十六倍。僅一九五五年一年，運河經營的總收入近一億美元，純利潤三千一百萬美元。這一比率遠遠高於其他大多數公司。而分給埃及的按規定只有百分之七，即兩百一十七萬美元。在這種情況下，埃及人看著這條舉世聞名的大運河，卻怎麼也自豪不起來。

埃及人不願意這種情況繼續下去。一九五一年十月，在國內反英抗爭推動下，埃及議會宣布廢除一九三六年《英埃同盟條約》，要求運河區的英軍撤出埃及。英國不承認這種單方面毀約，不僅不撤軍反而把駐軍增至八萬五千人，占領了運河區一系列重要城市和據點。埃及國王法魯克被英國的反應嚇得驚恐萬狀，不惜暗中出賣民族利益。英國的猖狂和國王的卑怯，激起了埃及人的義憤，反英運動再掀高潮。為首的是一位年輕的少校，他就是當時的祕密愛國組織「自由軍官組織」的實際領導人、日後的埃及總統加麥爾·阿卜杜拉·納賽爾。

納賽爾生於一九一八年，從青年學生時代起就投身於反殖民抗爭。一九三七年他投筆從戎，想透過掌握軍隊實現爭取埃及真正獨立的政治抱負。一九四八年，他參加了第一次中東戰爭，法魯克王朝和政府的腐敗無能在戰爭中暴露無遺。納賽爾等人認識到，要趕走英國人，就必須推翻法魯克王朝。一九五二年自由軍官組織發動了政變，法魯克被迫退位，移居義大利；次年，由自由軍官組織主要成員組成的埃及政府宣布廢除君主制，建立共和國。新的共和國成立伊始就與英國政府開始了從埃及撤出駐軍的談判。與此同

⇨埃及納賽爾總統像。

時，納賽爾還做了另外的準備。他成立了「愛國衛隊」、游擊隊訓練中心，進行群眾性的軍事訓練。當談判於五月初中斷後，納賽爾下令把武器分發給受過訓的群眾，號召游擊隊員們在「決定埃及人民命運的關頭，投入與英國人的戰鬥」。運河區的游擊活動迅速展開，六周之中，英國人不斷遭到埃及人民的襲擊。迫於壓力，英國與埃及簽署了撤軍協定。一九五六年六月，最後一批英軍撤離，在蘇伊士運河通向地中海出海口塞得港的英國海軍俱樂部屋頂上飄揚了七十四年的英國國旗終於落下了。

迫使英軍撤離之後，納賽爾又邁出了恢復蘇伊士運河主權的第二步：將英、法把持的國際蘇伊士運河公司收歸國有。這一決定，除了政治上的考慮外，還由於當時埃及急需大筆資金發展經濟、加強防務。特別是為了擴大糧食和棉花種植面積，需要在尼羅河流域的亞斯旺地區修築一座大型水壩。在國外貸款一時指望不上的情況下，納賽爾自然不會忽略國內這樣一個重要財源。接管的具體工作由埃及石油管理局長尤尼斯負責，並在絕密狀態下進行準備。納賽爾把接管運河公司的總統命令裝在一個雙層密封信袋裡，交給尤尼斯時與他約定，當一九五六年七月二十六日納賽爾在推翻法魯克王朝四周年紀念集會上發表演說時，尤尼斯可以打開第一層信袋。只有聽到總統在演說中提到最早籌劃組建運河公司的法國人德·萊塞普斯的名字時，他才能打開第二層信袋並立即開始持槍接管運河公司在各地的管理處。七月二十六日這天，埃及亞歷山卓港的曼奇亞廣場人山人海，人們聆聽著總統熱情洋溢的演說。當總統一遍又一遍提到德·萊塞普斯的名字時，與會群眾，包括不少政府官員並不知道這個名字此刻真正的含義。而尤尼斯此時正帶人衝進運河公司設在伊斯梅利亞的總管理處，宣布接管該公司。與此同時，另外三個小組也分別接管了運河公司其他三個辦事處。當納賽爾在演說快

結束時宣讀了關於對運河公司實行國有化的法令時，接管工作已經順利完成。

這一行動深深刺痛了英國。當晚，英國首相艾登召集了三軍參謀長參加的內閣緊急會議，決定一方面向埃及發出抗議照會，一方面尋找挽救措施，必要時不惜使用武力。此後幾個月，英、法、美等國以及聯合國安理會想出種種方法壓迫納賽爾廢除成命，都被埃及巧妙地頂了回去。英、法決定動武。為了多少有些掩飾，他們找到了埃及的死敵以色列，讓其先出兵進攻埃及，然後英、法以調停者身分介入，達到重新控制蘇伊士運河的目的。以色列對埃及的西奈半島覬覦已久，此時正是實現吞併的機會。於是一九五六年十月二十九日，以軍四萬五千人突然大舉進攻西奈，蘇伊士運河戰爭（即第二次中東戰爭）就此爆發。第二天，英法按事先計畫向埃及發出最後通牒，要求以、埃雙方立即停火，從運河兩岸各後撤十英里，由英、法派軍進駐運河區各港口。若任何一方十二小時內不接受這一要求，英、法將進行軍事干涉。埃及當然不能接受這樣的要求，英、法空軍隨即對開羅、亞歷山卓及運河區各城市、港口進行轟炸。埃及軍民奮起反抗，在不利的情況下，堅守住了蘇伊士運河一線。

蘇伊士河畔的戰爭，引起國際社會的極大關注。各國紛紛譴責英、法、以的侵略行徑。在聯合國大會上，有六十五個國家投票反對上述三國的行為，支持的僅兩票。美、蘇兩國也出於不同的戰略考慮，站在大多數國家一邊，要求三國立即停火並撤軍。戰爭爆發後，蘇伊士運河關閉，立即引起英、法國內經濟的連鎖反應，因此兩國國內不少人公開反對本國政府的政策。在英國，示威群眾與員警甚至發生了大規模衝突。埃及的阿拉伯兄弟國家也顯示出空前團結，出錢出力幫助埃及打擊以色列及其後臺。敘利亞和沙烏地與

英、約旦與法斷交，蘇丹派出志願軍參戰，敘、黎、約、沙烏地等國或是切斷英國公司的石油管線，或是對英、法實行石油禁運。在各方面壓力和埃及的頑強抵抗下，英、法於十一月宣布停火並撤軍，以色列在次年三月也撤出了西奈半島。英、法、以發動的這場戰爭，以失敗告終。

給21世紀的話語

埃及收回蘇伊士運河主權及其引發的戰爭，無論是對地區事務還是對國際政治都產生了重大深遠的影響。它提高了埃及和納賽爾本人的國際威望，使阿拉伯世界至少在處理對以色列關係上，有了一個舉足輕重的核心。埃及的抗爭和勝利，證明了帝國主義列強借助武力達到目的的傳統方法在中東第一次失靈了，大大增強了亞、非地區民眾抗爭的信心。以這場戰爭為標誌，英、法在亞、非地區的殖民統治開始走向瓦解和崩潰。美、蘇兩個超級大國加強了它們在中東的存在與影響，隨之而來的是激烈的較量與爭奪。

076

體現「歐洲統一」意向

歐洲共同體的催生

　　一九五八年一月一日，這一天標誌著歐洲共同體的正式形成。歐洲共同體的形成和發展是當代西方世界的一件大事，它體現了「歐洲統一」的意向，對西方世界乃至全球政治和經濟發生重大影響。

　　早在一九五〇年五月九日，法國外長羅伯特・舒曼提出了「舒曼計畫」，主張增進歐洲政治和經濟的聯合，將魯爾——薩爾——洛林的煤鋼工業結成一個整體。一九五一年四月十八日，西歐六國（法、意、西德、荷、比、盧）根據「舒曼計畫」簽訂了《歐洲煤鋼聯營條約》，一九五二年七月二十五日正式生效，這一超國家權力的條約奠定了歐洲經濟共同體的基礎。一九五三、一九五五年四月荷蘭外長約翰・威廉・拜爾兩次提出「歐洲煤鋼共同體」六國的經濟聯盟計畫。一九五五年六月二～四日，煤鋼共同體六國外長在義大利的麥西拿舉行會議，宣布成立共同市場的籌備委員會。會議曾邀英國參加籌備遭拒絕。一九五六年五月，六國外長威尼斯會議通過了籌備委員會主席斯巴克主持的委員會的報告。一九五七年三月，法、義、西德、荷、比、盧六國外長在羅馬正式簽署了《歐洲經濟共同體條約》。它的中心內容是：建立關稅同盟和農業共同市場，逐步協調經濟和社會政策，實現商品、人員、勞務和資本的自由流通。與《歐洲經濟共同體條約》同時簽訂的還有《歐洲原子能聯營條約》，又稱《歐洲原子能共同體》。《歐洲經濟共同體條約》和《歐洲原子能聯營條約》合稱《羅馬條約》，於一九五八年一月

一日正式生效，歐洲經濟共同體正式成立。

「歐洲經濟共同體」是戰後資本主義經濟、政治發展不平衡的產物，也是西歐六國反對美、蘇控制的產物。戴高樂主張：「建立歐洲國家的協調，擴大它們的團結。」阿登納說：「歐洲的聯合是絕對迫切需要的」，「目標是要一步一步地，首先通過經濟一體化，隨後政治一體化，最後軍事一體化，而達到歐洲的統一。」它也是西歐六國壟斷資本特別是國家壟斷資本主義進一步發展的產物；它還是西歐六國維護海外傳統市場利益的需要；它又是西歐六國相互妥協的產物。

歐洲共同體經歷了三次擴大。一九六一年八月十日，英國保守黨政府提出要求加入歐洲經濟共同體的申請。七月三十一日、八月十日、一九六二年四月三十日，愛爾蘭、丹麥、挪威也先後申請加入。經過十二年的反復，一九七二年一月二十二日，共同體六國與英、愛、丹、挪四國分別簽署了加入共同體的《布魯塞爾條約》。由於挪威公民投票中有五成以上反對，否決了加入共同體條約。這樣，九國人口二‧五六億，國民生產總值一〇、六五〇億美元，出口貿易額兩千一百億美元，黃金外匯儲備六〇六二億美元，超過了美國（人口二‧一億，出口貿易額七〇二億美元，黃金外匯儲備一一‧六億美元）。尼克森驚呼：「美國遇到了我們做夢也想不到的那種挑戰」，「這種變化意味著由美國擔任保護者的情況宣告結束。」在這以前，由於一九六五年四月八日六國簽署的《布魯塞爾條約》在一九六七年七月一日正式生效，《歐洲煤鋼聯營條約》、《歐洲經濟共同體條約》和《歐洲原子能聯營條約》合併為單一的機構，統稱「歐洲共同體」。一九七三年六國集團和七國集團還簽署協定，正式組成「歐洲自由貿易區」。

一九八〇年代歐洲共同體又經歷了一次擴大。一九七五年六月

五日，希臘正式申請加入共同體。一九七七年三月二十八日和七月二十七日葡萄牙和西班牙也分別提出加入的申請。一九七九年五月二十八日，共同體與希臘在雅典舉行了希臘加入共同體的簽字儀式，六月二十八日，希臘議會正式批准，一九八一年一月一日起希臘正式成為成員國。西、葡加入的談判因農產品和勞力自由流動等問題而進展緩慢。到一九八四年十月二十二日，共同體十國外長盧森堡會議，同意西班牙於一九八六年一月一日加入共同體。十月二十四日，共同體又和葡萄牙簽署葡於一九八六年一月一日加入共同體的決議。這樣，經過十年時間的談判，希、西、葡三國終於加入了歐洲共同體。由於希臘、西班牙和葡萄牙的加入，歐洲共同體十二國的國民生產總值占全世界的四分之一，對外貿易占全世界的五分之二，整個地中海北岸連成一片。但是又帶來了新的問題，如加劇共同體內部的經濟不平衡發展；使共同體的農業政策實施難度加大；加重了共同體財政預算的困難。一九九〇年十月三日，由於原民主德國合併於聯邦德國，從而成為歐洲共同體的成員。

二十世紀九〇年代是第三次擴大，申請加入歐洲共同體的國家增多，到一九九三年底要求加入共同體的國家有十多個。瑞典、挪威、芬蘭等北歐國家持積極態度；一九八九年七月奧地利正式申請加入；一些東歐國家期望加入歐洲共同體，一九九一年十二月十六日歐洲共同體和波、匈、捷三國簽署聯繫國協定；一九八七年土耳其和摩洛哥、一九九〇年馬爾他和賽普勒斯等地中海國家先後申請加入。雖然這些國家加入共同體都會有很長一段路要走，但歐洲共同體的擴大趨勢不可逆轉。一九九四年六月歐洲共同體舉行會議正式簽署檔，同意瑞典、芬蘭、挪威和奧地利在各該國議會批准的前提下，於一九九五年一月一日起成為歐洲共同體和歐洲聯盟的正式成員。但挪威公民投票，再次予以否決。

歐洲共同體加速了地區經濟一體化的進程和協調政治行動的對策。

在關稅同盟政策方面，一九六八年七月一日成員國間工業品關稅全部取消，提前一年半實現了關稅同盟目標；到一九七七年七月，英、愛、丹三國已經完全取消了在共同體內部的關稅。在對外共同關稅上實行了區別對待的不同稅率，如對與《雅恩德條約》、《阿魯沙條約》、《洛美條約》的簽字國實行特惠稅率；對簽訂互惠貿易的歐洲自由貿易聯盟國家實行協定關稅；對發展中國家實行普遍優惠關稅；對關稅及貿易總協定參加國實行最惠國稅率等。關稅同盟的建立，促進了共同體國家的對外貿易，尤其是成員國間的貿易；加速了共同體國家的資本集中和壟斷；推動了成員國設備的更新和勞動生產力的提高；也有利於生產專門化、國際分工和國際壟斷資本主義的發展。

在農業政策方面，建立了統一的農產品市場價格組織；協調了成員國的農業結構改革；建立了農業指導基金和保證基金。共同體的農業政策初步提高了勞動生產力，減少了農業就業人口；增加了農業勞動者的收入；並一度相對穩定了農產品的市場價格。但是由於歐洲貨幣體系危機對農業的衝擊和價格干預政策加重了農業生產過剩，財政負擔加重，和外部國家尤其是美國的貿易摩擦加劇，以及歐洲共同體擴大後農業政策協調難度的增大，都使農業一體化的前景困難重重，使農業政策面臨新的難題。

在統一市場政策方面，一九六九年十二月，共同體海牙會議決定建立完整的經濟和貨幣聯盟；一九七一年十二月初步協議到一九八〇年實現經濟和貨幣同盟。但是由於貨幣危機，這一設想被迫推遲。一九七八年十二月初，共同體九國達成了建立歐洲貨幣體系決議。一九七九年三月十三日，正式建立了歐洲貨幣體系，英國於

一九九〇年十月五日才正式宣布加入歐洲貨幣體系的匯率機制。歐洲貨幣體系包括建立歐洲貨幣體系的匯率機制，創建歐洲貨幣單位和設立歐洲貨幣基金，這是走向經濟與貨幣聯盟的重要步驟。但是，它離貨幣一體化還有很長的一段路要走。

在歐洲聯盟政策方面，一九八八年六月在漢諾威召開的歐洲共同體領袖會議上，通過了要求在一九九二年實現歐洲內部統一市場的《完全實現歐洲一體化檔》。根據一九八七年七月一日正式生效的檔要在一九九二年底建成統一的大市場，實現商品、資本、人員和勞務的自由流通。一九九一年十二月十一日，在荷蘭的歐共體馬斯特里赫特首腦會議上，通過了政治聯盟、經濟與貨幣聯盟條約，即《歐洲聯盟條約》（《馬斯垂克條約》）正式簽署，確定了在西元二〇〇〇年前實現政治、經濟和貨幣聯盟，最遲於一九九九年一月一日起，歐洲實行單一貨幣的目標。但就圍繞批准馬約歐共體各國內展開了空前規模的辯論，經過激烈爭論，直到一九九三年八月英國和一九九三年十月聯邦德國才勉為其難地批准了此約。一九九三年十一月一日，《馬斯垂克條約》正式生效。歐洲共同體正式更名為「歐洲聯盟」（European Union，簡稱 EU）。

歐盟的統一貨幣歐元（Euro），一九九九年元月一日正式啟用〔註〕。一九九八年，除了英國、希臘、瑞典和丹麥之外，其餘歐洲國家成為首批使用歐元的國家。二〇〇〇年，希臘亦加入歐元區。二〇〇二年元月一日零時，歐元幣正式流通，歐盟已成為最有影響的經濟集團。歐洲世界的整合又向前邁進了一大步。

➯ 2002 年千呼萬喚始出來的一歐元幣。

　　歐洲聯盟迄今為止，擁有二十五個成員國：比利時、賽普勒斯、捷克共和國、丹麥、德國、希臘、西班牙、愛沙尼亞、法國、匈牙利、愛爾蘭、義大利、拉脫維亞、立陶宛、盧森堡公國、馬爾他、荷蘭、奧地利、波蘭、葡萄牙、斯洛伐克、斯洛文尼亞、芬蘭、瑞典及英國。在政治領域和對外政策協調方面，歐盟開始定期協調對外政策，加強和第三世界的對話和合作。共同體與非洲、加勒比和太平洋地區幾十個發展中國家簽訂了為期五年的四個《洛美條約》。目前歐盟會議的主要議題，尚包括土耳其申請入盟、歐盟的擴大、制訂歐盟憲法及英國加入歐元區等。

〔註〕歐元的誕生係以電子貨幣形式存在，在歐元區的各國貨幣匯率自此固定下來。在一九九九年一月一日～二○○一年十二月三十一日之間的過渡期，歐元區各國的非現金交易可兼用歐元與其傳統貨幣。

美國人永遠的遺憾

越戰與反戰浪潮

　　歷史上，「越戰」曾經發生過數次，例如一八八四年的中法越南戰爭、一九七九年的中共「懲越戰爭」等。不過其中最爲著名的，還是要算一九五〇、六〇年代在法國、美國、南越和北越共黨等勢力之間的大戰。這場耗時多年的越南戰爭，影響所及不只在政治方面，在社會、文化等層面怕還更爲深遠。

　　長久以來，一直是中國「朝貢體系」一員的越南，在中法安南戰爭後成爲法國的殖民地。法國乃於一八九二年吞滅寮國以後，將越南與先前早已吞併的高棉（今柬埔寨），合組爲法屬印度支那。雖然法屬印度支那表面仍維持著過去的制度，不過一切政權乃操於法國之手，因此當地人民多有不滿，只是不敢發作。二次大戰爆發後，越南又淪爲日本殖民地，仍舊沒有自主的機會。這在民族意識逐漸興起的時代中，的確是一件令人憤恨的事情。

⮕ 胡志明。

　　於是，在二戰末期日本似將敗亡之際，已經有不少志士在越南暗中活動，希望能在戰後建立一個獨立自主的政權。這其中包括早在法國加入共產黨，並於一九三〇年代在香港成立越南共產黨的「胡志明」。胡志明在一九四一年時返回越南，號召各地志士共組政府，在一九四五年九月成立了以河內爲首都的「越南民主共和國」，此即所謂的「北越」。但戰後成爲戰勝國的法國不想放棄

越南，遂在西貢扶植越南舊主「保大帝」阮福映，擔任越南臨時中央政府的元首。此政府在一九五五年被首相吳廷琰發動政變推翻，改為「越南共和國」，亦即所謂的「南越」。於是越南陷入南北分裂，成為日後越戰的啟端。一九五九年，北越決定進攻南越，以武力統一越南，因而爆發南北越的長期武裝衝突。

當初政變所建立的南越，乃是在美國的支持下而產生的，因此南北越的啟釁，被美國視為代表共黨力量的北越，與民主勢力前鋒的南越直接對陣，形成冷戰型態下的熱戰起火點，因此美國也不得不介入這場戰事。一九六一年，年輕的甘迺迪總統將越南問題，視為美國展現堅定對抗共產主義決心的機會，因此對南越施以愈來愈多的幫助，美軍也實際參與了戰事。

一九六四年七月以後，雖然甘迺迪總統已遭暗殺逝世，但繼任的詹森總統仍繼續著越南戰事，此時美國國會也已授權總統發動戰爭的權力，因此美軍日益增加，總計在越南投入了數十萬的部隊。但因北越開始採行游擊戰術，避免與美軍正面衝突，因此美軍人數

華盛頓特區的越戰紀念雕像。（蕭仕涵提供）

雖眾、裝備雖精，仍無法給予北越致命打擊，越戰因而持續，不知何年何月才會結束。

對於這樣無窮無盡地浪費資源，投注在越南戰場上，美國內部開始出現質疑的聲音；而年輕人也因對社會主義、共產主義的好感，及受樂天的人道主義影響，對美國參與越南戰爭深表不滿。因此自一九六四年開始，逐漸出現反對戰爭的示威事件，至一九七〇年前後，反戰示威行動達於高峰，全美各地都曾進行規模程度不一的遊行。各地學生甚至串聯抗議，一同前往華盛頓示威。該次示威是全美諸多大學生的聯合抗議事件，他們不只罷課，甚至在華盛頓集結了超過十萬人的龐大抗議隊伍，呼喊出反對美國參戰的聲音。雖然最後美國政府依然故我，但這次的集會卻昭示了大學生組織社會運動的無限可能，奠定未來學生運動的基礎。

許多大學生為了其反對參戰的理念奮鬥，用盡各種理由逃避軍隊的徵召——當然也有人只是單純地不願犧牲生命——使得此類反政府的心態，在青年之間流傳開來。不少流行樂手、演藝人員，也表達出其反對美國參戰的態度，更讓年輕人深感自身行為的正義，進而形成一種不同於主流的價值觀。這種價值觀蔑視政府與社會表面上冠冕堂皇、實際上腐敗無良的行為，強調對主流價值的反動，正是表現年輕人獨立思考能力的機會。在這樣的社會氣氛下，美國社會在一九六〇年代以後，出現兩種不一樣的價值觀互相激湧。此後，「六〇年代」也逐漸成為一個代表清新的反對力量的形容詞。

雖然美國內部反對聲浪不小，不過美國仍在越南硬撐了數年，未曾撤退。直到一九七三年年初，在蘇聯、中共的調停及美國的估算下，與越戰有關的幾個勢力乃坐上談判桌，商討越戰的解決方法。該年三月至四月間，美國決定自越南撤軍，不再淌這個渾水。

　　根據最後統計，美國在越戰中犧牲了接近六萬名子弟，戰費耗損超過二千五百億美元，因內部反戰而產生的社會成本更是難以估計。而形同遭到美國「背棄」的南越政權，也在美軍撤退後更形不支，終於在一九七五年被北越攻陷國都西貢，宣告滅亡。隔年一月，統一後的越南改稱為「越南社會主義共和國」，實施共產主義。

　　這個越南新政府，諷刺了美國過去的參戰著實愚蠢，也令美國在冷戰棋盤上棋差一著。幸好日後蘇聯因為經濟問題而被拖垮，終究體現了資本主義（未必是民主自由制度）的「優越」，才使美國得到了「最後的勝利」。越戰雖然以北越的軍事勝利告終，但美國因越戰而產生的「六〇年代」的青年學子次文化，仍是全球社會、文化史上的一項重要貢獻。

078

冷戰時期的冰點
古巴飛彈危機

　　一九六○年驚險擊敗老練政客尼克森的新科美國總統約翰·甘迺迪，曾將冷戰時期的兩極對峙，帶向一個瀕臨衝突的險境。不過因為策略運用得宜，最後他不但成功化解危機，也使該次事件成為其政治生涯的最高峰，令他除了俊秀外形和風流韻事以外，至今仍能被美國大眾記憶著。

　　甘迺迪上臺後，沒過多久便與南邊的海上鄰國古巴發生不快。原來古巴強人卡斯楚一直是馬列主義的忠實支持者，當他奪得古巴政權後，便讓美國十分擔心，覺得讓這樣的人物處在美國的「後院」，不啻是潛伏的危機。於是，美國中央情報局乃暗中支持反卡斯楚勢力，甚至一直在佛羅里達祕密訓練一批反對卡斯楚的古巴軍隊。一九六一年，美國將這批部隊送入古巴，企圖以武力強行登陸古巴的豬玀灣海岸，爆發「豬玀灣事件」。然卡斯楚有以待之，痛擊了登陸的部隊，讓甘迺迪政府狼狽不堪。當時美國國內一片撻伐之聲，大罵政府決策失當、自取其辱，甘迺迪也只好在壓力之下，向人民承認錯誤。不過「慶幸」的是，再隔一年甘迺迪就獲得了雪恥的機會，而這一次，他為自己重新贏得了聲望。

　　一九六二年八月，美國得到情報，偵知蘇聯在古巴部署了攻擊性的核子彈頭。對於曾經在別國投下原子彈的美國而言，自己的後門外面便有著虎視眈眈的敵人，而且還以比原子彈更具毀滅威力的核彈對著自己，當然不能忍耐。因此在十月下旬時，甘迺迪便強硬地宣稱，蘇聯不但必須撤走安置在古巴的所有飛彈，且未來無論

哪國船隻，只要朝向古巴航行，就不能運載攻擊性的武器，一旦被美查獲，將遭強迫返回。

面對甘迺迪的威嚇，意圖在古巴建立飛彈基地以挾制美國的蘇聯，起先並不在意；而去年曾給美國一記悶棍的卡斯楚，也不認為斯文小生甘迺迪會有足夠的氣魄，執行他的宣示。因此，蘇聯的援助船隻仍舊繼續向古巴挺發，卡斯楚也照樣與蘇聯密切聯繫。於是雙方劍拔弩張，火藥味彷彿已在其間散發。

面對蘇聯及古巴的強悍挑戰，甘迺迪謹慎以對。他回想去年的豬玀灣事件時，因為身邊謀士幾乎一面倒的樂觀態度，卻沒預料到事情的悲觀可能，而遭到誤判形勢導致失敗的下場。因此這次他召集了更多人馬，組成了一個危機委員會，專門討論各種情況的因應對策；並且為避免眾人太過顧慮總統的意見而致不敢提出真心建議，甘迺迪盡量淡化自己在會中的主導地位；另外，民主黨背景的甘迺迪，也特別延請共和黨人士參與委員會，匯聚各方意見。這一切的行為，都是為了避免因為「獨斷」導致偏頗的判斷。

事後證明，甘迺迪此時的危機處理是成功的。因為在眾聲討論之下，一些超越當時戰略思維的意見被大膽地提出，最顯著的例子便是二〇〇五年諾貝爾經濟學獎得主之一謝霖所提出的「有效嚇阻」理論。謝霖是以「賽局理論」的概念檢視甘迺迪的決策，認為當時的甘迺迪便是成功運用了賽局理論中的「邊緣運用策略」，逼使蘇聯讓步。這個策略的要訣在於，當遭遇危機時，暫時不是解決危機，而是將危機的程度提高，並且不斷「加碼」，將危機帶向爆發衝突的邊緣。這麼做的目的是為了恫嚇對手，令對手相信自己有「不惜一戰」的堅決態度，而迫使對手檢討有無真正衝突的必要，並因此放棄對抗。邊緣運用策略的分寸必須妥善拿捏，否則稍一不慎即有可能弄假成真，但威嚇不夠又可能全無效果而遭對手看穿。

甘迺迪成功之處便在他的威嚇步數掌握良好，最後終於成功了。

● 在古巴飛彈危機中，和甘迺迪達成妥協的赫魯雪夫。

短短十三天，古巴危機便從一觸即發的對峙高峰，「一洩千里」地回歸平靜。蘇聯總書記赫魯雪夫終於同意甘迺迪的意見，同意撤回設於古巴的飛彈。於是，這場被甘迺迪總統之弟、司法部長羅勃・甘迺迪稱做「二次大戰後最嚴重的危機」，終以和平的結果收場，沒有釀成第三次世界大戰。

在冷戰架構下，世界秩序是由美、蘇兩大超級強國所主導的，因此也被稱作「兩極體系」。兩極所以能夠順利運作，而不是混戰一場兩敗俱傷，靠的是美、蘇均具備足以毀滅對方（甚至整個世界）的核子武器數量，使得雙方都不敢輕易言武。因為即使自己意圖先發制人，但也不能保證能夠一次摧毀對方所有核子武器，那麼對方的毀滅性核子武器即可發動「第二擊」，造成自己的嚴重損傷。這種由核武建構出來的「恐怖平衡」，便是兩極體系能夠使世界如太極一般黑白分明、不致紊亂的重要原因。因此古巴危機中，若是甘迺迪沒能妥善處理當時的可能混亂，或是赫魯雪夫一意孤行地挑戰美國的決心，則「恐怖平衡」將有可能破滅，第三次世界大戰真有可能爆發。而這一次的大戰，可能即將是毀滅整個地球的「核子大戰」。此即古巴危機雖然沒有真正爆發衝突，卻能影響深遠的原因。

給21世紀的話語

　　古巴危機讓美、蘇兩大超強對彼此的核子威脅重新檢討了一番，並因此意識到以單純核武的威嚇及對峙，乃非良策。於是在古巴危機的隔年（一九六三年），美、蘇雙方簽署了《禁止核武器試驗條約》，算是對手上的核子武器進行些許節制。一個危機造成兩強的重新反省，說起來也算是一件好事，只是過程實在太過驚心動魄了些。今天雖然兩極體系不復存在，但核子武器仍是人類世界的潛在威脅，如何處理核武問題，仍是人們必須好好思考的。

079

廣寒宮首迎地球客

人類進入太空

　　一九六九年七月二十日凌晨三時，沉寂千年的月球第一次迎來了生命。美國太空人乘坐「阿波羅十一號」飛船經過七十五小時五十分的飛行首次登上月球，開闢了人類太空史的新紀元。

　　人類對太空旅行的探索始於十九世紀末。一八九八年俄國傑出的科學家齊奧爾科夫斯基第一次科學地論證了借助火箭實現宇宙飛行的可能性。二十世紀初，俄、德、美等國都在從事火箭技術的研究，但真正研製出實用型火箭並在此方面保持領先的是德國。一九二七年六月，德國成立了世界上最早的宇宙航行協會，並很快發展到五百名會員，其中包括布勞恩等著名火箭專家。希特勒上臺後，出於發動世界大戰的需要，把火箭研究工作納入軍事軌道，並把航太研究的重心定為火箭武器的研究。集中式管理、統籌協調和大量經費使納粹德國的火箭研究進展迅速，遙遙領先於其他國家。到一九四二年十月，德國已研究出推力達三十噸、航速一‧七公里／秒的大型火箭 V-2，並很快用於對英國的空襲。

　　但隨著德國的戰敗，這種領先地位喪失了。美國搶走了包括布勞思在內的一百五十名德國火箭技術科學家，並將一百枚 V-2 火箭零部件運回國內。蘇聯則率先搶占了德國火箭研究所，俘虜了一批火箭科學家和技術人員。戰後美蘇很快走到了火箭研究的前列，並繼而在衛星、航太飛行中展開競爭。起初美國政府並沒有認識到火箭的重要性，特別是其軍事意義，而蘇聯則依靠其國家投資和集中領導很快處於火箭技術領先的地位。一九四九年蘇聯發射了一枚

推力為三十五噸、射程六百四十五公里的火箭。一九五四年射程已升至三千公里。隨後蘇聯轉向洲際彈道導彈的研製。一九五七年六月蘇聯成功地實驗了一枚射程八千公里的導彈，為發射人造衛星創造了條件，因為射程八千公里的導彈所需動力與發射人造衛星所需動力相等，均需要八公里／秒的初速度。一九五七年十月四日蘇聯從拜克努爾發射場用三級火箭發射了世界上第一顆人造地球衛星。衛星呈球形，直徑五十八釐米，重約八十三公斤，距地面九百公里，繞地週期為一小時三十五分。這是人類探索太空的一個新起步。隨後蘇聯開始了在衛星中攜帶地球生物的太空試驗，積極向載人太空船的目標邁進。

蘇聯人造地球衛星的成功，使美國感到震驚。有人認為蘇聯衛星上天是美國的「第二次珍珠港事件」，是經濟與技術大國的奇恥大辱。為克服民眾的「信任危機」，同時也認識到太空將是美、蘇繼陸地、海洋後爭奪的新領域，美國緊急調整制定了太空發展計畫。一九五七年十一月七日，總統科學顧問設立，十一月八日陸軍衛星發射計畫獲得批准，十一月二十一日火箭和衛星研究小組成立。一九五八年初通過了國家航空和宇宙航行法，成立了美國國家太空總署（NASA）。一九五八年一月三十一日在布勞恩主持下，美國成功發射了自己的第一顆人造衛星「探險家一號」，其性能和技術指標均超過一年前的蘇聯衛星。一九六一年四月十二日世界上第一艘載人的衛星式太空船「東方紅」發射成功，蘇聯人尤里・加加林成為進入太空的第一人。飛船重四七二五公斤，近地點一七五公里，遠地點三〇二公里，繞地球飛行週期八九・一分鐘。

蘇聯載人飛船的成功，刺激了美國加緊實施載人飛行計畫。一九六二年二月二十日，美國也成功發射了載人太空船，隨後確定了登上月球的目標。其實早在一九六〇年美國國家航空與航天局就

制定了一個人類登月十年計畫。蘇聯飛船的成功，迫使美國投入更多的資金和技術力量來儘快實現這一目標。因為甘迺迪總統提出的要求是制定一項「能產生戲劇性效果的計畫，以使我們獲勝」。一九六一年五月美國國會通過了「阿波羅」登月計畫，包括研製「土星五號」火箭、設計登月飛船、試驗登月軟著陸、進行遙控探測等。美國的目標是搶在蘇聯前面登上月球，以扭轉在太空競爭中屢屢落後的不利局面。甘迺迪在特別諮文中稱：「使第一個進行這種勇敢飛行的人能夠活著回來」，「那將是整個國家登上月球」。很快，甘迺迪總統任命副總統詹森為國家太空委員會主席，改組國家太空總局，全面制定與實施阿波羅計畫。

　　一九六六年十一月「雙子星座號」太空船在太空中進行了太空行走、飛船對接、失重影響等試驗，為登月做模擬準備。一九六七年「土星五號」三級火箭發射成功，它能提供六千一百公里的時速，是音速的十倍，為登月解決了動力難題。一九六八年十月載有三名太空人的第一艘載人太空船「阿波羅七號」在太空飛行十一天，成功完成了各種登月試驗。至此，阿波羅登月計畫的各種理論、技術和試驗準備工作均告完成。

　　一九六九年七月十六日清晨，美國佛羅里達州甘迺迪國家太空中心的39-A號發射臺上，長二十五公尺，重四‧五噸的「阿波羅十一號」太空船靜靜地聳立著，飛船從上到下依次分為指令艙、駕駛艙、登月艙，在指令艙裡並排躺著太空人尼爾‧阿姆斯壯、愛德溫‧尤金‧艾德林和邁可‧柯林斯。為飛船提供動力的「土星五號」三級火箭長八十五公尺，重二千七百噸，有十一個高功率發動機。人類登月的夢想即將實現，有史以來最遙遠的一次人類探險歷程就要開始。

　　美國東部夏令時間上午九時三十二分，在橘紅色的烈焰與白霧

似的氣團中，「土星五號」推著「阿波羅十一號」緩緩離開發射臺，飛向湛藍的天空，駛向那遙遠寂寞的月球。九分鐘後，第一、二級火箭燃完相繼脫落，十一分四十二秒，第三級火箭也停止了工作，飛船進入了繞地球飛行軌道。稍作調整後便開始了登月征程，時速爲二萬四千英里。飛行到第三十四小時，太空人開始向全世界播放飛船電視專題節目，五億人觀看了這一有史以來距離最長的一次電視實況轉播。

經過七十多個小時長達二十五萬五千英里的太空飛行，七月十九日美國東部夏令時間下午一時二十分，太空船已接近月球表面。這時推進系統點燃，使飛船速度從時速六千五百英里減到三千七百英里。繞月球飛行兩周後，推進系統再次點燃，「阿波羅十一號」太空船進入一個距月表六十二英里和七十五英里之間近乎圓形的軌道。

此時阿姆斯壯和艾德林通過增壓通道由指令艙「哥倫比亞號」進入到登月艙「鷹號」，柯林斯負責駕駛，繼續留在「哥倫比亞號」內。很快，「鷹號」從「哥倫比亞號」彈射出去，進入一個橢圓軌道，發動機使它從五萬英尺的軌道降到了離月球七千六百英尺處，又降到五百英尺高，隨即兩名太空人用操縱桿使登月艙在半自動駕駛狀態下飛行。七月二十日美國東部夏令時間下午四時十七分四十一秒登月艙平穩地降在月球表面。這是個布滿隕石坑、沒有生命、一片沉寂的世界。登月艙內，兩名太空人花了三個小時來進行出艙準備，包括穿上笨重的生命支援系統背包。降低艙內壓力又花去三個多小時。

七月二十日美國東部夏令時間下午十時五十一分，「阿波羅十一號」指令長尼爾‧阿姆斯壯爬出登月艙「鷹號」，他在登月艙的扶梯上架上了一架電視攝像機，全世界在這一刻目睹了人類登月的

奇蹟。十時五十六分，阿姆斯壯左腳輕輕地放在了月球表面，接著他把右腳也站到了月球上。這時，他用略顯激動的口氣說道：「這是我的一小步，卻是人類的一大步。」十八分鐘後，艾德林也下了登月艙。兩人在著陸點立下一塊金屬牌，上面有美國總統尼克森的簽名和三名太空人的名字，並刻有一行字：「這裡是西元一九六九年七月

●艾德林在月球上。

從地球上來的人第一次涉足月球的地方，我們爲全人類的和平而來。」接著又豎起一面金屬質地的美國國旗。隨後兩人開始了對月表的考察：收集了約五十磅岩石和土壤標本；在月表安放三種裝置系統：日射微粒流收集器、月震探測器和萊塞反射器；觀察「鷹號」著陸時的下陷情況；進行跑和走的實地試驗等等。兩個半小時後，他們結束了對月球的訪問，踏上了返回地球的歸程。由於月球上沒有空氣，他們的腳印將會永遠留在那裡⋯⋯

不久，聯合國通過決議，月球爲人類共同擁有。

給21世紀的話語

一九九四年七月，人類登月二十五周年紀念月，美國國內掀起一陣紀念高潮。但許多紀念文章的基調主要不是讚美而是反思。人們開始強調阿波羅計畫的另一個重要側面，即它是冷戰的產物，其主要動機不是研究宇宙，而是要與前蘇聯展開太空競爭。

越來越多的人提出這樣的問題：這一耗費巨大的計畫留給人類的遺產是什麼？阿波羅計畫歷時八年，耗資兩百五十億美元，動員

了兩萬家公司和研究機構及一百五十餘所大學的專家學者共四十餘萬人。根據當年美國國內的民意調查表明；六成的美國人認為該計畫對美國人的生活沒有產生明顯影響。相反，七月十七～二十二日的彗星撞擊木星的太空奇觀卻吸引了眾多科學家的興趣。人們確信：太空計畫唯有造福人類才是有價值的。

➡美國哥倫比亞號太空梭。

巴勒維王朝壽終正寢

霍梅尼開創伊朗新時代

　　一九七九年一月十一日中午，伊朗首都德黑蘭機場，一架波音七二七客機騰空而起，在這個現代化的摩天大廈與古樸的清眞寺和低矮簡陋民居並存的城市上空，緩緩繞了一圈之後，向西飛去。機艙裡，統治伊朗三十七年的國王穆罕默德・禮薩・巴勒維，竭力睜大盈滿淚水的雙眼，利用最後短暫的機會俯視著腳下這座他曾經非常熟悉，而今又變得格外陌生的城市。此刻，在德黑蘭的大街小巷、空地廣場，成千上萬的市民正興高采烈地舉行慶祝集會和遊行，慶祝國王離開伊朗。統治伊朗五十四年的巴勒維王朝就在這一天壽終正寢了。

　　下午，法國巴黎以西三十公里郊區的一個不大的私人花園裡，一位包著深色纏頭，面頰清瘦，銀鬚冉冉的老者，微闔雙目，面無表情地聽完伊朗國王出走的消息，輕聲說了三句話：「眞主偉大。這就是我們勝利的序幕。在眞主幫助下，我將很快回到伊朗，並成為你們的僕人。」他的話被錄下音，用電話傳到伊朗伊斯蘭教的中心——聖城庫姆，再從那裡迅速傳到全國九千多個清眞寺。幾小時內，伊朗絕大多數教徒和群眾就親耳聽到了老者的聲音，並為此歡呼雀躍。這位老者就是伊朗伊斯蘭教什葉派領袖霍梅尼，一個在七十七歲高齡時開創伊朗新時代的人。

　　巴勒維王朝建於一九二六年，王位傳到穆罕默德・禮薩手中只是第二代。老國王禮薩・汗原是伊朗哥薩克部隊中的一位軍官，通過政變加冕為王。由於他試圖仿效西鄰土耳其的凱末爾，靠削弱

宗教努力在政治生活中的作用來鞏固自己剛剛獲得的地位與權力，所以上臺不久便觸犯了控制伊朗政治和社會生活的最強大的勢力——伊斯蘭教會。他曾率兵來到聖城庫姆，不顧伊斯蘭教最原始的戒律，穿著馬靴跨入清眞寺，並且用武力迫使宗教人士改換服飾，公開沒收教會財產，封閉教會學校，政教矛盾日益尖銳。

一九四一年，二十二歲的穆罕默德·禮薩·巴勒維繼承王位。在西方接受教育並深受現代中產階級思想影響的新國王，也沒有把統治目光放在擴大宗教努力參政權力上。相反的，他認爲要振興伊朗，就應多向西方靠攏。經過比較和觀察，他把伊朗的復興和巴勒維王朝的穩定押在美國身上。他幻想著透過美援把最先進的技術設備引進伊朗，走一條捷徑完成伊朗的現代化。但外國資本的進入，損害了伊朗民族中產階級利益，加上巴勒維在政治上實行獨裁統治，人民幾乎沒有什麼民主權利。西方的一些生活方式和娛樂設施隨著外國資本也大量擁入德黑蘭等大城市，一時間，燈紅酒綠的酒吧、喧囂顛狂的賭場、傷風敗俗的黃色影院與古樸肅穆的清眞寺並立於德黑蘭街頭，既顯示著一種變化，同時也是向傳統勢力和意識的挑戰。宗教領袖們爲了穆斯林社會的純潔，爲了《古蘭經》的古訓，爲了眞主，要向國王及其勢力開戰。霍梅尼就是其中最突出的一個。

霍梅尼生於一九〇二年，二十世紀五〇年代末獲得代表伊斯蘭教最高學銜的「阿亞圖拉」稱號，很快便成了伊朗六大阿亞圖拉之一。他既是個有著精深修養的伊斯蘭教神學家，又是一位對社會問題有著強烈個人責任感的政治鬥士。就在老國王遜位、新國王上臺的一九四一年，他以一本政治性小冊子

⇒霍梅尼像。

《揭開祕密的面紗》，向老國王的獨裁統治以及伊朗社會的種種弊端，提出犀利的批判。在這本書中，他第一次提出了「反抗暴君是穆斯林的首要職責」。在以後長達四十年的時間裡，這一口號始終是他號召人民反對巴勒維王朝、反對帝國主義的一面旗幟。

伊朗宗教和世俗反對派與巴勒維王朝的抗爭，大致經歷了三個回合。二十世紀五○年代初期，由民族中產階級代表摩薩臺發動並領導的伊朗石油國有化運動，對國王的親西方政策和獨裁統治形成衝擊。摩薩臺任首相後，把被視為附在伊朗身上的西方「吸血鬼」的「英伊石油公司」收歸國有，並對獨裁統治下出現的某些弊端進行整治，得到人民和宗教界領袖的一致支援。一位阿亞圖拉甚至表示願意組建一支千萬伊斯蘭戰士的大軍，為捍衛伊朗石油主權展開聖戰。國王害怕威望日益提高的摩薩臺首相有可能威脅到自己的統治，於一九五三年八月解除了其職務。此舉馬上引起德黑蘭的一場聲勢浩大的抗議遊行，支持首相的部隊也馳援德黑蘭。國王失魂落魄，匆忙躲到國外。只是靠美國中央情報局出面，用金錢收買了嘩變部隊，他才得以踏著用美元鋪成的甬道回到孔雀寶座上。

一九六○年代初期，雄心勃勃的巴勒維開始了他的經濟和社會改革。一方面，他盲目迷信先進技術，把最現代化的工藝技術強行搬入技術水平和國民素質都不高的伊朗；另一方面，又大力推行以土地改革為中心的所謂「白色革命」。這些偏離伊朗國情的改革措施，在文盲占總人口超過八成的伊朗，既得不到

◆《古蘭經》精裝本。

絕大多數群眾的理解與支持，又破壞了被穆斯林視爲神聖的傳統生活方式。反對巴勒維王朝的抗爭再次高漲起來，而霍梅尼站在了領導位置。當國王的「白色革命」方案被有名無實的議會通過時，霍梅尼在聖城庫姆宣布連續舉哀四十八天。他一手拿著《伊朗憲法》，一手捧著《古蘭經》，對成千上萬的教民大聲疾呼：「暴君褻瀆了這兩件東西。」國王下令逮捕霍梅尼，立即召致了一場騷亂。大批群眾手舉著霍梅尼畫像，擁入德黑蘭，燒汽車，砸商店，搗毀政府機關和警察局。國王下令開槍，德黑蘭街頭灑下示威群眾的鮮血。氣急敗壞的國王讓人轉告獄中的霍梅尼：「別逼我穿上我父親的靴子！」霍梅尼立即想起老國王曾穿著靴子踏入清眞寺，他憤怒地回答：「對他來說，他父親的靴子大了好幾號呢！」巴勒維最終還是沒穿上父親的靴子，而是釋放了霍梅尼，以平眾怒。

當然，他不會讓這位倔強的對手再在伊朗待下去了。一九六四年十一月，霍梅尼被祕密流放到土耳其，從此開始了他三易其地、長達十四年的流亡生活。儘管身在異國他鄉，霍梅尼並未放棄抗爭，他以越來越激烈的語言痛斥巴勒維王朝的腐敗，越來越響亮地鼓吹要在伊朗進行一場「伊斯蘭革命」。霍梅尼在伊朗教民和群眾中的聲望，反而由於被流放在外而與日俱增。相反，巴勒維王朝及其政府的威信卻在下降。進入二十世紀七〇年代，國王的社會改革仍舊脫離實際，而且他不相信自己會犯錯誤，更不允許別人有不滿和懷疑。他加強了獨裁統治，擴大了特務機關「薩瓦克」，用暴力恐怖手段消除政敵。同時，豐厚的石油收入，在一個缺乏民主也缺少現代文明基礎的國家，不可避免地引起官僚腐化、道德墮落等醜惡現象。

一九七八年八月二十日，阿巴丹一家電影院突然起火，由於太平門被人鎖住，三百七十七人被活活燒死。政府認定縱火者是宗教

狂熱分子，而更多的人更傾向於是「薩瓦克」所為，目的在於嫁禍於反政府的宗教領袖。大火成了革命的信號。九月，罷工浪潮席捲伊朗。霍梅尼錄在磁帶裡的聲音響徹伊朗的各個清真寺：「鮮血終將戰勝利劍！」罷工的人們是「在為我國人民作出巨大的功績！」國王的一切措施相對於他三十七年統治中積下的舊怨新仇，都顯得軟弱無力了。當唯一能夠左右狂想的群眾運動的霍梅尼透過錄音帶向士兵們呼籲勿開槍打自己的穆斯林兄弟時，巴勒維王朝的最後一根支柱斷裂了。坐在尼蘭瓦蘭王宮裡的國王成了孤家寡人，剩下的選擇只有兩個，遠走異國他鄉或與王朝同歸於盡。巴勒維最終選擇了前者。

　　一九七九年二月，霍梅尼飛回了闊別十四年的祖國。他宣布成立伊斯蘭革命委員會，廢除帝制，建立伊朗伊斯蘭共和國。他的意願是要按先知的設想重建伊朗，對所有國家機關、司法制度、教育文化新聞機構實行徹底的伊斯蘭化。他號召所有伊斯蘭國家團結起來，在真主的旗幟下，去征服世界。

給21世紀的話語

　　巴勒維王朝的倒臺和伊朗伊斯蘭革命的成功，對阿拉伯世界產生極大影響，一些國家的伊斯蘭教什葉派穆斯林，以伊朗為榜樣，掀起反抗本國政權的抗爭。沙烏地、伊拉克、埃及、科威特、敘利亞先後在二十世紀七○年代至八○年代初都爆發了反政府騷亂或暴動。同時，霍梅尼的成功和他輸出伊斯蘭革命的作法，喚起了一股席捲阿拉伯各國，衝擊整個世界的伊斯蘭教復興運動。

損兵折將，師老無功

蘇聯入侵阿富汗鎩羽而歸

　　從二十世紀五〇年代中期開始，蘇聯視阿富汗爲南下波斯灣、印度洋的跳板，培植親蘇政治勢力。一九七三年七月，蘇聯策動對蘇友好的阿富汗軍官發動政變，推翻查希爾王朝，成立阿富汗共和國，由穆罕穆德·達烏德任總統。達烏德政府一開始奉行親蘇路線，使蘇聯在阿富汗的勢力大增。面對兩個超級大國的激烈爭奪，達烏德後來調整了政策，在繼續接受蘇聯「軍援」和「經援」的同時，強調要發展和美國的關係，宣稱「阿富汗和美國之間的友好關係是頭等重要的」，並在國內調整親蘇勢力，在國際上堅持中立，縮小蘇聯在阿富汗的影響。

　　達烏德的政策引起蘇聯不滿，在蘇聯的策劃下，阿富汗人民民主黨發動政變，推翻達烏德政權，成立了以該黨總書記努爾·穆罕穆德·塔拉基爲首的新政府，改國名爲阿富汗民主共和國。塔拉基政府和蘇聯簽訂了具有軍事同盟性質的《友好睦鄰合作條約》，將內外政策全面納入蘇聯軌道。塔拉基的作法激起阿富汗各民族抵抗組織的武裝反抗。同時，人民民主黨內訌愈演愈烈。一九七九年三月，哈菲祖拉·阿明被任命爲總理。同年九月十六日，阿明殺死塔拉基，上臺執政。阿明上臺後，逼迫蘇聯撤換大使，限制蘇聯軍事人員入境，聲稱要與美國關係正常化，並在各部門排除異己，安插親信。他還拒絕了蘇聯要他訪蘇的邀請。與此同時，阿富汗國內局勢更加動盪，人民的反政府武裝抗爭蓬勃發展，嚴重威脅人民民主黨政權。面對此狀況，蘇聯決定除掉阿明，直接出兵占領阿富汗，

以確保喀布爾有一個穩固的親蘇政權。

　　蘇聯在入侵前進行了一系列周密準備。一九七九年八月～十二月間，以蘇聯國防部副部長、陸軍總司令帕夫洛夫斯基率領的軍事代表團和以內務部第一副部長帕普金為首的大批保安、情報人員先後到阿富汗活動，以合法身分全面收集阿富汗的政治、軍事、經濟、地理等方面的情報，為制定入侵計畫提供依據。十一月底，駐喀布爾的四個阿富汗師被調往外地。十二月初開始，蘇聯空運三個營的兵力，控制了喀布爾北面的巴格拉姆空軍機場。十二月八日，蘇聯安十二型和二十二型運輸機把一批全副武裝的蘇軍運至喀布爾，實際控制了喀布爾局面。十二月十二日，蘇軍在蘇阿邊境捷爾梅茲建立了前方指揮部，國防部副部長索科洛夫元帥任總指揮，統一指揮空中和地面行動。十二月二十五日～二十七日，蘇軍出動大型運輸機兩千多架次，把大批軍隊和幾百輛坦克、裝甲運輸車等重型武器運抵喀布爾，占領了喀布爾機場和附近要地。十二月下旬，蘇聯顧問在喀布爾地區以清點武器彈藥、檢查坦克技術狀況、檢修火砲等重型設備為由，集中和拆卸了阿富汗軍隊的主要武器裝備，使之無法動用。此外，蘇聯在入侵前還對阿富汗和西方國家採取了一系列欺騙措施，以爭取達成襲擊的突然性。

　　一九七九年十二月二十七日晚七時三十分，預先集結在喀布爾機場的第一〇五空降師在原駐阿蘇軍和克格勃人員的協助下首先發動攻擊，迅速攻占了廣播電臺、政府官邸和阿明居住的原王宮「達魯拉曼」，打死了阿明及其全家成員。次日凌晨，設在蘇聯中亞境內的祕密電臺，用喀布爾電臺的頻率播發了阿富汗人民民主黨旗幟派頭目巴布拉克‧卡爾邁勒宣告成立新的傀儡政權的聲明。與此同時，早已集結在蘇阿邊境上的地面部隊在航空兵掩護下，從土庫曼和塔吉克超過邊界，從東西兩線推進。阿富汗政府軍沒有進行有

組織的抵抗，蘇軍在一周之內就控制了阿富汗的主要城市和交通幹線。蘇聯入侵阿富汗，是它南下亞洲次大陸，進入波斯灣、印度洋擴張戰略的重要步驟。

蘇軍對阿富汗的侵略，給阿富汗人民帶來了深重的災難。阿富汗本來就是一個落後的農業國，連年戰亂又使它的經濟遭到嚴重破壞。一九七九年至一九八〇年度阿國民生產總值為三三・八七億美元，一九八二年至一九八三年度下降至二十億美元。一九八〇年以後，每年物價指數上漲達 20～40％，人民生活困苦不堪。蘇軍入侵阿富汗後，有近百萬阿富汗人死於戰亂，五百多萬阿富汗人（約占全國人口三分之一）逃亡國外，淪為難民。這些難民主要流居於巴基斯坦，依靠國際救濟，過著貧病交加、有家不能歸的悲慘生活。

具有反抗外敵傳統的阿富汗人，在蘇軍入侵後，掀起了維護民族獨立、反對外國侵略的武裝抗爭。十多萬自由戰士在全國二十九個省抗擊蘇軍，並逐漸控制了約占全國八成面積的農村，同時加強了對喀布爾、坎大哈、赫拉特等城市的襲擊。阿富汗政府軍中也有許多愛國官兵投奔穆斯林愛國武裝。喀布爾和其他許多城市不斷爆發反侵略的群眾示威活動。阿富汗人民成立了許多抵抗組織，主要有伊斯蘭民族陣線、解放阿富汗伊斯蘭聯盟、阿富汗伊斯蘭革命、阿富汗民族解放陣線、阿富汗伊斯蘭協會、伊斯蘭黨和伊斯蘭黨（哈利斯派）等。一九八一年六月，各抵抗組織達成聯合協定，成立了「阿富汗伊斯蘭聖戰者聯盟」。阿富汗人民的抗蘇抗爭，給入侵蘇軍以沉重的打擊。據估計，在侵阿戰爭中，蘇軍傷亡近六萬人。越來越多的蘇聯人認識到，這是一場錯誤的戰爭，與國際義務對不上號，公開批評蘇聯出兵阿富汗的言論在蘇聯報刊上也時有出現，就連蘇聯前領導人戈巴契夫也曾公開承認，阿富汗問題是一個

「流血的傷口」。

蘇聯的侵略行徑不僅遭到阿富汗人民的堅決抵抗，也遭到世界絕大多數國家的反對。聯合國曾先後通過十項決議，譴責蘇聯對阿富汗的侵略和軍事占領，要求蘇聯從阿富汗撤軍。伊斯蘭國家領袖會議、不結盟國家領袖會議、歐洲共同體領袖會議和北歐國家外長會議等國際會議也都發表宣言和決議，譴責蘇聯侵略阿富汗和要求蘇軍立即撤出阿富汗。中國政府多次發表聲明指出，蘇聯必須執行聯合國大會的決議，無條件地從阿富汗撤出全部外國軍隊。

蘇軍入侵阿富汗後，受到直接威脅的是伊朗和巴基斯坦。伊朗在巴勒維王朝被推翻後，國內局勢動盪，親蘇勢力十分活躍，蘇軍又在伊阿邊界布置了重兵，使伊朗又面臨來自東方的武力威脅。但是，伊朗不顧蘇聯的威脅，堅決支持阿富汗抵抗力量，不承認卡爾邁勒政權。在蘇聯武裝入侵阿富汗的第二天，伊朗政府發表聲明，強烈譴責蘇聯的行徑，認為這是對所有穆斯林國家的侵略。伊朗政府公開為阿富汗游擊隊提供基地和物資，並收容了約一百五十萬阿富汗難民。

巴基斯坦與阿富汗有很長的邊境線。蘇聯入侵阿富汗後，巴基斯坦對阿富汗難民敞開大門，提供人道援助。據估計，巴基斯坦的三百個難民營收容了三百多萬阿富汗難民。這些難民營成了阿富汗抵抗組織的基地。

蘇聯入侵阿富汗是它南下戰略的重要一步，因此，西方國家反應十分強烈。美國總統卡特宣稱，這是「第二次世界大戰以來對和平的最大威脅」，是「歷史上嚴重的挑戰」。在軍事上，美國宣布建立快速應變部隊，以對付中東地區的軍事衝突；在經濟上，宣布對蘇實行糧食、先進設備和戰略物資禁運。此外，美國還對阿富汗抵抗組織提供祕密援助。英、法和聯邦德國都表示要重新考慮和蘇聯

的雙邊關係，加強對巴基斯坦的支持和援助。在中東和波斯灣地區，則與美國協調行動，並支持美國對蘇聯實行經濟制裁。

給21世紀的話語

　　蘇聯侵略阿富汗不僅未能實現其預定的戰略目標，反而陷入了持久的消耗戰，背上了沉重的包袱，付出了巨大的代價，在國際上亦陷於孤立。一九八六年二月，戈巴契夫在蘇共第二十七次代表大會上首次表示了蘇軍撤出阿富汗的意向。

　　一九八八年四月十四日，在聯合國調停下，巴基斯坦政府和喀布爾政權在日內瓦就政治解決阿富汗問題正式達成協議。協議規定蘇聯從一九八八年五月十五日起，在九個月內將全部蘇軍撤出阿富汗。一九八九年二月十五日，最後一批侵阿蘇軍通過阿蘇邊境返回蘇聯國境，結束了蘇聯對阿富汗長達近十年的軍事占領。

自由經濟時代的重新崛起

柴契爾夫人的經濟改革

　　要說到柴契爾夫人的經濟改革，不能不從二次大戰之時開始說起。正當納粹德國的飛機瘋狂轟炸倫敦時，兩位影響二十世紀最深遠的經濟學家——凱恩斯和海耶克，也正在那裡。一九三〇年代初期，凱恩斯及海耶克曾展開過一場著名的辯論，其論爭的焦點在於對政府角色的看法。而兩人對經濟發展的見解歧異，終究成為世界經濟狀況的兩種發展體現，從當時直到今日皆然。

　　凱恩斯是政府角色積極部分的強調者。他認為，政府干預將是市場上的重要角色，可以減低市場的不穩定程度，並令市場趨勢較能預期，減少經濟危機的發生機會；但海耶克則不那麼樂觀。他認為市場必須令其自由，政府的干預或許會有短期效果，但長期而言一定會讓經濟發展走下坡。

　　從當時的觀點來看，兩人的辯論應該算是凱恩斯獲勝了，因為當時世界各國的經濟幾乎都已走向蕭條之路，大家都只希望國家能夠儘快干預，讓經濟快速起死回生。所有人都被凱恩斯所說「長期來看，我們都死了」的幽默名言震撼住了，沒人有興趣等待海耶克所謂「市場的自發調節功能」發揮功效，因為到底要多久，連海耶克自己也不能確定。於是，當時世界各主要國家都不約而同採取了符合凱恩斯理念的經濟政策，強化了政府力量對經濟市場的控制。無論是原即較為專制的極右國家主義政權，例如希特勒的納粹德國，還是本以自由主義為號召的國家，如小羅斯福時代的美國，及二次大戰結束後的英國，盡皆如此。

二次大戰結束後，英國的工黨擊敗帶領英國度過二戰的邱吉爾，宣稱將實行所謂「民主的社會主義」，以計畫式的經濟政策，帶領全民走出戰後的經濟不振。工黨的口號是響亮的、藍圖是美麗的，無奈始終無法將藍圖變成事實。日後工黨和保守黨雖曾輪流執政，但因為一直依循著「民主的社會主義」路線，經濟狀況終究沒能好轉。

　　糟糕的是，冷戰的端倪出現後，蘇聯及其陣營成員似乎利用計畫經濟的方式，取得了出色的發展成果。這不禁讓民主陣營的追隨國家開始疑惑，是否共產陣營才是解決諸多難題的正確方向，而非民主陣營。民主陣營的美、英等領袖國家，雖然仍舊力持自由民主之說，但經濟策略上卻也苦無接戰良方，只能試圖複製成功度過經濟大恐慌的「新政」經驗，但效果十分有限，經濟仍在泥淖之中。

　　一九七九年，英國史上第一位女首相柴契爾夫人登臺，經濟困境終於出線轉機。柴契爾夫人在尚未執政前，即相當心儀海耶克的經濟學說，曾數次登門請教。上臺之後，她乃決定一改過去的計畫之風，削減政府力量、讓市場自由運作。

●有「鐵娘子」之稱的柴契爾夫人。

　　可是政策的轉變不是一紙政令就可解決的。英國所以長期維持強化政府力量的政策，多少也是因為在擴大政府組織的過程中，讓政府單位及國營事業中的人員愈來愈多，因而使得其工會的力量也隨之增強；而削減政府力量的首要步驟便是「裁撤冗員」，自然也將面臨極大的阻力。

　　然而此時的作風正是柴契爾夫人所以被稱為「鐵娘子」（Iron Lady）之因。

她面對著勞工團體的強大壓力，依然堅定地推動她的「柴契爾主義」：包括精簡政府員額、支出控制預算、國營事業與部分政府之「執行」機關民營化等等措施。想當然耳，這樣的政策會遭到原本生活安定的政府部門員工的反彈，但為了活絡因為政府干預過多而低迷的市場，柴契爾夫人仍選擇以失業率的提高，及自由競爭下的新情勢，換取市場的重新振作。

柴契爾夫人的改革是一條漫長的道路，因為市場的「自我調節機制」何時開始運作，是沒人說得準的；而她的改革又備受反對，當然更為難行。「幸好」此時英國與阿根廷為了福克蘭群島（阿根廷人以西班牙語稱其為「馬維納斯群島」）的主權問題爆發爭議，「鐵娘子」再度展現她的堅強意志，不惜以戰爭解決爭端，結果則讓英國民眾對政府重新拾回信心，多少有利於其改革的推行。而美國新任總統雷根也於該時推動他的「雷根經濟學」──自由競爭式的經濟政策，大幅採行赤字預算以活絡市場，基本性質和柴契爾主義頗為接近。雷根總統與柴契爾夫人隔海唱和，終於讓英國、美國的經濟開始提振，市場逐漸欣欣向榮起來。

給21世紀的話語

在柴契爾夫人的改革產生效果之後，世界各國終於見識到自由經濟的威力，而同時蘇聯等地的計畫經濟也日漸破產，原來蘇聯過去的榮景，其實只是一種掩人耳目的表象。

此後，愈來愈多的國家效法柴契爾夫人的政策，開放市場、自由競爭，不但促成全球化經濟時代的加速到來，也讓共產集團所倡行的、過去數十年來始終被尊奉著的計畫經濟相形見絀，使共產國家的人民開始期待自由經濟的到來，間接造成冷戰體系的瓦解。海耶克的學說透過柴契爾夫人的實踐，終於在半個世紀後，重新有了

和凱恩斯一較長短的力量了。

　　當然，自由經濟也有其問題與困境，但柴契爾夫人的改革，一掃實行多年卻無甚成效的計畫經濟末流苦果，帶動自由經濟的重新崛起，仍是一個偉大的里程碑。尤其這位鐵娘子不屈不撓的堅定意志，更是讓她能在歷史上留下大名的重要特質，令人不得不肅然起敬。

柏林圍牆倒塌後

東西德重現統一

一九九○年十月三日零時，在柏林帝國議會大廈前，伴隨聯邦德國的國歌，一面黑、紅、黃三色國旗緩緩升起，分裂長達四十五年之久的德國重新統一。這成為一九九○年歐洲乃至戰後世界影響最深遠的事件之一，它標誌著以德國分裂為基礎、美蘇分治為特徵的雅爾達格局的解體。

一九三九年希特勒的戰爭把自一八七一年來一直統一的德國再次帶向了分裂。一九四五年七月波茨坦會晤時，美、英、蘇三國大致確定了對整個德國和柏林占領區的劃分，共同行使在德國的最高權力。然而蘇占區與美、英、法三國占領區的對峙，卻逐步導致了德國的分裂。一九四八年六月，西方占領區與蘇占區先後實行貨幣改革，從經濟上分裂了德國。一九四九年五月二十三日西方占領區通過臨時憲法《基本法》，準備成立「德意志聯邦共和國」。五月三十日，蘇占區也通過憲法，準備成立「德意志民主共和國」。德國分裂為兩個國家，東、西德在不同的社會制度下，走上了各自的發展之路。隨著冷戰的緩和，自一九八○年代末，共同的安全和經濟需要，使德國統一成為必然的歷史趨勢。

一九八九年春夏，波蘭、匈牙利、捷克等東歐國家政局發生急劇變化。五月二日匈牙利開始拆除通往奧地利邊界的鐵絲網，為東德人繞道匈牙利、奧地利逃往西德打開了缺口。這迫使東德放寬限制，准許公民直接申請去西德。十月十八日在東德黨的十一屆九中全會上，最高領導人昂納克因健康原因辭去黨和國家一切領導

職務，埃貢・克倫茨當選為德國統一社會黨總書記。十一月九日，東德宣布拆除柏林圍牆，開放東西德分界線。居民出走風潮更烈，克倫茨被迫宣布辭職。

　　東德的劇變為西德的統一攻勢提供了機會。十一月二十八日科爾提出統一十點計畫，引起兩國強烈迴響。一九九○年二月一日東德統一社會黨總書記漢斯・莫德羅以《德國，統一的祖國》為題，提出了實現統一的「四階段方案」。至此東、西德都把統一問題提上了日程。二月十三日，兩德與美、蘇、英、法四國在渥太華制定了「二＋四」方案，即先由兩德商討解決與統一有關的「內部」問題，再由兩德與四大國一起解決與統一有關的「外部」問題。四國對德國統一的立場和態度趨向一致。五月十二日東、西德就建立「貨幣、經濟和社會聯盟」的一籮筐條款達成協議，形成第一個「國家條約」，它規定：從七月一日起統一兩德貨幣，以聯邦德國馬克作為法定貨幣，東德馬克退出流通；東德公民的工資、養老金、個人存款及現金等按不同比例兌換；西德在金融、貨幣、財政、信貸等方面的法規適用於東德。「國家條約」標誌著兩德統一取得實質性進展，標誌著東德四十多年的政治、經濟和社會制度從此發生根本性變化，這對統一進程乃至統一後的德國都具有重大影響。

　　八月三十一日兩德又簽署了實現兩德政治統一的第二個國家條約──《德國統一條約》。條約長達千餘頁，規定原東德地區的十四個專區將組成五個州，於一九九○年十月三日加入聯邦德國，東西柏林合併成一個州；統一後使用西德，目前的國名、國旗和國歌，十月三日為統一後德國的慶祝日，首都設在柏林；聯邦德國的基本法（即《憲法》及《聯邦法》），從東德加入之日起即在東德地區生效；西德迄今簽訂的所有雙邊和多邊國際條約、協定均自動延伸到東德；東德人民議院確定一百四十四名議員從統一之日起參加

西德聯邦議院，組成統一後的全德議會；規定明確放棄對戰後劃歸波蘭和蘇聯的東普魯士及奧得──尼斯河以東的原德國領土的要求；此外，還對財政、產權、勞保、文教、平反等作出了規定。條約的簽署實現了兩德統一，也為兩德統一後各種制度的確立奠定了政治和法律基礎。東德從歐洲地圖上消失。一九九〇年九月十九、二十日，民主德國人民議院和聯邦德國議院分別通過了《統一條約》，二十四日東德與華沙公約組成員織簽署了退出華約議定書。

　　為解決德國統一的外部問題，先後舉行了三次「二＋四」會談。七月十七日在巴黎舉行的第三次會談就解決波蘭西部邊界問題達成全面協議，規定把奧得──尼斯河邊界作為德國、波蘭「永久性邊界」，並由四大國對此予以保證。這既滿足了波蘭的要求，也消除了兩德統一的最後一個外部障礙，長達四十多年的德、波邊界之爭終獲解決。九月十二日，兩德與四國外長在莫斯科簽署了《最後解決德國問題的條約》，達成以下協定：確定德國現有邊界並據此締結德波邊界條約和刪改聯邦德國《基本法》中有關條款；德國申明奉行和平政策，保證放棄製造、擁有和控制核武器、生化武器和化學武器，在三、四年內把武裝部隊人員減少到三十七萬；規定蘇聯軍隊撤出東德地區的期限為一九九四年，在此期間德國可在東德地區部署不受北約指揮的本土防禦部隊；統一後德國可自由結盟，四大國結束對德之權利和責任，統一的德國對內、對外享有完全主權。這一條約對兩德具有特殊的重要性，統一的列車就要駛向終點站。十月一日，兩德與美、蘇、英、法四大國外長在紐約賈維茨會議中心簽署一項聯合宣言，宣布在十月三日兩德統一之後，在統一的德國和四大國正式批准「二＋四」條約之前，即中止行使四大國對柏林和整個德國的權利和責任。

　　十月二日，東德政府各機構停止運轉，東德人民議院也在當天

下午舉行最後一次會議後關閉。晚上七時，東德領導人和各屆代表在柏林劇院舉行慶祝加入西德的大會。二十三點五十五分，以錘子、麥穗和圓規代表工、農、知識分子的黑、紅、黃三色東德國旗從勃蘭登堡門上降下。十月三日零時整，在柏林帝國大廈前的廣場上舉行隆重的升旗儀式，一面六十平方公尺大的黑、紅、黃三色西德國旗升至四十公尺高的旗杆，民主德國至此正式加入聯邦德國，分裂四十多年的德國終於實現了統一。

德國統一歷時不到一年，被稱為「歷史奇蹟」。這是內外各種因素綜合作用的結果。東德是東歐經濟建設最好的國家，但與西德比則有明顯差距。東德領導人從一九六〇年代起放棄民族統一旗幟，在新形勢下又拒絕改革，政治不民主引起人民不滿。按照蘇聯模式建立起來的高度集中的計畫經濟體制弊端重重，經互會的封閉體制也限制了交流與競爭。在東歐劇變的漩渦中，先是黨政領導班子統統集體辭職，隨之全面開放柏林圍牆和邊界，繼而讓反對派合法化，完全喪失了統一的主動權和領導權。來自東歐其他社會主義國家的劇變對東德的影響最直接也最深刻。波蘭、匈牙利、捷克相繼發生變化，特別是波蘭團結工會的合法化並在一九八九年六月的波蘭大選中獲勝，以及匈牙利一九八九年五月打開與奧地利的邊界等，都給本處在不穩中的東德以直接的誘發和促導作用。戈巴契夫的「新思維」，表明蘇聯已改變了其東歐政策。兩德統一的迅速進行也是有利的國際氛圍。一九八七年十二月美、蘇中導條約簽署後，整個東西方關係發生了深刻變化，緩和、對話與合作逐漸取代了冷戰和對抗。所有這些都為西德提供了實施統一戰略的良機。一年之中，西德憑藉強大的經濟實力，利用美、蘇調整其對歐政策的機會，竭力影響東德局勢的發展，同時巧妙周旋，四方遊說，在排除外部障礙後，終於以迅雷不及掩耳之勢實現了統一。

統一後的德國擁有七千八百萬人口和三十五‧七萬平方公里的領土，經濟上，國民生產總值僅次於美國、日本而居世界第三，在歐洲共同體中的比例由 25％ 升到 30％，不久將超過英、法國民生產總值的總和；政治上，擺脫了戰敗國地位，獲得了全部主權，對歐洲和國際事務有舉足輕重的影響。

給21世紀的話語

兩德統一打破了戰後建立在德國分裂基礎上的雅爾達體制，結束了四十多年來由美、蘇在歐洲分治的時代，歐洲將會出現一個美、俄、德三足鼎立的局面。統一也有利於推進歐洲共同體一體化建設，推動北約的戰略和功能調整，促進歐洲裁軍，尋求歐洲安全的新思路。當然，統一後的德國也面臨許多困難。對內，西部如何從經濟上徹底「消化」東部是最為棘手的問題；對外，統一的德國如何平衡與東歐、俄羅斯、西歐和美國的關係也是個難題。

兩德統一，是對戰後國際秩序和力量對比的一種改寫。

二十世紀最大政治奇觀
蘇聯巨人的解體

　　二次世界大戰後，蘇聯發展成世界超級大國，到二十世紀七〇年代，它的軍事實力達到與美國平起平坐的地位。但是，由於在戰後新的形勢下，未能對傳統管理體制進行根本性改革，再加上其他因素的影響，所以從一九七〇年代起，蘇聯經濟增長速度出現了下降的趨勢，並且這種趨勢呈現了連續下降趨勢。以社會總產值為例，一九六〇年代後五年至一九八五年的二十年間由7.4％下降為6.4％、4.2％和3.3％。工業總產值由8.4％下降為7.4％、4.4％、3.7％。農業總產值由4.1％下降為2.5％、1.7％和1.1％。

　　一九八五年戈巴契夫上臺後，針對蘇聯經濟增長速度已降低到「危機點」這一狀況，提出在科學技術進步的基礎上加速社會經濟發展的戰略，推行經濟體制改革，力圖扭轉經濟停滯現象。他所採取的改革原則比較起來有很大的進步，但是，由於經濟運行機制不健全，配套措施不佳，原有經濟管理體制被破壞，而新的體制卻不能有效建立。蘇聯經濟嚴重失控。

　　一九八八年六月二十八日至七月一日，蘇共舉行第十九次全國代表會議。會議把經濟改革中遇到的困難，歸結為政治體制的阻礙作用，認為要扭轉局面，就必須從經濟體制改革轉向全面的政治體制改革。會中通過了有關政治體制改革的七項決議，並第一次提出了「人道的、民主的社會主義」概念，對社會主義作了新的界定。一九九〇年七月，蘇共第二十八次代表大會通過了綱領性聲明——《走向人道的、民主的社會主義》，正式把建立「人道的、民主的

社會主義」作為蘇共的指導思想和行動綱領。根據這一思想，在政治體制方面，放棄一黨制，實行多黨制和議會民主，建立總統制。「人道的、民主的社會主義」模式的確立，標誌著蘇聯改革發生根本性的重大變化。

政治體制改革使潛伏的民族矛盾表面化、尖銳化。蘇聯民族紛爭迭起，一些加盟共和國要求脫離蘇聯而獨立，聯盟迅速走向瓦解。

一九八九年八月二十三日，波羅的海沿岸的立陶宛、拉脫維亞和愛沙尼亞三國兩百多萬人拉起六百多公里的人鏈，抗議一九三九年的《蘇德條約》，要求俄羅斯人退出三國。一九九〇年三月，立陶宛首先宣布獨立。在立陶宛的帶動下，愛沙尼亞、拉脫維亞、亞美尼亞和喬治亞發表了「獨立宣言」，其他十個共和國則競相發表了「主權宣言」。一九九一年四月，喬治亞宣布獨立。

在聯盟面臨岌岌可危的形勢下，蘇聯領袖戈巴契夫於一九九〇年十一月提出新聯盟條約草案。新聯盟條約規定，除國防、外交和涉及全國經濟命脈的部門仍由聯盟中央掌握外，其餘主權均歸各共和國所有。條約將「蘇維埃社會主義共和國聯盟」改名為「蘇維埃主權共和國聯盟」。一九九一年三月十七日，蘇聯就是否保留聯盟問題舉行全民公決。波羅的海沿岸三國、喬治亞、亞美尼亞和摩爾多瓦六個共和國反對在本共和國境內舉行全民公決，但有部分選民不顧當局阻撓而投票。其他九個共和國則比較順利地完成了投票過程。投票結果，大多數公民贊成保留聯盟。此後，戈巴契夫和九個共和國領導人屢次協商，對新聯盟條約草案進行修改。

八月十四日，塔斯社全文播發了該條約的正式文本。條約規定：「參加本條約的每一個共和國都是主權國家。蘇維埃主權共和國聯盟（蘇聯）是主權聯邦制的民主國家，它是在各平等共和國

聯合的基礎上建立起來，在條約參加國自願賦予它的權力範圍內行使國家權力。」這些基本的規定和其他一系列條款，進一步架空了聯盟。新聯盟條約預定於八月二十日起開始簽署。一九九一年八月十九日，正當新聯盟條約即將簽署之際，由蘇聯副總統亞納耶夫、總理帕夫洛夫、國防部長亞佐夫、國家安全委員會主席克留奇科夫、內務部長普戈、國防會議第一副主席巴克拉諾夫等八人組成的國家緊急狀態委員會宣布接管國家權力，「決心採取最重大的措施使國家和社會儘快走出危機」。但起事不到三天，便歸於失敗。

「八一九事件」後，蘇聯政局急轉直下。八月二十三日，俄羅斯聯邦總統葉爾欽下令，在法庭確定俄羅斯共產黨是否捲入政變前，「中止」俄羅斯共產黨活動。二十四日，戈巴契夫發表聲明，宣布辭去蘇共中央總書記職務，要求蘇共中央自行解散。二十五日，蘇共中央書記處被迫發表聲明，宣布接受自動解散蘇共中央的決定。二十九日，蘇聯最高蘇維埃通過決議，「暫停蘇共在蘇聯全境的活動」。十一月五日，葉爾欽下令停止蘇共和俄共在俄羅斯聯邦境內的活動，並解散其組織機構。與此同時，根據戈巴契夫、葉爾欽等人的命令，蘇共辦公場所、財產、檔案和報紙均被查封。

與蘇共解體的同時，各加盟共和國掀起了一個新的獨立浪潮。一九九一年八月二十日至十二月六日，愛沙尼亞、拉脫維亞、烏克蘭、白俄羅斯、摩爾多瓦、亞塞拜然、烏茲別克、吉爾吉斯、塔吉克、亞美尼亞、土庫曼和哈薩克相繼宣布獨立。俄羅斯聯邦雖未宣布獨立，但葉爾欽於十一月十六日宣布了十項總統令，接管了聯盟中央一系列財政金融部門，並剝奪了聯盟中央的重要財源，包括控制石油能源的生產和出口，停止向中央約八十個部提供資金等。一周以後，他又宣布由俄羅斯中央銀行接管蘇聯國家銀行和對外經濟事務銀行，從而掌管了聯盟中央的金融貨幣大權。

面對這一新的形勢，戈巴契夫被迫於一九九一年九月六日宣布承認波羅的海三國獨立，但又試圖把其他共和國組成一個鬆散的邦聯。一九九一年十一月二十六日，蘇聯報紙公布了新的「主權國家聯盟條約」草案，規定主權國家聯盟爲「邦聯制國家」。但是，建立新聯盟的計畫遭到實力位居蘇聯第二的烏克蘭抵制，致使新聯盟條約擱淺。

　　一九九一年十二月八日，作爲蘇聯創始國的俄羅斯、白俄羅斯和烏克蘭三國領導人在未通知蘇聯總統的情況下，於白俄羅斯首都明斯克簽署了關於建立「獨立國家聯合體」的協議和聯合聲明，宣布「蘇聯作爲國際法的主體和地緣政治的現實正在扼殺自己的存在」，蘇聯的法律和其他一切準則在這三個國家內已不再適用。十二月二十一日，原蘇聯的俄羅斯、白俄羅斯、烏克蘭、哈薩克、吉爾吉斯、塔吉克、烏茲別克、土庫曼、亞塞拜然、亞美尼亞和摩爾多瓦等十一國領導人在阿拉木圖簽署了《關於建立獨立國家聯合體協定議定書》、《阿拉木圖宣言》和《關於武裝力量的議定書》等，並致函戈巴契夫，通知他蘇聯已不復存在，蘇聯總統的設置也已停除。會議還決定由俄羅斯聯邦取代原蘇聯參加聯合國安理會。戈巴契夫和蘇聯最高蘇維埃被迫接受既成事實。十二月二十五日，戈巴契夫宣布辭去蘇聯總統和武裝力量最高統帥職務，並將核按鈕交給俄羅斯總統葉爾欽。當晚，飄揚在克里姆林宮上的蘇聯國旗悄然降落，代替它的是一面俄羅斯聯邦白、藍、紅三色旗。十二月二十六日，蘇聯最高蘇維埃舉行最後一次會議。出席會議的只有二十多名代表，他們以舉手表決方式通過一項宣言，宣布蘇聯解體，完成了最後一道「法律手續」。

　　蘇聯，這個曾在世界歷史舞臺上叱吒風雲的赫赫大國，經過六十九個春秋的風風雨雨後，終於完全解體，從地圖上消失。

　　蘇聯解體不是偶然的，它是由歷史的和現實的、內部的和外部的多種因素作用的結果。

　　這些因素主要有：一九三〇年代形成的僵化的蘇聯模式，在戰後新的歷史條件下沒有得到根本改革，愈加成為蘇聯經濟發展和政治進步的障礙；戈巴契夫的改革一步步地偏離了馬克思主義原則和社會主義方向，結果，誘發了政治、經濟、社會和聯盟的全面危機，直接促成了蘇共的瓦解和蘇聯的解體；蘇聯長期奉行軍事優先原則，軍費開支龐大，嚴重阻礙了本國經濟的正常發展和人民生活水平的正常提高；蘇聯民族政策失誤，使民族矛盾和民族衝突成為導致蘇聯解體的直接原因；西方國家推行的和平演變戰略，對蘇聯的演變、解體起了催化作用。

　　蘇聯解體是二十世紀人類歷史上的重大事件。它使戰後形成的兩極對抗格局宣告終結，世界格局多極化趨勢進一步發展。

巴爾幹火藥庫烽煙再起
前南斯拉夫地區重燃戰火

　　提起火藥桶，歷史上，以它作比喻的地區只有一個，這就是巴爾幹半島。

　　巴爾幹半島地處歐洲東南部，北以兩河（多瑙河、薩爾瓦河）為界，東、南、西有六海（黑海、馬爾馬拉海、愛琴海、地中海、伊奧尼亞海、亞得里亞海）環繞。由於它居歐、亞、非三洲交通要衝，戰略地位十分重要。自古至今，被大國視為必爭之地。半島在主體上從未形成一個強大統一的國家，相反的，半島四周卻大國層出。西元前一世紀至西元五世紀，半島以西的古羅馬建立的大帝國舉世無雙。十五至十九世紀，跨半島東南一部分的土耳其以它勢達歐、亞、非三洲的奧斯曼帝國，雄居天下。此後，半島以北的奧匈帝國，以東的俄國及以後的蘇聯，也用它們施諸歐洲乃至世界無法替代的影響，位列世界大國之林。強鄰之側的巴爾幹半島，極容易地成了大國勢力衝擊下的受害者和犧牲品。

　　西元五世紀末羅馬帝國分裂，東、西兩個羅馬帝國就是以巴爾幹半島劃界的。與此相適應，被羅馬帝國定為國教的基督教，也分成了東、西兩大教會，並分裂為東正教和天主教。巴爾幹半島除了充滿兩個帝國之間的敵意外，又加上了不同教派之間的隔閡。到十四世紀奧斯曼帝國入侵巴爾幹，建立起長達五百年的統治，伊斯蘭教和穆斯林便有足夠的時間在此地生根了。十九世紀，隨著奧匈帝國、沙俄、英國、法國紛紛捲入對巴爾幹的爭奪，民族的、宗教的、矛盾與衝突，使巴爾幹烽火連綿、戰亂迭起，成了歐洲一個

戰爭頻繁地區。不過，眞正使巴爾幹顯出「火藥桶」形象的，要算二十世紀初的兩次巴爾幹戰爭和第一次世界大戰的爆發了。

　　一九一二年十月至一九一三年五月，以保加利亞、塞爾維亞、希臘和黑山組成的巴爾幹同盟，與統治巴爾幹的土耳其奧斯曼帝國之間進行了第一次巴爾幹戰爭。對巴爾幹同盟各國來說，戰爭具有爭取民族解放性質，歐洲當時所有大國都程度不同地捲入了戰爭。英、法、俄支持巴爾幹同盟，其中俄國尤爲積極；德、奧匈帝國則暗中協助土耳其，以抵消英、俄等國在巴爾幹擴大的影響。交戰雙方除了陸戰之外，還進行了海戰；曾經不可一世的土耳其軍隊被團結一致的巴爾幹同盟國在各個戰場擊潰，結果，土耳其幾乎喪失了在歐洲的全部領土。然而不幸的是，打敗了土耳其人之後，巴爾幹同盟各國之間在瓜分馬其頓領土上無法取得一致，矛盾急劇激化。終於，在第一次巴爾幹戰爭剛剛結束一個多月，保加利亞與塞爾維亞、希臘、羅馬尼亞、黑山及土耳其爆發了第二次巴爾幹戰爭。保加利亞不敵，不到兩個月便慘敗而降，丟掉了剛從土耳其手中收回的土地不說，還把自己的一塊土地拱手讓予羅馬尼亞。此次戰爭之後，巴爾幹半島上以往的宿怨沒消除，新的不和種子又播下了。塞爾維亞、羅馬尼亞與英、法、俄集團接近；保加利亞則加入了德國、奧匈帝國集團。新的國家組合，打破了歐洲大國原有的平衡，加速了第一次世界大戰的爆發。

　　引發第一次世界大戰的導火線是在巴爾幹點燃的。一九一四年六月二十八日，奧地利皇儲法蘭西斯・斐迪南在波士尼亞首府塞拉耶佛遇刺，點燃了巴爾幹這火藥桶。一個月後，奧對塞宣戰，俄、法立即表示支持塞爾維亞。於是奧地利的後臺德國向俄、法宣戰，俄、法的盟友英國也向德宣戰。巴爾幹爆炸產生的衝擊越擴越大，終於演成了一場有三十一國參加的世界大戰。

到了二十世紀三〇年代末，巴爾幹地區再次成了一個「熱點」。一九三九年春，德國把一個奴役性的經濟條約強加給羅馬尼亞，義大利則出兵阿爾巴尼亞，英、法當然不會坐視不管。它們立即向羅、希、土和半島以外的波蘭提供「安全保證」，向德、義兩國發出警告。及至一九四〇年義軍進攻希臘，一九四一年德、義、匈、保四國進攻南斯拉夫，巴爾幹各國（土耳其除外）相繼捲入了第二次世界大戰。大戰中雖然巴爾幹不是主戰場，但交戰雙方誰都沒有忽視它的作用和影響，這種重視甚至在戰後初期的「冷戰」抗爭中仍有所體現。從希臘境內政府與反政府武裝之間的衝突，到羅馬尼亞、保加利亞自由選舉上的爭執；從義大利與南斯拉夫邊界糾紛，到一九四八年羅馬尼亞的政府危機，人們不僅看到了巴爾幹各國內外調整上的困難，更看到了大國插手其間所起的作用。以往的歷史證明，巴爾幹之所以成為「火藥桶」，並非巴爾幹民族天生好戰，主因為對它別有企圖的歐洲大國插手巴爾幹事務，把巴爾幹各國當作實現其利益的工具。今天在前南斯拉夫境內爆發的內戰，也說明著這一點。

　　南斯拉夫位於巴爾幹半島西北部，境內居住著二十四個民族。主體民族有塞爾維亞族、克羅埃西亞族、斯洛維尼亞族、黑山族、馬其頓族和穆斯林社群。其中塞、黑、馬三族集中於東部，信奉東正教，經濟文化較落後；克、斯兩族聚居在西部，信奉天主教，經濟文化較發達，受西方影響較大。戰後至一九八〇年代末，南斯拉夫為聯邦制共和國，加入聯邦的有六個共和國和兩個自治省。多數共和國和自治省基本是依民族劃分的，但也有諸民族混居的，現在戰亂迭起的波士尼亞——赫塞哥維那共和國就是其中之一。

　　一九八〇年代末，東歐政局劇變。一九九〇年，長期領導南斯拉夫的南共聯盟解體，維護聯邦統一的核心瓦解。很快的，反對派

在斯洛維尼亞、克羅埃西亞等共和國掌權。面對聯邦經濟日趨惡化，他們為了保證本共和國利益，甩掉不發達地區的包袱，紛紛要求獨立。一九九一年六月，兩國不顧聯邦的反對，單方面宣布獨立，並很快得到西方國家的承認，這都助長了南聯邦內分離主義和民族主義情緒。相反，長期掌握著聯邦政治經濟大權、擁有人口最多、國土面積最大的塞爾維亞共和國為了捍衛既得利益，竭力要維持聯邦統一，反對分離主義。這樣，在斯、克兩共和國內，分離主義與反分離主義的抗爭迅速演化成了不同民族之間的衝突。特別是在克羅埃西亞地區，占人口 75 ％的克族與占人口 12 ％的塞族，由相互指責發展到兵戎相見。南聯邦隨即派出軍隊來此地維持和平。但軍中塞族官兵占優勢，他們很難做到不偏不倚，所以很快便捲入克境內的內戰，站在塞族一邊與克族武裝力量作戰。雙方傷亡慘重，矛盾愈益深刻，戰火更難止息。

此外，南斯拉夫境內另一個「熱點」是波士尼亞——赫塞哥維那共和國。波士尼亞東邊與塞爾維亞共和國相鄰，北、西部與克羅埃西亞共和國接壤，克羅埃西亞的獨立與克、塞兩族的衝突不可避免地要影響、波及波黑。加上波士尼亞是南境內民族成分和分布最複雜的地區〔註〕，各自既有相對集中的民族聚集區，又有處於其他民族包圍中的區地，其中塞、克兩族又與鄰近的塞、克兩國中的本民族母體息息相通，使這一地區情況格外複雜。

在分離主義浪潮衝擊下，在波士尼亞當權的穆族也考慮宣布獨立，克族予以支持，但卻遭到竭力要從波士尼亞分離出去、回歸母體塞爾維亞共和國的塞族反對。於是，一方面，穆、克兩族在塞族抵制的情況下通過公民投票，宣布獨立；另一方面，塞族也實行塞族居民公決，宣布成立「波士尼亞塞族共和國」，脫離已經獨立的波士尼亞。於是就出現了這樣一種局面：波士尼亞共和國脫離南斯

拉夫，而波士尼亞塞族又脫離波士尼亞共和國。

　　問題的複雜性還在於波士尼亞塞族的脫離不是簡單的居民遷移，而要連同土地一起回歸母體，而這些上地又都不連在一起。波士尼亞三族於是為爭奪領土展開了前所未有的武裝衝突和混戰。民族分布的複雜性，使它們和國際社會很難找到一個能讓三方都滿意的領土劃分方案。不管歐洲共同體出面調解、各大國從中斡旋，還是聯合國派維持和平部隊進駐，實行封鎖制裁，至今仍沒有有效的手段制止波士尼亞內戰。

給21世紀的話語

　　自一九九二年四月以來前南斯拉夫境內的內戰，是第二次世界大戰後在歐洲地區發生的一場規模最大的戰爭。它發生在歷史上被稱為火藥桶的巴爾幹地區，不能不引起世人的關注。現在，德、英、法、美、俄等國大都或多或少介入其中，使這裡本來就不單純的利害衝突，更加複雜且難以控制了。如果真的失控，火藥桶從冒煙到爆炸，那對歐洲乃至世界的影響就只能是災難性的。

〔註〕穆斯林、塞族、克族分別占其人口的43％、31％、17％，並且呈插花狀分布。

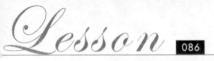

中東的和平曙光

以埃和談

　　如果單看一九四八、一九五六、一九六七、一九七三年這四個年分，很難說它們有什麼意義。但正是在上述年分，在世界上一塊面積不超過九萬平方公里的地區，爆發了主要參戰國幾乎完全相同的四次大規模戰爭，以及穿插其間難以數計的流血衝突。這塊令人驚奇的地區，就是巴勒斯坦及其周邊地區。這四次戰爭習慣上被稱之為第一至第四次中東戰爭，而主要參戰國，一方是以色列，另一方是以埃及、約旦、敘利亞、黎巴嫩為代表，幾囊括整個阿拉伯世界。

　　巴勒斯坦地區之所以如此之「熱」，首要原因是這裡出現了一個與周圍阿拉伯各國格格不入，而且桀驁不馴的以色列國。構成以色列國的猶太民族，其祖先曾定居在巴勒斯坦，並在這裡創造出本民族的輝煌歷史，建起一個強大的希伯來王國。此後，猶太民族屢遭磨難，八百五十年當中經歷了三次大離散，被迫離開巴勒斯坦，遷徙四方。在自中世紀就被基督教牢牢控制的國家和地區，一個信仰猶太教且沒有國家的民族，被視為異教徒受到所住國的歧視、迫害，直至血腥屠殺和種族滅絕。在迫害猶太人方面，第二次世界大戰前和戰中的希特勒德國可謂登峰造極了。不幸的經歷，極大地喚起了猶太人對擁有一個安定的家園、一個屬於猶太民族的國家的渴望。他們要求重返巴勒斯坦，在這塊曾經孕育過猶太民族歷史的土地上，營建自己的國家。

　　對此，先是在第一次世界大戰後負責託管巴勒斯坦地區的

英國，後是第二次世界大戰後成為一流大國的美國與蘇聯，出自種種考慮，給予猶太復國主義者以支持。從一八二〇年代起，美、英便有計劃在向巴勒斯坦地區移送猶太人。此舉立即遭到長期生活在這裡的巴勒斯坦居民的反對。猶太人與當地阿拉伯人之間種下了仇視與敵對的種子。一九四七年十一月，聯合國大會通過決議，決定在巴勒斯坦地區實行分治，同時建立阿拉伯國和猶太國。這一決議是在事先沒有爭得占該地區人口絕大多數的穆斯林和基督徒居民的同意，且遭到聯大阿拉伯各國反對的情況下通過的。實際上，這等於把一個猶太民族的國家硬塞進了阿拉伯世界，其結果只能是引起像人類機體排斥某種異物一樣的本能反應。

聯大決議一通過，阿拉伯聯盟七國總理和外長齊聚開羅，宣布它們決心為反對分裂巴勒斯坦而戰。一九四八年五月十四日，以色列國宣布成立的第二天，埃及、外約旦、伊拉克、敘利亞和黎巴嫩便與以色列開戰，第一次中東戰爭爆發。初期阿拉伯軍隊連連取勝，以色列靠美國的支援穩住陣腳，利用停火加緊補充人員和裝備，然後大舉反攻。原來向阿拉伯國家提供軍火的英國，迫於美國的壓力中斷了供應，阿拉伯各國之間出現紛爭，於是形勢發生逆轉，十天之內以軍大獲全勝，占領了巴勒斯坦五分之四的土地，把九十六萬巴勒斯坦人逐出家園，使之淪為難民。從此，災難和死神便經常光顧這塊本不貧瘠的土地了。

一九五六年七月，埃及的納賽爾總統宣布將英、法控制的蘇伊士運河公司收歸國有，惱羞成怒的英、法決心對埃及一戰。他們祕密串聯起與埃及長期不和的以色列，讓其充當反埃先鋒。十月，以軍進攻埃及，挑起了第二次中東戰爭。以色列出動四萬五千人侵入埃及的西奈半島，直逼蘇伊士運河，英、法則出動飛機轟炸埃及軍事設施及城市。埃及軍民奮起抗擊干涉軍，阿拉伯各國以不同方式

支援埃及的抗爭。美、蘇兩國出於排擠英、法的目的，也要求雙方停火。聯大也作出決議，要求以軍撤出西奈半島，並派遣聯合國緊急部隊到該地區保證和監督停火。英、法、以迫於國際壓力，跟從了聯大決議，埃及和阿拉伯各國取得了勝利。

進入一九六○年代中期，以、阿之間的種種矛盾仍沒得到有效解決，反隨著超級大國在中東地區的爭奪日益激烈，而愈發複雜和深化了。蘇聯通過軍事和經濟援助，加強對阿拉伯國家的滲透與控制；美國為了保證自己在該地區的重要利益，也有意識地扶植以色列打擊親蘇國家。為了製造戰爭藉口，以色列一方面加緊迫害巴勒斯坦難民，蠶食敘利亞領土，一方面製造假情報，誘使埃及封鎖了亞喀巴海灣，然後便於一九六七年六月五日，悍然出動飛機對埃、敘、約等國進行突然襲擊，第三次中東戰爭爆發。這場戰爭只打了六天，以色列占領了包括約旦河西岸、迦薩地帶和耶路撒冷舊城在內的整個巴勒斯坦，還侵占了埃及的西奈半島和敘利亞的戈蘭高地，使五十多萬阿拉伯人淪為難民。被趕出家園的巴勒斯坦人民紛紛拿起武器投身於抵抗運動，而巴勒斯坦抵抗運動正是在這場戰爭後有了迅速發展。一九六九年，最大的游擊隊組織「法塔赫」的領導人亞西爾‧阿拉法特當選為巴勒斯坦解放組織執行委員會主席。次年，巴勒斯坦的十一個游擊隊在他倡議之下實現了大聯合，為奪回自己失去的權利展開積極抗爭。

同時，阿拉伯各國也在準備收復失地。經過六年的準備，一九七三年十月六日，埃、敘兩國軍隊同時從不同方向向以色列占領軍發起猛攻，打響了第四次中東戰爭。埃軍一舉攻破了以色列在西奈的防禦陣地，即號稱「無法突破」的巴列夫防線，一周內便控制了蘇伊士運河東岸地區，並向西奈半島推進。敘軍在戈蘭高地亦首戰告捷。巴勒斯坦各游擊隊則在迦薩和以色列北部地方展開游擊戰。

從十三日起，伊拉克、摩洛哥、約旦、沙烏地、阿爾及利亞、蘇丹、科威特、利比亞等國軍隊陸續參戰。以色列急忙向美國求援。美國為保住這塊戰略陣地，緊急抽調大批運輸機空運武器和裝備給以色列。蘇聯則對埃、敘等國提供援助，中東地區一時間成了兩個超級大國鬥法的比武場。以色列在美國幫助下，在埃軍布防的薄弱環節上突破成功，置埃軍於不利地位，並在戈蘭高地擊退了敘軍進攻，美國乘機提議停火。十一月十一日，雙方簽署的停火協定生效。一九七四年一月和四月，埃、以和敘、以之間分別簽署了軍隊脫離接觸協議，埃及重新控制了運河東岸部分地區，敘利亞也收回了上次戰爭後被以色列占領的領土，阿拉伯國家洗刷了上次戰敗的恥辱，打破了以色列軍隊不可戰勝的神話，為以後的和平談判創造了條件。尤為重要的是，在戰爭中，阿拉伯國家有力地使用了「石油武器」，採取減產、提價、禁運和國有化等措施，對支持以色列的西方國家進行打擊，收到了明顯效果（石油危機）。此後，以美國為首的西方國家，雖然沒有拋棄以色列，但懾於阿拉伯國家石油武器的威力，不得不改變了對阿拉伯國家的策略，對它們的要求與利益給予更多的注意。

不到三十年中的四次戰爭，絲毫沒有解決以、阿之間的矛盾和問題，埃及在四次戰爭中深受其害，不僅遭受了巨大的人員和物質損失，而且使蘇伊士運河通航屢受影響，大大降低了運河的經濟效益。於是，在多年敵視和廝殺之後，繼納賽爾之後執政的沙達特總統，終於邁出了以埃和解的第一步。一九七七年十一月，他訪問了以色列控制下的耶路撒冷，與以色列總理比金舉行談判。美國適時地為雙方製造機會，調解斡旋。一九七八年九月，埃、以、美三國領袖在美國總統別墅大衛營舉行會談，經過十一天談判之後，三方達成了關於實現中東和平和以埃和平的協定。協議是開創性的，

但也有局限。它只涉及了約旦河西岸、迦薩、西奈半島等問題，而像巴勒斯坦民族自決權、耶路撒冷及敘利亞戈蘭高地這些根本問題，它沒有也無能解決。大衛營協議遭到部分阿拉伯國家的強烈反對，它們組成「拒絕陣線」，不向以色列和美國作任何妥協，這預示著以阿和解的道路仍然曲折漫長。但畢竟得承認，以埃和解是歷史性的一步，為結束中東地區長期的動盪不定開闢了一個新局面。

給21世紀的話語

中東地區以其戰略資源豐富、地理位置關鍵、宗教抗爭激烈等特殊性，成了當今世界政治、經濟、人文領域中一根異常敏感的神經。不論此地是戰是和，都會對國際社會產生重大影響。它可以利用自己的石油資源為武器，輕而易舉地讓發達資本主義世界陷入經濟恐慌，從而左右它們的政治傾向；它也可以用占據的交通要道，使世界貿易損失上百萬美元；還可以借用宗教力量，使恐怖活動蔓延到世界各地。因此，這一地區的衝突與戰爭，不僅對這一地區和國家的人民，而且對全世界都是一種不幸。

冷戰結束後，儘早結束這個地區的戰亂，讓世紀宿敵化干戈為玉帛，符合絕大多數國家和民族的利益，一九九三年以來，中東和平進程加快，先是《以巴和約》簽署，接著《約以和約》相隨，「敘、以和解」也加快了步伐。人們盼望中東和平的早日降臨。

看不見的帝國悄然崛起

跨國公司支配國際經濟

　　壟斷資本國際化是第二次世界大戰以來國際經濟事務中的一個突出現象，商業資本國際化、借貸資本國際化、產業資本國際化是壟斷資本國際化的三種主要形態，跨國公司則是壟斷資本國際化的主要體現。二十世紀初，已有一批早期跨國公司出現，美國的跨國公司最為活躍。二戰後，跨國公司有了突飛猛進的發展。二十世紀五○年代美國跨國公司打進了西歐市場，六○年代以來西歐、日本跨國公司崛起，八○年代以來跨國公司風席捲全球，新興的發展中國家和社會主義國家概莫能外。跨國公司在國際經濟關係中已經成為「看不見的帝國」，對當代國際經濟關係形成支配作用。

　　二次世界大戰後發達資本主義國家的大型跨國公司，取代國際卡特爾〔註〕，成為國際貿易的壟斷者。它是資本主義世界的生產壟斷者，擁有全球銷售網路，並憑藉非股權手段控制眾多中小企業納入自己的銷售渠道。一九七九年七家石油壟斷組織控制全球石油銷售的 82 ％，一九七○年代中期，跨國公司在世界貿易中占有一半的份額，一九八三年以美國為基地的跨國公司出口占有美國出口的 75 ％。跨國公司在國際市場上推行壟斷價格，它壟斷了穀物、棉花（六家控制 85 ％～ 90 ％）、菸草（六家控制 85 ％～ 90 ％）、香蕉（三家控制 70 ％）等主要農產品的國際貿易。現代壟斷性的跨國銀行壟斷了私人借貸資本輸出，具有全球銀行網路。一九八一年聯合國跨國中心宣布，八十四家全球性跨國銀行都擁有五家以上海外機構，一九七八年擁有資產兩兆六千多億美元，海外機構四千

三百餘家。倫敦、紐約、巴黎、東京、法蘭克福、盧森堡等地成爲國際金融中心。它們在全球吸收資金、在全球放貸，並在全球盈利。一九八〇年代初，美國最大的跨國銀行吸收的國際存款、國際貸款、國際盈利均分別占其總額的一半。跨國公司是對外直接投資的主體，一九三八年全球投資額爲二六三億美元，一九七五年二八二〇億美元，一九八五年七一三五億美元，一九八八年則爲一兆一千餘億美元，來自發達資本主義國家的占97.2％，社會主義國家只有0.1％。跨國公司在二戰後的發展風起雲湧，一九六八年擁有一個海外分公司的世界跨國公司有七千二百多家，海外機構兩萬七千多家；一九七三年跨國公司有近九千五百家；一九七七年一萬零七百家，海外機構八萬二千多家；一九八〇年海外機構十萬零四百家；一九九四年上半年，全球跨國公司共三萬七千家。跨國公司的產值在一九六九年相當於發達國家國民總產值的五分之一，一九八五年六百家銷售額在十億美元以上的最大工業跨國公司的銷售額增加值占西方世界的20％～25％。其中七十四家就占了一半。今天跨國公司在全世界的銷售額約五兆五千億美元。一些最大跨國公司的資產或銷售額的任何一個都超過多數國家的國民生產總值。

當代全球跨國公司潮中，絕大部分爲中小企業，但是起支配作用的是幾百家大壟斷企業。在美國，這樣的大壟斷組織最多，如洛克菲勒財團的金融中心是大通曼哈頓銀行，一九八〇年在世界各地有六千家代理行。埃克森公司在一九八〇年代成爲第一個銷售額突破千億美元的大公司，一九九二年在石油業排名世界第一（1035.5億美元）。其他獨步全球的企業包括：威斯汀豪斯電氣公司、金融龍頭摩根公司、電腦製造商IBM公司、「世界最大的汽車工業企業」的通用汽車公司、「世界最大的飛機製造商」波音公司、芝加哥財團、「世界最大輪胎製造企業」固特異輪胎橡膠公司、德克薩

斯儀器公司、海灣石油公司、杜邦公司（化學）、福特財團（福特汽車）等。

在德國，德意志銀行一九九二年擁有三千零三十八億美元，占世界銀行排名的第十位。西門子股份公司是德國電子、電器工業最大的壟斷組織。其他的壟斷企業有戴姆勒——賓士汽車公司、蒂森鋼鐵公司、拜爾股份公司（化學）、大眾汽車股份公司等。

在英國，勞埃德銀行一九八二年資產總額達五百五十七億美元。國民威斯敏斯特銀行，一九八二年總資產額八百八十一億美元。密德蘭國家銀行，一九八二年資產總額七百七十六億美元，以及帝國化學工業公司、尤尼佛斯公司、英國石油公司、英美菸草工業公司、皇家荷蘭殼牌公司集團等著名跨國公司。

在法國有巴黎荷蘭金融公司、蘇伊士金融公司、施耐德公司、羅特希爾德銀行、洛林工業與金融公司、法國石油公司、法國國營雷諾汽車公司、珀若——雪鐵龍公司、法國通用電氣公司、聖戈班公司、湯姆遜公司、羅拿——普朗克公司、米許林公司等主要跨國公司。在義大利主要有蒙特——愛迪生公司集團、菲亞特汽車公司集團和皮雷利公司集團以及國營埃尼公司、伊利公司等。

在日本有三菱銀行、三菱重工業公司、三菱商事作為三菱財團的三大支柱。三井銀行、三井物產、三井不動產公司是三井財團的三大支柱。豐田汽車公司是日本最大汽車壟斷集團。其他著名企業有：住友集團、索尼公司、富士財團、三和財團、第一勸業銀行、松下電器產業公司、本田技研工業公司、松田汽車公司、三洋電機公司、夏普公司、五十鈴汽車公司、佳能公司、鈴木汽車工業公司等。

　　在當今世界經濟活動中，幾乎沒有一處不存在跨國公司的巨大影響，它是世界經濟的無形帝國。許多跨國公司都把全球化作為下一步實施的戰略。全球化近年來成為許多第三世界人士攻訐的目標，在各大元首高峰會議的會場外抗議者高舉標語表明，全球化市場是經濟霸權擴大壟斷的掩護。

〔註〕見第58篇歐洲壟斷性股份公司介紹。

全世界談「愛」色變

愛滋病恐慌

　　一九八一年六月五日，在美國亞特蘭大市，由美國政府衛生統計機構疾病控制中心出版的《死亡與發病率周報》第一次報導了一種「可能是細胞免疫功能紊亂」的疾病，報導提供了這種疾病的最初五個病例：「在一九八〇年十月至一九八一年五月間，五名有同性戀傾向的年輕男子在加州洛杉磯的三所醫院裡接受經活體檢驗被確定為『卡式肺囊蟲性肺炎病症』的治療。……他們似乎細胞免疫功能缺損，一般的接觸便會使他們受到病毒感染。」這便是關於愛滋病的第一例報導。其實更早的一些病例在此之前已經在中非地區由烏干達、盧安達、薩伊和坦尚尼亞構成的「愛滋病帶」出現。一九七〇年代後期在金沙夏、八〇年代初期在烏干達和坦尚尼亞，一些致命的慢性腸道類病狀的疾病迅速蔓延，在當地這種疾病被稱作「衰弱病」，它有與後來所知的愛滋病類似的臨床特徵。一九八三年一月，法國巴斯德研究所科學家呂克‧蒙塔涅的研究小組首先發現愛滋病病毒，並將其命名為 LAV 病毒。同年五月在美國《科學》雜誌上發表了關於這項發現的第一篇文章。一九九四年七月十一日，美國衛生部在一場歷時九年的愛滋病發現權之爭後，正式承認了發現權歸法國。許多科學家認為，導致愛滋病的病毒來自非洲的綠猴，但卻無法斷定第一例愛滋病或 HIV 感染發生在非洲的何時何地。最近德國醫生沃爾夫‧蓋斯勒還提出了愛滋病起源於西方政府人為製造病毒以期消滅黑人家園的新論點。僅僅十餘年時間，愛滋病即成燎原之勢，迅速蔓延至世界各國，奪走了約一千四百萬人

的生命，發展成一種全球性的「世紀瘟疫」。

　　愛滋病（AIDS）全稱「獲得性免疫缺陷綜合症」（Acquired Immune Deficiency Syndrome），是一種死亡率極高的逆轉錄病毒引起的傳染病。一種被稱爲「HIV」的病毒即「人類免疫缺陷病毒」進入人體血液後，慢慢吞噬保衛人體的白血球，破壞免疫系統。當幾乎所有的白血球都被吞噬掉或改變以後，與愛滋病有關的「隨機性感染」便隨之而至。從感染上HIV病毒到愛滋病的發作時間間隔大約是八年，潛伏期較長。其主要病理是病毒破壞或抑制T細胞系統從而削弱了對感染和抗細胞癌變的免疫力。傳染源爲愛滋病患者及病毒攜帶者。在愛滋病病人或感染者的血液、精液、陰道分泌液、唾液、糞、尿、母乳和眼淚中可分離出這類病毒。愛滋病及HIV病毒只有四種傳染途徑：與一個患有愛滋病或染有HIV病毒的男人或女人的性交；使用已經感染的針頭吸毒；輸入感染的血漿或血漿製品；通過妊娠、生育，以及已經感染病毒的母親的母乳餵養。最早的病例多發生在同性戀者中，但一九八五～一九八六年後，異性戀中的發病率也升高了，一般男性傳染給女性的機會，多於女性傳染給男性的機會。

　　當前，世界各地區已發現並證實的愛滋病患者最多的首推美洲，非洲次之。早在一九八二年，愛滋病在非洲的傳染就增長得極其迅速。HIV的感染接著在北美出現，而且也上升得相當快。美國和歐洲的愛滋病高峰發生在一九八〇年代中期至末期，到九〇年代中期以後逐步下降。這一是由於高水準的教育和對愛滋病及其如何傳播之知識的瞭解，二是由於成千上萬個「高危險」人物改變了性行爲。然而在發展中國家，患者人數將繼續大幅度增加。

　　世界衛生組織一九九四年七月一日在日內瓦宣布，全世界愛滋病患者在過去一年中增長了六成，達四百萬人。目前攜帶愛滋病

病毒的人數估計已達一千七百萬，包括一百萬名兒童，僅過去一年就有三百萬人感染了愛滋病病毒（平均每天約一萬人感染此病），其中一半是婦女。按地區分，非洲占 63.8％，亞洲 14.2％，美國 7.1％，拉美 10.6％，歐洲 3.5％。愛滋病感染已波及世界上一百八十七個國家和地區。愛滋病正在全世界瘋狂蔓延。

　　根據世界衛生組織公布的最新資料，目前愛滋病的發展呈兩個特點。一是非洲撒哈拉以南地區感染愛滋病的發病率依然很高。有的非洲大城市，三分之一的男人和女人已很可能被愛滋病毒感染，一百萬兒童將在二○○○年來臨之際變成孤兒。南非政府估計，在二○一○年他們四百萬人口中每三人中將有一人可能被愛滋病毒感染。二是南亞和東南亞地區感染愛滋病毒者的人數正在迅速增長。在過去的一年中，這一地區的愛滋病患者人數增加了七倍，達二十五萬人，而在一九九○～一九九一年這一地區尚未報告發現這種疾病。現在亞洲地區有兩百五十萬人感染了愛滋病病毒，其中四成是婦女。照此速度發展下去，亞洲將可能成為新的愛滋病「重災區」。愛滋病在亞洲特別是南亞和東南亞地區的迅速蔓延，主要與娼妓和吸毒密切相關。以泰國為例，該國衛生部對全國愛滋病傳染的情況調查發現，僅在一九九四年五月分，愛滋病病毒感染者就增加了一千四百多人。泰國愛滋病專家德巴農透露，目前估計有六十萬泰國人染上了愛滋病，不僅有愛滋病 I 型和 II 型病毒，還有被稱之為 A 型和 B 型的變種病毒，其中 B 型變種病毒與在非洲發現的病毒相似，是世界上「最具傳染力」的一種變種病毒。印度愛滋病防治機構的創始者兼祕書長吉拉達表示擔心印度的愛滋病毒帶原者「將居世界之最」，他估計印度有兩百萬愛滋病毒攜帶者。

　　愛滋病，這種較之十四世紀流行歐洲的黑死病更為可怕的瘟疫，有著巨大的破壞力。它不僅僅是個醫學問題，而且是社會

問題。它首先造成了醫療保健經濟費用的緊缺。在第三世界，僅驗血一項就要花大約四美元，一臺血樣檢測器的價格高達一萬五千美元，這與許多國家人均不足五美元的年度衛生預算極不相稱。即便在美國，也感到每年爲HIV患者花費百億美元的醫療費用是個沉重的負擔。其次，在發展中國家，死於愛滋病的人主要處於養家糊口的年齡段，即二十至四十歲之間，這和其他很多造成兒童和老人大量死亡的疾病形成鮮明對照。一些國家正在喪失其最具生產力的人群，它將使一些國家的經濟成果毀於一旦，並嚴重危及全球的穩定。目前，全世界的愛滋病患者及病毒感染者九成分布在發展中國家，這也將對發展中國家的外來投資造成重大影響，跨國公司及其他投資者不得不考慮諸如當地市場萎縮、愛滋病雇員的病假工資、高昂的醫療和人壽保險費等因素。再次，由於越來越多的母親受到病毒感染，而她們又把HIV傳染給胎兒，一九九二年有一百多萬嬰兒出生時就帶有HIV。同時愛滋病的傳播使一些第三世界國家的中高等教育事業受到影響，許多學生染上了愛滋病。這些都將使發展延緩整整一代人。

●愛滋病病毒可能隨著母體傳染給嬰兒，造成「愛滋寶寶」。

十多年來，世界每年投入數以億計的資金來研究愛滋病，也研製出許多藥物和預防疫苗，並提出了諸如傳統的中草藥、針刺法、心理分析和催眠術等治療方法，並對副作用小、療效顯著的中草藥寄以厚望。但是要在二十世紀拿出能治癒愛滋病的藥物和有效的預防疫苗幾乎是不可能的。科學家們認爲，當務之急是重新思考我們對這種疾病的治療方法。現在科學家已掌握了愛滋病毒的遺傳結構，但發現這種病毒對藥物和疫苗能

產生抵抗性。目前，還不知道如何阻止這種病毒對免疫系統的繼續性損害。

有鑒於此，根本關鍵在於積極做好宣傳和預防工作，特別是要嚴肅對待毒品與性的問題。毒品與性是愛滋病的催發劑。此外，加強國際合作也是必要的。一九八八年初在倫敦召開了全球預防愛滋病規劃的部長級高級會議，會議提出把一九八八年定為全球防治愛滋病年，並把每年的十二月一日定為世界向愛滋病抗爭日。

給21世紀的話語

二十一世紀，愛滋病可能成為二十世紀最大的流行病，從而使一九一八年那場流行性感冒的災難黯然失色。那場災難奪去了兩千萬人的生命，即當時世界人口的百分之一——比第一次世界大戰中戰死的士兵人數還要多一倍多。「這一流行病具有前所未有的巨大規模」，美國愛滋病委員會的瓊‧奧斯鮑恩說：「但是人類的應付手段卻遠遠不及歷史上的任何時期。」這正是人類的困頓之處。

核能隱藏危機爆發

車諾比事件

一九八六年四月二十八日，當日在蘇聯的晚間九點新聞發布了一則簡短的消息，內容為位於烏克蘭首府基輔西北約一百三十公里處的車諾比電廠，其反應爐發生小型意外而受損。新聞輕描淡寫地帶過這則消息，好像這意外不過就像普通的火警一樣司空見慣似的。

然而實際上，這件事故發生在兩日前的凌晨，開始於車諾比電廠的四號反應爐因發生爆炸意外，而造成其內的石墨開始燃燒，進而使得大量的放射性物質（主要包括半衰期約八天的碘 131、半衰期半年的銫 134 及半衰期長達三十年的銫 137）外洩。爆炸的火焰高達三十公尺，但最可怕的是外洩而出的放射性物質，隨著晚風的吹送，很快便擴大至方圓三十公里以上的範圍。甚至不久之後，北歐諸國、德、法、奧、義、土耳其，乃至於隔了一條英吉利海峽的英國，都在轄內偵測到其放射性氣體飄浮高於正常值的情形。

事發之後，蘇聯政府雖未發布出事的消息，但其實已迅速地疏散了該區域的居民。蘇聯政府規定民眾除了隨身衣物和某些必備證件之外，一律不准攜帶其他物品，而其豢養的寵物、禽畜則立刻加以撲殺。撤離的民眾人數在十一萬至十四萬之間，據說其車隊綿延長達十五公里，是個有著超過一千輛巴士或卡車的龐大車隊。

另外也因車諾比電廠位處當地的水源區附近，因此蘇聯政府也趕緊在基輔開鑿了四百餘口水井，並鋪設了兩條長達六公里的輸水管線。另外，政府還規定車諾比電廠方圓三十公里以內為限制進入

的危險地帶，所有當地的物品全部須被掩埋於該地區之內。

　　看起來，蘇聯政府處理車諾比事件的動作似乎頗為明快，不過實際上未必如此，尤其和一九七九年三月所發生的美國「三哩島事件」，更顯現蘇聯車諾比事件的離譜與嚴重。其最主要的缺失，一是蘇聯竟以裝備簡陋的人員進入事故地區，導致這些人員中的不少人，後來遭到輻射影響而產生身體病變；二是因為美、蘇核電廠的設計不同，導致阻止輻射外洩的功效大有不同。

　　美國三哩島事件是歷史上第一件因為人員疏失而致爐心融化的事故，不過因為三哩島電廠的圍阻體建築完備，並沒有造成災禍，不但其周圍居民的癌症發生率沒有顯著增加趨勢，動植物或農作物產量等方面也無異常變化，可見其輻射外洩雖非全然沒有，但至少相當微量。但車諾比因為蘇聯式電廠的設計較為粗簡（其反應爐乃是一九五四年的設計），使其在低電力之時相當不穩定，並且多半必須以手動方式進行緊急應變措施，時效性大為不足。和美式電廠相比，的確是原始得多，自然也就容易釀成較大的災難了——據說，連蘇聯的工程師都自知其反應爐的設計有其缺陷，只是既然一直沒有出現紕漏，只好一直將就著用，最後乃發生這樣的事故！

　　此外，因為蘇聯政府並未即時發布消息，使得許多其實也在影響範圍內的居民走避不及而也遭到感染；再加上蘇聯刻意隱瞞災變之事，並拒絕他國派遣充足人力加以協助，更使救援速度大幅延遲，造成更大的損害。據說光是事發當日，就有兩名電廠員工和三十一位消防人員因為嚴重的輻射灼傷而喪命，同樣遭到輻射傷害但暫時保住性命的人，也有大約二百零九人，人員損傷頗為慘重。

　　除此之外，還有一些駭人聽聞的統計數字，如一九九七年的烏克蘭衛生部長承認，自車諾比事件發生後，已有超過一萬兩千五百名當時在車諾比進行清理工作的人員喪生；當年自車諾比撤離的

兒童中，有超過四分之一的人甲狀腺功能低落，且其血癌、甲狀腺癌的發生率均高於正常值；光是在烏克蘭，保守估計便有十二萬五千人因車諾比事件而亡；至於遭到土地污染的地區，則幾乎等於整個大不列顛（英國加北愛爾蘭）的面積，可見其範圍之廣，而光是封閉炸毀的四號爐殘骸就需要工人輪班搶工達六個月，清理該廠的核能污染物，更竟然要花上超過一年的時間！

　　而且也別忘了，車諾比的放射性物質可已經擴散到大半個歐洲了，後來甚至連中東、北美也都偵測到異常的輻射物質，想當然耳也是因為車諾比，而瑞典、芬蘭、德國、義大利、土耳其也都各自下達了因為輻射污染而實行的緊急政策。因為這些國家在不久後，也都發生一些危機，例如德國新生兒的死亡率突然增高、芬蘭新生兒的畸形兒比例也提升了等等。

給21世紀的話語

　　總之，車諾比事件雖然不是第一件核電廠的意外事故，但卻是污染最重、影響最廣的核電廠意外事件。雖說是意外，但若政府能夠及時處理，或許傷亡不會那麼慘重；若蘇聯接受國際援助、加快處理效率，或許可縮小影響範圍。意外的發生或許不能控制，但意外的損害其實卻未必不能減低。只是蘇聯選擇了最不智的應對方式，也讓車諾比事件成為歷史上永遠的遺憾。

歐洲天塹變坦途

英吉利海峽的鑿通

　　一九九〇年十月三十日，格林威治時間十九時三十分，在離英國肯特郡海岸二十二‧二公里處、離法國諾曼第海岸十五‧六公里的英吉利海峽海底四十公尺深處，隨著挖掘機轟隆隆的巨響，一根一百公尺長的鑽頭打出了一個直徑六釐米的小孔，一股氣流頓時從英國工程隊開通的隧道灌向法國工程隊開通的隧道，英、法海底隧道終於對接成功。霎時，隧道兩頭一片歡呼。英國首相柴契爾夫人得知這一消息後稱這是「一個極為令人激動的時刻」，法國電視臺立即宣告：「不列顛再也不是一個孤島了。」一晃又是三年半，一九九四年五月八日，英國女王伊莉莎白二世和法國總統密特朗主持了連接英倫三島和歐洲大陸的英吉利海峽海底隧道的通車典禮。這是世界隧道開鑿史上的一個里程碑，是人類工程史上的奇蹟，它對整個歐洲的交通發展具有劃時代的意義，兩百多年來時隱時現的隧道夢終於變成了現實，英倫三島成了歐洲大陸的「半島」。

　　一億五千萬年前，英倫三島與歐洲大陸是一個整體。地殼運動使不列顛群島與歐亞大陸漸漸分離，漂向大海。英吉利海峽使英國變成了孤島。數百年來，歐洲人一直試圖把英國與歐洲大陸連接起來，提出的方案有幾十個，但因為耗資巨大，技術尚不成熟，加上英國擔心來自歐陸的入侵而一一流產，僅有美好的幻想載諸史書。

　　英吉利海峽隧道工程從最初提出設想到建造完工，經歷了漫長歲月和坎坷的過程。第一個提出把英、法連接起來的，是法國地球物理學家尼古拉‧德馬雷，他於一七一五年向路易十五上書，建議

或用橋樑、或用地下隧道、或用堤壩，把英國和法國連接起來，但這份報告未能引起路易十五的注意。以後又有人提出開鑿海底隧道計畫，不想卻毀於一隻猴子。當時在英國東海岸發現一隻猴子，生性好疑的英國人竟根據嘰嘰咕咕的「猴語」斷定這是「法國間諜」，一時謠言四起，隧道計畫又告吹。一八○二年法國工程師阿貝爾‧馬蒂尼‧法維埃建議在英吉利海峽開鑿一條人和馬車都可通行的隧道。剛奪取政權的拿破崙非常欣賞這一計畫，但英國強烈反對。法國水文地理工程師埃梅‧托馬‧德卡蒙耗費四十年心血，經過兩百多次的水下測量，依據大量地形結構資料，於一八五五年提出在海底鋪設鑄鐵管道，管外砌磚保護的計畫。拿破崙三世和英國維多利亞女王對計畫表示贊同。一八七八年在英國多佛和法國加萊附近同時開鑿海底隧道。剛剛掘進幾千公尺，一紙命令又使開挖不久的隧道工程夭折，因為維多利亞女王擔心野心勃勃的法國軍隊有朝一日會從隧道裡鑽出來危害英國。兩百年間，關於開鑿英吉利海峽隧道的可行性建議，達二十七個之多。

歷史上，英吉利海峽曾是英國防禦歐陸戰火蔓延過來的最後一道天然屏障，海峽多次保護了英倫三島免遭兵燹之災。橫掃歐洲大陸的拿破崙大軍在海峽邊駐紮一年而無法渡海；不可一世的希特勒也只能望洋興嘆，閃電戰的鐵蹄不得不停留在敦克爾克岸邊，入侵不列顛的「海獅計畫」也夭折。直到現在，英國人對海峽通道的敏感程度仍不亞於當年威廉遠征英國和無敵艦隊的進犯。但海峽是防禦敵人的防線，也是阻礙交流的天塹。

第二次世界大戰後，英國與歐陸的關係日趨密切，海峽日漸成為英國經濟發展以及與歐洲交通聯繫的障礙。特別是一九七三年英國加入歐洲共同體後，與法國和其他成員國間的經濟貿易有了很大發展，海峽的運輸壓力越來越大。修建隧道的動議再起，現代科技

的發展也使許多技術問題迎刃而解。一九七三年英、法兩國又一次動工興建隧道，剛掘進一·五英里，英國工黨政府便因經濟危機而不得不停止工程。一九八一年柴契爾夫人重新提出隧道工程計畫。一九八四年十一月英、法兩國達成基本協議，一九八五年一月，密特朗總統與柴契爾夫人發表聯合聲明，宣稱兩國將消除長期的顧慮，架起一條能跨越隔閡的鐵鏈。一九八六年一月雙方選定「海峽雙重鐵路隧道」方案，二月簽訂《海峽隧道條約》，條約規定兩國政府均不提供資金，全部利用私人資本建設，並採取招標形式。最後決定由海峽隧道集團承建，它由一舉得標的倫敦隧道工程集團和巴黎拉芒什海峽集團組成，包括兩家英國銀行、三家法國銀行和十家建築公司。

一九八七年七月，名為「歐洲隧道」的海峽隧道工程正式展開，英、法各有六臺和五臺旋轉式掘進機同時施工，每月進度約〇·三英里。這是當今世界最龐大的隧道工程，東起法國加萊附近的科凱勒，西至英國福克斯通附近的希爾堡，整個隧道陸地下長八英里，海底部分二十三英里，全長三十一英里，是目前歐洲最長、世界第二的海底隧道〔註〕。整個隧道由兩條鐵路隧道和一條服務隧道組成。兩條鐵路隧道直徑七·六公尺，擔負來往交通運輸的任務，二者完全隔開，列車單向行駛，消除了對撞危險。在兩條鐵路隧道之間有兩個各長一五〇餘公尺、寬十八公尺、高九公尺的交匯點，發生意外事故時列車可以經交匯點轉軌到另一條隧道內。此外，兩條鐵路隧道之間每隔三七五公尺有一條橫向工作隧道相連，既方便維修，又可在緊急情況下疏散乘客。兩條鐵路隧道中間是直徑四·八公尺的服務隧道，平時用於維修隧道內的各種設備，發生事故時用於轉移和疏散旅客及貨物。整個隧道在海床以下四十五公尺深處開鑿，工程的土石方量約七百萬立方公尺，隧道內壁澆鑄的

混凝土層厚一‧五公尺，所用的花崗岩粒料全部採自蘇格蘭的一座山中。

　　隧道工程及附屬設備的建設及運行均採用高新技術。由歐洲隧道公司設計製造的「歐洲之星」隧道專用列車車廂寬度為四公尺，是世界上迄今為止最寬的車廂。每趟列車有十二節用於裝載小汽車的雙層車廂，十二節可用於裝載十輛大型車輛的單層車廂，造價每節三百二十萬美元，首尾各有一節電氣機車和用於裝卸貨物的車輛，總長度約八百公尺。電氣機車能以將近一六〇公里的時速牽引兩千一百噸貨物，並配備有其他列車很少使用過的負重轉向系統。

　　隧道營運管理採用成套自動控制系統。列車運行指揮系統可以在司機面前的螢幕上顯示車速、信號燈等各種信號，如果車速超過規定，就會自動減速，信號由一條四通道的光纜傳送，如果其中一個通道發生故障，另外三個仍可工作。鐵路營運管理系統採用電腦監視和控制，二十四小時監視每趟列車的運行速度，並根據列車時刻表調整各趟車次的行進時間。技術管理系統有一臺大功率電腦監視構成隧道中樞神經網路的所有機械和電力系統的運轉。這三大系統的資訊總量達三十四億比特，全天顯示在英國福克斯通中央控制室二十四公尺長的巨大顯示幕上。

　　為了解決隧道內因高速行駛導致的高溫問題，隧道安裝了價值兩億美元的空調系統，使用八臺離心冷卻器，其製冷能力足夠六千戶居民使用。在隧道兩端出入口安裝了葉片斜度可調節的風扇，向隧道中輸送新鮮空氣。由電腦控制的通風系統可以在緊急情況下用幾分鐘排除隧道中的煙霧。海峽隧道在設計施工過程中充分考慮到可能發生的水災、火災、地震、恐怖攻擊、列車脫軌等災難事故，並相應作出周密安排，制定了嚴格的防範和應急措施。比如列車車廂由高強度耐火材料製造，車廂內設有溫度、煙塵、一氧化碳等

探測器和滅火器，可自動報警；隧道兩頭各有一座變電站，負責提供整個隧道的電力，發生故障時可自動切換。海峽隧道的安全程度大大高於倫敦的地鐵系統，可稱得上是世界上最安全的海底隧道。一九九四年二月二十六日歐洲隧道公司在英吉利海峽隧道內舉行了有八百人參加的盛大宴會，慶賀這一世紀工程的壯舉。

給21世紀的話語

海峽隧道的建成有巨大的經濟效益，乘火車穿越隧道來往於英、法之間只需三十五分鐘。從倫敦到巴黎或布魯塞爾，乘火車比坐渡輪快三個小時左右，甚至比乘飛機還快一個多小時。根據設計能力，隧道在交通流量的高峰期每小時可以單向通過二十趟列車，前後兩趟列車的間隔時間最短的僅三分鐘。據估計，從一九九六年開始，海峽隧道每年可以運送乘小汽車旅行的旅客八百萬人次，乘大客車旅行的旅客四百五十萬人次，貨物運輸能力可達八百五十萬噸。僅在英國，隧道就可為七萬人提供就業機會。歐洲隧道公司希望能把目前乘坐汽墊船和渡船穿越英吉利海峽的大部分遊客吸引過來，並準備開通倫敦至歐洲大陸各主要城市的直達客貨列車運營業務。一九九四年十月二十日這條耗資十億英鎊的海底隧道正式投入使用，這意味著歐洲海陸交通的新時代已經開始。

〔註〕日本的津輕海峽隧道位於青森和函館之間，全長33.5英里，是世界最長的海底隧道。

社會公敵法理難容

全球禁毒運動

　　每年的六月二十六日是一九八七年六月禁毒國際會議上確定的國際禁毒日。這一天，從倫敦到紐約，從莫斯科到坎培拉，全世界都在向人類共同的敵人——毒品宣戰。據世界衛生組織估計，全世界吸毒者已達五千萬人，一九八○年代，因吸毒而死亡的人有十萬之眾。現在世界每年非法毒品交易額高達五千億美元，僅次於軍火貿易，遠遠超過石油利潤，毒品的種類也由鴉片、嗎啡、海洛因發展到大麻、可卡因、麥斯卡林等多種興舊劑、鎮定劑。吸毒者的範圍也擴展到歐洲、亞洲、大洋洲以及非洲國家。毒品已成為人類第一大社會公害。

　　西元前一千五百年，埃及的醫生發現了一種叫鴉片的藥物，其中的嗎啡是鎮痛、止瀉的良藥，這便是最早的毒品。一八六二年德國化學家在科學探險隊從祕魯帶來的古柯葉中率先提取出生物鹼——可卡因。一八八四年美國人亦從古柯葉中提取了可卡因。這種結晶粉有阻斷神經傳導的奇妙作用，既能止血又能止痛，成為一種醫用麻醉劑。一八八五年美國底特律和紐約幾家公司開始出售純淨的可卡因及十五種古柯製品。隨著可卡因的廣泛使用，人們開始對其副作用產生懷疑。一八九○年，一些醫學專家第一次記述了可卡因成癮的病案，醫學協會開始建議只有醫師才有使用可卡因的權力。進入二十世紀，權威人士提出警告：可卡因已成為最能成癮的有害藥物！但這已為時晚矣，可卡因這種本來具有醫用價值的藥物走入認識誤區，加上有些人利慾薰心，終於變成了具有毀滅性的毒品。

從此毒品世界又多了一個威力巨大的新成員。「克拉克」是目前一種廉價但毒性極強的毒品，而「冰」則是一種新近流行的毒品，全名叫「鹽酸去氧麻黃鹼」。

目前世界有三大毒源。「金三角」位於泰國、緬甸、寮國三國交界，一九四〇年代末敗退此地的國民黨軍隊和坤沙匪幫在此種植罌粟、生產海洛因。近年其毒品產量迅速增加，一九八七年生產毒品六百五十噸，一九八八年為一千二百噸，一九八九年猛增到二千噸。位於阿富汗、巴基斯坦、伊朗邊界處的「金新月」是一九八〇年代以後才發展起來的一個毒品新產區。蘇軍入侵阿富汗造成的三百萬難民及長期戰亂使當地人只有靠種植罌粟來維持生計。目前歐洲市場上出售的海洛因中有八成產自此地。南美洲是另一大毒源，那裡的祕魯是世界上第一大古柯葉生產國，玻利維亞居第二，哥倫比亞則是世界上最大的毒品可卡因生產國，全國有二十萬人從事與產毒、販毒有關的活動，該國販毒集團的年收入在六十億美元以上。

美國是世界上最大的可卡因消費國，也是世界上最大的毒品市場，共有一千四百五十萬吸毒者，全世界非法毒品的近九成都被美國人消費了。美國的毒品很大一部分來自南美洲，而其中八成的可卡因由哥倫比亞的麥德林和卡利兩大販毒集團控制。隨著美國對毒品消費控制的加強，販毒集團正把越來越多的可卡因設法運進歐洲。以前由「金三角」、「金新月」亞洲產地生產的毒品一般通過空路或海路輾轉運往西方毒品市場。現在販毒集團利用巴爾幹地區東歐諸國政局不穩、邊卡鬆弛之機，將毒品運進巴爾幹，然後再分流到西歐各國。西歐毒品市場上七成的海洛因就是通過這條巴爾幹毒品之路進來的，俄羅斯因此成為推銷毒品的世界中轉站。此外，西班牙、葡萄牙也成為毒品進入歐洲的橋頭堡、中轉站，一條新的

毒品運送線正在形成：從米蘭經蘇黎世再進入德國各大城市，然後由此分散到西歐各地。

　　毒品銷售耗費了大量社會財富，養肥了少數毒梟頭目。哥倫比亞的麥德林毒品卡特爾和卡利毒品卡特爾每天的販毒收入可達六百四十萬美元，美國毒品管制局副局長蜜雪兒‧馬倫說：「他們用一個簡單的公式來稱錢：二十磅（約九公斤）一百美元面額的鈔票約等於一百萬美元。」一九八○年代初，美國《富比士》雜誌把哥倫比亞大毒梟埃斯科瓦爾列入全球二十巨富行列，估計其個人財產在二十億美元以上。一九八八年《富比士》再次公布其財產為三十多億美元。一九九三年十二月二日，這個在一九九二年哥倫比亞導致一萬多人喪生的指揮者、大毒梟、世界頭號通緝犯巴勃羅‧埃斯科瓦爾終於被擊斃。

　　毒品的氾濫產生了許多嚴重的社會問題：工人吸食毒品使勞動生產率大大降低、軍人吸毒使戰備受到削弱等等。美國每年因毒品災害而喪失的生產力、耗費的醫療費用，高達六百億美元。與毒品相連的恐怖活動嚴重危害著社會治安。現在美國每周因毒品犯罪而死亡的人幾乎與越戰期間每周死亡的美國士兵一樣多，一九八九年毒品兇殺死亡人數達四百多人。在哥倫比亞，麥德林和卡利兩大販毒集團在十年的恐怖活動中殺害了一千多名政府官員、十二名最高法院法官、二十多名新聞記者、兩百多名法官和司法人員。更令人觸目驚心的是，毒品交易滲透到國家的經濟生活和政治生活。以哥倫比亞為例，毒品交易已形成地下經濟，其巨額利潤滲透到國民經濟各部門，成為國家經濟的一部分。估計每年政府從中獲得的收入達二十五億美元，超過了主要出口產品咖啡的收入。販毒集團還把「洗淨」了的「可卡因美元」投資到國內市政工程、建築、金融、房地產等產業。在政治方面，販毒集團用「可卡因美元」開路，

滲入政府、議會、法院、員警機構，操縱地方行政，為自己編織保護網。毒品的非法生產、販賣和濫用以及伴隨而來的暴力行為和腐化現象危及幾乎所有國家人民的健康，破壞國民經濟，並給環境造成危害。

毒品是個全球性問題，反毒掃毒必須從全球合作入手。一九九〇年二月，聯合國在紐約召開禁毒特別聯大會議，一百五十八個國家和地區出席，會議通過了《全球行動綱領》，綱領提出了要求國際社會和聯合國有關機構採取具體行動的建議及具體措施；美國、祕魯、玻利維亞和哥倫比亞四國總統就毒品問題簽署了《卡塔赫納聲明》，指出四國將不僅在打擊吸毒、販賣、生產、運輸毒品的各個環節上進行合作，而且將把經濟貿易合作同掃毒聯繫起來，第一次提出掃毒必須與對毒品的需求、消費與生產、運輸等方面聯繫起來考慮。

一九九一年四月第九屆國際掃毒會議在哥倫比亞召開，會議討論了和販毒進行有效抗爭和消滅販毒集團的全球戰略，各國和地區性的掃毒行動相繼展開。一九八九年美國制定了貝內特掃毒計畫，內容包括提供十五億美元增建監獄、撥款九‧五億美元建造醫療中心，向祕魯、哥倫比亞等國提供援助以幫助掃毒等。一九八九年八月哥倫比亞開展了一場全面的掃毒抗爭，兩個月中逮捕販毒分子一萬餘人，查獲非法飛機三百七十五架，繳獲大批武器彈藥和數以噸計的毒品。亞洲國家也相繼開始嚴厲的掃毒活動。

鑒於每年全世界約有一千億美元毒資通過洗錢而進入金融渠道的嚴重現實，反洗錢活動成為反毒抗爭的一個重要方面。一九八九年巴黎西方七國首腦會議上成立了一個反洗錢問題小組，一九九一年在反洗錢方面進行合作的國家已增加到二十四個，歐洲共同體也要求其成員國禁止通過銀行洗錢，許多國家也制訂了反洗錢法，

如美國的《洗錢控制法》。一九九二年二月，聯合國第十七屆禁毒特別會議上又宣布將二十世紀最後十年，定爲「聯合國禁毒十年」。

給21世紀的話語

　　由於國際社會的共同努力，世界反毒抗爭取得了成效，但也面臨一些問題，毒品經濟的問題尤爲突出。以哥倫比亞爲例，全國每九個人中就有一人從事與毒品有關的活動，邊遠山區幾乎所有農戶都種植古柯，這主要是因爲種古柯收入比種糧食或從事其他副業收入多。有什麼辦法能讓這些窮苦農民既不種古柯又安居樂業、擺脫貧困呢？看來這不只是單純的禁毒問題，它涉及經濟環境的改善。

　　拉丁美洲國家普遍認爲，毒品經濟出現的原因之一是由於經濟落後和長期衰退造成的貧窮，販毒既是社會問題也是經濟問題，掃毒不應損害長年從事古柯種植的數十萬農民的生計，必須用其他經濟手段取代他們所從事的毒品種植、生產、販運活動。並改善毒品生產國的貿易條件，減輕其還債負擔、開放發達國家市場，才有可能從根本上消除毒品經濟。

　　然毒品問題不但積重難返，且有複雜、深刻的經濟、政治和社會背景，要取得國際禁毒抗爭的勝利，還有一段漫長的路要走。

Lesson 092

迎接跨世紀科技新時代

電腦「資訊革命」

第二次世界大戰以來，科學技術發展速度之快，發展規模之大，發生作用範圍之廣，影響之深遠，是歷史上前所未有的。在當今世界新技術革命中，令人矚目的是電子電腦（電腦）技術的迅速發展和廣泛應用。自從世界上出現第一臺電子電腦以來，短短四十多年時間，電子電腦便經歷了五個發展階段。

⬥ 多媒體計算機。

第一代電子電腦以眞空管爲標誌，經歷時間從一九四六年至五〇年代末。一九四六年美國人莫希萊和埃克特等人設計製成世界上第一臺電子電腦 ENIAC。此機用一‧八萬個眞空管製成，占地一七〇平方公尺，重三十噸，耗電一四〇千瓦，每秒鐘僅運算五千次。其體積龐大，結構複雜，成本很高。此後，世界各國製造了不少眞空管電腦。

第二代電子電腦以電晶體爲標誌，時間從一九五九年到一九六四年。它的運算速度已提高到每秒幾十萬次至上百萬次。一九六四年每秒運算三百萬次，貯存容量爲十三萬字的大型電晶體電腦問世，並批量生產，被稱爲「電腦」。

從一九六四年到一九七〇年的電子電腦爲第三代。其特徵是

邏輯元件採用積體電路，運算速度可達到每秒幾百萬次甚至上千萬次、上億次。它能適應一般資料處理和工業控制的需要，使用方便，價格低廉。因此，它能以每年20％的增長速度推廣。一九七〇年代初，全世界電腦總臺數達到十萬臺。

第四代電子電腦是以大型積體電路為標誌。時間在一九七〇年代初至八〇年代初。這一代電子電腦無論是體積、重量、耗電量、運算速度和可靠性等方面都達到了一個新的高度，並向兩端發展，出現了運算速度超過億次的巨型電腦和極其靈活的微處理器和微型電腦。一九七〇年代微型電腦的出現是電腦發展史上最重要的事件之一。它推動了電腦技術迅速發展，擴大了應用範圍。一九八〇年全世界有微型電子電腦一千萬臺。一九八二年在微電子市場的一百五十四億美元中，美國占50.3％，日本占29.2％，西歐占17.8％。

一九八〇年代開始，美國、日本、西歐競相進行第五代人工智慧電腦的研製工作。現在研究出來的第五代電子電腦，計算速度在每秒億次以上，並且沿著高計算速度、大存貯容量、微型化、網路化、智慧類比等方向發展。

在近半個世紀中，電腦經歷了一代代產品更新，電腦技術出現了巨大變化：體積越來越小；速度越來越快；價錢越來越便宜；效率越來越高；功能越來越強；應用範圍越來越廣。迄今為止，沒有一項科學技術像電腦這樣，在如此短的時間內取得如此巨大的進步。

今天，電子電腦的應用已經滲透到人類社會的各個方面。從尖端技術到現代化工業生產、從科學研究到現代國防、從文化教育到醫療衛生、從生產管理到商業應用，直至家庭主婦的日常電器用品。目前，電子電腦已大舉進入千家萬戶。電子電腦的滲透幾乎

無處不有，與人類生活息息相關，它成為當今高新技術及實現高度自動化不可缺少的重要工具和先導。

電子電腦的廣泛應用，促進了生產自動化、管理現代化、科技手段現代化、國防技術現代化和家庭工業現代化，也推動了情報資訊自動化。它的廣泛應用必將引起整個人類社會的產業結構、生產過程、工作方式和生活方式的巨大變革。人們稱之為「一場新的產業革命或工業革命」，也有人稱之為「資訊革命」。

當今，人類面臨新科技革命的挑戰。這次跨世紀的科技革命，以資訊科學、生命科學、材料科學為前沿，以電子電腦技術、遺傳工程技術、雷射技術、光導纖維技術、海洋和空間技術，以及新能源、新材料技術的廣泛應用為特徵，它將導致一系列知識、智力、技術密集型的新興產業出現，把生產力推進到一個更高水準。

目前得到世界各國公認並將列入二十一世紀重點研究開發的高技術領域有資訊技術、生物技術、新材料技術、新能源技術、航太技術和海洋技術等。

資訊技術主要是指資訊的獲取、傳遞、處理等技術。它是高科技的前導。資訊技術以微電子技術為基礎，包括通訊技術、自動化技術、微電子技術、光電子技術、光導技術、電腦技術和人工智慧技術等。在資訊社會中，資訊作為一種重要的資源和財富，影響著社會的運轉，競爭的勝負多取決於對資訊的掌握。現代人們活動所需的各種資訊，就是依靠以現代通訊技術為基礎的通訊設施來處理、存儲及傳輸的。如果說電腦是當代社會的「大腦」，那麼覆蓋全球的電信網路就是當代社會的「神經系統」。今後通訊領域中最活躍的兩種通訊方式——衛星通訊與光纖通信，將相互配合，各展所長。

光纖通訊的突出優點是：傳送的資訊容量大得驚人。由於鐳射

的頻率高達 1013～1015 赫，從理論上講，一束鐳射可以互不干擾地同時傳送一百億路電話，或同時播出一千萬套電視節目；保密性好，不怕干擾；通信設備重量輕、造價低，能量損耗也小。在通信幹線領域，光纖是資訊傳輸的「超高速公路」。發達國家正投入鉅資來建設經濟高速運轉所必需的資訊與通訊基礎設施，例如美國的「資訊高速公路」——光纖資訊網和日本的「研究資訊流通新幹線網」等。美國於一九九六年用光纖建成比目前資訊傳遞速度快五千倍的全國高速電腦網路。這個由超級計算機組成的「資料高速公路」建成後，將把全美國的超級電腦連結起來，它的影響將超過通常的高速公路和電話網。為實現「光纖到辦公室」、「光纖進入家庭」，不少發達國家已經開始把光纜鋪到公路旁、住宅前。一個國家要躋身世界強國之林，必須籌集資金建立自己的資訊與通信基礎設施，應包括能和最新的全球資訊網相連接的最新高速資訊系統。

生物技術也叫「生物工程」，它是一門造福人類的古老而又新興的技術，是應用於有生命物質的技術。它包括基因工程、細胞工程、遺傳工程和發酵工程四個方面。它是二十一世紀高技術的核心，不僅直接關係到農業、醫藥衛生事業的發展，而且對環保、能源技術等都有很強的滲透力。

新材料技術是高技術的基礎，它是人類文明的基石。它包括對超導材料、高溫材料、人工合成材料、陶瓷材料、非晶態材料、單晶材料、纖維材料、超微粒材料、高性能結構材料等的開發利用。

新能源技術是高技術的支柱，包括核能技術、太陽能技術、燃煤、磁流體發電技術、地熱能技術、海洋能技術等。其中核能技術與太陽能技術是新能源技術的主要標誌。

雷射技術在一些世界先進科學技術的發展中，發揮至關重要的作用。雷射器是二十世紀與原子能、半導體、電腦齊名的四項重大

發明之一。雷射技術是正在走向實用化的高技術，現已廣泛應用到工農業生產、能源動力、通信及資訊處理、醫療衛生、軍事、文化藝術以及科學技術研究等各個領域，並取得了顯著的經濟、社會效益。

航太技術是探索、開發和利用太空以及地球以外的天體的綜合性工程技術，包括對大型運載火箭、巨型衛星、太空船、太空梭、永久空間站、空間資源、空間工業、空間運輸及空間軍事技術的研究與開發。中國從一九五〇年代末開始發展航太技術，經過三十多年的努力，始在國際展露頭角，二〇〇三年成功發射「神舟五號」載人太空船。

海洋技術又稱「海洋工程」，包括深海挖掘、海水淡化以及對海洋中的生物資源、礦物資源、化學資源、動力資源等的開發利用。其中深海挖掘和海水淡化是海洋技術的主要標誌。

給21世紀的話語

綜上所述，高科技及其產業的崛起和發展，是「科學技術是第一生產力」的重要體現。高科技的作用，從政治上來講是影響力，從經濟發展而論是生產力，從軍事角度來看是威懾力，從社會發展來說是推動力。因此，高科技發展水平已成為一個國家綜合國力的主要因素，成為衡量一個國家發達與否的重要標誌。

093

五毒俱全的地下帝國

黑手黨的出現

　　黑手黨十三世紀在貧窮落後的西西里島興起，十六世紀至十七世紀形成祕密幫會，二十世紀以來發展爲國際性的黑社會犯罪組織，在各國和國際黑社會組織中時間最長、影響最大、危害最深。

　　在最初的幾百年間，黑手黨活動於西西里島，成員絕大部分是西西里島或義大利人。黑手黨的幫會組織開始時在家族基礎上祕密組成，在商業、漁業等活動中同舟共濟，以暴力行動進行反抗，以求謀生，人稱「馬菲亞」。此詞係義大利語（Mafia），據說來源於阿拉伯語，表示「出眾、完美、勇敢」，到了十九世紀末就成了犯罪集團黑手黨的專用名詞了。黑手黨等級森嚴，有一套嚴密的幫規，成員必須絕對服從幫規，在任何情況下不與政府合作並求助於政府，被捕後既不交代組織活動也不揭發同黨，人們知其內幕極難。受害者及其家族有權要求復仇，違反幫規者必受嚴懲。其後，黑手黨的實權逐漸由一般幫會頭領轉爲流氓和土匪把持，該組織遂逐漸變成從事販賣毒品、拐騙婦幼、開賭設妓的犯罪集團。

　　在十九世紀末、二十世紀初的歐洲移民美洲的浪潮中，一些黑手黨分子移居北美和南美，並在那裡逐漸形成了新的黑手黨據點，他們與西西里大本營又有密切的聯繫。到一九三〇年代經濟大危機年代，各種名目的黑手黨在美國已經形成完整的組織。

　　二次大戰後美國的黑手黨有了進一步發展，形成具有龐大經濟實力的壟斷犯罪集團，在販毒、槍支走私、組織移民非法偷渡等方面，奠下無可取代的地位。在義大利由於二戰中黑手黨一度策應盟

軍登陸西西里島作戰，因而戰後黑手黨的影響和活動領域都有所擴大。他們在城鎮控制了蔬菜水果市場，一九六〇年代又控制了建築行業，牟取暴利；七〇年代組織大規模毒品走私，如把馬賽的地下海洛因廠和西西里首府巴勒莫的毒品加工廠產品運往美國和南美各地，並轉運世界各地。一九八〇年代以來，黑手黨的犯罪活動有增無減，並在西西里島和義大利向政府的權力機構挑戰，它不僅危害社會居民的生活安定，而且造成對義大利等西方國家社會和政局穩定的嚴重威脅。

一九八〇年代以來以西西里為大本營的黑手黨活動十分猖獗，一九八二年七月三日，黑手黨殺害了西西里總督、憲兵司令達拉·切薩將軍，近年來又暗殺多名政界要人和法官。一九八五年七月，巴西逮捕了一名黑手黨頭目，根據他的口供，九月三十日在南義大利逮捕了六十六名黑手黨分子。義大利政府自一九九二年以來，合力追捕黑手黨頭目，打擊黑手黨的猖狂活動，取得了明顯的成效，許多重要頭領紛紛落入法網。黑手黨也加強了針對執法人員的恐怖活動。一九九二年七月十九日，義大利巴勒莫城負責緝拿黑手黨要犯的最高檢查官鮑洛·波塞里若在五名全副武裝的警衛人員的保護下，驅車來到西西里島上的一家海濱浴場。下午四點，他用無線電話與德國威斯巴登城聯邦刑事警察局商定共同打擊黑手黨派和在德國的卡莫拉派及科沙·若斯塔拉派根據地的聯合行動。一小時後，檢察官及五名警衛被埋藏在汽車裡的定時炸彈炸得粉碎。後來查明，義大利的黑手黨就在德國，他們在萊因河到內卡河沿岸一帶別具風味的義大利餐館裡策劃派殺手在西西里島作案。

在美國，一九五〇～六〇年代二十四個獨立家族控制了遍布美國的黑手黨。在黑手黨進行猖狂活動的城市中，多數只有一個「家族」，在紐約市則有五個黑手黨家族，勢力最大的幾個家族的首腦

組成委員會，作爲最高裁決機構有權對家族頭領進行干預，頭領下有副頭領和起參謀作用的顧問，副頭領下設副官和家丁若干人，家丁們掌管由黑手黨控制的合法企事業單位。一九六九年美國新英國地區黑手黨高級成員文森特‧德雷沙被捕，他一家三代都是黑手黨成員，他的祖父原是西西里的一位公爵，後來成爲義大利西西里島黑手黨的頭號人物，一八九五年遷居美國並在那裡成爲知名人士。德雷沙在新英國地區的地位僅次於頭領和副頭領，他本人和黑手黨的關係超出新英國，影響所及含括整個美國、加勒比海和歐洲。在他犯罪生涯中，個人非法獲取一千多萬美元，還爲他的頭領和同夥獵取一‧五億美元。在黑手黨裡有時要做自己不願做的事，要做掉自己的同行包括和自己朝夕相處的人，如果不做，那麼自己就被列入被殺的黑名單裡。據德雷沙的交代，黑手黨的幫派大小不一，全國眞正的黑手黨成員有六千五百人，但爲黑手黨人幹活的還有三十萬幫客。美國各地的幫派情況各異，在底特律獨立性很強，在大多數工會裡插手，利用工會的巨額財富做合法生意，拉斯維加斯的旅館，九成是用工會的錢蓋的；在芝加哥和紐約，他們從事嗎啡和海洛因販毒勾當；在蒙特婁以偷運外國人入境來牟利；在紐奧良控制了員警和政客。

在日本，據警察局的統計，一九九一年底全國有黑社會組織即暴力團成員九萬人，爲全日本人口的千分之一。黑社會有自己的嚴密組織，犯罪活動涉及全國各地各個領域，破壞經濟社會和社會秩序，甚至插手政治，成爲一大公害。一九八六年十二月，日本警方制訂了《暴力團綜合對策綱要》，一九八七年八月成立暴力團海外情報中心，以限制跨國犯罪活動。一九九二年三月一日起又實施《暴力團對策法》。鑒於日本暴力團參與國際毒品走私，販毒收入占暴力團非法收入的 35％左右，同年七月，日本頒布了有關毒品的

兩項法令，集中打擊國際性販毒集團。

　　黑手黨在俄羅斯近幾年來迅速崛起，俄語中「偷」法多達五十種，均被俄羅斯黑手黨使用。目前，俄羅斯黑手黨雖然沒有總部和指揮中心，但是已成為世界上最大、最活躍的黑手黨之一，並擁有五千個幫派，三百萬人參加，勢力所及，所有十五個蘇聯的加盟共和國，跨越十一個地區及蘇聯六分之一的領土，並滲入西方世界各個領域。他們在武裝打手的配合下，壟斷了從毒品、賣淫到武器販賣等非法交易。被收買的員警據內務部高級調查官員稱高達整個員警隊伍的七成。一九八九年至一九九一年間，黑手黨非法獲得的盧布從不到十億增加到一千三百億，相當於蘇聯的全國財政赤字。合夥謀殺案在一九九二年就有一千五百起。

　　俄羅斯黑手黨的最底層是普通的街頭流氓，各有自己的勢力範圍，在莫斯科有二十個這類區域，共六千人。和幫派集團平行的是「供貨」集團和「保護」集團，黑社會的上層是教父，主持「正義」，「謀劃對策」，這種逍遙法外和在押的教父有七百人之多，他們的權力在黑手黨內絕對超過俄羅斯政府。在聖彼德堡，黑手黨的教父等頭領們，駕駛著西方的豪華轎車在街上招搖過市，向商店索取「保護費」。殺手遍及聖彼德堡，雇殺手殺死一人要花費兩百至五百美元，幫派間問題的解決訴諸血與火。據葉爾欽的顧問稱，俄羅斯黑手黨控制了四萬家私營企業，並徵收全國銀行私有企業八成的「保護費」。一九九一年一月，俄羅斯政府突然宣布要回收流通領域內的五十元和一百元面額的盧布，來自各加盟共和國的教父們緊急集會動員，在一夜之間就將他們手中擁有的這種面額兌換出來。在莫斯科，黑手黨從政府官員處私下獲悉將拍賣六千家企業，幾個星期內，黑手黨就擁有了莫斯科五成至八成的私有化商店和企業。俄羅斯黑手黨已成為影響社會經濟生活的一支可怕的力量。

在其他國家，黑手黨的勢力同樣不能低估。

為打擊黑手黨的國際犯罪活動，世界各國政府協議採取配合行動來制止黑社會勢力非法行為的氾濫。在這方面，一九一四年四月成立的國際刑警組織起了核心作用。它的總部設在法國的里昂市，現有會員國一百六十九個，總部有職員三百人，其中八十人是員警，每個會員國設有國家中央局，人員是當地的警務人員。

一九九○年五月倫敦一家金融經紀公司的工作人員在人聲嘈雜的尼古拉斯巷被一青年持刀搶走一個裝有二億九千萬英鎊不記名債券的手提箱，這是一起由國際犯罪集團所為的歷史上最大搶劫案之一。但是在國際刑警組織的策劃和組織下，不到四個月，英國、蘇格蘭、西德和塞浦路斯的刑警就取回了一億八千多萬英鎊的債券，逮捕了嫌犯。一九九一年一月，又有人在新加坡和美國被捕，未追回的債券減至四百萬英鎊。到了一九九二年三月，共有七十一名嫌疑犯落網，未追回的只剩兩百萬英鎊。今天國際刑警組織已備受青睞，並成為國際犯罪集團和黑手黨的剋星。

094

聯合國最成功的武力制裁

解救科威特行動

◉ 海珊政府發行的一萬元紙鈔上印有海珊肖像。

一九九〇年八月二十八日，伊拉克宣布在大約一個月前「收復」的「故土」科威特為一省，恢復了它歷史上的地位。伊拉克的論點基礎是在以伊拉克為主體的古帝國「巴比倫」統治時期，科威特乃是其神聖領土，第一次世界大戰前它也身處鄂圖曼土耳其帝國的伊拉克部分之內，所以伊拉克在八月初出兵進占科威特的行動，也只是恢復歷史上的情況而已。這種觀點，便是伊拉克所宣稱的「阿拉伯民族主義」，它要將合併科威特當作建立大阿拉伯聯盟的第一步。

不過伊拉克總統海珊，其實並沒有說實話。科威特是波斯灣沿岸的一個小而富的國家，雖然缺乏淡水，但石油儲量卻是全球的十分之一，難免令人眼紅。伊拉克當時雖也已是重要的產油國家，但沒人會嫌手頭銀兩太多，科威特這樣一個弱小而富有的國家鄰近身邊，當然引起伊拉克的覬覦了——何況，伊拉克在兩伊戰爭後，還欠了科威特一百四十多億美元的外債呢！

這便是當時伊拉克閃電入侵科威特（八月二日）的背景，不是

伊拉克口頭宣稱的「恢復收土」，因為民族主義並不是穆斯林的既有觀念，伊斯蘭文化內涵才是；而伊拉克主要以什葉派為主，與國內七成人口屬遜尼派（即所謂的「正統派」）的科威特也不盡相同，當然也談不上什麼同派的結合。因此這次穆斯林兄弟鬩牆的真正原因，可說就是為了經濟利益。

不過海珊忘了一件事，當時的世界已經不是鄂圖曼土耳其稱霸的時代了，聯合國的國際安全體制已在二次大戰後建立，不可能漠視伊拉克的侵略行為；而其他國家更不可能坐視伊拉克擴張其石油霸權，導致日後受其挾制。因此在美國總統老布希的振臂一呼下，聯合國的制裁機制於焉啟動。聯合國首先的制裁還不是軍事的，而是在伊拉克進軍科威特後的數小時後便即通過的安理會第六六〇號決議，要求伊拉克撤出科威特。四日後，安理會第六六一號決議通過對伊拉克施行禁運等經濟制裁。

不過這樣的制裁方式並不能嚇阻海珊，海珊甚至還想把腦筋動到沙烏地阿拉伯——全球最大的石油出口國、美國在中東最重要的盟友——之上。老布希雖立刻宣布美國展開「沙漠盾牌」行動，在八月七日增兵進駐沙烏地阿拉伯，做為一面防禦、一面備戰的動作。但自認若當時伊拉克便即出兵沙烏地阿拉伯，美軍數量可能仍不敷抵禦，這讓美國擔憂不已。另一方面，美國在二次大戰後建立的聯合國集體安全體制，主要便是著眼在過去的「國際聯盟」因為缺乏武力仲裁能力而效能不彰的缺陷，如今伊拉克併吞科威特當然是個國際侵略行為，正是聯合國展現其功效的好時機。因此，美國也積極在聯合國中推動制裁伊拉克的方案，努力尋求各國支持。

一九九〇年十一月二十九日，長達數月的折衝結束，聯合國通過了安理會第六七八號決議案，強調伊拉克必須在隔年一月五日之前撤出科威特，否則將以一切必要手段執行第六六〇號決議，意即

不排除以武力執行迫使伊拉克撤出科威特的決議。時間漸漸地過去，海珊仍沒有撤退的跡象，終於超過了六七八號決議案所訂立的最後時限。於是，美國及其所號召組成的反伊盟國，乃決定正式出兵，以武力驅趕伊拉克。老布希總統宣布，美國將開始執行「沙漠風暴」行動。

沙漠風暴行動先由空襲揭幕，其後的過程便真如一場風暴一樣，短短一個月左右便成功恢復了科威特的領土。這種效率甚至比美國自己所預期的還快，因為伊拉克並未如之前所擔憂的、以「窮國的核子彈」——生化武器，來對抗聯軍。行動的陸戰部分開始後僅一百小時，老布希總統即下令美軍停火，因為勝負已定，接下來就是外交談判及戰後重建的工作了。

在伊拉克撤軍之時，伊拉克在科威特實施了「焦土策略」，放火引燃科威特的數百口油田，不但使得全球環境大受影響，也讓科威特的重建格外困難。不過科威特畢竟有著影響全球經濟的重要地位，故在美國的大力幫助下，油田不久後即撲滅火勢並恢復運作。

　　伊拉克入侵科威特時，由於「石油輸出國家組織」（OPEC）協議增產以穩定國際油價，但市場仍因預期心理導致國際原油價格的波動。恢復科威特的油田之後，對市場預期心理當然便有了穩定的效果，長期來說便能正面提攜世界經濟。而若科威特不靖、中東不穩，則原油價格可能將被伊拉克強勢影響，增加各國的生產成本，也可能使美國的經濟出現負面發展，屆時依賴出口美國「為生」的國家便將大受影響，可能造成全球的經濟危機，一九七○年代「石油危機」後的國際經濟蕭條，便可能再度上演了。可見科威特雖小，對整個世界的影響卻有多巨大。

　　而就國際政治角度來看，恢復科威特更有其象徵意義，因為聯合國的武力制裁、國際維和行動，再沒有比這次的軍事行動更成功的例子了。而該行動也彰顯了美國一直以來想要建立的國際集體安全體系發揮了效果，其傳統「理想主義」外交模式也因此有了極佳的範例。這次事件以後，美國與聯合國聲望盡皆大增，世界政治浮現一個和諧、合作的美好榮景，這個蜜月期一直要到二○○三年美國出兵伊拉克才被打破。

種族隔離制度的埋葬

新南非浮出非洲地平線

　　非洲，這塊古老而神奇的大地，曾在人類文明發展史上寫下過輝煌燦爛的一頁。然而，當世界因溝通而瞭解、因交流而發展之時，非洲卻在殖民主義的桎梏下沉淪、消退。直到一九九○年納米比亞獨立，非洲大陸的殖民化才告結束。然而在這塊命運多舛的大陸上，還有一塊腫瘤──南非種族隔離制度散發腐臭之氣息。

　　一九九四年前，南非是世界上唯一以公開立法形式推行種族歧視和種族隔離的國家，這是白人殖民者對南非人民（特別是對占人口絕大多數的黑人）實行的一種特殊形式的殖民政策。三百多年來白人殖民者用種族隔離制度對南非黑人進行殘酷的奴役和掠奪。一八九四年，開墾殖民地的羅德斯總理推出「非洲土著法案」，一九一○年聯邦法案把南非居民分成四等。此後頒布的種族主義法律和法令多達三百五十項，其中有三百項是在一九四八年國民黨單獨執政後頒布的。這些法律、法令涉及政治、經濟、社會、文化、教育及至個人與家庭生活各個方面，使南非成為一個「制度化的種族主義」國家。其中的「國內治安法」、「土地法和集團住區法」、「人口登記法」、三院議會制和班圖人教育法構成種族隔離制度的五根政治支柱，黑人被剝奪了一切基本權利。

　　南非種族隔離制度遭到南非黑人的堅決抵制和反抗，也遭到國際社會的嚴屬譴責和制裁。從一九六○年代初開始，南非受到武器、石油禁運等國際制裁；一九七四年被剝奪在聯合國的權益，僅保有席位。南非在其他許多國際組織的活動也被中止。一九八五年

開始，國際社會對南非採取嚴格的全面的經濟制裁。到一九八八年底，與南非保持大使級外交關係的國家只有二十二個。從一九八五年全面制裁開始的四年中，從南非撤出的外國公司達兩百七十七家，淨外流的外國資本約一百二十億美元，本國資本約五十億美元。許多國家還主張進一步擴大對南非的制裁範圍。一九八九年八月，英聯邦國家外長委員會會議決定，對南非實行金融制裁，其中包括進一步限制貿易信貸，要求各大銀行和金融組織停止發放新貸款等。國際社會的制裁對南非經濟造成重大壓力，白人社會開始分化，大多數白人已認識到種族隔離制度沒有前途，不少人開始考慮和探討新的出路——與黑人共存與和解。

戴克拉克就是在這樣的背景下，先於一九八九年二月當選國民黨主席，後於同年九月當選總統。為了緩和國內日趨尖銳的種族矛盾，改善南非在國際上極其孤立的地位，他開始加緊調整政策和推行政治改革，上臺伊始便無條件釋放沃爾特·西蘇魯等八名老一代黑人領袖；會見大主教圖圖等黑人運動領導人；准許舉行和平集會和示威；取消海濱和一些住宅區的種族限制；對外出訪歐洲和南非鄰國，以尋求諒解和支持。戴克拉克的改革措施引起世界矚目。

一九九○年二月，南非宣布解除黨禁。二月十一日下午，南非當局無條件釋放了被囚禁二十七年之久、廣受支持的著名黑人領袖納爾遜·曼德拉。戴克拉克政府以廢除種族隔離制度為目標的政治改革漸趨明朗。此後，南非政府相繼廢除了一些種族隔離法令。據統計，僅一九九一年二月到六月，就有八十多項種族主義立法被廢除，近一百四十項法令中的種族主義內容被刪掉，取消了被稱為種族主義法令四大基石的《人口登記法》、《土地法》、《集團住區法》和《公共場所隔離法》。一九九一年為南非消除種族隔離突破性進展的一年，這一年的南非議會年度會議，被稱為「清理種族隔離

法典的會議」。然而，南非當局的政治改革並不徹底，仍試圖保留白人的某些特權。一九九〇年解除黨禁後，由於害怕能夠公開活動的非國大在國內外不斷擴大影響和增強力量，南非當局採取了一面與非國大對話，一面破壞和削弱非國大的戰略，如南非軍隊對因卡塔成員進行祕密軍事訓練，員警縱容、偏袒因卡塔，暗中撥款資助因卡塔的活動等。這一作法導致一九九〇年下半年以來黑人城鎮暴力衝突不斷，流血事件頻頻發生。這便是於一九九一年七月曝光的「因卡塔門」事件。

在廢除三百餘項種族隔離法令後，南非憲法及有關地方政府立法中的種族隔離內容便成了政治改革的最後障礙。根據這一南非憲法，黑人無選舉權，這樣占人口百分之七十五的黑人便被完全排斥在南非政治權力之外。只有修改憲法，才能從根本上動搖種族隔離制度。一九九一年十二月在約翰尼斯堡召開了「民主南非大會」，這是制憲談判的起點。南非政府、各政治派別及黑人代表等十九個政黨的兩百多名代表就制憲原則、制憲機制和過渡時期的行政權力問題交換了意見，會議最後簽署了《意向聲明》。

正當廢除種族隔離制度的民主改革進入實質性制憲談判之際，來自白人極右勢力的反對和阻力增大。反對民主改革進程、主張維護種族隔離制度的極右組織南非保守黨在某些地方選舉中獲勝，它們對戴克拉克政府的民主改革大肆攻擊。面對這一逆流，戴克拉克宣布一九九二年三月十七日舉行白人公決，就政治改革和制憲談判是否應當繼續下去進行投票。結果百分之八十五的白人公民投票贊成當局的政治改革，這表明大多數白人公民已認識到只有改變現存的種族歧視和壓迫，才能走出內外困境，才能生存與發展。白人公決使南非國民黨政府掃清了右翼勢力設置在改革道路上的障礙，改革進程加快了。

自民主南非大會第一次會議後，以非國大和南非當局爲主要談判對手的民主南非大會在統一的南非、一人一票的選舉、基本人權等原則方面達成了協定，在政治過渡方式上的分歧也逐漸縮小，成立過渡政府已提上日程。然而在一九九二年五月中旬的民主南非大會第二次會議上，制憲談判出現了僵局。南非政府主張擬議中的制憲議會應爲兩院制，上院必須具有參與制憲和修憲的權力，並對下院通過的法案具有否決權。制憲議會在通過任何議案時必須得到百分之七十五以上多數議員的同意。非國大則反對建立對制憲議會具有否決權的上院，並主張在制憲議會中得到百分之六十六議員贊成的議案即可成爲法律。此後，六月分又發生了博伊帕通慘案，南非政治改革進程陷入僵局。九月二十六日，戴克拉克與曼德拉舉行會晤，雙方在成立制憲議會和臨時政府等問題上取得一致意見，爲恢復多黨制憲談判奠定了基礎。

　　一九九二年十二月至一九九三年二月，非國大與國民黨政府舉行了三輪雙邊「叢林密談」。非國大放棄了「黑人多數統治」的要求，同意向「聯邦制」靠攏，並準備解散其軍事組織「民族之矛」和在取得實質性進展後，呼籲國際社會取消對南非的外交、投資和金融制裁。南非政府則同意在一人一票的基礎上，透過選舉產生一院制議會，同意通過多種族大選選舉國家總統，放棄「永久性分權」和將「各黨分享權力」寫入新憲法的主張等。雙方的讓步與妥協使長期封凍多黨制憲談判的堅冰開始消融，爲南非和平進程提供了巨大推動力。

　　一九九三年四月一日，多黨制憲談判重新恢復，成員由十九個政治黨派擴大爲二十六個。一九九三年六月三日，南非多黨制憲談判會議中的戴克拉克政府放棄了總統輪換制，接收了非國大的主張：由民主選舉的制憲議會負責起草和通過新憲法，國民議會（即

眾議院）是唯一的立法機構，關於未來政府的組成以得票率百分之五作為參政的最低限，以確保過渡政府具有廣泛代表性。七月二日，多黨制憲談判取得重大突破：決定於一九九四年四月二十七日舉行南非歷史上首次不分種族的一人一票的大選。七月二十六日，多黨談判憲法起草委員會遞交了臨時憲法草案，南非將分兩步實現政治過渡：大選產生制憲議會和為期五年的民族團結過渡政府；按新憲法選舉產生南非新政府。

給21世紀的話語

　　一九九四年四月二十六日二十三時五十九分，象徵舊南非種族主義統治的國旗降下，標誌新南非的六色新國旗於二十七日零時零一分升起。同日開始了南非歷史上首次不分種族的大選。五月六日南非獨立選舉委員會宣布了大選結果：非國大得票約百分之六十二，將作為第一大黨成為新政府的主體。五月十日，曼德拉宣誓就任南非第一任黑人總統，揭開了南非歷史的新篇章。在總統就職演說中，曼德拉莊嚴宣布：「我們立下誓約，要建立一個讓所有南非人，不論是黑人還是白人，都可以昂首闊步的社會。」五月十一日，首屆南非民族團結政府內閣成員宣誓就職，新南非正式誕生。

　　它宣告了南非和世界歷史上種族隔離制度的結束。

人類向造物主的挑戰

複製羊桃莉的誕生

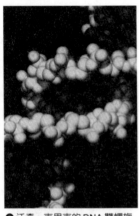

➲ 沃森、克里克的 DNA 雙螺旋構造。

一九九六年七月五日對於全世界是個震撼的日子，而主角卻是一隻母羊，一隻名叫桃莉（Dolly）的人造羊。

一九五三年，美國生化學家詹姆士‧沃森及英國生物物理學家法蘭西斯‧克里克發現 DNA 的雙股螺旋結構，奠定了後代基因轉殖技術及分子生物學的基礎。而從此之後科學家對於現代基因工程的努力及成就也是有目共睹，而一九九六年成功複製的桃莉羊則帶領全人類真正進入生物科技時代的關鍵階段。

為何複製羊對於基因工程而言意義是如此的重大？起因在於複製羊之前，科學家只能成功複製植物及兩棲類，而桃莉的成功複製代表基因工程已經可以跨入哺乳類這個原先被認為極度困難的領域。現今科學家的夢想已經跨入了第一步，但是卻讓全世界由於不可知的未來而引起極大的反應，畢竟，這次可不是拷貝路邊的小玉米或是湖邊的小青蛙。

如同自然的生殖技術，不同於一般人認為複製人就是跟原來的那個人一模一樣的觀念，當從原先的生命體取出來的細胞和另一個未受精的卵子結合及培養，經由孕育後才能成長為成熟的生命體。在經由不可預測的外在因素影響下，即便是取自相同的胚胎，要和

原先的生命體一模一樣的機會卻是微乎其微。就如同一個惡魔黨想要利用希特勒的細胞來複製一個同樣具有野心的軍事強人，但耗盡資源得到的結果，可能卻是一個在聖誕節可以帶給大家歡樂的和藹白鬍老公公。

因此要達成想像中完全的複製人，仍是一個幾乎無法達到的事情。然而，想要完成這件連上帝都無法完成的事情，對於人類的確是個太過苛求的夢想（就連雙胞胎也不可能完全一模一樣）。

既然無法複製完全百分之百完全一致的生命體，那麼為何招致許多反對的聲浪？由於這是人類史上第一次以「真正人造」的方式來製造一個生命體。一九七七年首例的試管嬰兒同樣引起世界的震撼，儘管是脫離了母體而在體外授精，孕育成生命體，但畢竟還是依據上帝所安排的由精子及卵子結合而成的一個受精卵，來開啟生命的開端。而複製的技術卻是由成年生命體取出的細胞與卵子結合，有別於以往自然誕生生命的方式，這不只是代表一個新技術，更是宣示人類將成為上帝之外的另一個造物主。

複製的技術，或者該保守一點的稱為「基因改造技術」，早在人們的生活裡扎根了。從早期農民的傳統配種，到現今科學家利用生物科技技術來挑選，或以控制基因的方式來改良農作物——據統計，基因改造作物的全球種植面積已達一億兩千五百萬英畝，其中占總種植面積最多的是大豆、玉米及棉花，而主要引入的基因以抗殺蟲劑特性為主。目前常見的如玉米、大豆、番茄或玉米，都能透過不需農藥而可大量種植成功，並可改良原先不良的基因。但是由於大部分人對於基因改造的農作物存有可能引發後遺症的疑慮，使得基因改造食物在市場上的推展碰到極大的阻力，儘管許多可能摻有基因改造部分的食物均未有清楚的標示。

想當然耳，複製人類的技術遇到的阻力更加巨大，而當桃莉羊

被複製成功的消息出來之後，美國許多州馬上頒定了反對人類複製的法令，而美國聯邦政府更是明定禁止將聯邦基金用於資助人類複製的實驗，極度保守派的美國總統小布希仍是目前反對人類複製甚至是幹細胞研究的主要代表人物。在美國，宗教團體以及反墮胎團體是這股反對浪潮最主要的力量，主要理由是複製人類將嚴重違反到「生命倫理」。如同以往的基因改造技術，我們可以恣意的篩選所要的基因，或許每個人希望的個性及天賦有所不同，但先天性的缺陷以及對於人而言不佳的因子必將置換掉；相較於現今的社會而言，人類的差異性必將減少許多，畢竟就以往的歷史而言，物種的多樣化對於延續生命才是有利的。

其次，對於複製人本身而言，本身的基因組合就算沒有攤在陽光下，但絕對不是個祕密，如此一來，便是嚴重的侵犯人權。而一個繼承某位有名人士基因的複製人，是否就必須在世俗的眼光中，成就甚至是超越原先那位名人的成就呢？這樣對於必須承受極大心理壓力的複製人是否公平？而一位複製於其父母的複製人，子女該以何種的眼光看待？對於家庭倫理則是造成嚴重的錯亂。

器官的需求，自古以來就是相當龐大的一個市場，即便是到了現代，仍不時流傳有器官的地下買賣，然而，以往的器官捐贈有相斥性的問題，使得即使有人捐贈器官，但是患者卻還是無法使用的情況存在。因此，若是使用自己的器官，不但解決相斥性的問題，而且器官更是取之不竭，這

● 複製羊桃莉的出現，讓世人對進一步的複製人誕生既期待又擔憂。

當然是複製人體的主要用途之一。但若是一個富人為了備而不用，而製造出一個專為器官移植而生的複製人，到時若是需要某個器官便可隨時移植；對於複製人而言，是否又是極為嚴重的違反人性尊嚴以及極度的工具化呢？

二〇〇三年二月十三日，桃莉被診斷出肺炎，故而被安樂死，結束了長達六年的生命。在多達兩百七十七次的嘗試產生複製過程中，雖然是相當辛苦的成功複製出桃莉，然而，基因仍然是一項難解的謎。桃莉有生之年一直存在著肥胖的問題，當然，我們不能說複製其他動物一樣會有肥胖的問題，但是必然存在著其他許多我們無法知道的基因缺陷；儘管目前出現快速老化以及容易致癌的現象，但是以人類的聰明才智，這只是未來時間與技術的問題。

但，我們能夠做的，就一定要做嗎？

當年，威爾莫特博士的初衷只是為了可以大量生產具有醫療用途的羊奶，而從事複製羊的工作，但現在的發展卻到了令人匪夷所思的地步。這一連串基因工程技術的突飛猛進，似乎暗示了我們一個潛藏的重要訊息──設計動物或設計嬰兒是指日可待的：我們可以依我們對於食用的喜好，來設計一隻具有全身精質瘦肉的豬；父母可以決定自己孩子的體型、性別甚至是智力或天分，遺傳工程的技術不再只被局限於醫療用途，而開始介入自然演化的序列，傳宗接代也不再是天職。

　　上帝的門已然被打開了，再去討論該不該開似乎有違人類求知的天性，蕭伯納說：「有些人看著事物問『為什麼』我夢想著不存在的事物，而說『為什麼不』？」

　　一九七八年第一位以人工受孕誕生的嬰兒——露易絲・布朗，在當年也是引起世界的矚目跟爭議，但在數以萬計的人工受孕嬰兒陸續誕生之後，有誰還記得誰是「露易絲・布朗」？在複製技術成熟的某天，在數以萬計的複製人誕生的某天，不知道有沒有人還記得「桃莉」曾經是隻羊？

　　科學的好與壞，永遠不在科學本身。

097

向大自然爭地

荷蘭人填海造陸

　　位於歐洲西部的荷蘭，西、北面瀕臨北海，東與德國接壤，南與比利時交界，面積含內陸水域在內共四萬一千餘平方公里。它位於萊因河、馬斯河與須耳德河三條河流的入海處，是萊因河流域流域及法國東北部的最佳出海口，有利於該國經濟發展。整個國境地勢低平，海拔不及一公尺的地區達三分之一，四分之一低於海平面，海拔在五十公尺以上的地區不到百分之二十。因此，在歷史上荷蘭被稱作「尼德蘭」，意為「低地國」。

　　荷蘭沿海一帶廣布潟湖、河灘，河湖交織成網。由於境內沼澤眾多，難於通行，加上瀕臨的北海多風暴，水患頻繁，大片土地常遭海潮吞噬，難於定居；長期以來，與海水進行的頑強抗爭便成了荷蘭人最重要的問題。他們靠築堤壩、造風車、建排水工程等以免遭水淹，全國近一半地區是帶有人工排水設施的堤壩圍墾地。自十一世紀以來，荷蘭人就開始了用築堤修壩的方法來防止土地的流失；十二世紀以來，被淹沒的土地開始有所恢復，沿海陸續增加新的陸地面積，並連成半島和

●排水風車是荷蘭人排乾溼地以增加生活空間的利器。

小島。最初，荷蘭人全靠簡單的工具和雙手修建堤壩；十五世紀初開始利用風車排水，其後又創造了挖泥絞車等裝置來治水。到了十九世紀後期，隨著電力革命的來臨，開始利用電力排水，如排乾哈勒姆湖的二十七畝湖水。

　　儘管防水和排水技術不斷地改進，北海強風暴帶來的水患仍有時嚴重威脅荷蘭居民的生活。一九一六年的大海潮，許多田地遭到破壞，造成第一次世界大戰期間的糧荒。一九五三年一月三十一日夜，荷蘭又發生了一次有史以來最嚴重的一次水患，全國十分之一的陸地陷於汪洋一片；海水沖決了西南地區的堤防，形成六十七處的決口，長達四百八十餘公里的海岸線突遭水患，造成兩千人死亡，近兩百萬畝的農田遭淹沒，損失達十億荷蘭盾之多。

　　然而荷蘭人在與水患的長期抗爭中，不斷有所創新。早在一六一二年，他們就集中力量排乾了位於中部地區的彼姆斯特湖，建立了圍墾區，面積達七千公頃。到十九世紀中期，荷蘭圍墾的規模進一步擴大。

　　在距阿姆斯特丹二十一公里的哈勒姆東南，原有一萬八千餘公頃水深不及五公尺的幾個湖泊，一五三一年因漲水使得湖面連成一片為哈勒姆湖，洪水氾濫經常威脅哈勒姆和阿姆斯特丹。一八三九年，政府批准排水計畫，翌年開始了歷整整十三年的排水和填築，環湖開挖了靈法爾運河。一八四八年開始採用蒸汽泵排水，開墾圩田達一萬七千餘公頃；墾地土質多黏土和沃土，宜於農耕。目前已建成了擁有近二十萬人口的城市，形成了農田和牧場以及花卉中心，還有造船（挖泥船）、化學、紡織及釀酒等工業。

　　幾百年來，在荷蘭人民修建的各種大小治水和造地工程中，以須德海的圍海造田綜合治理工程最大，迄今仍在發展。在荷蘭的西北有一個寬二〇～四〇公里、長約八〇公里，總面積三千公里、

水深五公尺以下的水面，北經瓦丹海和西弗里百亞群島通往北海。海面周圍本是星羅棋布的大小湖泊和低地淺灘，湖水經萊因河的一條支流匯入大海，低地大小則因海平面的升降而隨之變化。人們在低地高處築堤擋水，並在堤內墾殖務農。一二八二年海水大幅上升，沖垮了堤壩，淹沒該區，使得北海和原有的伏列沃湖連成一片，形成了須德海。一六六七年有人建議疏乾須德海，修築攔海大堤，但是完整的圍墾治理方案則是一八九二年由列利工程師提出來的，它包含四項目標：（一）修築三十公里長的堤壩取代三百公里長的須德海海岸，以增強防範海水侵襲能力；（二）建成面積共達二二・五萬公頃的五個圍墾區，使荷蘭的耕地面積增加十分之一，以增加糧食生產；（三）修建一個可以控制漲落的淡水湖，以改進水的管理；（四）改進交通設施和管理，以縮短荷蘭西、北和東部之間的距離。一九一六年洪水氾濫後，列利的圍墾方案被正式採納。歷時已六十七年的圍墾造陸工程基本上實施的是百年前的列利方案。

須德海口的阿弗斯呂提克大堤壩，實施於一九二七～一九三二年間，全長三二・五公里，由兩部分組成，從北荷蘭大陸到維靈根島的一條長二・五公里，從維靈根島到弗里斯蘭的那一條長三十公里、橫貫須德海的大堤，壩高七・五公尺，寬九〇公尺，截斷了北海和須德海，為世界上最長的內河堤壩和海岸堤壩。整個堤壩有五座排水閘，東部兩個，西部三個，它使荷蘭的海岸縮短了三百公里。須德海逐漸形成了內陸淡水湖，即艾瑟爾湖，其最終水面達一千二百餘平方公里，水位高出海平面約八公尺（二十五英尺）。堤壩由粗礫石砌成，下面敷沙，上面敷磚，基礎為大圓石支撐柳木筏基上，堤壩上建有公路和自行車道。艾瑟爾湖位於北荷蘭省和弗里斯蘭省中間，僅及原須德海面積的百分之四十，湖堤築有船閘，

可通過駁船和小型輪船；它同時也為北荷蘭、南荷蘭、弗里斯特三省提供水源。由於在低潮時湖水水位高於湖外的海水，可以打開水閘放水，湖水自流排出，由於萊因河上的支流匯入湖水，使含鹽的湖水淡化，漸成淡水湖，淡水漁業取代了昔日的鹹水漁業。

艾瑟爾湖堤壩將須德海南部、北部及北海隔開，壩內共分割成五塊圍墾區（荷蘭語稱 polder），共造地二〇・五萬公頃，到一九八〇年代圍墾的糧食產區已達八萬公頃。整個工程完成後，荷蘭的土地面積將增加九百平方英里。建成的圍墾區進行了大規模的綜合治理，先後形成為荷蘭的重要的穩產高產農業區，到處是良田和牧場，種植玉蜀黍、小麥、油料作物、甜菜和馬鈴薯等，同時興辦工廠和開發旅遊點。這裡地勢平坦，道渠筆直，城鎮和居民點布局合理，綜合配套，原先的海底泥灘被改造成適於人類居住，從事經濟開發活動的新樂園，形成世界上最大的圍海造地工程，可謂現代世界改天換地的一大壯觀。

荷蘭另一項大型現代化的圍墾工程是一九五六年在荷蘭西南部動工的「三角洲計畫」。這塊由萊因河、馬斯河與須耳德河三條河沉積而成的三角洲，地勢低窪，海灣深入，沙丘遍地，水患頻仍。按照三角洲改造計畫，要在大河的入海地段建立一系列的水壩，將幾條原有水道的河口水域截斷，使壩內水域變成為儲存淡水的水庫，同時在淺水地區進行圍墾。實施這一雄峻工程將能減少水患威脅，增加農業用地，改善交通，改變該地區與其他地區相對隔絕的狀態。這一工程的完成，還可使荷蘭的海岸線縮短七百公里。水壩目前已漸次建成，整個工程計畫投資四十億美元，兼顧抗災、航運、漁業生產、淡水蓄儲和養殖、環境保護等方面。

　　今日的荷蘭國土的五分之一，是經過荷蘭人不斷奮戰，在過去的海灘、河床、湖底和沼澤地的基礎上，透過修渠、築堤、排水等方式而開闢出來的。自十六世紀至一九六〇年代，荷蘭人圍海造地新增的面積已有二〇七萬公頃。這項歷經幾個世紀的工程，堪稱人類向自然搏鬥的創舉。

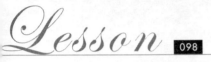

098

全球氣候亮起紅燈
京都議定書的討論

　　被人稱頌不已的、也確實帶來今日舒適便利生活的工業革命，在二十世紀中後期開始出現了負面的效應，也就是環境遭到破壞的問題。特別是在石化燃料的大量使用後，而使得大氣中「溫室氣體」——如二氧化碳等可能令氣溫升高的氣體——的濃度大量提高，進而出現「全球暖化」的情形。或許怕冷的人會歡迎暖化現象的發生，但其實全球暖化的影響層面極廣，不是只是單純的全球增溫那麼簡單。例如，兩極的冰帽可能因為氣溫提升而消融，不僅使海平面將會上升，造成陸地面積的減少，更可能因此影響全球氣候的調節，而使氣候變遷的情形加劇。氣候的變化不是只要多增減幾件衣服就能解決的，其他的生物活動也會因之改變，進而使整體環境都發生變化，而且，多半還是一種不利的變化！

　　許多科學家和氣象學家，都已注意到全球暖化可能帶來的嚴重後果，及其可能將為人類帶來的毀滅性災難。他們的憂慮終於感染了其他人，因此如好萊塢眾多驚心動魄的電影不斷推出，即可了解大眾對此事的擔心。終於在進入一九九○年代以後，世界各國開始注意到這個問題，也於一九九二年的「地球高峰會」中討論了這些問題。同年，聯合國也通過《聯合國氣候變化綱要公約》，明確將所謂「人為溫室氣體」定義出來，並宣示將對其排放進行全球性的管制。

　　約莫五年後，聯合國在日本京都召開了一次國際會議，進行《聯合國氣候變化綱要公約》的第三次締約國大會，這場會議便是

《京都議定書》的誕生地。

在會中，與會代表大體都取得了減少溫室氣體排放的共識，因此也有了簽訂《京都議定書》的提案。各國以六種溫室氣體為對象，希望將其分為兩類並訂以不同的基準年，分別進行減量工作。這兩類中的第一類是二氧化碳、甲烷、氧化亞氮，以西元一九九○年為基準年；第二類是氟化烴、全氟化碳和六氟化硫，也就是所謂的「氟氯碳化物」（CFC），基準年訂以一九九五年。另外，與會代表也期望能在二○○八年到二○一二年的五年之內，降低六種溫室氣體百分之五點二的排防量，做為溫室氣體減量的具體目標數字。

當然，由於各國發展水準不同，齊頭式地要求大家平等反而是一種不公平，因此訂出各國的減量標準，將歐洲共同體及東歐各國定為百分之八、美國百分之七、日本及加拿大等四國為百分之六……等等，表示這些國家造成污染的機會較高，故該擔負更多責任，不能僅以百分之五點二的低標準為目標。而在實施上，則議定《京都議定書》必須獲得五十五個國家的批准，而這些國家的二氧化碳總排放量必須超過全球的百分之五十五，《京都議定書》方能生效。有了這些明確的規範後，《京都議定書》算是正式問世了。

不過，雖然聯合國對此問題不無作為，但世界各國卻對相關的細節各有爭論。這些爭論簡單地說，就是歸結於各國都不願意犧牲自己的工業發展，配合聯合國政策而減少自己的溫室氣體排放量。

這話怎麼說呢？原來以目前的技術水準來說，想要發展工業，就必須大量利用石化燃料如媒、石油等，因為它們乃是現在使用效率最佳而所需成本最低的燃料了。可是燃料終究難以被完全燃燒，必然會排出燃燒不全的元素「碳」，而碳再和其他元素化合以後，便會產生產生二氧化碳等副產品。也就是說石化燃料、溫室氣體，都是發展工業的「必要之惡」。

既然如此，某些工業後進國在意圖發展工業、追逐富裕生活之時，怎會願意放棄這個機會，只爲了保護「或許還可以撐個好一段日子」的地球呢？而且另一方面，工業先進國自己是靠著毒害地球而取得今日地位的，也因爲其行爲才讓它們得以凌駕其他後進國家。但等它們發達以後，卻竟然以保護「大家的地球」爲由，要限制其他國家追求富強。這種「自己造孽、大家買單」的心態也未免太過不公，難以讓人心服。尤其美國在小布希上任後，竟聲稱《京都議定書》的代價過高，危及美國經濟，拒不簽署議定書，更讓開發中國家和環保人士大感憤怒。因爲，美國正是全球最大的二氧化碳排放國家！幸好，也是二氧化碳排放大國的俄羅斯（一九九〇年排放量比例爲百分十七點四，是全球單一國家排放量第二高的國家），願意接受《京都議定書》，終於讓《京都議定書》得以通過，在二〇〇五年二月十六日正式生效。

給21世紀的話語

　　《京都議定書》代表的不只是單純的「國際合作」那麼簡單，它更代表了世界各國一起爲了我們所居住的地球，付出彼此的改善誠意。只是，如今已是《京都議定書》生效以後的時日，但各國似乎也未有何實踐的改善效果，且美國的自排於外，也讓人對世界環境能否回復以往情況，不敢太過樂觀。

　　《京都議定書》的討論本身是件具有里程碑意義的歷史大事，但它能否發揮功效，還要看人類未來的努力了。

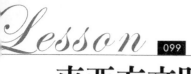

099

東西方文明的再次衝突

九一一事件

　　悽慘的尖叫、絕望的哀嚎……「有人聽到我的聲音嗎？」、「救命、救命……」、「請救救我……我快不能呼吸了……」

　　這是二〇〇一年九月十一日——著名的「九一一事件」發生之時——的現場錄音，錄到的是當時民眾的求救聲，收音的單位是紐約市消防隊。這份錄音資料所以流出，是因為九一一事件造成了約三千人的喪生，而其中的三百四十三位乃是紐約市的消防隊員。這些英勇殉職者的家屬，一直熱切盼望當局能將殉職者最後的對話記錄公諸於世，好讓世人得知他們的英勇表現。果然，當家屬們聽到這些錄音紀錄時，他們泛紅的眼眶裡透露著的是無盡的驕傲——因為這些打火英雄即使自己已身陷重重火海當中，仍努力地安撫驚惶失措的民眾，並且鼓起勇氣勇往直前。即使那是在一個令人難以置信的事件當中，即使他們知道奮勇向前可能是條九死一生的道路……

　　二〇〇一年九月十一日，當天是聯合國世界和平日。上午七點五十八分，一架載有九十二名乘客的美國航空公司民航機從波士頓機場起飛，目的地為洛杉磯；八點時另一架聯合航空公司的民航機載著

● 雙子星大廈在伊斯蘭恐怖分子眼中，儼然成為美國經濟強權的標的物。

五十三名乘客，亦從波士頓飛往洛杉磯；八點十分，華盛頓機場的另一架飛機也起飛到洛杉磯。這三架飛機在起飛之後，都偏離了原本的預定飛行路線。

八點四十六分，第一架民航機在眾目睽睽之下衝進世界貿易中心北樓九十四至九十八層樓，被撞擊樓層以下的人員開始疏散，而世貿南樓的工作人員很快通告南樓的所有人員，稱南樓依然安全，可正常運作。九點零二分，第二架民航機衝進南樓七十八至八十四層樓。攻擊發生後，美國聯邦飛航總署在九時二十六分發布禁航命令，關閉所有機場。

這兩棟高一百一十層的摩天大樓起火燃燒，紐約消防隊跟另外數以百計的警消人員進入，展開搶救行動。後來兩棟大樓在兩個小時以內相繼倒塌。同時在華府五角大廈，亦遭到第三架客機的撞擊。另有一架聯合航空公司班機墜毀於賓州匹茲堡附近，據說這架飛機預定目標包括大衛營、國會山莊或白宮。在混亂之中，美國國內謠言四起，各地陸續傳出遭到攻擊以及承認犯下這起攻擊的消息，但後來都證實為子虛烏有。小布希總統稍後宣布，四架客機不幸遭暴徒劫持，且成為致命的攻擊武器，客機上的二百六十六名乘客和機員，包括恐怖分子在內，皆全數罹難。

這是一次令人無比震撼的事件，因為在此之前，沒有人能想像的到冷戰後的世界首強，竟然會在本土遭到如此重大的傷害，並且造成美國民眾如此巨大的恐慌。誰有這樣的膽子，敢在太歲頭上動土？誰有這樣的能耐，可以利用民航機衝撞建築，同時在多處製造類似的傷害？雖然在此之前，大家便已相信事件的操縱者乃是由賓拉登所領導的「蓋達」組織（Al-Qaeda），不過賓拉登本人倒是遲至二〇〇四年十月底，才透過卡達的「半島電視臺」承認自己發動了九一一事件。九一一事件後，美國發起反恐行動，號召全球各國

參與剷除恐怖分子。並在二〇〇一年十月，與英國聯手，以阿富汗塔利班政權（神學士）支持恐怖活動為由，發動「持久自由行動」推翻其政權。

但是賓拉登和美國有何深仇大恨？蓋達組織如何能夠動員那麼大的力量進行恐怖攻擊？──賓拉登是伊斯蘭「聖戰（Jihad）觀點」的繼承者之一，是所謂的「聖戰士」成員，以護衛伊斯蘭、對抗外來敵人與文化，並建立最終的伊斯蘭國家為其畢生職志。因此，他組織了蓋達組織，不但號召來自各地的偏激人士加入，並將他過去所受到的各種恐怖攻擊的技能，傳授給其成員。

連美國如此強大的國家，都無法確知蓋達組織的總部究竟位於何處，因為它飄忽如鬼魅，有時似乎在蘇丹，有時又好像以阿富汗為主，又有時可能是以巴基斯坦為陣營。據說蓋達組織成員可能數以千計，不但在包括英、美、德、法等歐美先進國家中有其分支單位，甚至連亞洲的葉門、菲律賓內的伊斯蘭基本教義團體也有聯繫，是個力量不可輕忽的強大組織。

歐美專家認為，蓋達及其同盟組織都是堅定的原教旨主義（Fundamentalism，一般譯為「基本教義派」，但學術上則多以「原教旨主義」稱之）信奉者，因此即使組織不同，目標卻是一致，故這也是蓋達組織難以撲滅的要因。因為蓋達即使失去其在某地的基地，也能夠運用其他相關組織的力量，繼續執行其計畫，並招募新成員補充力量。這也是一九九八年八月美國在非洲的幾間

● 穆斯林雖以聖戰征服為號召，然在其統治下城市裡卻也顯現出容納各種宗教與文化的自由風氣。

大使館遭到蓋達組織的炸彈攻擊後，美國雖暗恨不已卻始終無法根除蓋達的重要原因。這樣難纏的組織，再配合為達目的不擇手段的態度，終於造成令人驚駭的九一一事件。

在看過紐約世貿大樓的爆炸情形，以及九一一事件的慘況後，相信大部分的人都會接受美國的宣傳，認為賓拉登及蓋達成員喪盡天良，是人類世界的蠹蟲。誠然，以手無寸鐵的民眾當作攻擊目標，確實是殘忍且不道德的行為。不過反過來想，賓拉登為何不與美國正面對決，而要採取這樣的恐怖手段？

冷戰結束後，兩極體系崩潰，美國再無對等的競爭對手，它也認為在可預見的未來中不會出現全球性的對手，故其外交政策漸漸染上較強烈的「霸權」色彩——為使美國的安全無虞，將致力追求美國霸權的徹底鞏固，對抗任何可能的「潛在挑戰」。於是美國的外交政策益發保守、益發專橫，也令其他國家的反感益深。

給21世紀的話語

伊斯蘭文化原本是一個團結、偉大的文化，但在近代新帝國主義擴張時期，遭到基督教殖民強權的侵略而分化。後來又在歐美的強勢文化侵襲下，漸漸失去文化的主體性。這是伊斯蘭文化內涵可能被破壞的起點，因此也是原教旨主義者所要挽救的重點。但美國挾其強大的政治、經濟力量，推銷自身文化、削弱其他文化，使得世界局勢的發展日益傾斜。原教旨主義者眼見這樣不對等的情況將日漸擴大，卻苦無足夠力量正面對決，只好鋌而走險。這是他們螳臂擋車的表現，但他們心中的憂慮可想而知。

因此總而言之，原教旨主義者所從事的「恐怖攻擊」或許是殘酷的，但也是應該深入理解的。「恐怖主義」生根於對美國的仇恨。蓋達即使滅了，只要美國政府蠻橫如昔，新的蓋達、不以蓋達為名的蓋達，仍會陸續出現。九一一事件是個悲劇，也是伊斯蘭原教旨主義與世界主流文明最激烈的一次衝突。

民主世界面臨的問號

美國入侵伊拉克

二○○二年一月，似乎把美國總統當成西部牛仔警長的美國總統小布希，發表了一項演說。該演說首度出現一個有趣的名詞「邪惡軸心」，小布希稱邪惡軸心是「世界文明的敵人」，有如二次大戰之時的軸心國陣營（德、義、日等國的聯盟）一樣。

被點名屬於邪惡軸心的國家，包括伊拉克、伊朗、敘利亞、利比亞、蘇丹、古巴和北韓等七個「支援恐怖主義的政權」。這其中，

➡ 佇立在紐約港的自由女神像，她的光環是否還能繼續照亮世人，是美國在 21 世紀面臨的課題之一。

大概只有蘇丹是真和賓拉登較為親近，其他國家如伊朗，乃是自霍梅尼反美後即與美國作對的國家；敘利亞、利比亞只不過是美國的老對手；伊拉克大概是因為還在沙漠風暴時未能一舉擒之的海珊

掌握之中。但妙的是連古巴、北韓這兩個和九一一事件以來並無特別干係的國家也榜上有名，不免讓人莞爾——小布希的亂槍打鳥，是不管地緣政治或政權屬性的！他的目的似乎只是要藉著「反恐」之名，將美國的潛在敵人大體打盡而已。

小布希由衷相信「美國的價值」，以及「美國對世界的領導作用」，他似乎認定世界新秩序將以美國的價值觀和理想作爲基礎。因爲他對美國價值的極端崇仰，他也認爲伊斯蘭原教旨主義者所以從事所謂的「恐怖攻擊」，是因爲其憎恨美國的價值觀、信仰、文化、制度和生活方式。他用這種簡單的黑白二分法思考國際局勢，視伊斯蘭原教旨主義者的行動爲對美國價值的怨恨和抗拒，完全沒理會美國的對外政策有沒有需要反省的地方。

●新月標誌成爲聖戰的象徵符號。

小布希首先選擇的開刀對象，是父親老布希擔任總統時的手下敗將伊拉克。二○○二年十一月，聯合國通過第一四四一號決議案，堅持伊拉克總統海珊接受聯合國的武檢及規範，否則聯合國將不惜對伊動武。在海珊尚未答覆之前，美、英（九一一事件中傷亡也極慘重，因爲紐約世貿大樓中有許多英籍辦公人員）即已開始暗中籌備出兵事宜，然而當後來海珊接受聯合國的武檢安排時，箭在弦上的美國卻已不得不發了。

二○○三年三月，美國、英國聲稱伊拉克擁有大規模的毀滅性武器，與蓋達組織的關係又十分密切，故不能縱容如此危險的野心國家，乃逕自出兵攻打伊拉克。世界一片譁然，因爲聯合國並沒有批准美、英的出兵，甚至全球的反對聲浪還遠比贊成者多！而方經上次波灣戰爭打擊的伊拉克，很快便被美英聯軍擊潰，短短一個月

上下，首都巴格達便被攻占，海珊遁逃。美國一面積極搜捕海珊，一面準備在伊拉克扶植新政府，建立一個親美的新政權。

二〇〇三年年底，不斷藏匿的海珊終於遭到美軍捕獲，不久後便被送至美國受審。二〇〇五年四月，伊拉克臨時政府成立，隔年十月伊拉克通過新憲法，成為中東地區另一個實際上受到美國控制的政權。

表面上看起來，美國獲得了勝利，它快速地將「邪惡軸心」中的一員擊敗，向世界宣揚了美國的軍容壯盛。在美國出兵之前，曾大力反對的德、法等歐洲大國領袖，也不得不在戰事底定後，重申其對美國「維持世界和平」的感謝。美國贏了面子，也讓它在中東的石油控制權更加穩固。外交的、戰略的利益，美國都有了。

然而美國真的勝利了嗎？

第二次世界大戰後期，美國大力創建聯合國的國際集體安全機制。後雖歷經冷戰時期的美、蘇對立，使得聯合國仍舊淪為強權對抗的戰場，但它的象徵意義仍是非常明顯的；第一次波灣戰爭後，聯合國以武力維持世界和平的能力得到最好的印證，更令其聲威大振，美國所倡導的國際維安方式，也在無形中被更多的國家接受。然而在這次的事件中，小布希不顧聯合國的決議尚未確立，無視在世界各地翻湧著的反對聲浪，仍舊一意孤行地興兵攻打伊拉克。

於是，聯合國的角色混淆了，美國對伊拉克的軍事行動無異「侵略」，但事後聯合國只能追認美國的正當性，如此是否意味著此後的國際局勢將重新回到過去的弱肉強食時代？另外美國一手主導伊拉克的重建，聯合國也無甚插手餘地，是否表示聯合國所代表的國際集體安全體制將走入歷史？美國的意志凌駕了聯合國內部的集體意見，是否表示此後美國不只是世界警察，也是國際事務的最後仲裁者？

　　美國終結了「邪惡軸心」中的一名成員，不過很多人都知道「邪惡軸心」未必就總括了美國的所有潛在敵人，至少，目前正蒸蒸日上的中國，就極可能是它的重要潛在對手。美國以名為「反恐戰爭」、實為「打擊伊斯蘭勢力」的戰略目標拉攏中國，確是暫時取得了擔心內部也因分離主義而崩解的中國之支持，但完成了對伊拉克的戰事後，總有一天將把矛頭指向與中國利益直接相關的北韓身上。屆時美國該如何因應這條崛起中的巨龍？美國，很可能將在此次對伊拉克的「侵略」戰事裡種瓜得瓜，獲得了短期的利益，卻栽下長期的矛盾──世界新秩序曾一度建立過，不過在二○○三年年初之後，又再度走向解構了。

名言集

《孔子名言的智慧》

　　精選150句論語中的名言智語，以符合現代社會的宏觀角度，深入淺出詳細解說，汲取孔子的人生智慧與積極的處世態度，讓你可以圓融處世、積極進取精進生活、增強智識。

黃雅芬◎編著　定價/220元

《韓非子名言的智慧》

　　精選150句韓非子名言，透過現代人的人生觀，以符合現代社會需要的宏觀角度，深入淺出詳細解說並與西方哲學家的名言相對照，完全呈現法家思想的積極意義，為動亂的時代注入安定的力量，為平和的生命帶來豐活的生機。

陳治維◎編著　定價/250元　特價/199元

《老子名言的智慧》

　　精選老子名言150句，不僅適用於職場、家庭、社會、個人，可以說是一本廣為世用的智囊寶典。也同時給予賞析說明，讀者可以從中取用他的某些原理，進而更樂意從古書中汲取生活智慧，注入帶有時代色彩的新思維，形成新的觀念、準則。

黃晨淳◎編著　定價/250元　特價/149元

《孟子名言的智慧》

　　精選其中名言150句，適用於教育、自我成長、社會和政治，可謂為現代為人處世的智囊寶典。此外，對於精選名言更是給予賞析說明，可帶來具有時代色彩的新鮮思維，形成新的觀念，使讀者溫故知新，進而修身養性、智慧處世。

江佩珍、陳籽伶◎編著　定價/260元　特價/169元

《莊子名言的智慧》

　　中國人向來說「得意時是儒家，失意時是道家」，亦即勸人處順境時，要以儒家義理來開拓胸襟、提升境界；處逆境時，則當以道家智慧來療傷止痛、休養生息，因此，我們希望藉《莊子名言的智慧》中淺暢的文字，讓先哲的智慧洞見能穿越時空，走入我們的心靈，跟我們現身說法。

黃晨淳◎編著　定價/260元　特價/169元

《荀子名言的智慧》

　　荀子提出性惡的說法，並不是他真的把人看得這麼壞，而是他想讓我們在有最壞的打算之後才能用更坦然的心態去面對眼前的挫折、困難與傷害。本書共分八個篇章，娓娓道來荀子一書的現代意義，希望你在本書裡，可以更坦然的面對自己、更寬容的面對別人、更積極的面對自己的人生、更快樂的面對每一天！

賴純美、陳籽伶◎編著　定價/260 元 特價/169 元

《500 句我愛你》

　　收錄 500 則古今中外的愛情名句，包括八種愛情反應：愛的憂傷、美麗的相思、蔓延的相思、愛的喜悅、痴狂的愛、愛的迷惘、無言的苦澀、愛的定義，讓你看見愛情的百變風貌。

漂流物◎編著　定價/300 元 特價/199 元

《英雄寶鏡》

　　本書引用古今故事穿針引線，旁徵博引 100 個葛拉西安修身處世的智慧，教你如何自我操持，如何使平凡人成為偉大的人君；讓你更深入體會古人名言深層的涵義，造就圓融的人生，大放生命的異采。

巴塔沙‧葛拉西安◎原著／謝怡慧◎改寫　定價/260 元 特價/169 元

《世紀經典情書大賞》

　　本書收集了六十封著名人士的情書，這些情書比任何傳記和回憶錄更有力的展現了西方名人的情感世界，讓我們得以窺見他們充滿激情的情感表達，以及文字背後的人物關係及情感糾葛。

王艷◎編著　定價/250 元 特價/149 元

《棒球驚嘆句》

　　這可能是你最難忘懷的一本棒球書。沒有艱深的球迷知識，39 個棒球人最動人的傳奇、150 句你會深深牢記的經典語錄，不專屬於棒球，它們是人生的深刻感受，一本獻給球迷與非球迷的心靈密碼。

曾文誠、曾瀟文◎著　定價/200 元

①

《伊索寓言的智慧》

〈龜兔賽跑〉、〈狼來了〉、〈北風和太陽〉、〈城市老鼠和鄉下老鼠〉……等120篇精彩故事完整收錄。現代觀點重新詮釋，開啓塵封思路汲飲智慧活泉。

附英文版原文　作者／伊索　改寫／劉怡君／定價250元／特價99元

---

②

《中國寓言的智慧》

精選120篇中國寓言，如「守株待兔」、「鷸蚌相爭」、「鄭人買履」、「螳螂抵臂」……等等，反映人生大局，啓迪思維，開闊視野，是五千年來中國人智慧的焠鍊，而能應用於現今e世代人們，是一本耐讀耐思，開卷有益的書。

引錄原文　編著／石良德／定價250元／特價99元

---

③

《佛經寓言的智慧》

本書摘錄了120篇寓言，並分爲「智慧篇」、「慈悲篇」、「戒愼篇」、「精進篇」四章，拾取佛陀的智慧將之融入生活，使您撥開人世的紛擾，突破一切生死罣礙，澄澈心靈，不再困惑於炫麗的大千世界。

引錄原文　編著／王雅慧／定價230元／特價99元

---

④

《卡夫卡的寓言智慧》

此書選取卡夫卡作品裡的69篇寓言，編者從電影、文學、生活現代化的角度和眼光來闡釋《蛻變》、《城堡》、《審判》等作品，輕鬆剖析卡夫卡的寓言爲何充滿現代人的生活智慧，並探討卡夫卡洞察人性的智慧的真知和見解，解開現代人生存的迷惑和無奈。

引錄原文　編著／張秀琴／定價200元

5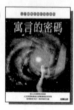

《寓言的密碼》

你知道寓言中的「知魚之樂」,當惠施與莊子辯駁時,莊子是如何的強詞奪理?韓非子寓言的「和氏獻璧」中,和氏竟是最無私的奴才?而列子的「愚公移山」,假如是智叟來總結報告,那又是什麼狀況呢?人文思想家張遠山以他鋒利的文筆解析千年來的歷史現象,還原寓言最初的精神。

引錄原文　編著／張遠山／定價 230 元

6

《百喻經的寓言智慧》

《百喻經》原名為《癡華鬘經》,是一部古老的佛經寓言,以九十八個寓言,合卷首的引言和卷末的偈頌,共一百篇,簡單的寓言卻深含哲理,古老的故事卻透露出現代人類的荒謬,不僅是人生的寫照,也是一面時時刻刻可反省的鏡子。

引錄原文　編著／王雅慧／定價 230 元／特價 149 元

7

《托爾斯泰的寓言智慧》

此書蒐集俄國大文豪－－托爾斯泰的 123 篇智慧寓言,他的寓言故事裏的主要角色為民間的一般階層如農夫和商人,並藉由動物故事如〈狐狼與大象〉〈三個問題〉〈說謊的小孩〉〈豪豬與野兔〉當做題材來諷諭人類達到道德性的啟發和教育的意義,蘊含高度人生智慧,深深地諷喻人性的弱點,作品表現高度的藝術成就。

引錄原文　編著／徐竹／定價 190 元／特價 129 元

8

《克雷洛夫的寓言智慧》

此書蒐集俄國最偉大的寓言家克雷洛夫的 200 篇寓言,其寓言特色是善用動物寓言來嘲諷當時社會的腐敗及貴族的墮落,藉由作品的批判來表達他對社會的人道關懷,並把寓言的警示意味和俄羅斯的文學特色結合起來,使其每一篇寓言都非常生動和有趣。

引錄原文　編著／張秀琴、張合宜／定價 350 元／特價 199 元

國家圖書館出版品預行編目資料

給21世紀的100堂歷史課／鄧蜀生、張秀平、
楊慧玫、任天豪 主編.
── 初版. ──臺中市 ：好讀, 2006[民95]
面： 公分，──（發現文明；22）

ISBN 957-455-976-9（平裝）

711　　　　　　　　　　　　94023979

發現文明 22

給 21 世紀的 100 堂歷史課

主　　編／鄧蜀生、張秀平、楊慧玫、任天豪
總 編 輯／鄧茵茵
文字編輯／林碧瑩
美術編輯／賴怡君
發 行 所／好讀出版有限公司
台中市 407 西屯區何厝里 19 鄰大有街 13 號
TEL:04-23157795　FAX:04-23144188
http://howdo.morningstar.com.tw
e-mail:howdo@morningstar.com.tw
法律顧問／甘龍強律師
印製／知文企業（股）公司 TEL:04-23581803
初版／西元 2006 年 2 月 15 日

總經銷／知己圖書股份有限公司
http://www.morningstar.com.tw
e-mail:service@morningstar.com.tw
郵政劃撥：15060393
台北公司：台北市 106 羅斯福路二段 95 號 4 樓之 3
TEL:02-23672044　FAX:02-23635741
台中公司：台中市 407 工業區 30 路 1 號
TEL:04-23595819　FAX:04-23597123

定價：420 元
特價：269 元

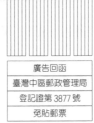

廣告回函
臺灣中區郵政管理局
登記證第 3877 號
免貼郵票

好讀出版社　編輯部收

407 台中市西屯區何厝里大有街 13 號 1 樓

電話： 04-23157795　傳眞： 04-23144188

E-mail:howdo@morningstar.com.tw

新讀書主義─輕鬆好讀，品味經典

更方便的購書方式：

1.網站： http://www.morningstar.com.tw

2.郵政劃撥　帳號： 15060393　戶名：知己圖書股份有限公司
　請於通信欄中註明欲購買之書名及數量

3.電話訂購：如爲大量團購可直接撥客服專線洽詢
　　◎如需詳細書目可上網查詢或來電索取
　　◎客服專線： 04-23595819#232　傳眞： 04-23597123
　　◎客戶信箱： service@morningstar.com.tw

書名：給 21 世紀的 100 堂歷史課

1. 姓名：＿＿＿＿＿＿ □♀ □♂ 出生：＿＿年＿＿月＿＿日

2. 我的專線：（H）＿＿＿＿＿＿ （O）＿＿＿＿＿＿

　　　　　FAX ＿＿＿＿＿＿ E-mail ＿＿＿＿＿＿

3. 住址：□□□＿＿＿＿＿＿＿＿＿＿＿＿

4. 職業：

□學生 □資訊業 □製造業 □服務業 □金融業 □老師

□SOHO族 □自由業 □家庭主婦 □文化傳播業 □其他＿＿＿＿

5. 何處發現這本書：

□書局 □報章雜誌 □廣播 □書展 □朋友介紹 □其他＿＿＿＿

6. 我喜歡它的：

□內容 □封面 □題材 □價格 □其他＿＿＿＿

7. 我的閱讀嗜好：

□哲學 □心理學 □宗教 □自然生態 □流行趨勢 □醫療保健

□財經管理 □史地 □傳記 □文學 □散文 □小說 □原住民

□童書 □休閒旅遊 □其他

8. 我怎麼愛上這一本書：

＿＿＿＿＿＿＿＿＿＿＿＿＿＿＿＿＿＿＿＿

＿＿＿＿＿＿＿＿＿＿＿＿＿＿＿＿＿＿＿＿

＿＿＿＿＿＿＿＿＿＿＿＿＿＿＿＿＿＿＿＿

★寄回本回函卡，

將可收到晨星出版集團最新書訊（電子報）及相關優惠活動訊息。

『輕鬆好讀，智慧經典』

有各位的支持，我們才能走出這條偉大的道路。

好讀出版有限公司編輯部　謝謝您！